俄罗斯心理语言学研究

赵爱国 著

图书在版编目（CIP）数据

俄罗斯心理语言学研究 / 赵爱国著. -- 北京：北京大学出版社，2025.1. -- ISBN 978-7-301-35650-0

Ⅰ.H0

中国国家版本馆CIP数据核字第20244MU575号

书　　　名	俄罗斯心理语言学研究 ELUOSI XINLI YUYANXUE YANJIU
著作责任者	赵爱国　著
责 任 编 辑	李　哲
标 准 书 号	ISBN 978-7-301-35650-0
出 版 发 行	北京大学出版社
地　　　址	北京市海淀区成府路205号　100871
网　　　址	http://www.pup.cn　　新浪微博：@北京大学出版社
电 子 邮 箱	编辑部 pupwaiwen@pup.cn　总编室 zpup@pup.cn
电　　　话	邮购部 010-62752015　发行部 010-62750672 编辑部 010-62759634
印 刷 者	北京溢漾印刷有限公司
经 销 者	新华书店
	720毫米×1020毫米　16开本　28.25印张　490千字 2025年1月第1版　2025年1月第1次印刷
定　　　价	118.00元

未经许可，不得以任何方式复制或抄袭本书之部分或全部内容。
版权所有，侵权必究
举报电话：010-62752024　电子邮箱：fd@pup.cn
图书如有印装质量问题，请与出版部联系，电话：010-62756370

国家社科基金后期资助项目
出版说明

　　后期资助项目是国家社科基金设立的一类重要项目,旨在鼓励广大社科研究者潜心治学,支持基础研究多出优秀成果。它是经过严格评审,从接近完成的科研成果中遴选立项的。为扩大后期资助项目的影响,更好地推动学术发展,促进成果转化,全国哲学社会科学工作办公室按照"统一设计、统一标识、统一版式、形成系列"的总体要求,组织出版国家社科基金后期资助项目成果。

全国哲学社会科学工作办公室

目 录

第1章　总论：作为范式的俄罗斯心理语言学发展历程 …………… 1
　第1节　关于心理语言学范式 ………………………… 3
　第2节　俄罗斯心理语言学范式的形成时间及标志 ……… 8
　第3节　俄罗斯心理语言学范式的阶段划分 …………… 14
　第4节　本著作研究的方法、内容、意义及观点 ………… 25

第2章　俄罗斯心理语言学范式的学理基础 …………………… 31
　第1节　心理学基础 …………………………………… 31
　第2节　语言学基础 …………………………………… 50
　第3节　生理学基础 …………………………………… 62

第3章　俄罗斯心理语言学范式中的三大学派 ………………… 68
　第1节　莫斯科心理语言学派 ………………………… 69
　第2节　特维尔心理语言学派 ………………………… 120
　第3节　彼得堡心理语言学派 ………………………… 160

第4章　俄罗斯心理语言学范式中的若干理论学说 …………… 190
　第1节　语言个性理论 ………………………………… 191
　第2节　先例理论 ……………………………………… 201
　第3节　定型理论 ……………………………………… 211

第5章　俄罗斯心理语言学范式中的若干热点方向 …………… 226
　第1节　神经语言学研究 ……………………………… 227
　第2节　语言意识研究 ………………………………… 245
　第3节　交际与跨文化交际研究 ……………………… 263
　第4节　观念研究 ……………………………………… 288
　第5节　语篇含义研究 ………………………………… 306

第6章 对俄罗斯心理语言学范式的总体评价 …… **333**
  第1节　总体评价的参照 …… 333
  第2节　发展的基本特点 …… 336
  第3节　科学范式的些许特质 …… 349
  第4节　存在问题及发展趋势 …… 358

附录1　汉俄（外）人名对照表 …… **369**

附录2　汉俄术语对照表 …… **373**

参考文献 …… **415**

第1章　总论：作为范式的俄罗斯心理语言学发展历程

学界公认，心理语言学（psycholinguistics）作为科学术语，最先是由美国理论心理学家坎托尔（J.R.Kantor）于1936年出版的《语法客观心理学》（*An Objective Psychology of Grammar*）一书中使用的，这在时间上与被誉为俄罗斯心理学之父的维果茨基（Л.С.Выготский）于20世纪30年代提出相关思想的时间基本一致。1946年，坎托尔的学生普隆科（N. H. Pronko）发表长篇论文《语言与心理语言学》（*Language and psycholinguistics*）后，该术语才开始被学界普遍接受和使用。当然，也有学者考证，该术语"在19世纪末德国学者的心理学文献中早就使用过"。（Красных 2001：10）

然而，心理语言学作为一门独立学科，直到20世纪50年代起才开始正式形成。①由此可见，它与当代语言学许多新兴交叉学科一样，是一门较为年轻的学科。从20世纪世界语言学的发展进程看，该学科显然是语言学研究对象中由符号属性转向其社会功能的产物。

对于心理语言学的学科性质问题，尽管学界始终存有分歧，但通常认为它是语言学与心理学的交叉学科（стыковая дисциплина）。（Леонтьев 2005：6, Тарасов 1987：39）

理论上讲，语言学与心理学的交叉，既有其内在的学理成因，也受到外在的社会现实的制约。从学理成因看，心理学自19世纪末起就开始成为一门独立学科，其奠基人是德国心理学家冯特（W.M.Wundt）。冯特在创建该学科时，就将实验（experiment）确立为心理学研究的基本方法。这

---

① 学界通常把美国的社会科学研究会（Исследовательский совет по социальным наукам）于1951年和1953年分别在康奈尔大学和印第安纳大学召开心理语言学研习班作为该学科形成的标志：第一次研习班宣布成立全美语言学和心理学委员会（Комитет по лингвистике и психологии），成为该学科形成的"组织标志"；第二次研习班的学术成果于翌年（即1954年）以《心理语言学：理论与研究问题概述》（*Psycholinguistics. A Survey of Theory and Research Problems*）文集形式出版，成为该学科形成的"成果标志"。

是因为：心理学家想要搞清楚"语言和言语是如何使人成为人的"这一核心问题，就需要用实验的方法来验证；而语言学的根本任务与心理学有着密切的关联性，它要搞清楚的是人们在说话和理解时"事实上会发生什么"的问题。而在人们的直接体验里，作为符号系统（знаковая система）的语言是看不见和听不见的，看得见和听得见的只是言语（речь）或言语活动（речевая деятельность），即说话和理解的过程，而不是语言符号本身。正是在这一前提下，心理语言学的"嫩芽就在心理学和语言学的结合中生长出来了"，它们的结合是"以实验的方法拿来验证说话和理解的过程"。（Фрумкина 2001：17–18）再从社会现实看，二战后大量移民的出现，凸显了语言教学尤其是外语教学的重要性，从而使语文或外语教师面临一系列崭新的现实问题：如何根据学生的年龄来合理组织语言教学或外语教学；儿童从几岁开始学习外语较为合适；如何才能掌握异文化（чужая культура）；语言符号与现实行为之间究竟是怎样的一种关系；文化习得（аккультурация）和文化驯化（окультурация）的机制有何不同①；学习一种新语言是否会形成新的思维结构，如此等等。（Беянин 2003：13）显然，上述问题的解决，只有借助于心理学的相关学说和知识才能达成。正是在上述内外因素的有力驱动下，语言学与心理学研究开始正式"联姻"，并逐渐发展成为一门独立的新兴交叉学科。

但语言学与心理学的交叉，并不是两门科学的简单复合（即笼统地解释为用语言学的方法来解决心理学问题，或用心理学的方法来研究语言学问题），而是形成了一门整合型科学（наука интегративного типа）。（Залевская 1999：10）两门学科的整合，在学界亦被称作"新科学方法"（новый научный подход）或"跨学科方法"（междисциплинарный подход）等。（Фрумкина 1996：57, Беянин 2003：12）可以认为，心理语言学从诞生之日起就有其赖以生存和发展的理论基础，也有其不同于其他学科的研究对象和方法。

在西方学界，将语言学与心理学进行交叉研究应该属于德国传统，因为最早从事该项研究的是18世纪末期的德国语言学家洪堡特（F. Humboldt），以及19世纪末期的德国心理学家冯特；而在俄罗斯，最早进行此类交叉研究的是19世纪中叶哈尔科夫语言学派（Харьковская лингвистическая школа）的奠基人波捷布尼亚（А.А.Потебня）。他们都被学界公认为欧洲早期心理语言学的创立者。可以看到，无论是在西方国

---

① 这里的"文化习得"和"文化驯化"，分别指"掌握异文化"和"掌握本民族文化"。

家还是在俄罗斯,语言学与心理学的交叉研究都已经走过了150余年的较长历史。

应该承认,由于受社会意识形态及研究传统和学理传承等因素的影响,西方心理语言学和俄罗斯心理语言学显现出不同的特点。如,从对该学科的定位、释义及涉及的主要领域看,西方学者似乎更加强调心理行为、心理形象、心理分析、心理认知等方面的研究;而俄罗斯学者则主要集中在言语活动、民族心理等社会和交际心理层面的研究。毫无疑问,这与西方和俄罗斯在该学科上所传承的心理学和语言学渊源密切相关。上述不同可以这样来概括:如果说行为主义(behaviorism)和生成语法(generativism)成就了西方心理语言学的话,那么高级神经活动论(учения о высшей нервной деятельности)、功能语言学(функциональная лингвистика)等理论学说就成为俄罗斯心理语言学范式的学理基础。对此,我们将在本著作第2章中作专门的论述和考证。

需要特别指出的是,尽管作为范式的俄罗斯心理语言学的形成与发展时间并不长(据我们考证只有半个世纪的历史),但它却以文脉传承的厚重性、概念内涵的独特性、思想方法的原创性以及运作机理的过程性等享誉世界,成为世界第三代心理语言学——认知心理学(cognitive psycholinguistics)中的杰出代表之一,其理论学说和思想由此也成为20世纪后半叶以来世界心理语言学宝库中不可多得的重要遗产。但由于俄罗斯心理语言学范式涉及领域广泛,学派众多,学说纷繁,我们不可能也没有必要面面俱到,而只能选其最具学术价值的精要部分——学源、学派和学说进行集中审视、评析或批评,这便是本著作研究的主旨所在。

本章作为"总论",将以"作为范式的俄罗斯心理语言学发展历程"为主线,首先考察世界心理语言学范式的生成和发展基本情况,并将俄罗斯心理语言学范式置于世界心理语言学发展的大背景之中,对该范式的形成时间、形成标志、发展阶段等作出新的不同于学界"已有共识"的考查和修正,最后,还将结合研究主旨,对本著作的研究方法、主要内容、学术价值、基本观点等作出简要归纳,以大致勾画出俄罗斯心理语言学范式在学源、学派、学说等方面的基本特点和总体框架。

第1节 关于心理语言学范式

科学范式(scientific paradigm)作为一种理论样式,最先是由美国哲学家、科学史专家库恩（T.S.Kuhn）于1962年出版的《科学革命的结构》（*The Structure of Scientific Revolutions*）一书中提出。他在该书中对科学范式所下的定义是：科学范式是所有人公认的科学成就，该成就在一定时期内为学界提出问题和解决问题提供模式。(Кун 1977:11) 该定义赋予科学范式以下基本特征：一是"科学成就得到学界公认"，它表明，仅具有局部意义的某理论或学说还不能构成科学范式，而只有对整个世界科学或世界某一领域的科学产生影响的理论或学说才能构成科学范式；二是"一定时期内"世界公认的科学成就，它表明，构成科学成就的科学范式并非永恒不变的，而是有时间限定的，因此，科学范式的更迭应该有比较清晰的时间界限；三是科学范式是"提出问题和解决问题的模式"，它表明，科学范式最先是由某公认学者提出的，其追随者按照其提出的模式进行学术研究并取得进一步的科学成果。因此，在科学范式内部还可以分化出局部变体，如流（学）派等。以上特征规定了某一科学范式从生成至消亡（退出历史舞台）似都要经历以下若干阶段：(1) 前范式阶段，即某科学范式的酝酿或准备阶段；(2) 范式统治阶段，即某范式的鼎盛阶段；(3) 范式危机阶段，即某范式无法对真理作出科学解释的阶段；(4) 科学革命爆发阶段，即某一新的科学范式替代原科学范式，从而引发新的科学革命等。

以上不难看出，所谓"科学范式"，其本质是一种方法体系或科学方法论。正如有学者指出的那样：范式是"一定时期的科学中占统治地位的提出问题和研究问题的方式、方法体系等被另一种所取代"。(Прохоров 1983:669) 也有学者进一步明确，范式"是建立在一定哲学基础之上的，是某历史时段和某学界提出的科学研究、新的知识聚合关系的方法论"。(Березин 2000:10) 在我们看来，作为范式的俄罗斯心理语言学的发展历程，不仅完全具备库恩所界说的所有特征，也符合我们对某一范式生成和消亡过程的基本看法。

1.1 范式的本质内涵

既然科学范式本质上是一种方法论，那么究竟应该如何来认识和解释该方法论的本质内涵呢？我们认为，至少需要对下列问题作出明确回答：一是方法与范式的关系问题；二是不同知识领域的范式呈现问题；三是范式视角的倚重问题。

1) 所谓方法，其概念内涵具有多义性。徐盛桓在谈到语言学研究方法时认为，它由3个不同层次构成：比较具体的甚至是联系特定的语言学分支学科或特定的语言层面的具体方法、步骤、程序；语言学研究一般方法的归纳、概括；联系语言的特点，从哲学、思维科学的高度将有关的方法进一步抽象为更为一般的语言学方法论的范畴、原理。（徐盛桓2003：13–15）据此，从范式视角看，广义的方法至少包含3层意思：意识形态或思想层面的方法论（методология），相当于"哲学形态或思潮"；知识层面作为方式、步骤总和的方法（метод），即认知视角，相当于某"某流派或某学派"；运作层面为施行某既定行为所采取的具体研究法（методика），即操作程序，相当于"某理论或某学说"。因此，理论上讲只有方法论、方法、研究法三者的有机统一，才构成某种范式。从这个意义上讲，"某方法"就是"某范式"或"某理论"，这样的说法在学界得到比较一致的公认。

2）不同知识领域在相同时期内所呈现的范式不尽相同。如，学界普遍认为，世界语言学发展迄今大致已经历了4种基本范式——历史–比较范式（сравнительно-историческая парадигма）、结构–系统范式（системно-структурная парадигма）、社会范式（социальная парадигма）、人类中心论范式（антропоцентрическая парадигма）等。（赵爱国 2013：1–5）但这丝毫不表明其他知识领域也经历了同样的范式。研究表明，俄罗斯符号学在过去的百年中就经历了12种基本范式。（赵爱国 2016：102–112）

3）范式的方法论本质决定了该视角下的学术研究所聚焦的是意义或价值，而不是形式或结构。也就是说，本著作将俄罗斯心理语言学作为世界心理语言学研究格局中的一种范式，所倚重的正是其方法论意义。

本章从范式视角来全面梳理俄罗斯心理语言学的发展进程，并在学理上对该学科半个世纪以来的发展过程和演化轨迹进行审视，以为全面、客观地认识和评价俄罗斯心理语言学范式在学源、学派、学说等方面的思想特质奠定必要基础。

1.2 心理语言学发展中的几种范式

应该承认，迄今为止世界学界对心理语言学所经历的范式或阶段问题的认识并不一致。如，美国心理语言学家克斯（J.F.Kess）认为，作为独立学科的心理语言学经历了4个发展阶段：（1）形成阶段；（2）语言学阶段；（3）认知阶段；（4）当前认知科学阶段。第一个阶段主要是结构主义和行为主义方法，第二个阶段主要是语言学和心理语言学中的转换生成语法（transformational-generative grammar），第三个阶段主要是对乔姆斯基（A. N. Chomsky）提出的语法核心作用及语言与语义相互关系的反叛，即承认语言与其他认知和行为系统的作用，第四个阶段即具有跨学科性质的认知方法的形成。(Залевская 1999：16) 对于上述划分，俄罗斯著名心理语言学家塔拉索夫（Е.Ф.Тарасов）曾提出自己不同的看法。他认为，世界心理语言学的发展主要经历了3种范式：第一种范式是由美国行为主义心理学家创立的，代表人物是奥斯古特（Ch.E.Osgood）；第二种范式是转换心理语言学（трансформационная психолингвистика），代表人物是美国心理学家米勒（G.A.Miller）和语言学家乔姆斯基；第三种范式就是俄罗斯的言语活动论（теория речевой деятельности），其奠基人是小列昂季耶夫（А.А.Леонтьев）。①(Тарасов 1987：39–127) 由此可见，在塔拉索夫的范式划分中，第一和第二个阶段与克斯的划分基本吻合（尽管内涵有所不同），但第三个阶段的划分却与克斯的观点截然不同：克斯并没有提及"言语活动论"，更没有将其视为世界心理语言学中的一种独立范式；而塔拉索夫作为俄罗斯心理语言学家却提出不同看法，认为言语活动论虽然在学理上与克斯所说的"前三个阶段"都有一定的关联性，但在本质上又有重大区别，它属于言语活动社会决定论（социальная детерминация речевой деятельности）的崭新范式。(Тарасов 1987：85)

俄罗斯心理语言学奠基人小列昂季耶夫也曾对世界心理语言学的发展阶段作过精辟论述。在他看来，作为独立学科的世界心理语言学的发展经历了3个不同阶段，或称为"三代"：第一代是奥斯古特心理语言学阶段，亦称反应心理语言学（реактивная психолингвистика）或新行为主义心理语言学（необихевиористская психолингвистика）（见 Osgood 1953）②；第二代是乔姆斯基–米勒心理语言学阶段，或称语言学心理语言学（психолингвистика лингвистики）（见 Miller 1951,Chomsky 1957）；第三代是威尔奇（J.V.Wertsch）心理语言学阶段，亦称新心

---

① 在中国俄语学界，列昂季耶夫父子有"老列昂季耶夫"和"小列昂季耶夫"的俗称，以示区别。所谓的反应心理语言学和新行为主义心理语言学，主要是指相对于20年代的沃特松（J. D. Watson）的行为主义心理学，以及30年代的布龙菲尔德（L. Bloomfield）的描写语言学即行为主义语言学的理论学说而言的。

② 这里的"新心理语言学"是威尔奇对该研究范式的称谓，而"认知心理学"则是小列昂季耶夫对该新兴学科性质的称谓。

理语言学（новая психолингвистика）或认知心理学（когнитивная психология）。[①]（Леонтьев 2005：26-48）也就是说，作为俄罗斯心理语言学范式的言语活动论的奠基人，小列昂季耶夫并没有采纳塔拉索夫的观点，即把言语活动论视为第三代心理语言学，这尽管完全在情理之中，但丝毫不表明言语活动论就不具备新一代科学范式的性质。

对于上述三代心理语言学范式，小列昂季耶夫在《心理语言学基础》（«Основы психолингвистики»）一书中作了大致的归纳和梳理。他提出，第一代心理语言学有三大理论基础：一是以数学家申农（C.E.Shannon）和维威尔（W.Weaver）为代表的数理交际理论（математическая теория коммуникации），二是以格林伯格（J.H.Greenberg）为代表的描写语言学（дескриптивизм），三是奥斯古特的新行为主义心理学（необихевиористская психология），其形成标志是奥斯古特于1953年出版的《实验心理学中的方法与理论》（*Method and Theory in Experimental Psychology*）一书。第一代心理语言学的基本特点是反应论（реактивизм）、原子论（атомизм）和个人主义（индивидуализм）；第二代心理语言学是在哈里斯（Z.S.Harris）的转换方法（трансформационный подход）基础上发展起来的生成语法（порождающая грамматика），其本质是对句子的深层结构作出句法语义阐释，标志是乔姆斯基于1965年出版的《句法理论的若干问题》（*Aspects of the theory of syntax*）一书。乔姆斯基的生成语法模式有三大要点：一是建构起语法、语义、语音（音位）和语用规则；二是将语言能力（языковая способность）与语言能动性（языковая активность）相区分；三是认为人的语言结构具有天赋性等；第三代心理语言学的代表人物除美国学者威尔奇外，还有法国学者米勒尔（J-A.Miller）、诺阿泽（G. Noizet）以及挪威学者鲁梅特威特（R.Rommetveit）等，他们对乔姆斯基的生成语法模式进行了批判，将心理语言学视为认知心理学的一个组成部分[②]，所遵循的是语言的社会性（социальность）和历史性（историчность）定位。（Леонтьев 2005：33-47）尤为重要的是，小列昂季耶夫认为第三代心理语言学的方法论与法国的社会心理学派（социологическая школа в психологии）、德国的马克思

[①] 米勒尔和诺阿泽将心理语言学称为语言学心理学。（Леонтьев 2005：46）
[②] 威尔奇曾于70年代留学苏联，师从小列昂季耶夫和卢利亚从事博士后研究，因此，他对苏联心理语言学的形成和发展状况有比较系统和深刻的认识。

主义心理学（марксистская психология）和俄罗斯的维果茨基心理学派（психологическая школа Л.С.Выготского）的目标相一致或部分一致，威尔奇本人也是西方学界研究和宣传维果茨基学说的著名学者。（Леонтьев 2005：47-48）小列昂季耶夫表达的上述观点，为我们准确把握维果茨基心理语言学理论学说的性质，以及深入理解俄罗斯心理语言学范式的言语活动论的学理本质和内涵提供了重要参照。

本著作赞同塔拉索夫和小列昂季耶夫对世界心理语言学发展阶段或范式的划分，即将俄罗斯心理语言学作为一种独立的科学范式加以审视。

第 2 节 俄罗斯心理语言学范式的形成时间及标志

审视俄罗斯心理语言学范式的发展历程，首先要确立作为独立学科的心理语言学在俄罗斯（苏联时期）形成的具体年代问题，这是因为：心理语言学在世界各国的发展进程并不同步，而形成年代的不同又往往决定着"范式"及所处"发展阶段"上的区别，进而又决定着其基本学理上的差异性。

2.1 形成时间

上文已经提到，就世界范围而言，作为独立学科的心理语言学形成于20世纪50年代初期，具体说就是以美国于1951年成立语言学和心理学委员会（Committee on Linguistics and Psychology）为"组织标志"，以1954年出版的《心理语言学：理论与研究问题概论》（*Psycholinguistics. A Survey of Theory and Research Problems*）文集为成果标志。那么，作为一门独立学科的心理语言学，它在俄罗斯又究竟形成于哪一年呢？其形成标志又是什么呢？这是本节所要审视的主要内容，我们力求找到明确的答案。

首先，对于作为独立学科的俄罗斯心理语言学范式形成年代问题，学界似乎不存在大的争议，因为绝大多数国内外文献（如苏联大百科全书词典和语言学百科词典等）及学者都一致认为它形成于20世纪"60年代中期"，比美国晚十多年时间，甚至还有人明确地将之确定为"1966年"。如在俄罗斯科学院语言学研究所出版的《心理语言学问题》（«Вопросы психолингвистики»）杂志2006年第4期中，该杂志主编塔拉索夫在"前言"中就明确写道："2006年是言语活动论诞生40周年。言语活动论作为我国心理语言学的称谓,其基础是由列昂季耶夫所创立的。"(Тарасов 2006: 4)1966年也属于"60年代中期",因此只要对该中期的情况作一番具体的分析,便可以看出该说法是否有据或正确。

所谓"中期"之说,主要是以俄罗斯心理语言学的奠基人小列昂季耶夫分别于1965、1966、1967年出版的三部心理语言学著作为参照的,它们分别是《言语活动中的词语:言语活动普通理论的若干问题》(«Слово в речевой деятельности: Некоторые проблемы общей теории речевой деятельности»)(1965)、《语言学与心理学》(«Языкознание и психология»)(1966)和《心理语言学》(«Психолингвистика»)(1967)。显然,"中期"之说仍然是个大致的或笼统的概念,这似乎表明在具体年份的确定或学科形成的标志性成果鉴定上(即究竟哪部著作可以认定为俄罗斯心理语言学的"形成宣言"问题上)仍存有一定分歧。迄今为止,我们并没有看到有学者对此作过明确的论证和界说。而确定某一学科正式诞生的起始点又不允许用"某年代"这样模糊的概念,应该有相对准确的时间概念并有相应的标志性成果予以支撑。

我们的研究表明,作为新兴独立学科的俄罗斯心理语言学范式,创建于20世纪50年代中期至60年代末期,但该范式的学科成型却是在60年代末期的1969年,得出这一结论的主要依据,是作为独立学科的"形成标志"。

2.2 形成标志

俄罗斯心理语言学作为一门独立的学科,其形成标志是小列昂季耶夫于1969年出版的《语言、言语、言语活动》(«Язык, речь, речевая деятельность»)和《心理语言学单位与言语句的生成》(«Психолингвистические единицы и порождение речевого высказывания»)两部著作。也就是说,小列昂季耶夫在60年代中期出版的3部著作,仅仅是该独立学科开始"创建"阶段的标志性成果,而不是其真正"形成"的标志。理由如下:

1) 从小列昂季耶夫于1965年、1966年、1967年出版的三部心理语言学著作的内容看,它们尚未构建起较为完整和具有俄罗斯特色的心理语言学(当时称"言语活动论")的理论体系。如《言语活动中的词语:言语活动普通理论的若干问题》一书,尽管被小列昂季耶夫本人称为他本人生涯中的"第一部力作",并在俄罗斯语言学史上第一次提出了建立"言语活动普通理论"(Общая теория речевой деятельности)的主张,但研究的重点显然不是言语活动本身，而是语音学、语义学、语用学等多维视角中的词语。小列昂季耶夫本人在该书2003年再版时的前言中如是说：

> 1960年起我在研究所的普通语言学室工作，当时室里工作的基本方向之一是词语问题研究。我担任该专著中的一个部分的研究工作。我完成了任务，并于1965年由科学出版社出版这本书。我是通过研究语言学史——分析库尔德内及其学派的谢尔巴、波利万诺夫、雅库宾斯基的普通语言学观点才进入心理语言学领域的。仅仅在此后，由于要总结心理语言学的祖国学派中的理论心理学基础，我才开始针对心理语言学积极地发展维果茨基及其学派的心理学思想，其中首先是我的父亲列昂季耶夫（А.Н.Леонтьев, 1903–1979）的心理活动论。结果，我开始出版和发表许多著作和论文，如《心理语言学》（1967）、《语言、言语、言语活动》（1969）、《心理语言学单位与言语句的生成》（1969）……至于《言语活动中的词语》，可以说是"心理语言学史前阶段"的书……它"依然还是普通语言学的……"（Леонтьев 2003а: 1–2）

以上可以清楚地看出，连小列昂季耶夫本人也认为《言语活动中的词语》一书不是俄罗斯心理语言学的标志性著作。对此，塔拉索夫也认为，该著作只是一部"总结性著作"，其功用就在于为新学科尤其是交叉学科发展的初级阶段"争得生存的权利"。（Тарасов 1987: 5）

再看《语言学与心理学》一书，它是由俄罗斯著名心理学家（确切说是神经心理学家）卢利亚（А.Р.Лурия）担任主编而出版的一本"小册子"。在该小册子中，小列昂季耶夫主要对作为"一门复杂的跨学科性质的"心理语言学在苏联的发展前景进行了"预言"，认为语言学的重要对象之一应该是"言语活动"，因此有必要建立一个专门用以研究该活动的学科——心理语言学。他在分析了语言学与心理语言学的相互关系后得出这样的结论："奠定未来人学（наука о Человеке）基础的时刻已经到来，这门科学将帮助人成为真正意义上的人……它既不是语言学，也不是心理学、生理学和逻辑学，而是上述科学融为一体的综合物。"（ВП 1996: 155）可见，该小册子并没有对俄罗斯心理语言学范式的基本原理作出系统性描写和阐释，而只是在对语言学的发展趋势研究中提出了建立心理语言学即作为"人学"的心理语言学的科学构想，因此依然不能认定它是俄罗斯心理学语言学范式形成的宣言。

而1967年出版的《心理语言学》一书更没有在心理语言学理论上有新

的重要建树,只是"一部既全面介绍国外各国心理语言学形成和研究的现状,又对苏联从20世纪20–30年代开始至60年代中期具有心理语言学研究性质的成果加以梳理和总结的著作"。(许高渝等 2008: 22)

2)从20世纪世界众多新兴人文学科的形成惯例看,新兴学科的建立往往发生在专业学术会议之后,如美国心理语言学最终成形于1954年,而先前于1951年和1953年就召开了两届全国性的(主要是各大学间的)心理语言学研习班。苏联于1966年才召开了第一届心理语言学研习班(Семинар по психолингвистике)。[①]这表明,俄罗斯心理语言学范式的基本学理形态在1966年前尚未完全形成。

3)从俄罗斯(苏联)科学院语言学研究所定期召开的心理语言学学术会议的名称看,前两届(1966、1968)使用的是研习班(семинар),但从第三届(1970)起改称"研讨会"(симпозиум)。所谓"研习班",是指对某一学科的性质、对象、任务、学理形态等进行讲习和研讨,以获得共识和推广。美国和俄罗斯开办的心理语言学研习班都属于此类性质。因此,可以推断该学科成形于1968年至1970年间。

4)从小列昂季耶夫的个人履历看,他于1958年从莫斯科大学语文系毕业,随后在莫斯科列宁师范大学外语系任德语老师,1966年起转入莫斯科大学普通心理学教研室任助教,同年获得语文学副博士学位,1968年获语文学博士学位(1975年又获心理学博士学位)。据此可以认为,小列昂季耶夫在获得博士学位前,要创建并领军一门新兴学科的可能性极小,这在苏联时期尤是如此。

5)从组织形式看,苏联科学院语言学研究所于1969年在应用语言学学部中设立了独立的心理语言学和交际理论小组(Группа психолингвистики и теории коммуникации),并由小列昂季耶夫担任组长。此外,1969年在全苏心理学家协会中央理事会下设立了"心理语言学专业委员会",由勃鲁德内依(А.А.Брудный)任主席,这些都标志着作为独立学科的心理语言学已经得到学界和官方的认同,并开始正式运作。

以上五个方面足以证明,将作为范式的俄罗斯心理语言学的真正形成

---

① 俄罗斯心理语言学研习班由科学院语言学研究所主办,通常每 2–3 年召开一次。第一、二、三届的名称为心理语言学研习班,从第四届(1972)起改称为心理语言学和交际理论研讨会。每一届研讨会都有相应的主题。显然,俄罗斯学界将举办第一届心理语言学研习班的 1966 年视为其心理语言学的发端时间标志。

时间定格为"60年代中期"的说法是有失严谨和准确的。而小列昂季耶夫于1969年出版的《心理语言学单位与言语句的生成》和《语言、言语、言语活动》两部著作,则是在20世纪中期(1965、1966、1967)的著作中提出关于建立一门"人学"的科学构想基础上,比较详尽和系统地对言语活动的学理形态和理论体系进行了建构,由此形成的言语活动论,在世界学界成为俄罗斯心理语言学范式的标签。

只要概览一下该两本著作的基本内容,便不难得出如上结论。

先看1969年出版的《心理语言学单位与言语句的生成》一书。该书以俄罗斯心理学奠基人维果茨基及其学派的理论学说为依据,比较全面梳理和总结了俄罗斯心理语言学不同于美国心理语言学传统的理论成果[1],并对言语生成的心理语言学机制等重大问题作了系统而深入的探讨,因此在俄罗斯心理语言学范式的发展进程中具有里程碑的意义。全书共分5章,讨论的主要问题包括:(1)从言语行为单位(единица речевого поведения)的概念这一基本行为成分出发,采用演绎方法,对言语生成的心理语言学机制问题进行研究,最后得出对言语行为单位的研究必须具备"三个行为条件"的结论[2];(2)对已有的关于语句生成的心理语言学模式(包括理论成果和实验成果等)进行系统的梳理和总结;(3)对言语活动的基本构成进行审视,对言语生成模式各成分之间的相互关系等作出具体的描写,并就可控言语行为(контролируемое речевое поведение)、形象成像(формирование образов)等重要问题予以多维论证;(4)对作者所倡导的言语生成模式的基本特点进行集中阐释。(见Леонтьев 2003b)

1969年由科学出版社隆重推出的小列昂季耶夫的另一部著作是《语言、言语、言语活动》,这是作者在先前发表的有关言语活动的数篇论文基础上加工和编辑而成的,成书出版时增加了相关内容。全书共分4章,分别为"言语活动论""言语活动研究与语言学的若干问题""作为言语活动

---

[1] 这里所说的"美国心理语言学传统",主要指奥斯古特、乔姆斯基、米勒的心理语言学学说,即第一代和第二代心理语言学。

[2] 该三个行为条件是:(1)行为条件,包括所分析体系的起始态,如活动对象或言语机制过渡态的某些信息等;(2)行为本身;(3)行为结果,即言语机制的最终态等。(Леонтьев 2003b: 7–38)

小列昂季耶夫提出的"三位一体"言语活动论结构,是由3个范畴组成的模式化体系,即作为能力的语言(язык как способность)、作为对象的语言(язык как предмет)、作为过程的语言(язык как процесс)。(Леонтьев 2010: 101–103)

科学的心理语言学"以及"言语活动与教学问题"。主要内容包括：（1）对言语活动论的概念及其与语言符号的关系等进行了界说和阐释；（2）从语言发展、语言演化、言语素养角度出发，探讨了言语活动层面的言语交际问题；（3）在对心理语言学的研究对象以及句子生成和语义的心理语言学问题进行深入的论述和描写的基础上，不仅完整地建构起"三位一体"的言语活动论思想，还对句子生成问题提出了"三步"构想[①]；（4）对言语活动与语言教学的关系问题作了专门讨论，并得出结论认为，相对于美国的言语行为论，俄罗斯的言语活动论对掌握语言即语言教学具有更加积极的理论意义和实践价值。（见 Леонтьев 2010）

以上不难看出，《心理语言学单位与言语句的生成》一书无疑是俄罗斯心理语言学史上具有标志性意义的代表作，它曾被作者本人小列昂季耶夫自称为"莫斯科心理语言学派的奠基之作和宣言"。（Леонтьев 2003b：1）尽管从该书的名称看，似乎是用来描写具体的心理语言学模式和实验的，但实际上是一部理论性很强的学术专著，是对言语活动论基本理论的系统描写和阐释，用作者自己的话说，该书的宗旨是"对控制人的言语行为的外部因素和内部依存关系之体系的描写性阐释"。[②]（Леонтьев 2003b：4）而《语言、言语、言语活动》一书同样也是俄罗斯心理语言学范式的一部奠基之作，正如小列昂季耶夫在 2003 年该书再版时的前言中所说的那样，该书不仅是"第一次大批量地出版"[③]，也几乎是"第一部可以称为普通语言学的分支——言语语言学（лингвистика речи）（即言语活

[①] 他提出的新模式构想是：第一步，构建语句的线性超语法结构构式及其内部程序；第二步，将线性超语法结构构式及其程序改造成句子的语法结构；第三步，实现句子的语法生成模式。他认为只有全部实现了如上 3 个不同的步骤，才能在真正意义上谈得上句子的转换生成。（Леонтьев 2010：112–124）

[②] 该著作中的许多内容是小列昂季耶夫先前发表过的，其中一些思想在 1965 年出版的《言语活动中的词语：言语活动普通理论的若干问题》一书中已有涉及和论述。但由于该书在性质上不属于纯粹的心理语言学的范畴，因此作者将其中有关心理语言学方面的问题又重新放在 1969 年出版的《心理语言学单位与言语句的生成》一书中加以深入阐释。正如小列昂季耶夫本人在该书 2003 年再版前言中所说的那样，《心理语言学单位与言语句的生成》是对《言语活动中的词语：言语活动普通理论的若干问题》"思想的发展"。（Леонтьев 2003b：4）

[③] 据统计，该书第一版的发行量即达到了对学术著作而言空前的 3.1 万册，并被翻译成多种文字在国外出版，引起世界心理学界的广泛反响。

动论)的总结性著作"。① (Леонтьев 2003b: 1)

我们认为,如果说前一部著作是对心理语言学的基本成分、结构、模式、机理等进行具体论证和描写的话,那么后一部著作则从更高层次上对该学科的学科体系在理论、实验、教学3个层面上进行了全方位的建构。前者具有微观性和描写性,而后者则更具有宏观性和阐释性,它们在层次和内容上形成互补,建构起俄罗斯心理语言学范式的基本理论框架。因此,可以确定地说,该两部著作几乎在同一时间并由同一家出版社出版,绝非偶然或巧合,而是对世界学界的一次正式宣告,它们标志着作为俄罗斯心理语言学范式的言语活动论的正式诞生。

第3节 俄罗斯心理语言学范式的阶段划分

在简要审视完俄罗斯心理语言学范式的形成时间和形成标志后,让我们进一步来考察一下该范式的阶段划分问题。

应该说,迄今为止尚未见到俄罗斯学界在这一问题上有任何可供参考的文献,包括小列昂季耶夫本人在内的一些著名心理语言学家,如卡拉乌洛夫(Ю.Н.Караулов)、扎列夫斯卡娅(А.А.Залевская)、塔拉索夫等,都未曾对此作过划分。原因主要有二:一是作为独立学科的俄罗斯心理语言学范式的发展自诞生至今只有短短50余年的时间,其学理形态在这不长的时间内并没有发生实质性或根本性的变化;二是该学科的奠基人小列昂季耶夫至2004年逝世前一直活跃在该领域,其他主要学者有的刚刚离世,而健在的似乎还没有来得及或觉得也不宜过早地"盖棺定论"。

尽管如此,从范式视角来审视俄罗斯心理语言学的发展历程,阶段划分依然十分必要:一则可以将其与世界心理语言学发展的总体格局相比照,二则可以对其学理文脉的演化过程有更加清醒的把握和认识。

在我国学界,许高渝等学者曾对俄罗斯心理语言学的发展阶段此作过一定研究。他们出版的《俄罗斯心理语言学和外语教学》一书,把苏联-俄罗斯心理语言学的发展分为4个时期:(1)准备时期,或称具有心理

---

① 从《言语活动论(心理语言学若干问题)》著作的名称看,似乎更应该将其看作是俄罗斯心理语言学诞生的宣言,但实际上这是一部"集体专著"即论文集,难以构成完整的理论体系,其中由小列昂季耶夫撰写的若干内容被重新收录于次年出版的《语言、言语、言语活动》一书中。

语言学研究性质的早期研究（20世纪50年代中期之前）；（2）形成时期，具体时间为20世纪50年代中期至1974年；（3）全面发展时期，从1975年至1987年；（4）新的发展时期，1988年至今。（许高渝等 2008：1–2）作为国内学界首次对俄罗斯心理语言学发展状况的综合评述，作出这样的划分是有学术意义的，而且也是有一定依据的。但从该学科发展的实际情况看，把短短50年的历史且几乎是同一代人的科学研究划分为4个不同阶段，似乎也太过细致了，反而容易使人对该学科的学理稳定性、完善性及科学性等产生疑问。

我们认为，评价某学科的历史发展及演变情况，应主要依照以下参数来确定：（1）研究样式的嬗变；（2）研究内容的更新；（3）研究范围的扩大；（4）研究（视角）方法的转换；（5）研究程度的加深等。（赵爱国 2008：31–35）由于人文社会学科的发展具有一定的交错性、轮回性等特征，新的学术观点、思想、理论的形成也需要一个循序渐进的过程，因此将俄罗斯心理语言学范式的阶段大致划分为"创建""定型""发展"3个不同时期较为合理。

3.1 "创建"阶段

"创建"阶段即俄罗斯心理语言学范式的兴起时期，时间大致从20世纪50年代中至60年代末。基于自波捷布尼亚（19世纪中叶）以来的相关理论思想和学术成果的铺垫，受益于本国三大语言学派——喀山语言学派（Казанская лингвистическая школа）、彼得堡语言学派（Петербургская школа в языкознании）、莫斯科语言学派（Московская лингвистическая школа）以及维果茨基心理学派等代表人物厚重的理论学说积淀，同时也得助于结构主义语言学的理论支撑和方法论推动，使这一时期的俄罗斯心理语言学研究进入了一个前所未有的崭新发展阶段——学科式创建阶段，即俄罗斯学者在该科学领域所开展的有意识或带有明确目的性的学术创造活动。

我们在上文中提到，美国学者坎托尔于1936最早使用了心理语言学这一术语，而在俄罗斯语言学界，最早使用该术语的是语言学家阿赫玛诺娃（О.С.Ахманова）。她于1957年出版了一本《论心理语言学》（«О психолингвистике»）的小册子，主要用以介绍西方尤其是美国心理语言学的有关理论学说。（见 Ахманова 1957）在这一时期，除小列昂季耶夫外，还有众多从事心理学、哲学、方法论、语言学等研究的学者都参与了该学科的创建工作,如心理学家卢利亚、任金(Н.И.Жинкин)、索科洛夫(А.Н.Соколов),哲学家勃鲁德内依,方法论学家谢德罗维茨基(Г.П.Щедровицкий),以及语言学家扎列夫斯卡娅等。他们的研究领域,主要集中在语言功能和语言运用视角的语言与思维关系以及言语机制、言语感知、心理语义、联想心理实验等领域。在该阶段,小列昂季耶夫撰写或担任主编的几部重要著作,如上文提到的《言语活动中的词语》(1965)、《语言学与心理学》(1966)、《心理语言学》(1967)、《言语活动论(心理语言学若干问题)》(«Теория речевой деятельности.Проблемы психолингвистики»)(1968)及论文《心理语言学和言语的功能单位问题》(«Психолингвистика и проблемы функциональных единиц речи»)(1961)等①,为俄罗斯心理语言学的学科式创建奠定了学理基础。此外,其他代表性的著述还有:卢利亚的著作《儿童言语与心理过程的发展》(«Речь и развитие психических процессов у ребенка»)(1956)、《智力落后儿童》(«Умственно отсталый ребенок»)(1960)、《大脑与心理过程》(«Мозг и психические процессы»)(1963)、《额部与心理过程的调节》(«Лобные доли и регуляция психических процессов»)(1966)以及论文《言语发育与心理过程的形成》(«Развитие речи и формирование психических процессов»)(1959)、《神经语言学的问题与事实》(«Проблемы и факты нейтролингвистики»)(1968)等;任金的著作《言语机制》(«Механизмы речи»)(1958)及论文《言语机制研究之路》(«На путях к изучению механизма речи»)(1959)、《论内部言语中的代码转换》(«О кодовых переходах во внутренней речи»)(1964)、《自生言语的心理特点》(«Психологические особенности спонтанной речи»)(1965)、《语言的内部代码与言语的外部代码》(«Внутренние коды языка и внешние коды речи»)(1967)、《语句谓词结构的神经心理学分析》(«Нейропсихологический анализ предикативной структуры высказывания»)(1968);索科洛夫的著作《内部言语与思维》(«Внутренняя речь и мышление»)(1968)以及论文《论智力活动的言语机制》(«О речевых механизмах умственной

---

① 小列昂季耶夫的观点印证了该著作在俄罗斯心理语言学发展进程中的里程碑意义。他所说的"第一阶段",也同样指作为独立学科的俄罗斯心理语言学形成后的某一时段,恰巧与章所指的"成型"阶段相吻合。

деятельности»)（1956）、《思维的言语机制研究》（«Исследования по проблеме речевых механизмов мышления»）（1959）、《思维过程中内部言语的变化及功能》（«Динамика и функции внутренней речи в процессе мышления»）（1960）等；勃鲁德内依的论文《语义分析实验方法》（«Экспериментальные методы семантического анализа»）（1966）、《文本分析中的语义区分》（«О дифференциальном семантическом подходе к анализу текста»）（1968）；谢德罗维茨基的论文《"语言思维"及其分析》（«"Языковое мышление" и его анализ»）（1957）、《论言语活动研究的可能途径》（«О возможных путях изучения речевой деятельности»）（1966）、《语言学、心理语言学、活动论》（«Лингвистика, психолингвистика, теория деятельности»）（1968）；扎列夫斯卡娅的论文《双语和三语条件下的联想实验》（«Ассоциативный эксперимент в условиях билингвизма и трилингвизма»）（1968）等。这些著作和论文为俄罗斯心理语言学范式的言语活动论这一新型学科的创建，都起到了不可忽视的重要作用。在上述学者的带动下，短短10余年间，新的科学范式——作为言语活动论的心理语言学相关问题的研究在俄罗斯语言学和心理学界已渐成风尚，其学术活动和成果开始引起世界心理语言学界的关注。

3.2 "定型" 阶段

"定型"阶段即俄罗斯心理语言学范式的成型时期，时间大致为20世纪60年代末至70年代中。以小列昂季耶夫1969年出版的《心理语言学单位与言语句的生成》和《语言、言语、言语活动》两部著作为标志，俄罗斯心理语言学范式开始进入新的发展时期——定型阶段。该阶段大致经历了5年时间，以1974年小列昂季耶夫的《交际心理学》（«Психология общения»）及以其担任主编的《言语活动论基础》（«Основы теории речевой деятельности»）两部著作的出版作为结束标志，完成了对俄罗斯心理语言学范式——言语活动论学科体系的整体建构。我们之所以把《交际心理学》这部著作当作俄罗斯心理语言学范式的重要组成部分，是因为该范式从一开始就把"人的活动"（包括言语生成、言语感知、言语影响、言语素养、掌握语言等）与"交际"紧密结合在一起，这是俄罗斯心理语言学范式有别于西方同类学科的重要区别之一。尽管小列昂季耶夫在1969年出版的该学科的两部奠基性著作中对言语交际的心理学问题曾有论述，但并没有用专门的章节加以审视。而《交际心理学》一书正是作为填补言语活动论理论内涵的空白或缺项而面世的。小列昂季耶夫在该著作中，高屋建瓴地把交际心理学界定为"心理学的一个分支"，并把心理语言学视作交际心理学的组成部分（展示为"心理学→交际心理学→心理语言学"图式）；在此基础上，他又从个性和社会相互关系等不同视角，对言语交际这一复杂心理过程进行了深入解析，内容包括言语交际的特点、心理变化、交际手段等。（见Леонтьев 1974a）

与上述情形相对应的是，俄罗斯学界在组织形式上也从1972年起将每隔2-3年举办一次的心理语言学研习班正式改名为心理语言学和交际理论研讨会（Симпозиум по психолингвистике и теории коммуникации），从而佐证了交际尤其是心理学视角的言语交际在言语活动论的学理中具有不可或缺的重要地位。《言语活动论基础》一书是1969年在苏联科学院语言学研究所应用语言学学部内设立的心理语言学与交际理论研究小组的集体成果，由小列昂季耶夫担任主编。该书对言语活动论所涉及的基本理论、对象、方法等进行了全面而深入的阐述。内容包括本体论视角的言语活动，方法论与模式化，心理语言学方法，语音、语法、词汇、语义的心理语言学研究，言语交际论，儿童言语和言语病理研究等。（见 Леонтьев 1974b）该著作可称为言语交际论学说的精要，被小列昂季耶夫称为"莫斯科心理语言学派发展第一阶段的总结性著作"。[①]（Леонтьев 2005：113）。同时也可以看出，这一时期的俄罗斯心理语言学研究，也呈现出对言语活动论进行全方位理论建构和阐释以及实验建设的特点。

需要特别指出的是，这一时期俄罗斯心理语言学研究除上述标志性的著作外，还有多部专著、文集和大量论文面世，其中影响较大的有：卢利亚的《作为历史科学的心理学》（«Психология как историческая наука»）（1971）、《论认知过程的历史发展》（«О историческом развитии познавательных процессов»）（1974）、《记忆神经心理学》（«Нейропсихология памяти»）（1974，1976）、《言语与思维》（«Речь и мышление»）（1975a）、《神经语言学的基本问题》（«Основные проблемы нейролингвистики»）（1975b）；克利缅科（А.П.Клименко）的《心理语言学语义研究问题》（«Вопросы психолингвистического

---

① 认知心理学最早的著作是1966年美国心理学家勃鲁内（J.Brune）出版的《认知发展研究》（*Studies in Cognitive Growth*）一书，这也被认为是认知心理学兴起的发端。

изучения семантики»)（1970）、《定性组合实验结果评估》（«К оценке результатов качественных синтагматических экспериментов»）（1971）、《词汇系统性及其心理语言学研究》（«Лексическая системность и её психолингвистическое изучение»）（1974）；弗鲁姆金娜（Р.М.Фрумкина）的《文本成分的概率与言语行为》（«Вероятность элементов текста и речевое поведение»）（1971a）及由其任主编的《言语中的概率预测》（«Вероятностное прогнозирование в речи»）（1971b）、《言语活动中的预测》（«Прогноз в речевой деятельности»）（1974）；戈连洛夫（И.Н.Горелов）的《个体发育中的言语功能基础问题》（«Проблема функционального базиса речи в онтогенезе»）（1974）；齐姆尼亚娅（И.А.Зимняя）的《听与个体发育心理学》（«Психология слушания и говорения»）（1973），以及莫斯科大学俄语学与方法论中心编撰出版的多部心理语言学文集等。（许高渝等 2008：30）这些著作、文集以及数百篇发表于《心理语言学问题》（«Вопросы психолингвистики»）、《语言学问题》（«Вопросы языкознания»）等学术期刊上的论文，为俄罗斯心理语言学范式——言语活动论的理论和实验体系的最终形成提供了必要支撑，也为该学科的快速扩张进而发展成为具有跨学科、综合性的心理语言学奠定了学理基础。

3.3 "发展"阶段

"发展"阶段即俄罗斯心理语言学范式的扩张时期和繁荣时期，时间大致为20世纪70年代中至今。从20世纪70年代中期起，世界心理语言学开始进入"后乔姆斯基"时期，其主要标志是：转换生成范式的影响力开始减弱，认知科学逐步向社会人文学科渗透，世界心理语言学在美国学者威尔奇，法国学者米勒、诺阿泽以及挪威学者鲁梅特威特等的带领下，开始将心理语言学研究转向认知心理学的轨道。这一转向，是心理学本原的回归，但又不是转向第一代的新行为主义（необихевиоризм），而是独立于语言学的认知主义（когнитивизм）。[①]具体表现为：心理语言学研究不再局限于对句子层面的言语生成和言语感知的分析，而是与人的思维过程联系起来，突出信息（语言）加工的心理学性质，并把交际（коммуникация/общение）、语境（контекст）、意义（значение）等因

---

① 萨哈尔内依的学术成就主要集中在语篇研究领域，由此形成了别具特色的彼得堡心理语言学派，对此，我们将在第3章中进行专门评析。

素纳入审视范围。毋庸置疑的是，上述转向对俄罗斯心理语言学范式的发展也同时产生了重要影响。研究表明，这一时期的俄罗斯心理语言学发展，主要呈现出以下特点：

1）出现向外扩张态势。作为俄罗斯心理语言学范式晶核的言语活动论，至20世纪70年代中期已完成了理论体系和实验体系的建构。此后，俄罗斯心理语言学开始了向更加广阔领域扩张的步伐，分别形成了语言学（语言符号学）、交际学、文化学、民族学等多方向的研究格局，出现了如心理语义学（психическая семантика）、反射心理语言学（рефлексивная психолингвистика）、发展心理语言学（психолингвистика развития）、民族心理语言学（этнопсихолингвистика）、认知心理语言学、应用心理语言学（прикладная психолингвистика）、心理诗学（психопоэтика）等多个分支学科。

在语言学方向上，主要向语义研究和语篇研究方向拓展。如在心理语义学方面出版了别特连科（В.Ф.Петренко）的两部著作《实验心理语义学概论：日常意识中的表征形式研究》（«Введение в экспериментальную психосемантику: исследование форм репрезентации в обыденном сознании»）(1983)和《意识心理语义学》（«Психосемантика сознания»）(1988)；还出版了什梅廖夫（А.Г.Шмелёв）的著作《实验心理语义学导论：理论方法原理与心理预测潜力》（«Введение в экспериментальную психосемантику. Теоретико-методологические основания и психодиагностические возможности»）(1983)以及阿尔婕缅娃（А.Ю.Артемьева）的著作《主观语义心理学基础》（«Основы психологии субъективной семантики»）(1999)等，它们为心理语义学的发展奠定了基础；在语篇研究方面也取得一批理论和实验成果，如1979年基辅高等学校出版社推出了一本专门研究语篇心理语言学的文集——《语篇的心理语言学和语言学本质属性及其感知特点》（«Психолингвистическая и лингвистическая природа текста и его особенности восприятия»），其中小列昂季耶夫发表的《现代语言学和心理语言学中的语篇概念》（«Понятие текста в современной лингвистике и психолингвистике»）(1979a)和《语篇作为心理学过程的感知》（«Восприятие текста как психологический процесс»）(1979b)两篇文章，对语篇的意义、语篇的结构、语篇的心理语言学特点及研究方法等进行了全面而深入的阐述。（见Леонтьев 1979）此类重要的著作还有：博金（Г.И.Богин）的《语言个性模式及其对语篇变体的关系》（«Модель языковой личности в её отношении к разновидностям текстов»)(1984)、《语篇理解类型学》(«Типология понимания текста»)(1986);德里泽(Т.М. Дридзе)的《社会交际结构中的语篇活动:符号社会心理学问题》(«Текстовая деятельность в структуре социальной коммуникации. Проблемы семиосоциопсихологии»)(1984);索罗金(Ю.А.Сорокин)的《心理语言学视角的语篇研究》(«Психолингвистические аспекты изучения текста»)(1985);萨哈尔内依(Л.В.Сахарный)的《作为扩展语篇的紧缩及其计算机模式化的物象化》(«Предметизация как компрессия развернутого текста и её компьютерное моделирование»)(1989)、《人与语篇:两种语法》(«Человек и текст: две грамматики»)(1994)①;扎列夫斯卡娅的《语篇及其理解》(«Текст и его понимание»)(2001)等。值得一提的是,俄罗斯特维尔国立大学(1991年前称加里宁国立大学)在此过程中逐渐成为词语和语篇心理语言学研究的中心之一。它从20世纪80年代初起开始不定期地出版由扎列夫斯卡娅担任主编的心理语言学著作,其中最有影响力的是《词与语篇的心理语言学研究》(«Психолингвистисике исследования слова и текста»)系列。

在交际学方向上,继续向言语交际领域的纵深推进,比较集中地对言语交际过程中的理论与实践问题尤其是言语影响(речевое воздействие)等应用心理学问题进行阐释,出版和发表了大量著述。其中,影响较广的有索罗金等人合著的《言语交际的理论与应用问题》(«Теоретические и прикладные проблемы речевого общения»)(1979);基谢列娃(Л.А. Киселева)的著作《言语影响理论问题》(«Вопросы теории речевого воздействия»)(1978);塔拉索夫与什科尔尼克(Л.С.Школьник)合著的著作《言语影响:问题与前景》(«Речевое воздействие: проблемы и перспективы»)(1978);由塔拉索夫担任责编的文集《言语影响:心理与心理语言学问题》(«Речевое воздействие: Психологические и психолингвистические проблемы»)(1986);斯捷尔宁(И.А. Стернин)的《言语影响导论》(«Введение в речевое воздействие»)

---

① 相比之下,俄罗斯心理语言学掀起"语言认知心理"的研究热潮比国外学界晚了约20年的时间,直到20世纪80年代末起才在人类中心论范式的影响下逐步展开。究其原因,恐怕主要是受传统的言语活动论的影响过大,因为从事心理语言学研究的学者大多是在小列昂季耶夫领衔的莫斯科心理语言学派的理论思想影响下成长起来的。

（2001）；克拉斯内赫（В.В.Красных）的《心理语言学基础与交际理论》（«Основы психолингвистики и теория коммуникации»）（2001）等。

在文化学方向上，1985年由索罗金担任责编的文集《语篇与文化》（«Текст и культура»）出版了，其中收集了文化符号学（семиотика культуры）奠基人洛特曼（Ю.М.Лотман）等学者的论文。该文集对心理语言学视角的语篇与文化的关系进行了多维度的集中阐述。

在民族学方向上，心理语言学家致力于对言语活动的民族心理、意识、形象以及民族个性等主题的研究，诞生了一门新兴分支交叉学科——民族心理语言学，该学科成为20世纪90年代起学界关注的焦点问题之一。该方向的主要著作有：索罗金的《民族心理语言学导论》（«Введение в этнопсихолингвистику»）（1998）；克拉斯内赫的《民族心理语言学与语言文化学》（«Этнопсихолингвистика и лингвокультурология»）（2002）等。

以上不难看出，自70年代中期起，俄罗斯心理语言学研究呈现出多方向发展的积极态势，这一态势不仅极大拓展了研究领域，形成了多个心理语言学的分支学科，更为重要的是继莫斯科心理语言学派之后又形成了多个独立学派，其中影响较大的是由萨哈尔内依领衔的彼得堡心理语言学派（Петербургская психолингвистическая школа）和以扎列夫斯卡娅为领袖的特维尔心理语言学派（Тверская психолингвистическая школа），它们的诞生标志着俄罗斯心理语言学范式开始向真正交叉或综合性学科转变。对上述三大学派的理论学说，本著作将在第3章中作专门审视和评析。

2）语言认知心理研究成为亮点。20世纪80年代末起，俄罗斯心理语言学界开始掀起"语言认知心理"的研究热潮，有力地推动了该学科向小列昂季耶夫当年确立的"人学"的方向发展。[①]

学界研究的热点紧紧围绕"语言–意识–文化–交际"的主题展开，重点对语言认知功能作出心理学的阐释和分析，并与民族文化、民族意识、民族形象等紧密结合，取得了一批重要成果，形成了诸如语言个性理论、先例理论、定型理论等（对此，本著作将在第4章中予以集中审视）。此外，神经语言学研究、语言意识研究、交际与跨文化交际研究、观念研究、语篇含义研究等，也成为这一时期的热点方向，并有大量学术成果面

---

① 从1988–2006年，俄罗斯共召开了7届（第9至第15届）心理语言学和交际理论研讨会，其主题始终没有离开过"语言、意识、文化、交际"。

世（对此，本著作将在第5章中作具体讨论）。上述这些成果，标志着俄罗斯心理语言学范式的理论思想在原有言语活动论基础上又有了新的重大进展。

语言认知心理研究的代表性著作有：卡拉乌洛夫的《俄语与语言个性》（«Русский язык и языковая личность»）（1987）；波尔特诺夫（А.Н.Портнов）的《心理语言学视角的语言、思维、意识》（«Язык, мышление, сознание: Психолингвистические аспекты»）（1988）；布鲁什林斯基（А.В.Брушлинский）的《思维与交际》（«Мышление и общение»）（1990）；弗鲁姆金娜等人合著的《语义与范畴化》（«Семантика и категоризация»）（1991）；普洛霍罗夫（Ю.Е.Прохоров）的《言语交际的民族社会文化定型及其在对外俄语教学中的作用》（«Национальные социокультурные стереотипы речевого общения и их роль в обучении русскому языку иностранцев»）（1996）；布雷金娜（Т.В.Булыгина）的《语言对世界的观念化：以俄语语法为例》（«Языковая концептуализация мира на материале русской грамматики»）（1997）；斯雷什金（Г.Г.Слышкин）的《从语篇到象征：意识和话语中先例文本的语言文化观念》（«От текста к символу: лингвокультурные концепты прецедентных текстов в сознании и дискурсе»）（2000）；普里瓦洛娃（И.В.Привалова）的《跨文化与言语交际：跨文化交际的认知语言学基础》（«Интеркультура и вербальный знак: лингвокогнитивные основы межкультурной коммуникации»）（2005）等，以及上文提到的索罗金、克拉斯内赫的有关著作，还有数量众多的相关学术论文等。

除上述外，应用心理语言学领域也取得些许重要成果，出版了数量可观的词典、教科书和语言教学研究文集等。

总之，这一时期的俄罗斯心理语言学研究，无论在广度上还是在深度上，都是"成型"阶段比较单一的言语活动论所无法比拟的，开始真正显现出跨学科的综合性质。

对于俄罗斯心理语言学范式中"定型"和"发展"两个阶段的基本情况，我们似可从小列昂季耶夫本人在不同时期对心理语言学所下的定义中得到佐证。1969年，他在《语言、言语、言语活动》一书中曾给心理语言学下过两个不同的定义："心理语言学是一门把语言体系与语言能力之间的相互关系作为研究对象的科学"（Леонтьев 1969：106）；"心理语言学的研究对象是作为整体的言语活动及其在综合模式化中的规律性"（Леонтьев 1969：110）。但在 1989年发表的《论心理语言学》（«Психолингвистика»）的文章中，小列昂季耶夫又说"心理语言学一方面是分析人的语言能力及其对言语活动的关系，另一方面是研究语言体系"。（Леонтьев 1989：144）到了1996年，他在为《心理学词典》（«Психологический словарь»）撰写的"心理语言学"词条中，再次改变了上述界说，提出"心理语言学的目的是审视与社会中的言语活动的功能和个性发展相关的言语生成和感知机制的特点"的观点。在1997年出版的《心理语言学基础》一书中，该定义又改为"心理语言学的研究对象，一方面是个性与言语活动的结构和功能之间的相互关系，另一方面是个性与作为构成人的主导世界形象的语言之间的相互关系"。（Леонтьев 2005：19）以上可见，言语活动论在"定型"阶段的研究对象主要是一个二项式（двучлен）体系，即"语言能力–语言"；而到了"发展"阶段，就发展为三项式（трёхчлен）体系，即"语言能力–言语活动–语言"；再到世纪之交，又增加了语言意识或个性心理等民族文化成分，变为了四项式（четырёхчлен）体系，即上文中所讲的紧紧围绕"语言–意识–文化–交际"等主题展开，从而使言语活动论拓展为思维活动论。这是我们对俄罗斯心理语言学范式50年发展历程的基本认识和概括。

　　关于上述阶段划分，俄罗斯著名心理语言学和民族心理语言学家克拉斯内赫在与我们的"笔谈"中也表达了大致相同的看法。她认为，对尚在发展中的年轻的俄罗斯心理语言学的发展状况很难用世界心理语言学的3个阶段加以区分，如果实在要划分的话，那么1969年小列昂季耶夫的著作《语言、言语、言语活动》无疑是其形成的标志，60年代末至今是其成型（окончательное оформление）和发展（развитие）的阶段。

　　此外，值得一提的是，俄罗斯科学院语言学研究所心理语言学学部（Отдел психолингвистики）为适应学科发展的需要，也于2012年组建起两个分支机构——普通心理语言学分部（Сектор общей психолингвистики）和民族心理语言学分部（Сектор этнопсихолингвистики），这一组织形式的变化，一方面标志着该学科所达到的完善程度，另一方面也昭示着学科发展的基本走向：民族心理语言学研究将成为新世纪本学科发展的主攻方向之一。

　　在本节的最后，我们想补充说明两点：一是上述3个阶段只是指具有俄罗斯心理语言学范式"代名词"之称的莫斯科心理语言学派的研究，它既不同于早期的如波捷布尼亚、博杜恩·德·库尔德内（И.А.Бодуэн де Куртенэ）、谢尔巴（Л.В.Щерба）等学说大家的相关语言学研究，也不是维果茨基、小列昂季耶夫的父亲老列昂季耶夫（А.Н.Леонтьев）的相关心理学研究。他们的学术成果只是作为俄罗斯心理语言学范式的学理基础而被载入史册的（对此，我们将在本著作第2章中做专门的审视和论证）；二是俄罗斯心理语言学范式在世界心理语言学的总体发展格局中所处的阶段问题。俄罗斯心理语言学的"定型"阶段是20世纪60年代末至70年代中，这个时期正是世界第二代心理语言学的末期和第三代心理语言学的兴起期，即认知心理学时期。因此，把俄罗斯心理语言学范式确定在世界第三代心理语言学的研究范式之内应该是合乎逻辑的，也符合俄罗斯的实际，对此，俄罗斯和国内学界也都有比较一致的看法。（许高渝等 2008：1–2）但是我们并不赞成把第三代心理语言学界定为"没有语言学的心理语言学"的说法，这样就太过绝对化了，"发展"阶段的俄罗斯心理语言学在语言学方向上所取得的诸多成果就是有力佐证。

第 4 节　本著作研究的方法、内容、意义及观点

作为本著作的"总论"，本章还有必要对本著作研究的基本方法、内容、意义及观点等做一番简要论述，目的在于：一是对本著作的研究作出总体规划，并以此为脉络，统领各章节的研究内容；二是对本著作研究的主旨、重点、特点等进行概括，以凸显本著作研究的方法论取向和学术价值。

4.1 研究方法

从宏观上看，本著作所遵循的方法论是基于"科学范式"的审视，即将俄罗斯心理语言学作为一种有别于西方心理语言学的独特范式来审视。也就是说，在我们看来，俄罗斯心理语言学已经是一个约定俗成的整体概念，意为"俄罗斯特有的心理语言学范式"或"贴有俄罗斯标签的心理语言学范式"。该概念蕴含着下列特定要素：（1）它在世界心理语言学发展史上自成一派，是世界第三代心理语言学即认知心理语言学的代表性范式；（2）该范式的学理晶核是基于心理学活动论中的言语活动论；（3）俄罗斯心理语言学范式从"创建"到"定型"再到"发展"3个不同阶段，都是建立在言语活动论基础之上的，即便当代的许多研究文献和成果已经鲜提到言语活动论这一术语，但其核心思想依然没有脱离开言语活动、思维活动、跨文化交际等"人的活动"的基本学理和规律；（4）作为范式的

俄罗斯心理语言学有其独特的文脉传承、思想方法、概念内涵和运作机理（对此，我们将在本著作第2章和第6章中进行系统的溯源、提炼、归纳和总结）。上述"科学范式"的方法论，不仅决定着本著作与其他同类著作的区别，也将为提升本著作的学术价值提供有力的思想方法保障。

从微观上看，本著作主要采用"文献调查法"和"定性分析法"：前者紧扣研究主题，对半个世纪以来俄罗斯心理语言学范式的学术文献进行系统的调查和周密的梳理，对所搜集到的文献资料进行比较、筛选、归纳和分类，以为准确把握和深入认识俄罗斯心理语言学范式的方法论意义及其学术价值提供可靠的"第一手"资料；后者运用归纳与演绎、分析与综合、抽象与概括等具体手法，对现有全部资料进行学源考证和理论思辨，以在学理上厘清和揭示俄罗斯心理语言学范式发展的内在规律，并在学术上对该范式的思想特质作出全面的审视和客观的评析。

4.2 主要内容

本著作的研究内容，本质上是由"科学范式"的方法论所要求和规定的，那就是最能体现俄罗斯心理语言学范式的"思想意义"或"学术价值"的内容方面——学源、学派和学说。也就是说，本著作研究的核心内容主要集中在俄罗斯心理语言学范式的"学源研究""学派研究"和"学说研究"3个方面。

本著作研究内容所确定的"三学"主旨，规定着完成本著作的基本思路，那就是：遵循学术研究的内在规律和要求，大致按照"总论概要→学源考证→学派分论→理论阐析→热点聚焦→特质总评"等思路和步骤依次推进。具体内容包括下列4个部分：

1）第1章和第6章分别为"总论"和"总评"，主要对俄罗斯心理语言学范式的发展历程作出概览，并对俄罗斯心理语言学范式的基本特点、思想特质等作出总体评价。其中，"总论"从世界心理语言学形成和发展背景出发，从考证的视角对作为独立学科的俄罗斯心理语言学范式的形成时间、形成标志等问题进行全方位的梳理和考察，并就俄罗斯心理语言学范式的发展阶段及其特点等提出我们的基本看法；"总评"由3部分组成：一是对俄罗斯心理语言学范式发展进程中的基本特点进行概括性审视，以对其理论成果和学术思想的"含金量"作出整体评价；二是将俄罗斯心理语言学视作世界心理语言学研究中的一种特殊范式，对其学源、学派和学说方面所体现的若干思想特质作出客观评析，内容包括文脉传承、思想方法、对象内涵、运作机理等，以为同类学科借鉴其相关学术成果提供依据；三是对俄罗斯心理语言学范式所存在的若干问题以及未来的发展前景等进行总结和前瞻性预测，以对蕴含在其"含金量"背后的"含沙量"作出现实评估，也为准确把握其基本走向提出我们的"一家之言"。"总论"和"总评"前后呼应，构成本著作内容和方法上的"闭环对接"。

2）第2章为"学源研究"即学理渊源探究，主要从心理学、语言学、生理学三个维面出发，对俄罗斯心理语言学范式的生发土壤、思想来源、学理指向等进行翔实考察和考证，重点对以维果茨基为学术领袖的文化–历史心理学派的核心思想——活动论（теория деятельности）的基本原理，以及卢利亚的"活动调节机能"思想、任金的"言语机制"说、波捷布尼亚的"词的内部形式"思想、博杜恩·德·库尔德内的音位学理论、谢尔巴的"语言现象三层面"说等相关理论思想等进行深入的梳理和缕析，以为后续的"学派研究"和"学说研究"中彰显俄罗斯心理语言学范式的方法论意义和思想特质奠定基础。

3）第3章作为"学派研究"，分别系统审视了俄罗斯心理学范式中最具代表性的三大学派——莫斯科心理语言学派、特维尔心理语言学派、彼得堡心理语言学派及其代表人物的学术思想和理论成果，重点对具有俄罗斯心理语言学"代名词"之称的莫斯科心理语言学派的相关思想和成果进行了论述和评析。由于该学派的学术成果代表着俄罗斯在本领域研究中的最高水平，因此审视内容显得更为系统，内容包括言语活动论学说以及言语生成、言语感知、民族心理语言学、言语影响、语言能力等若干研究方向，而对其他两个学派的审视则主要集中在其最具特色的相关领域，如心智语汇、语篇理解、掌握语言、词义和语篇、人脑作用、言语知觉、神经科学研究等若干方面。

4）第4、5章为"学说研究"，它们大多不专属于某一位或某几位学者的学术思想，而是俄罗斯心理语言学范式"定型"以来出现的并在学界有较大影响力的集体成果。其中，第4章所精选的三大理论——语言个性理论、先例理论、定型理论，都颇具俄罗斯思想传统和学术张力，一定程度上代表着俄罗斯心理语言学范式研究领域的理论走向和学术水平；第5章所聚焦的五大热点方向——神经语言学研究、语言意识研究、交际与跨文化交际研究、观念研究、语篇含义研究，它们都是当前俄罗斯心理语言学界所关注的热点方向，不仅思想前沿和特色鲜明，成果也颇为丰厚。总之，无论是"总论"和"总评"，还是"学源研究""学派研究"和"学说研究"，本著作都遵循"科学范式"之方法论所要求的以下两大原则：一是意义原则，即聚焦于俄罗斯心理语言范式所特有的方法论意义或价值；二是批评原则,即以学术批评的视角切入,对俄罗斯心理语言学范式的主要理论思想和学术成果进行较全面的批评性审视,内容包括生成起因、研究目标、学说观点、学术指向、理论阐释力、思想价值等诸方面。

4.3 学术意义

在我们看来,本著作的学术意义主要体现在以下两个方面:

1)理论意义。它包括:(1)前沿性。本著作力争在研究方法、研究对象、研究内容等方面凸显其前沿性。从研究方法看,以"科学范式"为方法论,所聚焦的是俄罗斯心理语言学范式的"意义"或"价值",即有别于其他心理语言学范式的"思想特质"。因此,"科学范式"研究本身就依循"意义取向"——注重对不同学派、不同学说的思想价值作出评析和批评;从研究对象看,当代心理语言学即认知心理语言学研究,无疑是语言学和心理学领域的"前沿学科",它所具有的交叉性和综合性特征,不仅代表着当代科学(包括人文社会科学和自然科学)研究的发展方向,更是建构"新文科"的必备条件和路径。作为一门用以解释知识或语言能力形成机制的科学,心理语言学的研究成果可以被广泛运用于人工智能、医学、生理学以及语言教学、跨文化交际等众多领域。因此,将心理语言学作为研究对象本身就具有重要的学术价值;从研究内容看,作为世界第三代心理语言学的杰出代表,俄罗斯心理语言学范式中有不少理论学说和思想成果在世界学界处于比较领先的地位:它首创将人的"能动性"作为理论基点,注重对言语活动中的言语生成机制、言语感知机制以及语言意识的形成机制等作出科学阐释,这与当代前沿科学"知识研究"或"知识形成过程的认知研究"的基本特征完全吻合。(2)完整性。本著作力求在"占有资料"和"研究范围"两个方面尽可能做到完整。在资料方面,共涉及本领域近150位俄罗斯学者以及50余位外国学者的理论、学说、思想和观点,参阅的第一手文献超过 500 余部/篇;在研究范围方面,时间跨越超过半个世纪(即从"创建""定型""发展"3个阶段至今),涵盖本学科的三大学派、三大理论和五大热点方向。因此,本著作可谓对俄罗斯心理语言学范式主要学派、核心学说之理论思想的完整书写。(3)批评性。本著作研究并非对现有理论学说本身的言说或转述,而是注重从学理探源、学术考证、理论思辨、思想阐释等方面对不同学派、不同思想、不同学说等作出我们的总体思考和评价。这些思考和评价本质上具有批评性,即不但有客观褒奖,也尽可能做到适度批判。如,我们对每一章节内容的审视都秉承批评原则，既评论其功过和优长，也指出其可能存在的不足和缺陷。此外，我们还在此基础上专门在第6章"总评"中辟出一个分节，对俄罗斯心理语言学范式在理论和实践方面的"不足部分"提出批评性意见，这在国内学界外以往的研究中并不多见。批评的实质是价值系统的意义重构，因此，批评性在本质上是一种学术再创造，也是本著作力求达成的特点之一。(4)规范性。本著作在文本结构、行文格式、引文析出、体例注释、文献标注、术语使用等诸方面，都力求做到整齐划一，以用技术层面的规范性来提升著作的学术价值。

2) 实践意义。它包括：(1)本著作的研究内容对人工智能研究、病理学研究、失语症研究、儿童个体发育研究以及语言(包括外语)教学研究、跨文化交际研究等都有一定的参考和启迪意义。(2)对我国心理语言学研究及教学有一定的促进和借鉴作用。(3)研究成果可用作本专业方向的研究生教材或教学参考书等。

4.4 基本观点

通过对俄罗斯心理语言学范式发展阶段的整体审视，以及在学源、学派和学说等方面的系统梳理、剖析和批评，我们形成了以下几点基本认识或看法：

1) 俄罗斯心理语言学范式之所以能够成为一支有世界影响力的独立脉系，其根本原因就在于其学源或根系的不同：它是植根于维果茨基及其学派的文化–历史心理学沃土而发展起来的，这就决定了它在研究对象、研究方法和运作机理等方面与西方心理语言学有很大的不同。

2) 俄罗斯心理语言学范式从创建之日起就具有第三代心理语言学即认知心理语言学的特性，这与西方尤其是美国心理语言学所经历的发展阶段（经历了反应心理语言学、转化生成心理语言学、认知心理学3个阶段）有所不同，且该"认知"在哲学上又主要是以辩证唯物主义和历史唯物主义的马克思主义方法论为基础的，因此，它是基于本民族历史和文化的积淀所获得的认知，这在世界心理语言学界可谓"独一无二"。

3) 俄罗斯心理语言范式的价值取向相对于西方心理语言学而言，体现出4个"更加注重"：更加注重言语活动的社会价值和文化功能；更加注重语言符号(言语)与思维、意识之间的内在同一性；更加注重对语言符号(主要是音位、词、语句和语篇)进行系统的过程描写和心理阐释；更加注重对言语活动之民族意识(精神)维度的发掘。这4个"更加注重"，集中彰显着心理语言学是研究有关"人的活动"的一门科学，彰显着言语活动中的言语主体——说话的人（человек говорящий）、交际中的人（человек в общении/коммуникации）以及人的心智（ментальность человека）在建构其知识系统时所发挥的主观能动性作用。

4）俄罗斯心理语言学范式的方法论和基本学理具有鲜明的俄罗斯特色，其中的许多理论学说和思想也不乏原创性意义，民族心理语言学研究（尤其是其中的语言意识研究）、语篇研究（尤其是语篇含义研究）、神经语言学研究、言语感知研究、言语机制研究等领域整体上处于世界先进水平，值得我国学界批评和借鉴。

5）俄罗斯心理语言学范式的晶核为言语活动论，该理论在展现其应有的优势、特性的同时，在新形势下也显现出一定的不足或短板，如研究路径很难突破言语活动论的框框、发展潜力受到一定制约、学科交叉性不够、研究技术不够先进、学科边界不清晰以及语言意识研究缺乏方法论支撑等若干方面。

最后需要指出的是，有关对俄罗斯心理语言学范式学源、学派、学说方面的评析和批评，本著作将在每一个章节中结合不同学派或不同学者的学术思想或观点进行，并在第6章"总评"中作出整体评价。

第2章 俄罗斯心理语言学范式的学理基础

俄罗斯心理语言学范式在短短50年间就取得如此巨大的成就,并在世界心理语言学发展格局中独树一帜,受到西方学界的高度关注和积极评价,其根本原因就在于它在思想传承方面与西方有很大不同,其学理渊源有别于西方的行为主义和生成语法,而是深深地植根于民族文化的土壤,不断从本民族所积累的科学成就和人文科学遗产中汲取营养,使其思想方法和理论学说彰显出俄罗斯特色。正如小列昂季耶夫本人所说,苏联心理语言学的形成主要依据的是"维果茨基学派的唯物主义心理学,首先是关于活动的概念,以及谢尔巴及其学派的语言学遗产,特别是他对积极语法(активная грамматика)的阐释"。(Леонтьев 2002:404)鉴于此,本章将分别从心理学、语言学和生理学等不同学科的视角出发,来审视俄罗斯心理语言学范式的晶核——言语活动论的学理基础问题,以厘清其演化和发展的基本脉络,为在整体上全面和准确地把握俄罗斯心理语言学范式在理论和实践方面所取得的学术遗产提供理据。

第1节 心理学基础

尽管学界公认,心理语言学本质上属于语言学学科(лингвистическая дисциплина),这不仅是因为作为独立学科的心理学自其诞生之日起就与语言或言语结下不解之缘,还因为心理语言学的研究对象主要是语言与思维(意识)、语言与精神、语言与民族的关系以及言语生成(порождение речи/речепорождение)、言语感知(восприятие речи)、言语交际(речевое общение)和言语理解(понимание речи)等。但就心理语言学的基本方法而言,它是从心理学视角来研究语言或言语现象的,因此,其学理基础首先源自心理学。西方心理语言学是如此(对此,我们在本著作第1章中有相关论述),俄罗斯心理语言学也不例外。例如,心理学中有关对言语(语句)生成和言语现象感知过程的认识,对言语交际过程的认识以及儿童掌握语言过程的认识等,都是心理语言学所要解决的基本问题,在这一点上俄罗斯与西方学界并无区别。因此,首先从心理学视角来梳理心理语言学的学理渊源问题,是学界普遍采取的方法。

然而，俄罗斯心理语言学所秉承的并非西方传统心理学的文脉，而是本国的心理学传统，它就是由维果茨基于20世纪20-30年代所创立的文化–历史心理学（культурно-историческая психология），学界将其学术样式称为"维果茨基心理学派"。该学派成员主要有老列昂季耶夫、扎波罗热茨（А.В.Запорожец）、加尔别林（П.Я.Гальперин）等。此外，小列昂季耶夫还认为，俄罗斯心理语言学还有两位"直接前辈"——卢利亚以及不属于维果茨基学派的任金。① （Леонтьев 2005: 110）据此，本节主要对作为俄罗斯心理语言学范式晶核的言语活动论学说产生直接影响的维果茨基、老列昂季耶夫以及卢利亚、任金的相关理论思想作出缕析和评述。②

1.1 "文化－历史心理学"理论思想

维果茨基被誉为"俄罗斯心理学之父"。他提出的文化–历史心理学理论（культурно-историческая теория в психологии）可谓"有口皆碑"，在国内外学界享有崇高的学术声誉，因此，他本人在俄罗斯学界有"现代心理语言学的先行者和奠基人"之美誉。

维果茨基的文化–历史心理学理论成型于20世纪20-30年代，这正是苏联人文社会科学发展的繁荣时期，也是马克思主义意识形态即辩证唯物主义和历史唯物主义在人文社会学科领域占据绝对主导地位的时期。因此，文化–历史心理学显然是维果茨基把马克思主义哲学运用于心理学研究的产物。③1926-1927年间，维果茨基在患肺炎住院期间撰写了一篇短文，该文于1982年首次发表时被冠名为《心理学危机的历史意义：方法论研究》（«Исторический смысл психологического кризиса: Методологическое исследование»），被学界公认为文化–历史心理学的

---

① 尽管卢利亚和任金与俄罗斯心理语言学的奠基人小列昂季耶夫属于同时代人，但由于前两位学者的相关理论思想为后者创立该学科时作出了贡献，因此小列昂季耶夫十分恭谦地将他们称为"直接前辈"。

② 有关卢利亚的相关学术思想，我们拟在本著作的其他章节中做专门的评述，主要原因是：该学者最为著名的神经语言学理论思想，并不是在言语活动论生成之前出现的，因此而无法纳入本章节的"学理基础"的范围之内。

③ 正是在上述背景下，小列昂季耶夫将维果茨基称为"心理学中的唯物主义者和马克思主义者"（материалист и марксист в психологии），并认为这一称谓"并非对维果茨基的贬低"。（Леонтьев 2005 48）

宣言。①另外，他还有3部标志性的著作：第一部是1925年完成的副博士论文《艺术心理学》（«Психология искусства»），第二部是于1934年出版的《思维与言语》（«Мышление и речь»），第三部是1960年编辑成册并出版的文集《高级心理机能的发展》（«Развитие высших психических функций»）。②

令学界多少有点匪夷所思的是，《艺术心理学》一书直到1965年才第一次出版，而《思维与言语》一书也到了1962年才第一次被翻译成英文出版。这一境况似乎与维果茨基在国际学术界的崇高地位不相符。但事实就是如此。可以肯定的是，维果茨基赢得世界性声誉和在俄罗斯学界享有著名学者身份的时间并非在20–30年代，而是在60年代以后。这主要与《思维与言语》一书被翻译成英文出版有关，它使维果茨基"为西方所熟知"。（Фрумкина 2007: 20）当然，这也要归功于俄罗斯著名心理学家卢利亚，正是他在各种国际学术会议上以"维果茨基学生的身份"介绍了按照维果茨基的文化–历史心理学构想所作出的一系列实验成果。现有文献也表明，文化–历史心理学的概念和术语也并非维果茨基本人提出，而是由卢利亚在1974年出版的《论认知过程的历史发展》（«Об историческом развитии познавательных процессов»）和1976年出版的英文版《认知发展：文化和社会功能》（*Cognitive development: its cultural and social foundations*）两部著作中最先提出来的，并得到世界学界的一致认可。（见Лурия 1974, Luria 1976）因此，学界也把文化–历史心理学称为维果茨基–卢利亚文化–历史心理学（культурно-историческая психология Выготского-Лурия）。（Фрумкина 2007: 21）

文化–历史心理学亦称"人的发展心理学"（психология развития человека），其学理内核即"活动论"。维果茨基在《心理学危机的历史意义：方法论研究》一文中运用马克思主义的唯物史观，一方面对西方古典心理学在方法论上所面临的种种危机进行了深刻的分析和批判，认为无论是心理分析、行为主义、经验主义还是主观心理学等，它们都在自身的发展中显示出种种缺陷，都无法建构起新的有关"人学"的普通心理学（общая психология）的有效机制，因此，它们都属于"没有心灵的心灵

---

① 在20世纪30年代至50年代那个特定的时期，维果茨基的心理学理论思想被禁止在苏联国内出版，甚至他的名字也被禁止提起，因此，他的许多著述直到1965年后才开始陆续出版和发表。

② 1960年出版的该部文集，所有的文章都是之前未曾发表的，有的源自讲稿。

学说"。这些学说的内部矛盾性集中体现在：描写性的心理学注重的是描写和理解，它把概念分析作为研究对象；而解释性的心理学又并非以精神科学（наука о духе）为基础，它建构的是具有决定论性质的"刑事法"（уголовное право），不允许有自由度，也不容忍出现文化的问题。在上述认识的基础上，维果茨基对苏联心理学在研究方法上的成就和不足进行了全面审视和总结。他在批判地吸收巴甫洛夫（И.П.Павлов）、别赫捷列夫（В.М.Бехтерев）、科尔尼洛夫（К.Н.Корнилов）等心理学家的相关学说后，得出结论认为，心理学研究必须采取辩证的和唯物主义的方法，并只有与社会文化发展的土壤相结合，与人的科学认知的普遍条件和规律相结合，与客观现实的要求相结合，才会具有生命力。（Выготский 1982a: 292–436）

分析和总结世界心理学危机的成因，使维果茨基发现了方法论的重要意义，为此他把自己的研究视角定格在"心理学发展的文化-历史观"（культурно-историческая концепция развития психологии）方面，以区别于当时盛行并陷入危机之中的自然主义心理观和生物遗传决定主义心理观。正如老列昂季耶夫指出的那样，维果茨基是从一种特别的视角进入心理学研究领域的，这与当时多数苏联心理学家的视角不同：他一方面深谙创建一门新的客观心理学的必要性，因此在研究艺术心理学时就特立独行；另一方面，由于他的初始兴趣在于艺术作品的感知所引起的人的高级情感方面，因此对20世纪初世界和苏联心理学现实存在的缺陷难以容忍……心理学客观主义方向上的不足主要在于不能等值地研究意识现象，而维果茨基就是20年代苏联心理学界中最为积极主动参与到对意识作出新解释的斗争之中的学者之一。（Леонтьев 1982: 15）这表明，维果茨基的文化-历史心理学注重的是关于人的心理发展问题，其思想特质集中体现在从历史和文化的双重视角出发，对人的意识或精神的形成机制以及艺术作品的心理美学等方面作出合乎辩证唯物主义和历史唯物主义的科学解释。

总之，《心理学危机的历史意义：方法论研究》一文，是从马克思主义方法论视角对苏联"文化-历史心理学"的理论构建，它为以其为代表的心理学派的形成和发展奠定了哲学基础。

维果茨基的文化-历史心理学的主要学术思想，被收集在1956年出版的《心理学研究选集》（«Избранные психологические исследования»）和 1960年出版的《高级心理机能的发展》文集中。我们将其主要思想概括为以下几个主要的方面：

1) 心理是人的机能和特性，人的心理是社会的，因此对人的心理特点的探索，既不能从人的生物学角度，也不能从人的精神的自主规律角度，而只能从人类历史和社会历史视角去展开。也就是说，人的活动（деятельность человека）具有间接性。

2) 人的活动，与直接受环境（世界）制约的动物的行为不同，是通过社会生产的具有社会意义的劳动工具系统（система орудия труда）和心理学工具系统（система психологических орудий）实现的。前者的作用体现在人的活动中，使人与动物相区别；后者把人的心理行为类型与动物的心理行为类型相区别，人的行为是用符号表示的理智行为（интеллектуальное поведение），而动物的心理行为主要是以条件反射和无条件反射为基础的。因此，如果说动物对环境的条件反射联系是自然态（естественный порядок）的话，那么对人来说，作为人工创造的用于影响人的行为的刺激物——复杂的符号化系统（包括语言），就成为人的心理与环境之间的联系手段，即心理学工具。心理学工具不仅是社会影响其成员的手段，也是社会每个成员的心理形成的手段。

3) 人与动物的区别，表明人具有一套特殊的行为系统，即受社会、文化、历史发展规律制约的人的高级心理机能（высшие психические функции），它包括观察、随意记忆、逻辑记忆、抽象思维、高级情感、预见性意志等，即个体的意识。该机能为人提供认知的"工具"，如形象、行动、定势、认知图式等，从而成为现代儿童心理学、教育心理学、医学心理学、工程心理学和社会心理学的概念基础。

4) 符号作为心理活动的工具源自心理之外，因为对人来说，新的特殊的心理过程结构最初是由人的外部活动（внешняя деятельность）形成的，之后才转化为人的内部心理过程结构。这表明，心理过程就是分析人的心理机能系统，它是在儿童心理的发展中形成的，而不是天生的，也不是儿童在进入社会关系的系统时被植入的。人的外部行为形成人的意识，意识产生思想，思想的言语表达要经过双重的间接过程：在外部以符号为中介，在内部以意义为中介。

5) 意义是人类社会经验和社会实践结晶化的理想的精神形式。社会的整个认识过程、社会的科学以及语言本身等，都是意义系统。人在社会化过程中掌握的是精练意义（выработанные значения），这是意义的外部的和社会的方面，同时也是心理学现象（психологический феномен）。每一个词语都是隐含概括（скрытое обобщение），从心理学角度看词语的意义首先就是概括。由于人能借助于思维概括地反映现实，因此人具备特有的心理学交际形式。同一个言语外壳可以伴随有与心理过程相关联的完全不同的功能特性。

6) 词语与思维、言语与思维的关系是动态和变化的过程，意识和思维有两个层级——为意识而意识（сознание для сознания）层级和为存在而意识（сознание для бытия）或意识中的存在（бытие в сознании）层级，这就决定了言语同样也具有两个层面——内部语义和外部形态。基于概念的机能及其在高级心理机能中的作用，内部言语（внутренняя речь）形成了，它是一种心理本质上的特殊形成物和一种特殊的言语活动形式。（Выготский 1956, 1960）

显然，维果茨基的上述文化−历史心理学思想，为俄罗斯创立言语活动论学说奠定了方法论基础。不难看出的是，维果茨基有关人的活动论思想是建立在对西方和俄罗斯传统心理学方法论的批判基础之上的，它积极吸收和发展了俄罗斯的文化传统，试图用"意识−文化−行为"的三位一体假设来替代当时俄罗斯心理学界普遍认同的"意识−行为"的两位一体的反射学理论，从而为言语活动论的学理建构起到了十分重要的支撑作用。尤其是他提出的内部言语的思想，不仅与德国著名语言学家洪堡特的语言的内部形式（внутренняя форма языка）和俄罗斯著名语言学家波捷布尼亚的"词的内部形式"（внутренняя форма слова）思想遥相呼应，同时也鲜明地昭告着"文化−历史心理学的价值取向就在于揭示人的言语与意识之间存在的内在机制"。正如维果茨基所说，《思维与言语》一书要解决的中心任务是对思想与词语之间的关系进行发生学分析（генетический анализ），在实验研究之前就对思维与言语的发生学根源作出理论解释。（Выготский 1982b：7）应该说，这一思想对俄罗斯心理学的发展走向乃至语言学的研究都颇有影响：把并不具有交际功能的内部言语作为审视对象，其实质就是对语言意识形成机理的一种科学探索，因此具有鲜明的语言认知性质。

当然，也有学者认为，维果茨基在建构普通心理学的活动论时，所采用的基本原理是唯物主义的一元论（монизм）原则，即将人的心理、意识看作一种与物理客体世界相对立的特殊的"无体实体"（бестелесная субстанция），看作人的群体的机能。（Журавлев 2021：15）

应该说，当代俄罗斯心理语言学的发展正是朝着这一方向不断探索而前行的，并取得了丰硕的理论成果。但维果茨基的上述思想，只是勾勒出活动论的总体框架，其完整的学理体系则是由苏联时期最具盛名的心理学家老列昂季耶夫完成的。他分别在1974年的论文《活动的一般概念》

（«Общее понятие о деятельности»）中和1975年的著作《活动、意识、个性》（«Деятельность, сознание, личность»）中对维果茨基的活动论思想作了进一步的完善和补充。

7) 活动是人的个体存在的克分子单位（молярная единица），并不是存在的成分（элемент），它具有完整系统和多层级组织的单位（единица）。任何主题活动（предметная деятельность）都有其目的，并在动机中得以具体化。目的以及符合目的的行动、实现目的的手段和方式等都是活动的主要构素。也就是说，除了活动的定向和结果外，其他如动机、目的、行为以及实现行为的程序等都进入活动构架的内容。真正的也是唯一的活动单位是活动行为（акт деятельности）。人的活动是作为行动（действие）或行动链（цепь действий）而存在的，没有行动，就无任何活动可言。

8) 活动是一种高级的动态系统，在该系统中常常发生转换（трансформации）：活动行为如丧失动机，就转换成了对世界采取另一种态度的行动，即另一种活动；相反，行动可以获得独立的动力而成为活动行为，行动也可以转化为开始实现不同目的的程序等。

9) 活动可按其外部特征、物质特征、内部特征、理论特征等分为不同的形式。活动的内部和外部形式是相互关联的，并在内化（интериоризация）和外化（экстериоризация）过程中实现相互转换。

10) 言语活动与劳动、游戏及认知等活动不同，具有一定的抽象性。它存在于单独的言语行动（речевые действия）的形式中，并为其他类型的活动提供服务。只有当言语具备自身的价值，只有当除了用言语方式而用别的方式无法实现言语动机的情况下，才能产生言语活动。而言语行动以及单独的言语程序可以进入其他类型的活动，首先是认知活动等，因为语言本身就是"概括和交际统一体"（единство обобщения и общения），这就是语言本体论的实质。（Леонтьев 2005: 61–65）

11) 对活动的分析，首先要按照活动动机的不同区分出单个活动（отдельные деятельности）；其次要区分出服从于有意识目标的行动；最后要区分出直接取决于目标达成的工序（операция）——这些都是人类活动的单位。（Леонтьев 1974: 15）

12) 活动心理学（психология деятельности）中关于活动的一般概念有5个原理：(1) 活动可理解为实现主体活力（жизнь субъекта）的过程和满足主体实物需求（предметные потребности）的过程；(2) 活动的开展必然会导致对现实的心理反映（психическое отражение）；(3) 活动是

一个可以将反映物（отражаемое）变为反映的过程；（4）心理反映的东西是活动的间接体现；（5）心理反映也可以在活动产品中晶体化或定型。

13）外部活动与内部活动（внутренняя деятельность）相互间不构成对立：前者属于延伸世界（мир протяжения），后者属于思维世界（мир мышления）。（Леонтьев 2004：303–305）

从方法论看，老列昂季耶夫的活动论思想与美国的第一代和第二代心理学理论并无原则性区别，都是要解决人的心理决定论（детерминация）问题，但解决的路径却不相同：美国的新行为主义采取的是"刺激物→主观感受"这样的路径，即刺激–反应（стимул–реакция）或客体–主体（объект–субъект）公式，把人的心理表征看作是对外部刺激物的直接反映；而老列昂季耶夫的活动论学说的解决路径是"主体–活动–客体"（субъект–деятельность–объект），把心理表征解释成对主体作用的结果，对主体作用就是把主体和客体连接起来的环节——活动。这与维果茨基提出的"意识–文化–行为"心理学模式是完全一致的。

小列昂季耶夫在评价维果茨基及其学派对俄罗斯心理语言学所作出的贡献时，特别强调了以下两点：（1）区分了成分分析（анализ по элементам）和单位分析（анализ по единицам）。现代语言学无一例外地都是成分分析，第一代和第二代心理语言学也同样是成分分析，而只有维果茨基及其学派成员施行的是单位分析，即将心理语言学的基本单位——活动、行动、工序等作为研究对象；将言语生成这一内部心理的过程组织解释为互为关联的活动阶段（фазы деятельности）的连续性：言语生成的第一个阶段是动机（мотивация）；第二个阶段是思想（мысль）；第三个阶段是内部词语中的思想间接化（опосредование мысли во внутреннем слове），即实现所谓的言语句（речевое высказывание）的内部工序化；第四个阶段是外部词语意义中的思想间接化（опосредование мысли в значениях внешних слов），即内部工序的现实化；第五个阶段是词语中的思想间接化（опосредование мысли в словах），即言语的声学–发音的现实化。（Леонтьев 2005：48–50）不难看出，维果茨基不仅在心理语言学研究的方法论上，同样也在心理语言学具体的研究内容上，为俄罗斯心理语言学的学科"创建"和"定型"都作出了重大贡献。可以说，俄罗斯心理语言学家们在20世纪60–70年代开发出的多种言语生成模式，都是基于维果茨基所说的上述图式的（详见第3章中"言语生成研究"的有关内容）。

需要指出的是，尽管维果茨基提出的人的活动论思想在内容上还不够完整和精细（后经老列昂季耶夫和卢利亚等学者才得以补充完善和实践论证），甚至连使用的术语也与当代心理学的有较大不同，但就其学科性质而言却可归入第三代心理学——认知心理学的范畴，这在时间上较之西方相关新兴学科的诞生早了近40年的时间。此外，上述关于人的活动论思想，其审视的核心内容除了文化–历史对人的心理机能的作用外，言语符号对人的思维或意识的建构作用也被摆到了空前重要的位置，因此，该思想又具有鲜明的当代认知学的性质。此外，我们在第1章曾提到，塔拉索夫之所以将言语活动论界定为继反应心理语言学、转换心理语言学之后的一种崭新范式——言语活动社会决定论，其基本理据，就是将维果茨基心理学派的文化–历史心理学中的活动论理论思想视作俄罗斯心理语言学创建过程中不可或缺的一个重要学理基础。

1.2 卢利亚和任金的相关学术思想

在上文中，小列昂季耶夫在谈到俄罗斯心理语言学的学理基础时，曾提到卢利亚和任金两位"直接前辈"。因此，在这里有必要简要审视一下这两位学者对俄罗斯心理语言学的创建所作出的学术贡献。显然，他们从心理学角度提出的关于语言与意识、言语生成的内部机制的学术思想，对俄罗斯心理语言学的形成和发展有直接和重大的影响作用。

1.2.1 卢利亚的有关思想

作为维果茨基文化–历史心理学派的主要成员，卢利亚为该学派的形成以及推广、宣传和发展维果茨基的学术思想方面都作出了自己独特的贡献。他不仅积极参与俄罗斯心理语言学的"创建"和"定型"工作，还被公认为俄罗斯心理语言学的分支学科——神经心理学（нейтропсихология）或神经语言学（нейтролингвистика）的奠基人。他出版或发表的有影响著述主要有：《儿童言语与心理过程的发展》（«Речь и развитие психических процессов у ребенка»）（1956）、《言语发育与心理过程的形成》（«Развитие речи и формирование психических процессов»）(1959)、《智力落后儿童》（«Умственно отсталый ребенок»）(1960)、《人的大脑与心理过程》（«Мозг человека и психические процессы»）(1963，1970)、《额部与心理过程的调节》（«Лобные доли и регуляция психических процессов»）(1966)、《神经语言学的问题与事实》（«Проблемы и факты нейтролингвистики»)(1968)、《作为历史科学的心理学》(«Психология как историческая наука»)(1971)、《论认知过程的历史发展》(«О историческом развитии познавательных процессов»)(1974)、《记忆神经心理学》(«Нейтропсихология памяти»)(1974, 1976)、《言语与思维》(«Речь и мышление»)(1975a)、《神经语言学研究的几个基本问题》(«Основные проблемы нейтролингвистики»)(1975b)等。仅从上述著述的名称就不难看出，卢利亚是神经心理学和神经语言学研究方向的开创者，同时也是维果茨基心理学派的主要继承者。

卢利亚对俄罗斯心理语言学在"创建"和"定型"阶段所做出的学术贡献，可以归纳为以下三个方面[①]：

1)关于言语促进思维和发展心理的思想。卢利亚在《儿童言语与心理过程的发展》一书中对儿童思维的发育、心理过程的发展进行了多项实验论证后，表达了下列基本观点：（1）词不仅是形成心理活动的强有力因素，同样也是完善现实反映、建立新的注意形式、想象记忆、思维和行动的强有力因素；（2）词不仅能够表征周围世界的事物，还可以抽象和区分出所需特征，概括出所感知的符号，并将这些事物和符号归入一定的范畴，将人的直接经验系统化，从而改变人的整个心理过程；词的作用体现在对感知世界的重构，可以使人的意识从直接感性经验层级转向概括的理性认知层级，因此，掌握词语系统可以重构儿童的心理过程；（4）言语作为儿童基本的交际手段，是其对现实进行深入分析和综合的手段及行为外在调节器（внешний регулятор поведения）。词语出现后，就会进入儿童心理活动的几乎所有形式构成之中，参与对感知、记忆、动机和行动的构建。（Лурия 1956: 5-92）应该说，关于言语（词）对儿童心理过程形成机制起决定性作用的问题，最早对此进行研究的是维果茨基，他通过分析高级心理机能的发展，对言语改变儿童心理过程问题作了系统论证。（Выготский 1960: 235-393）而卢利亚的贡献主要体现在实验论证方面，即将维果茨基的有关思想和初步论证进行实验分析。显然，他的实验论证对俄罗斯心理学语言学范式的晶核——言语活动论学说的

[①] 卢利亚和任金都不属于小列昂季耶夫领导的莫斯科心理语言学派成员，但他们的学术思想却对后者产生了直接而重大的影响：在几乎所有的俄罗斯心理语言学文献中，这两位心理语言学家的相关理论都被认作是俄罗斯心理语言学不可或缺的宝贵遗产。

形成起到了一定的促进作用。

2) 关于交际和言语生成模式的思想。对于交际, 卢利亚主要对事件交际(коммуникация событий)和关系交际(коммуникация отношений)的概念进行了区分: 前者指形象直观的外部事实的信息, 如"房子着火""孩子打狗"等; 后者指物象之间的逻辑关系信息, 如"狗—动物"等。这两种交际实际上就是词汇意义的组合联系(синтагматические связи)和聚合关系(парадигматические отношения)。这一思想不仅涉及直接构成交际语句的现实述谓性问题, 也涉及语句或句子的起始组成单位的结构即词语的组合问题; 关于言语句的生成模式, 卢利亚认为可分为4个不同阶段——动机(мотива)、意图(замысел)、内部言语(внутренняя речь)、扩展言语(развернутая речь)。动机是言语句的出发点, 表达话语中特定的内容, 如提出要求、交流信息、表达概念等; 意图是思想的产生或应该进一步体现在语句中的内涵的总体图式; 内部言语将意图重新编码成扩展言语, 它对建立扩展言语句的转换生成图式具有决定性意义, 具有紧缩、简化和述谓的性质(Лурия 1975a: 61–62), 扩展言语是将内部主观含义转换成外部扩展言语意义的机制, 即实现"思想→言语"(мысль→речь)的转换(Лурия 1975b: 10)。不难看出, 上述4个阶段科学描绘了言语生成的具体过程, 即从动机和总体意图出发, 经过内部言语——即可以对内部言语的潜在联系进行语义记录(семантическая запись)的图式, 从而形成深层句法结构, 最终依据其表层句法结构而展现为外部言语句(высказывание внешней речи)。总之, 上述思想较之维果茨基的相关思想更具现实化, 可操作性强, 因此, 其基本原理被言语活动论的创立者所采纳。

3) 关于对各种失语症诊断和研究方法的思想。卢利亚在言语心理学(психология речи)和神经语言学的框架内, 依据维果茨基提出的大脑皮层中枢机能系统占位观(концепция системной локализации), 对失语症(афазия)的形成机理及恢复手段问题作了深入研究, 对负责各种心理机能的大脑中枢神经发生的言语损伤(речевые нарушения)的恢复进行了图式构建。如, 他在1947年出版的《创伤性失语症》(«Травматическая афазия»)一书中, 就尝试构建失语症的心理语言学图式, 提出了语句内部图式(внутренняя схема высказывания)的重要概念; 后来, 他又将该图式发展为外部言语(внешняя речь)。(Цветкова 1983: 57)在小列昂季耶夫看来, 卢利亚的上述研究是病理心理语言学

（патопсихолингвистика）领域的一大突破：如果说在卢利亚之前失语症的研究者们主要是从语言单位和结构的心理学现实出发来研究失语症损伤的话，那么卢利亚是第一次将该损伤视为言语工序的损坏来分析。(Леонтьев 2005:51)卢利亚对各种失语症所作的多年基础性研究，完全改变了对大脑皮层中心理机能占位（локализация психических функций）的传统认识，使得人们对占位（локализация）的概念作出了重新审视。(Леонтьев 2010：211)当然，卢利亚在1947年提出的上述思想，又在他本人于1975年出版的《言语与思维》《神经语言学研究的几个基本问题》的著作中得到进一步的深化或系统化。

　　应该说，卢利亚上述3个方面的思想，分别对言语活动论中的言语生成理论、言语感知理论、言语影响理论的形成和发展等都有一定的影响和促进作用。对此，小列昂季耶夫都给予很高的评价，尤其推崇卢利亚提出的言语生成的4个阶段的设想，认为它不仅参照了莫斯科语义学派（Московская семантическая школа）的代表人物之一梅里丘克（И.А.Мельчук）所提出的意思⇔文本（Смысл⇔Текст）语言学生成模式，而且还强调了这样的思想：作为交际手段的每一个言语与其说是词汇单位（词）的综合体，还不如说是语段系统（система синтагм）即语句。(Леонтьев 2005：111)也就是说，在小列昂季耶夫看来，卢利亚的这一思想是对莫斯科语义学派相关思想的发展。关于卢利亚对维果茨基提出的有关活动论学说的发展，小列昂季耶夫认为主要体现在"对活动的调节机能的详细研究方面"。(Леонтьев 2010：211)

1.2.2 任金的有关思想

　　任金原本是一名语言学家，毕业于莫斯科大学历史语文系，但此后从事的却是语言心理学（психология языка）研究。[①]1958年，他的"具有重大价值的专著"——《言语机制》(«Механизмы речи»)使其成名。(Леонтьев 2005：111)此外，他还出版有《语法与含义》(«Грамматика и смысл»)(1970)、《作为信息传播工具的言语》(«Речь как проводник

[①]　"语言心理学"即"心理语言学"。许多学科在生成之初期，其称谓呈现出类似的多样性。如，社会语言学（социолингвистика）在最初亦被称作"语言社会学"（социология языка）、"生态语言学"（эколингвистика），也被称作"语言生态学"（экология языка）、"语言学生态学"（лингвистическая экология）等。

информации»)（1982）[①]、《语言·言语·创作》（«Язык. Речь. Творчество»）（1998）等重要著作。

学界普遍认为，任金的学说是俄罗斯心理学奠基人维果茨基创立的文化–历史心理学之后的又一学术高地。当代俄罗斯心理语言学家谢多夫（К.Ф.Седов）在评述维果茨基和任金的学术成就时曾形象地做过这样的比喻：如果说维果茨基学派的成就所展现的理论高度是一座科学的勃朗峰（Монблан）的话[②]，那么任金及其学派所展示的就是科学的珠穆朗玛峰（Эверест）的轮廓。[③]可见，任金的学术成就远远超出欧洲范围而具有世界影响力。

显然，使其成名并被誉为显现学科"世界最高峰轮廓"的，是他于1958年提出并贯穿于其后学术生涯主线的"言语机制"学说。该学说的内容十分繁杂和深奥，因为它涉及言语生成、感知和理解的心理学机制问题。但究其学术价值而言，它总体上是在活动或交际框架内对语言、言语以及言语机制成分等作出心理语言学界说的，旨在对人的语言能力或智力生成机理提出一种科学假说和逻辑构建。言语机制学说主要包括以下内容：

1) 关于语言、言语、智力相互作用的思想。作为心理语言学家，任金对语言与言语关系的审视既不同于普通语言学家，也不同于哲学家和文艺学家。他是从心理语言学尤其是言语机制的视角来审视语言与言

[①] 该著作最初的手稿名为《作为优化智力做工的信息传播工具的言语》（«Речь как проводник информации, оптимизирующей работу интеллекта»）。手稿完成的年月不详，任金去世后第三年（1982）正式出版时改为现名称。学界普遍认为，该著作是对言语机制学说基本思想的概括和总结。

[②] 勃朗峰是阿尔卑斯山脉的最高峰，海拔4808.73米，位于法国和意大利交界处，通常被认为是欧洲的最高峰。当然，真正的地理概念上的欧洲最高峰并非勃朗峰，而是高加索山脉的厄尔布鲁士峰（Эльбрус）。任金的学说思想在学界有许多追随者，如俄罗斯当代心理语言学家戈列洛夫（И.Н.Горелов）、齐姆尼亚娅（И.А.Зимняя）、诺维科夫（А.И.Новиков）、伊谢尼娜（Е.И.Есенина）、雅库申（Б.В.Якушин）等。有学者将他们统称为任金学派（Школа Жинкина）。（Седов 2009: 6）尽管任金本人在生前并没有正式或非正式地宣称过要成立以自己名字命名的学派，但事实上，其独特的学说思想后来被其追随者继承和发展，可以被认作为"自成一派"。

[③] 他的研究视阈几乎涉及语言学的全部领域，如普通语言学、历史语法学、语音学、语义学、词源学、方言学等，且在许多方面（如历史语法学、语音学、语义学、方言学）做出了开创性的贡献。

语之间关系的。因此，在他看来，语言和言语只是基于交际需求下的两个心理学代码（код），它们与智力（интеллект）代码一起，构成了相互作用的统一的自我调节系统（единая саморегулирующая система）。他在《作为信息传播工具的言语》一书的"导言"中写道：近20—30年来，语言与言语问题越来越受到声学家、语言学家、生理学家、心理学家和控制论学家的重视。究其原因，很可能是因为该研究展现出探索人与人之间最佳言语交际方式的前景，尤其是人与计算机交际的前景……我们在研究语言与言语时，处处都会遇到：一方面是两者的矛盾性，另一方面是两者的互补性（комплементарность），即它们之间的相互替代性（взаимозаменимость）和符号等同性（семиотическая тождественность）问题。（Жинкин 1982：3—4）

那么，语言与言语的矛盾性和互补性究竟体现在哪些方面呢？在任金看来，矛盾性主要体现在对空间与时间的感觉（сенсор）上，即感觉矛盾性（сенсорная противоречивость）：空间是静止的，从一定角度看其特征是恒常的，如同物体的空间形式一样。物体本身并非符号，但可以成为符号阐释的对象；而语音是动态的和在时间上实现的，语音的变化取决于语言单位的功能。（Жинкин 1982：4）关于互补性问题，他认为，尽管语音在进入不同语境时其形式和长度不同，但语音作为词的构成部分时又是自我等同的，这就是为何可以用不变的字母来替代可变的语音。这里体现出语言与言语的互补性——从符号学角度看，音位（фонема）等同于字母。（Жинкин 1982：5）

在如何调节语言（书面语）与言语（口语）之间的矛盾性问题上，任金得出的主要结论是：在言语动态中可以遇到3种符号单位：离散性单位（字母）、连续性单位（音节中的音位）、混合性单位（在内部言语中）。这是3种由语言单位向言语动态性的转换，因此可以称之为3种不同的代码——离散性代码（дискретный код）、连续性代码（непрерывный код）、混合性代码（смешанный код）。这些代码是由人的组织（устройство человека）所决定的：智力通过分析器（анализаторы）获取有关周围事物的信息，但如果信息量由此受到限制，分析器就会去适应现实，而不会按照自然的规律和自己的意图去改变现实……这表明，在看得见的事物背后可以找到看不见的但却是现实存在的事物的联系，而对这些联系的掌控，可以在人对事物进行优化改组的行为中实现。（Жинкин 1982：6）他认为，上述过程只有在对收取的信息进行改组，以保障其内部加工并导出其反向联系的条件下，才符合智力的机能。对收取的信息进行改组，是为了将看不见的和感觉上可变的信息成素标记为不变的信息成素。这种在不同语言单位中进行的符号改组，可以构成聚合系统（парадигматика），它以具有一定数量的词作为系统结构化的材料为条件。该聚合关系叠加在组合系统（синтагматика）上，就像沿着组合系统滑行一样，构成动态的符号系统。被叠加在聚合系统上的词语是一种准词语（квазислова）。由此构成的结构具有普遍事物代码（универсальный предметный код）的基本特性。(Жинкин 1982：7) 也就是说，在任金看来，在人类语言的上述动态机制中，都会发生由感觉信号（сенсорные сигналы）向事物结构（предметная структура）的符号改组，即对现实进行所指反应。而所谓的"普遍事物代码"，实际上是言语和智力的接口（стык），即一种隐形的纯思维代码。

对于语言、言语、智力三种代码的相互关系问题，任金曾在《智力、语言与言语》等文章中作过专门论述，表达的主要思想有：(1) 语言是一个信息系统。该系统是在人的大脑中和言语交际中形成的，它除了建立交际双方之间的对等联系外，并无其他功能，因此，语言形成于言语，而言语提供着有关现实的信息。(2) 智力是习得过程中用来储存和使用正确条件联系（правильные условные связи）的大脑组织。(3) 人类语言与动物交际信号相比，是建立在另一套符号学原则（семиотический принцип）即符号/意义原则（принцип знака/значения）基础之上的。(4) 语言符号是约定俗成的，因此，没有任何理据可以认定某一符号只表示这个或那个固定的意义，但也不能认定符号表义是完全自由的。(5) 符号是一种物质结构（如语音或字母结构），而意义则是所有现实信息的总和。(6) 含义作为信息构成，是指向某一现实事物的，并非由某词语表达。含义是一个词的意义与另一个词的意义相比拟的规则或代数。(Жинкин 2009：186–195) 除上之外，任金还在《作为信息传播工具的言语》一书的第3章——"语言、言语和语篇"（«Язык, речь и текст»）中对上述论题作过一些必要补充，主要内容包括：(1) 语言是一种能够得到完善的、人们为了传递现实信息所必需的组织。(2) 语言是静态的，言语是动态的，但指挥和掌控这种动态的是语言。(3) 语言与言语的关系是动态的。(4) 言语交际可以被视为人的智力的不可分割的特性或需求。这表明，语言和言语本身由智力来掌控。(5) 言语思维活动机制即内部言语，它不具有集成标准语法规则以及词汇索引的能力；它既不是严格离散性的，也不是完全模拟性的。在思维言语中可以出现空间图式、直观演示、声调的回声和独立的词等。这是一种说话者意识不到的主观语言（субъективный язык）和中介语（язык-посредник）。（Жинкин 1982：78–93）

2）关于言语机制成分的思想。任金在《言语机制》一书的"结语"部分中专门对言语机制成分问题作了总结。概括起来，主要有以下思想或观点：（1）言语机制是一个自我调节机制。在该机制中，可以找到由环节（звено）构成的完整系统，即一个环节决定另一个环节并由此构成一个整体（целое），该整体又作为新的环节而进入新的二进制整体（двоичное целое）之中。（2）听觉接收环节有两个自我调节成素——声学静态性和言语动态性。（3）构词标志在音节的加强和减弱中会发生变化。这就在动态中形成了词的语音结构，而词的静态系统则保障着这些语音结构的语义等同。在这种情形下，静态与动态这两个环节的自我调节就在于它们共同组成词及其意义的语音外壳。而在听觉接收中，静态和动态这两个成素构成统一的分析–综合过程（аналитико-синтетический процесс）。（4）固定的静态成分是靠动态指数提供的。动态指数系统是建立在声学度（акустическое измерение）即语音的不同强度和不同响度的规律列（закономерный ряд）之上的。每一个音由于在动态指数列（ряд динамических индексов）中所处位置不同，都会在音节动态中按照其强度、长度、高度所织成的单独网络而被量子化。（5）单个音与音节位置（量子）之间的动态指数关系的调节，组成词语音外壳的规范结构。这一结构在不同的动态改组中保持着同一性，因此是很容易在言语感知中辨别的。（6）单个词与进入该句子所有词的音节改组关系之间的调节，可以构成新的固定单位——调位（интонема）。（7）言语声学列与言语发音列相对应。它们之间的转换靠对代码的掌控来实现，即在言语运动（речедвижение）和语音特征组配之间求得一致性。（8）言语运动分析器作用于最终声学效果的获得，需要同时加入3个系统——发声系统、共振系统、动力系统。（9）发声、共振、动力3个言语效应系统做工中所揭示的事实，可以建立起神经路径和词语发声过程的中枢掌控层级。（10）在言语运动分析器中形成的词语定型（словесныйереотип）系统，是通过掌握言语运动代码来实现的，而后者又借助于反向联系以及参与发声的所有肌肉的协调做工引发内导作用（афферентация）。这一过程是由人的听觉来掌控的。（11）在内导作用基础上形成的词语定型，受制于早先所接受和掌握词语的掌控，按照统一的任意冲动（произвольный импульс）来进行。（12）言语掌控分为任意系统（произвольная система）和非任意系统（непроизвольная система）两种。这被看作解决实际问题最为重要的工序,对掌握母语和外语以及掌握特殊言语(如病理学言语)来说尤为如此。(13)研究言语缺损(聋哑)和研究词语定型缺损(口吃),都在证明把音节视作咽部发音单位来研究的正确性。(Жинкин 1958: 348–352)

3)关于言语机制"两个环节"及其相互关系的思想。这里所说的"两个环节",并非上文中所说的言语机制作为自我调节系统的"接受"和"释放"环节,而是指"由音构词环节"(звено составления слова из звуков)和"由词构报道环节"(звено составления сообщения из слов)。任金认为,言语机制问题作为一个完整系统,对它的研究已出现若干种理论学说。但如果将言语机制问题看作由上述两个环节构成的话,问题就可以得到简化。由于词都进入这两个环节,因此,只要确定词在该两个环节中的作用,就可以寻找到链接它们的中心点。(Жинкин 1958: 352)可见,将言语机制如此复杂的问题归结为围绕词这一焦点来展开,不失为一种既简化又实用的方法,其目的是对词汇在言语运动分析器中的形成样式以及分析器如何选词等机制作出合理解释。

关于第一个环节,任金主要提出了下列设想:(1)进入报道的由不同语音构成的不同词可以被区分为最小的和不可再分解的音位单位(единица-фонема)。这就构成了数量有限的(通常只有30–60个成分)但同时又是极其稳定的音位格栅(решётка фонем)。(2)音位按照相互交叉的线路分布:在一些音位中加入一组语音特征,而在另一些音位中加入另一组语音特征。音位格栅是静态的,它只是区分点(дифференциальные точки),以保障词在语音构成上的区别。(3)如果词脱离音位格栅,那么所选音组中就会出现很多非规范的组合。(4)假设词不仅可以区分为语音单位——音位,也可以区分为更高一级的单位——词素(морфема)。这样一来,就可以在一级成分选择(первая степень отбора элементов)的基础上构建起新的二级成分选择(вторая степень отбора элементов)的区分系统——词素格栅(решётка морфем)。(5)词素格栅在成分选择行为中限制着可能脱离音位格栅的语音组合数量,只选择那些能够组成规范表义的词的语音组合。(6)组成音位的语音特征选择规则只保障对语音信号(成分)进行分辨,然而,当按照音位选择规则来组成词素时,就可以将音位的语音特征配套组合起来,构成具有确定事物意义(предметное значение)的词的语音算法(звуковой алгоритм)。(7)词素格栅较之音位格栅,其结构更加紧密和复杂,成分资源也更加丰富。进入该格栅的不仅是有独立意义的词素,还有纯形式的词素,另外,词素格栅并无音位格栅所具有的力指数（силовые индексы）。（8）从词素格栅中可以获得报道构成中的完全词（полное слово）。为此，需要有一系列不同范畴的规则。（Жинкин 1958：352–355）

关于第二个环节，任金主要是从句法、语义、逻辑、语用等多重规则视角作出具体阐释或设想的：（1）句法规则（синтаксические правила）。由词构成报道的句法规则主要有两大特点：一是无论哪一个句法规则或适用于词的组合，或不适用于词的组合，即依循的是全部适用或全部不适用原则；二是句法规则不属于一个词，而属于一组词。（2）语义规则（семантические правила）。它决定着词按照其意义进行组合，只要违背该规则，词的组合就会受到禁止，从而使一些词的组合数量减少（只有一部分词能进入范畴图式或语法图式），这使报道变得更加具体。（3）逻辑规则（логические правила）。它按照真（истинность）和假（ложность）的标准来调节，可以使词组合的数量进一步减少。该规则既不属于单个词的语音构成，也不属于词的句法组合和语义组合，而只属于事物关系（предметные отношения）。（4）命题规则（пропозиционные правила）。在词组合过程中的形式逻辑，既不是由语法形式决定的，也不是由完全词的构成决定的，而是由命题决定的，这就形成了命题规则。命题可以由图式或矩阵来替代，词在图式或矩阵中可由任何符号（如字母等）替代，"+"表示"真"，"–"表示"假"。（Жинкин 1958：356–360）

上述两个环节就构成了言语机制中最为重要的基本方面。任金认为，处在第一个环节中的词是作为综合性单位（синтетическая единица）而获得的，而处在第二个环节中的词是作为分析性单位（аналитическая единица）而获得的。第一种情形中获得的是非完全词（неполное слово）；第二种情形开始在整个报道构成中寻找作为分析性成分的词。这时，进入报道的各种信号（包括图式、形象等）就可以成为选词用的工具，并随之出现对信号的多次重新编码，最终获得报道构成中的完全词。（Жинкин 1958：361）

总之，任金对言语机制学说的构建，走的是一条从言语发生和感知的发音器官动作（部位）和声学规律，以及从音位和形态规律，到词义乃至语篇（报道）语义之路。在构建完整言语报道的意义结构中，他从谓词等级的认识出发转向人意识中的信息储存以及知识表征问题，进而对言语思维过程这一十分复杂的编码和解码机制（包括内部言语中的代码转换机制）提出了些许解释或设想。应该说，这与俄罗斯心理学奠基人维果茨基的相关思想相一致，因为后者在1934年出版的《思维与言语》一书中曾将思维比作"下着词语雨点的浮云"。(Выготский 1982b: 350)的确，说话人在开始言语过程之前，其意识中就有思维的存在。也就是说，思维先于言语。但言语是由一种特殊的、有别于词的语言符号材料所呈现的，所以它是一种思维语言（язык мысли）。那究竟什么是思维语言呢？对此，维果茨基并没有来得及作出回答或找到答案，而任金则提出了自己的设想，那就是我们在上文中提到的普遍事物代码。这个代码也就是维果茨基所说的"下着词语雨点的浮云"。这表明，普遍事物代码是生成词义的最初记录（编码），接下来又会在内部言语中从普遍事物图式语言转换为言语语言（重新编码）。

此外，任金的上述思想也与巴赫金（М.М.Бахтин）的相关思想相呼应。巴赫金在1929年出版的《马克思主义与语言哲学》（«Марксизм и философия языка»）一书中曾写道：什么是心理的符号材料呢？任何一个机体运动或过程，包括呼吸、血液循环、身体运动、发声时的器官动作、内部言语、脸部表情变化以及对词的反应等都是这样的材料，它们都可以获得符号意义……在外部表达过程中，常常发生由一种符号材料（如，面部表情材料）向另一种符号材料（如，词语材料）的转换，但整个过程不会超出符号材料的界限范围。(Бахтин 1993: 34)

以上可见，任金的言语机制学说，与心理学、心理学语言学、符号学研究中的俄罗斯传统一脉相承。小列昂季耶夫在评价任金的言语机制学说时认为，任金的下列思想对俄罗斯心理语言学的生成有重要的理论价值：内部言语是一种特殊的（词的）代码，即事物–图式代码（предметно-схемный код）；言语生成所有层级上的选择都有其普遍工序（универсальная операция）；词并非以其完全形式储存在记忆中，而是每一次都按照一定的规则而得到综合；语义规则对词构成报道（语句）产生作用等。(Леонтьев 2005:112)当然，我们也应该看到，由于受时代的局限性，任金只是对言语生成过程的些许规律进行了研究，并没有涉及当今流行的对思维工序的具体分析，如词与形象、词与概念、判断与句子、思维进程与语篇结构等。尽管如此，值得肯定的是，他用独特的视角和方法勾画出了言语机制问题研究的总体框架，从而为"创建"阶段的俄罗斯心理语言学作出了应有贡献。

总之，在心理学基础方面，如果说维果茨基的文化–历史心理学理论奠定了俄罗斯心理语言学的哲学方法论基础的话，那么老列昂季耶夫的活动论学说只是对该方法论的修补完善和具体运用，而卢利亚和任金则将文化–历史心理理论和活动论学说运用到对大脑损伤（尤其是脑占位）

和言语生成机制的研究，相继创立起"脑占位论"和"言语机制学说"。如上4位学者的理论学说，其思想晶核被言语活动论创立者所汲取，这就为言语活动论学说在学理上有别于其他范式的心理语言学奠定了方法论基础。

第2节 语言学基础

所谓"语言学基础"，是指俄罗斯语言学研究中的心理学流派（психологическое направление）或语言学心理主义（лингвистический психологизм）传统。上文已经提到，尽管从理论上讲，作为独立学科的心理语言学既可以被认作是心理学的一个分支，也可以被认作是语言学的一个分支。但就其本质而言，学界更多地将该学科视为语言学学科，因此，从语言学基本学理视角来审视该学科的语言学基础问题也就理所应当了。

就世界心理语言学而言，其语言学的学理来源可以追溯到德国古典哲学盛行时期的语言哲学思想，如洪堡特的民族精神（дух народа）学说、施坦塔尔（H.Steinthal）的民族心理学说等，甚至更早的17世纪法国《波尔–罗雅尔普遍唯理语法》(*Grammaire générale et raisonnée de Port-Royal*)的理性思想。但对俄罗斯心理语言学来说，其语言学方面的学理来源主要出自本国的三大学派——哈尔科夫语言学派、喀山语言学派和彼得堡语言学派代表人物——波捷布尼亚、博杜恩·德·库尔德内以及谢尔巴、波利万诺夫（Е.Д.Поливанов）、雅库宾斯基（Л.П.Якубинский）等的相关理论、学说和思想。对此，俄罗斯心理语言学的奠基人小列昂季耶夫也持相同的看法。(Леонтьев 2005:26–29)

下面，就让我们具体审视一下上述代表人物的相关学术遗产，看看"创建"阶段的俄罗斯心理语言学究竟在哪些方面汲取或继承了本国语言学前辈们的思想精华。

2.1 波捷布尼亚的相关学术思想

在国内外学界，无论是审视俄罗斯语言学史还是语言哲学史，都绕不开对波捷布尼亚的相关理论思想作出评述，这是因为：作为俄罗斯历史上真正意义上的第一个语言学派——哈尔科夫语言学派的奠基人，他在19世纪末前世界语言学史中的地位没有哪一位俄罗斯学者可与之相提并论；作为俄罗斯历史上语言学研究领域中第一个心理学范式

(психологическая парадигма)的创立者,他的研究样式及学术思想具有划时代的开创性意义;作为俄罗斯历史上第一位语言学研究的集大成者,他的理论思想对19世纪后期乃至整个20世纪俄罗斯语言学的发展产生了巨大而深远的影响;作为俄罗斯语言哲学史上第一位对语言的本质及功能等基本学理做过系统哲学阐释的思想家,他的相关理论思想不仅代表着19世纪俄罗斯语言哲学研究的最高成就,也对其后期的发展起到了十分重要的引领作用。总之,他的学术思想被冠以波捷布尼亚主义(потебнианство)而得到高度评价,在学界享有与洪堡特主义(гумбольдтианство)、巴赫金主义(бахтинство)等同等重要的地位。

波捷布尼亚的心理语言学理论思想形成于19世纪中叶,发展于该世纪的下半叶,以其于1862年和1874年出版的《思维与语言》(«Мысль и язык»)和《俄语语法札记》(«Из записок по русской грамматике»)两部著作为标志。①

1)关于语言与思维关系的思想。语言与思维的关系问题是波捷布尼亚理论思想中的核心命题。可以认为,波捷布尼亚之所以能够对语言的本质作出独特的界说,很大程度上正是建立在他对语言与思维关系的深刻认识基础之上的。

波捷布尼亚对语言与思维关系的审视,是以将它们同时视为历史发展现象为基点的,认为它们之间既有着密不可分的紧密关系,又存在着诸多不同。归纳起来,他主要表达了下列重要观点:

一是语言促进和完善着思维。显然,在语言与思维的关系问题上,作为语言学家的波捷布尼亚首先看到的是语言对思维形成和完善所起到的诸多作用方面。对此,他表达了下列基本观点:(1)思维的完善只有通过语言才能实现;没有理解就没有语言,但理解又只有通过面部表情无法替代的语言才有可能。(2)人的话语器官(органы слова)是由其精神活动所激发的,即由思维和认识能力所引发;人之所以必须说话,就在于其在思维,必须说话犹如必须要呼吸一样。如果说呼吸是内在形成过程的外

---

① 关于«Мысль и язык»这部著作,国内学界大多将其译为《思想与语言》,其实,在我们看来定名为《思维与语言》更为贴切,理据有三:一是 мысль 一词本身就有"思想过程"即思维的意思;二是从该著作的主要内容看,讲的也是思维与语言的关系问题;三是在俄语文献中,мысль 与 мышление 经常互用,意义相同,这在 19 世纪以前的文献中尤是如此。此外,《俄语语法札记》共有 4 卷,但在波捷布尼亚生前只出版两卷(1874),其他两卷为身后出版(1899,1941)。

在体现,任意运动(произвольное движение)是意志的外在体现的话,那么语言就是思维的外在体现。(3)语言是人类思维从无意识到有意识转变的标志,没有语言,有意识的智力活动是不可能的,因为这需要概念的支撑,没有概念就没有真正的思维。(4)语言是被认识事物世界与认识主体之间的中间环节(среднее звено),语言正是在这个意义上包含着客体性和主体性。(5)语言为思维所必需,词可以将思维的低级形式改造为概念,因此,语言是思维的必要完善和一个人所特有的能力的自然发展。(Потебня 1999a: 13–42)此外,他还认为语言是人的心理统觉手段,人类思维的力量并不在于语言能唤起意识中的先前感知,而在于语言能让人利用先前的一切瑰宝,而语言中的这种统觉或认识(如内部形式)会对人的思维或认识产生影响。(Потебня 1999b: 122)

二是语言与思维不一致。上述语言与思维密不可分的关系,是否意味着语言就等同于思维呢?显然,波捷布尼亚并不认同这一观点。在他看来,语言是思维的工具这一论断,并不表明它们之间完全一致:(1)语言阈(область языка)与思维阈(область мысли)不相吻合。他提出,人类发展到中古时期,思维才与词语联系起来,而在原始社会中,许多思维活动还不能用词语表达。只有到了抽象思维的高级阶段,思维才会放弃那些不能满足需求的东西,但它只在任意符号(произвольный знак)中去寻找其外在支撑。(Потебня 1999a: 41)此外,在他看来,并不是人的所有思维都可以用语言来表达,还有许多思维处在语言之外或高于语言的人类思维阈,如意图、计划、艺术家和工匠的思想等只能靠形式、颜色和声音来表达。(Потебня 1999b: 201)(2)语法范畴与逻辑范畴不相等。他认为,该两个范畴不等同的原因有二:一是语法范畴和语法形式要比逻辑范畴大得多;二是语言与语言之间存有差异,因此,只有在语言历史以及言语行为的心理分辨中才能找到对其作出解释的途径。为此,他特别强调语法范畴的重要性,认为语法范畴能给思维范畴的发展提供条件,而句子的构造就可以看作是观念范畴的相互作用。(Ушаков 2003: 359)(3)语言与逻辑不等同。他反对把语言和逻辑等同起来的观点,尽管这种观点在19世纪语言学界十分流行,即把语言仅仅看成是逻辑范畴的附加物。波捷布尼亚提出,首先出现的是语言,只有在此之后才形成思维,因此,没有语言就不会有逻辑;而语言结构和逻辑结构又是两个不同的独立系统,逻辑上的正确性与语法上的正确性不是同一回事:语法上正确的并不表明逻辑上就一定正确,或相反,语法上不正确的语句在逻辑上也可能是正确的。(Потебня 1999a: 12–21)应该说,波捷布尼亚在这里所表达的思想,是对19世纪中叶前语言被视为思维的消极表达手段观点的反叛,其语言哲学的意义就在于:避免了把语言与思维等同起来的弊端,找到了解决语言哲学中心问题的正确方向,同时使得在语言基础上研究思维成为可能。

以上不难看出,在语言与思维的关系问题上,波捷布尼亚所秉持的哲学观指出了两者具有共性的思想,既将语言视为思维的现实(外在体现),同时又特别强调了两者之间的实质性差异——语言不等于思维。更为重要的是,他从哲学高度较为完整地表达了"语言促进思维"以及"语言先于思维"的重要思想,这在19世纪后半叶的语言发展史中具有里程碑的意义。

2)关于语言与民族精神关系的思想。在对语言与思维的关系进行系统审视后,波捷布尼亚并没有就此止步,而是依据洪堡特有关哲学思想对语言与民族、语言与民族精神或民族心灵的关系作了进一步的界说。他的基本观点是:

一是语言具有民族性。波捷布尼亚认为,语言是民族创造物(создание народов),语言与民族在精神特点方面的相互关系是确定的,即:一方面语言构造的多样性是靠民族精神的特点来展示和解释的,因此,语言尽管是民族的,但它终究是人类的产品;另一方面,语言是在人类精神深处生成的,因此又不能仅仅将其视为民族自身的创造物,语言中存在着明显的、本质上难以解释的独立性。因此,从这个意义上讲,语言又不是精神活动的产品,而是精神的一种非任意放射(непроизвольная эманация)。(Потебня 1999a:35)对于上述话语,20世纪俄罗斯杰出语言学家维诺格拉多夫(В.В.Виноградов)曾作有这样的评述:在波捷布尼亚看来,民族语言史研究对揭示人类言语形成和演化的普遍规律具有重要作用,因为民族是人类群体的组织范畴,而语言从来就具有民族形式,因此是民族的直接创造物。(Виноградов 2005:143)这段话语表明,在波捷布尼亚眼中,民族是语言的创造者,而语言则是民族文化的基础,正是语言构成了该民族的民族特点,即所谓的民族性(народность)。这一思想与德国哲学家赫尔德(J. G.Herder)提出的"人是语言之造化"(человек есть творение языка)的思想完全一致。(Радченко 2006:23)从语法范畴角度看,波捷布尼亚同样认为语言的特点是民族的。他说,我们的每一种思维都是根据事物、行为、特征等范畴来分配的,无论谁偏离这一轨道,思维都将被迫依此行驶。语言的这一特点是民族的,假如在德国人和其他西方民族身上也能见到相同或相应的范畴,这只能证明德国人和俄罗斯人是近亲关系。(Потебня 1999b:202)正是从上述的语言民族性立场出发,波捷布尼亚进一步论述了语言与精神的相互关系。他指出,人的精神活动(душевная деятельность)需要语言,是为了成为有意识活动,当转换为有意识活动的其他所有条件都具备时,语言就会"以完善的形式出现"(появляться как дополненние)①;从精神生活(душевная жизнь)的连贯性体现而言,我们可以同时将语言与精神从个性深处即"作为本原的心灵"(душа как начало)中提取出来,这一本原不仅生成着语言与精神现象,同时也受到其隐秘本质的制约。(Потебня 1999a:42–43)总之,波捷布尼亚对语言与精神关系的审视,首先是在"语言具有民族性"这一特定语境中进行的,并特别强调了"精神活动需要语言"这一核心观点,这与洪堡特的有关思想可谓一脉相承。

二是语言与精神不等同。尽管波捷布尼亚在语言与民族精神问题上继承了洪堡特的相关思想,但他同时认为,把语言与民族精神完全等同的论断是有失正确甚至是错误的。就此,他曾在《思维与语言》一书中多次表达了下列观点:(1)语言与精神之间的联系是毫无疑问的,但与此同时,语言不可能是由民族精神推导出来的,无论是语言还是精神都应该有自身的高级本原(высшее начало)和高级内部统一体(высшее внутреннее единство)。这种高级统一体始终需要,因为研究者本人在探索语言构造的差异时,只能通过民族性格的不同加以解释。这就导致了论点上的直接矛盾性:如果语言是精神的创造物,那么语言对精神而言就不是独立的;语言不需要精神的统一体,语言与精神有别;源自民族精神的语言起源具有纯人类的性质。(Потебня 1999a:36)(2)洪堡特提出的有关语言的人类起源的思想无论在实践上还是在理论上都是徒然的,也是令人难以理解的,因为按照后者的观点,人的精神中根本无法想象出比其更高的任何东西,无法想象出同时生成了语言和民族精神特点以外的其他任何东西,这样,语言就成为神造物(дело божественное),语言除精神自身之外就没有任何等同物了,它与精神一道就都归源于神之本原(божественное начало)了。(Потебня 1999a:37)(3)语言不可能等同于民族精神。无论是在个体还是民族的生活中,都应该还有先于语言及后于语言的现象;语言是从无意识到意识的转折;在将语言和语法形式系统对民族精神的态度与某哲学系统对民族精神的态度进行比较后可以发现,无论哪一种系统,它们在结束一个发展阶段并归属于该阶段的意识时,又成为另一个更

---

① 我们在这里把 дополнение 一词定义为"完善",是因为波捷布尼亚在上文中已经使用了该词,并视其与 усовершение 一词同义。(Потебня 1999a:42)

高阶段的起点。(Потебня 1999a: 42-43)

可以看出，波捷布尼亚的上述观点无疑是对洪堡特将语言等同于民族精神思想的一种修正，而这种修正显然又是建立在对精神的实质不同于洪堡特的认识基础之上的。在他看来，精神的本质是由词概念形成的有意识的精神活动，没有语言的精神是无法存在的，因为精神本身是借助于语言构成的，语言在精神中是"时间上第一的事件"（первое по времени событие）。(Потебня 1999a: 42) 这表明，在波捷布尼亚眼中，语言是第一性的，精神或文化则是第二性的，语言不仅是促进和完善意识最为重要的组织（устройство）或手段（средство），同样也是民族精神的催化剂。如此一来，作为历史现象的语言本身就成为一种不断发展的精神文化现象。更为重要的是，波捷布尼亚所谓的精神或精神活动，主要指人的精神能力（душевные способности），包括情感（чувство），如高兴、悲伤等，理性（разум），如记忆、判断力等，意志（воля），如坚决、犹豫等，他认为这些都是神话学的独立成分（мифологические обособления）。(Потебня 1976: 241, 1999a: 46-47)

3) 关于词的内部形式的思想。波捷布尼亚对语言意义的审视多与思维以及民族精神联系在一起，尤其擅长从词的内部形式视角加以发掘，这一切无不彰显着心理主义所固有的基本特征，同时也使其思想成为那个时代不可多得的宝贵财富。他认为，词形成的过程十分复杂：首先要在语音中表达简单的情感，然后要懂得语音，最后要知晓语音中表达的思想内容。而迄今为止，当我们讲到语音是如何获得意义的问题时，依然搞不清楚与理解一道生成的词的一个重要特点，那就是内部形式问题；词的内部形式是思想内容对认识的一种态度，它表明着人是怎样来表述自己思想的，它可以解释为什么同一种语言中可以有许多词来表达同一个事物的意义，而一个词又完全可以根据语言的要求来表达不同事物的意义；内部形式是词的客体方面。(Потебня 1999a: 90-92) 据此，波捷布尼亚提出，词由3个组成部分：(1) 外部形式（внешняя форма），即清晰的音；(2) 内容（содержание），即通过语音客体化的东西；(3) 内部形式，即最近的词源意义，内容表达的方式。(Потебня 1999a: 156) 在他看来，上述三者的特征及其关系主要有：(1) 每一个词的内部形式都呈现着不同的思想，从而昭示着词的某一种表象。(2) 外部形式与其内部形式不可分，也不能相互替换，词没有外部形式就不能称其为词。(3) 内部形式是词唯一的客体内容，它的意义就在于对心灵所遇到的感知材料进行变体和完善。(4) 对思维而言，内部形式的意义可以归结为：

它可以将感性形象（чувственный образ）组合起来，制约感性形象的认识。（5）如果说象征性可以被称为诗性的话，那么可以将内部形式的忘却称为散文性；从正面看，这种忘却就是思想的复杂化或浓缩。（Потебня 1999a：156-198）总之，在波捷布尼亚眼中，词在创造时并非任意的，而有其特定内部形式，正因为如此，某一个词才具有其本身的意义，而非别的意义。

　　上述关于词的内部形式的思想，为维果茨基提出"内部言语"思想提供了理据。在波捷布尼亚看来，词的内部形式展示着说话人的思想，词所反映的并不是其内容的全部思想，而仅仅是其思想的一种特征；词的内部形式就是该词最近的词源意义，它是从词的形态结构中推断出来的。（Алпатов 1999：88）此外，他还在多卷本的《俄语语法札记》中运用心理学的方法对词的近义（ближайшее значение）和远义（дальнейшее значение）进行了详细阐述。

　　如上所说，波捷布尼亚关于语言与思维、语言与民族精神以及词的内部形式的一系列思想，是对洪堡特、施坦塔尔的语言世界观理论及"语言不是活动的产品，语言是活动"重要论断的继承与发展，从而在俄罗斯语言学史上第一次将语言学与心理学紧密结合在一起，开创了俄罗斯心理主义方向的语言学研究新流派，从而成为俄罗斯心理语言学理论中语言学方面的重要来源。可以这样认为：如果说波捷布尼亚的词的内部形式的思想是任金的语言机制学说和维果茨基的内部言语思想的直接来源的话，那么其提出的语言与思维、语言与民族精神的思想就是俄罗斯心理语言学奠基人构建言语活动论原理的基本遵循，尤其是俄罗斯心理语言学在"发展"阶段创立发展心理语言学、民族心理语言学及认知心理语言学的重要理论依据所在。

2.2 博杜恩·德·库尔德内的相关学术思想

　　喀山语言学派是19世纪末至20世纪初俄罗斯语言学的主要学派之一，在世界上具有广泛的影响力。其创始人博杜恩·德·库尔德内的学术思想，对20世纪俄罗斯语言学尤其是普通语言学、形态学、音位学、心理语言学等有直接和重大的影响。尽管博杜恩·德·库尔德内的著述并不多，其主要学说思想被收集在1963年苏联科学院出版社推出的二卷本的《普通语言学选集》（«Избранные труды по общему языкознанию»）中，但他的关于对语言及语言学本质的认识和界说，关于对俄语语音学、音位学、语法学研究的视角和方法等，却被视为俄罗斯心理语言学重要的思想源泉之一。正因为如此，几乎所有俄罗斯出版的心理语言学方面的著作，都会无一例外地将其学说思想与维果茨基的心理学遗产相提并论。小列昂季耶夫在《语言、言语、言语活动》一书中，还专门辟有"俄罗斯言语活动研究史"附录，将博杜恩·德·库尔德内的相关学说思想予以重点介绍。在我们看来，博杜恩·德·库尔德内提出的下列思想或观点对"创建"阶段的俄罗斯心理语言学产生了积极影响：实现语言学研究的转向，即由历史主义转向鲜活言语——人的言语活动。他认为，语言的本质在于言语活动和言语功用之中，因此语言学的首要原则就是要研究鲜活的人类语言，只有这样，语言学才能够证明语言的生命及其发展规律。他指出，研究现存的能够观察到的鲜活语言，特别有利于对语言生命的诸方面作出解释，这比研究已不存在的、只能通过书面文献了解的语言更有裨益……只有对鲜活语言有全面了解的语言学家，才能够使自己对已经消亡的语言特点作出推断。因此，研究鲜活语言应该先于研究已经消亡的语言。（Бодуэн де Куртенэ 1963a: 137, 349）他的这一思想与19世纪下半叶兴起的青年语法学派（младограмматизм）的观点非常接近，标志着俄语和斯拉夫语的研究开始由历史主义（историзм）转向社会现实中的语言，即历时–共时方法（диахронно-синхронный метод）的诞生。所不同的是，青年语法学派转向鲜活的语言主要是为了确定语言的过去成分及痕迹，而博杜恩·德·库尔德内的目的是更加科学地认识语言发展的规律和语言与方言之间的相互作用规律。

对语言存在形式问题作出解释。作为理论语言学家，博杜恩·德·库尔德内对语言存在形式（форма существования языка）即语言与言语的关系问题十分关注，并从历时–共时方法视角出发提出了自己的独特见解。他是从个体心理主义（индивидуальный психологизм）角度来解释语言的，认为语言只存在于个体的大脑中，只存在于构成该语言社会（языковое общество）的个体心理中。（Бодуэн де Куртенэ 1963b: 71）在他看来，语言具有心理社会本质（психосоциальная сущность），因此，语言学是一门关于心理社会学的科学（психолого-социологическая наука）。这是他全部学术思想的出发点和方法论。从该方法论出发，博杜恩·德·库尔德内把研究视线重点投向个体语言（индивидуальный язык）及单个交际行为（единичный акт коммуникации），得出了"语言的本质在于言语活动中，在于人们的交际中"的重要论断。（Березин 2002: 209–210）这一论断成为俄罗斯心理语言学的学理基石之一。据此，他举例说道：所谓俄语，它与其他部族语言和民族语言一样是根本不存在的。存在的全部是作为心理学现实的个体语言,确切地说是个体的语言思维（языковые мышления）。(Бодуэн де Куртенэ 1963b: 250) 此外,他还将语音从语言中剥离出来,认为语音最多不过是用来传递思想这一介质的外在成分。(Бодуэн де Куртенэ 1963b: 269) 学界公认,博杜恩·德·库尔德内对语言与言语的界说远远早于现代语言学的奠基人索绪尔(F.Saussure),正因为如此,我们从后者提出的相关学术中也能窥见到前者所表述的上述思想。

1）摒弃词语中心论（словоцентризм）,开创语句中心论（фразоцентризм）研究先河。词语中心主义论起始于古希腊罗马语言学传统,它将语言学的研究对象集中对"词"这一单位进行描写和分析方面。而博杜恩·德·库尔德内在研究中提出语感（языковое чутьё）概念,并在这一概念基础上构建起语句中心论学说。他认为,现实中不只是词才发出声音,词只是事实上发出声音的寻常部分,语句（высказывание）才是语言学分析的基本单位。而该语言学单位又可以一分为二：从语音学角度切分为语音句(фонетическая фраза)、语音词(фонетическое слово)、音节（слог）和音位,从形态学角度切分为复杂句法单位(сложные синтаксические единицы)、简单句法单位(простые синтаксические единицы)和词素等。(Алпатов 1999: 121–122)尽管博杜恩·德·库尔德内的语句中心主义思想并不是以意义为中心的,但却在客观上强调了对语言内容层面（思想性）的研究,同时也开创了语言学史上的语句中心论样式,因此具有十分重要的认识论和方法论意义。同时,他的这一思想以及语言学实践也为20世纪50年代后语篇语言学（лингвистика текста）的兴起以及俄罗斯心理语言学中的语篇感知（восприятие текста）理论的形成奠定了基础。

2）强调语言的社会属性和交际性。作为俄罗斯历史上第一位关注语言的社会区分问题的语言学家,博杜恩·德·库尔德内在自己的研究中特别强调语言的社会属性和交际性问题。他认为,只有人类社会才可能有语言,因此语言学的原理不仅包括个体心理学,还包括社会学。(Щерба 1974a: 385)他在研究方言尤其是俚语的变化时这样来揭示语言变化的社会成因：当下语言学理论的必要条件是人与人之间交际的连续性。同时代生活的人会彼此影响。任何新的一代,不管是已经成年的还是正在成长的,必定会以个别代表的面貌与老一代的代表发生不间断的联系,从而形成所谓的"当代人"。如果相互间的联系断线,社会的历史以及语言的历史也就会中断。(Бодуэн де Куртенэ 1963a: 224)此外,他在强调语言变化的社会成因时，还对语言中的有意识物（сознательное）与无意识物（бессознательное）进行了区分，认为它们是语言中的两个不同方面，其中具有潜意识性质的"无意识物"，与语言、思维、心理学概念等结构的总体认识相联系；而"有意识物"则对语言过程具有调节功能，因为语言既不是封闭的机体，也不是不可触及的神像，而是工具和活动，人完全有权利也有义务有目的地来完善这个工具，使之更加听从于人的"有意识干预"（сознательное вмешательство）。（Бодуэн дс Куртенэ 1963b: 58–66）以上可见，社会、交际、个体心理、人的意识等无疑是博杜恩·德·库尔德内语言观的重要内容。

3）对音位进行心理特征的分析。音位学理论是博杜恩·德·库尔德内对世界语言学发展作出的主要贡献之一。他是从共时角度来审视音位研究的形态化和语义化学说的，而奠定该学说的理论基础就是把音位理解为能反映某思想实质的心理学单位（психологическая единица）。他认为，音位是最小的心理学单位，虽然不同人的语音表征可能不相等同，但它是客观存在的；音位属于语音世界的表象，它是由同一声音所获得的表象融合在心灵里而生成的，是语言声音的心理等值物。（Бодуэн де Куртенэ 1963a: 271–272）尽管博杜恩·德·库尔德内把音位归属个体心理学的种种界说具有一定的片面性（如很难对该单位进行客观描写等），但却鲜明地反映出其在语言学研究中的心理主义原则。他的这一思想，为后来的实验语音学（экспериментальная фонетика）及心理语音学（психофонетика）的发展奠定了基础。此外，他还对俄语元音音位的"三种力量层级"（три уровня силы）进行了区分，认为俄语词的发音是一个和谐的整体：高层级的元音音位是重读音节，它是主导部分（господствующая часть）和主导发音位（господствующее произносительное место），将发音注意力集中于自身，从而统领着其他部分，也减弱了其他发音位的准确性。高层级的元音音位具有多样的心理特性，中层级的元音音位的心理特性较之高层级的要少，而低层级的则降至最低，但由此又出现了其他多样性……对于未来的俄语语言思维（русское языковое мышление）而言，新的独立音位萌芽就蕴藏于此。（Бодуэн де Куртенэ 1963b: 263–266）

总之，博杜恩·德·库尔德内提出的上述心理学性质的语言学理论和学说，不仅大多被之后的俄罗斯普通语言学、功能语法理论（теория функциональной грамматики）以及心理语言学等的研究所借鉴，而且得到其弟子、彼得堡语言学派领军人物谢尔巴、波利万诺夫、雅库宾斯基等人的进一步发展。①

2.3 彼得堡语言学派代表人物的相关学术思想

彼得堡语言学派形成于十月革命前至20世纪20-30年代的那段时间，因此后期也称"列宁格勒语言学派"。喀山语言学派的奠基人博杜恩·德·库尔德内也曾参与该学派的创建工作。该学派的主要成员有谢尔巴、波利万诺夫、雅库宾斯基等。[16] 他们都是博杜恩·德·库尔德内的学生或追随者，因此在学界被称为"博杜恩学派"（бодуэнизм）。彼得堡语言学派早期的学说研究，总体上是围绕博杜恩·德·库尔德内的语言学理论思想展开的，即把语言视作集体思维的过程和语言活动，有所不同的是他们不像其前辈那样把语言看成静态系统（статическая система），而是连续过程（непрерывный процесс）、言语行为规则（правила речевого поведения）的集合或言语活动规则的总和；在方法论上，早期的语言观具有心理学的性质，20年代中期起开始转向社会学的方面。（Леонтьев 2001：373–374）这些都对俄罗斯心理语言学的学理构成有重要的指导和影响作用。

1）谢尔巴的相关学术思想。作为彼得堡语言学派的领袖之一，谢尔巴在语文学、音位学、语法学、词汇学和普通语言学等方面都有一系列的建树，被学界公认为20世纪初期俄罗斯语言学界的杰出代表之一。他在心理学方向的代表作是于1931年发表的论文《论语言现象的三层面和语言学中的实验》（«О трояком аспекте языковых явлений и об эксперименте в языкознании»）。这是一篇为纪念博杜恩·德·库尔德内而专门撰写的文章，其主旨是从博杜恩·德·库尔德内的理论思想角度对索绪尔的语言与言语对立说作出自己解释。他在该文中指出，语言现象有三层面——言语活动、语言系统（языковая система）、语言材料（языковой материал）。言语活动指受个体的心理生理言语组织制约的、具有社会性质的说话和理解的过程，是一种复杂和综合的活动。它与索绪尔的"言语"相关联，但又不完全相同；语言系统指词汇和语法，这些词汇和语法与其说是现实存在的，还不如说是对该语言知识来说应该穷尽的某种理想的描写；语言材料指言语活动的结果，即某社会团体在某时代的一定的具体环境中所说的和所理解的总和，对语言学家来说就是语篇。该概念在

---

① 其中，波利万诺夫、雅库宾斯基又是彼得格勒诗歌语言研究学会（ОПОЯЗ）的主要成员，他们在俄罗斯语言符号学的创建初期有各自的建树。

索绪尔的学说中并没有对应物。在谢尔巴看来,语言系统并不是学说抽象物(учёная абстракция),而是人们在词汇和语法中使用的人脑中的心理数值(психические величины)。这些数值作为观念(концепт),包括心理的和生理的直接实验,是不可能获得的,而只能从语言材料中抽取,只有语言材料的同一性才能保障语言系统的统一。此外,谢尔巴还从上述理论出发,对语言变化作出阐释,认为语言的变化在言语活动中才能发现,它受到语言外诸因素即该社会团体生存条件的制约,而言语活动又同时作为语言材料,本身就承载着语言系统的变化。(Щерба 1974 b: 24–39)不难看出,俄罗斯心理语言学中的关于语言、语言系统和言语活动的学说,尤其是该学科奠基人小列昂季耶夫提出的言语活动的"三位一体"思想,在学理上都与谢尔巴的语言现象"三层面"说有直接的关联性。

2)波利万诺夫的相关学术思想。作为一位杰出的东方学家,波利万诺夫在俄语符号学、音位学等方面都颇有建树。他提出的音位趋同(конвергенции)和音位趋异(дивергенции)理论,秉承了其老师博杜恩·德·库尔德内的思想,并对法国语言学家马丁内(A. Martinet)提出"语音变化中的经济原则"产生一定影响。在历时语言学方面,波利万诺夫发展了博杜恩·德·库尔德内的语言系统观(在他看来,索绪尔的理论与博杜恩·德·库尔德内相比,丝毫没有新的东西),认为语言总体上是思维或集体思想的一部分,语言学的静态研究虽然是正确的,也是必要的,但如果缺乏动态即对语言发展的研究又是不完整的。为此,他通过对日语北方方言演变的具体考察,揭示了语言变化的系统性以及一种变化与另一种变化之间相互制约的规律性等,最后得出结论认为,对语言的发展起主要作用的是语言内原因(внутриязыковые причины)。(Алпатов 2002: 103)显然,这在谢尔巴原先提出的关于语言外因素制约的思想基础上又进了一步。

3)雅库宾斯基的相关学术思想。雅库宾斯基对诗歌语言和语言学的许多领域都有广泛的兴趣,并取得学界公认的成就。他认为语言不是各种确定的、凝结成的规则集合,而是一个连续的过程和连续的运动。他还从语言学家、操语言者(носитель языка)、操该语言群体的语感角度,对语言进行细致的描写,从而发展了语言工艺学(лингвистическая технология)的思想。(Леонтьев 2002: 373–374)小列昂季耶夫对雅库宾斯基的语言学思想给予高度评价,认为他在诗歌言语理论和言语功能的多样性等研究方面的成果值得肯定。雅库宾斯基在1923年发表于《俄语言语》(«Русская речь»)杂志的文章——《论对话言语》(«O диалогической речи»)中，首次将人的言语活动作为专门术语来使用，比谢尔巴使用该术语整整早了七八年时间。他提出的关于语言外因素（внеязыковые факторы）、人的言语是语言外因素的功能以及言语的功能多样性等思想，尽管现在看来已经过时，但提出这些问题的本身是有重要意义的。(Леонтьев 2003：170)

总之，上述俄罗斯语言学三大学派代表人物的相关学术思想，对俄罗斯心理语言学的学理形成产生了深刻而巨大的影响。如果说波捷布尼亚阐述的关于语言与思维、语言与民族精神相互机制的思想为俄罗斯心理语言学的形成奠定了相应的哲学基础的话，那么博杜恩·德·库尔德内提出的关于语言思维具有"集体性"和语言是人的心理的"积极过程"等思想，为俄罗斯心理语言学尤其是言语活动论提供了坚实的理论依据，而谢尔巴等人则进一步发展了博杜恩·德·库尔德内的相关理论，尤其在对言语的动态性阐释以及言语活动的理论构建方面，更加接近于言语活动论的学理内涵，因此具有更加现实的和可操作的借鉴意义。

第3节 生理学基础

在俄罗斯心理语言学的理论体系中，生理学方向的研究很多情况下是与心理学方向相互交叉的，有时两者甚至很难截然区分。但作为一门独立学科，生理学与心理学的研究对象和方法等又有很大不同，它主要涉及动物与人的不同机能的机制问题，及其相互之间的联系和对外部环境的调节和适应等，还研究个体演化和发展过程中的生成和形成问题，其焦点是生物体神经系统的调节和整合作用。在俄罗斯心理语言学文献中，经常被提到的生理学的思想来源主要有巴甫洛夫的高级神经活动生理学（физиология высшей нервной деятельности）、别赫捷列夫的反射学（рефлексология）、伯恩斯坦（И.Я.Бернштейн）的运动和能动生理学（физиология движения и активности）等。

3.1 巴甫洛夫的"高级神经活动生理"学说

该学说创立于1917年，其基本学理是关于高级动物的中枢神经系统（центральная нервная система）的高级部位即大脑的机能问题，以及高度发达的生物体与外部环境的复杂关系等。巴甫洛夫把动物的人脑活动分为"低级神经活动"和"高级神经活动"两部分：前者用以保障作为统一机体的动物的存在，后者则用来保障动物的行为及维持动物的生命。也就是说，动物只有依仗高级神经活动才能够适应外部环境的变化，而高级神经活动的基础则是条件反射（условные рефлексы）。对于动物来说，条件反射是由外部环境的各种刺激引起的，包括嗅觉的、味道的、温度的、声音以及视觉的刺激等。这些刺激都是符号（сигналы），直接作用于动物。巴甫洛夫认为，人与动物的高级神经活动在绝大多数情况下有相同之处，其基本的规律已经在动物的实验中得到验证。在人的神经系统中，抑制（торможение）与兴奋（возбуждение）的过程也与动物一样相互作用。在此基础上，他提出了动物高级神经活动的类型，以及作为对刺激反应稳定综合体的动态模型等，受到世界学界的高度重视。(Выготский 1960: 110–115)但不难看出的是，虽然上述学说揭示了动物与人的高级神经活动即大脑的基本机理，但却没有对人与动物的这种机理作出严格的区分。现代科学表明，人的高级神经活动要比动物复杂得多，它是在人的历史发展过程中形成的，更是在有意识的生产劳动中形成的，且语言起到了不可替代的重要作用，人主要是靠所养成的反射来实现言语功能的，如发音、阅读和书写等。也就是说，人与外部世界的联系与动物既有相同之处，也有不同之处，最大的不同在于人还用语言间接面对世界。对巴甫洛夫上述理论的不足，尤其是巴甫洛夫把动物实验的结果套用于人类的做法，维果茨基在《心理学危机的历史意义：方法论研究》一文中进行了中肯的批判。

从学理上看，巴甫洛夫的高级神经活动生理学说主要秉承了谢切诺夫（И.М.Сеченов）的高级神经活动论。后者在1866年出版的《大脑反射》（«Рефлексы головного мозга»）一书，对巴甫洛夫的影响很大。高级神经活动说的主要理论，是关于有意识与无意识活动的反射机制问题（博杜恩·德·库尔德内曾对此作过语言学的区分，显然也是受谢切诺夫理论的启迪）。谢切诺夫的研究表明，心理现象的基础是生理过程，这个过程可以用客观的方法加以研究；在中枢神经系统中，存在着中枢抑制现象（явление центрального торможения）和聚集现象（явление суммации），以及节律生物电过程（ритмические биоэлектрические процессы）；大脑做工不是由心灵引起的，而是外部世界作用于感官并由感官作出的反射所致，因此反射是心理活动的基础，心理是大脑机能的特性，等等。(见Сеченов 2014)上述思想及实验，奠定了巴甫洛夫的高级神经活动生理学说的学理基础。

3.2 别赫捷列夫的"反射"学说

该学说主要反映在别赫捷列夫出版的三卷本《客观心理学》(«Объективная психология»)(1907–1910)以及《人的反射学基本原理》(«Общие основы рефлексологии человека»)(1923)等著作中。别赫捷列夫开始最先将心理学研究界说为客观心理学(объективная психология),后来又改为心理反射学(психорефлексология),最后定格为作为生物社会科学分支的反射学。其基本思想是:任何一种有意识的和无意识的思想过程迟早都会在客观表现形式中反映出来,因此心理学的学科性质应该是客观的;客观心理学就是建立在研究人的心理反射属性基础上的行为心理学(психология поведения),而反射学又是一门与自然科学和社会科学相关联的综合性学科,因为反射(рефлексия)是人的一切反应的基础和普遍的动态机制,是人的神经心理活动的基本分析单位,人的活动就是各种反射之和;反射的概念主要遵循生物学因果原则(принцип биологической причинности),因为生命是一个十分复杂的生理过程,要受到生物体与环境相互作用以及适应环境等因素的制约。从这个意义上讲,反射就是在生物体与综合环境之间建立一种相对稳定的平衡机制;反射的生物学机制具有后天性,而非先天性,因为社会环境才是人发展的源泉,等等。(见Бехтерев 1928)无疑,他的上述基本思想不仅为创建行为心理学、社会心理学等奠定了相应的基础,同时也对俄罗斯心理语言学范式晶核的言语活动论中言语生成学说的学理有一定的指导作用。

3.3 伯恩斯坦的"运动和能动生理学"原理

伯恩斯坦的运动和能动生理学原理集中反映在他于1966年出版的《运动生理学与能动生理学概论》(«Очерки по физиологии движений и физиологии активности»)一书中,对此,小列昂季耶夫在《心理语言学基础》的著作中专门辟出"心理语言学的生理学基础"一栏予以介绍,足见其对俄罗斯心理语言学的重要价值。该著作的主要思想有:(1)关于运动生理学原理,伯恩斯坦解释了运动行为是如何组织的问题。他认为,运动是一个多层级结构的综合体,其复杂程度由低到高递增,该综合体是由对各种感觉信号进行深度的整合加工建构起来的,其上端是主导层(ведущий уровень),相当于运动行为的含义结构(смысловая структура),负责实现意义方面的最基本的修正。此外,还有下层

(низовые уровни)和背景层(фоновые уровни),它们都参与运动的完成,其中后者为运动的技术要素提供服务。但在运动中只能意识到主导层及其对运动实现的修正,也就是说,层级越高,其被意识的程度就越强。(Леонтьев 2005:58–59)应该说,上述关于运动结构的思想,成为对任何一种活动作出心理学解释的基础。(2)关于能动生理学原理,伯恩斯坦主要是将其建立在未来模式(модель будущего)基础上的。他认为,任意运动的产生和实现,是由若干阶段构成的一个序列,即:对情景的感知和评价阶段、确定能动性会发生何种情景、应该做什么、怎样做这4个阶段,其中后两个阶段构成了解决规定任务的程序。显然,为了求得"未来"(第二阶段),大脑不仅应该有反映现实的能力,而且还要有建构未来情景模式(所希冀的未来模式)的能力。未来模式有别于现在模式:对所感知的世界的两种模式化范畴或形式的对立,是作为统一体共存在大脑中的,于是就出现了过去–现在模式(модель прошедше-настоящего)和将来模式(модель предстоящего)。过去–现在模式是单义的,而未来模式则可以依据外推(экстраполирование)来实现。(Бернштейн 1966:288)可见,上述未来模式是大脑在当前情景信息和过去经验的基础上建构的,并没有硬性的性质,因为人常常要对可能的情景作出预测,并选择最有效的途径去达成目的——解决运动的任务。一旦建立起行为的程序后,人就要为之去奋斗,去克服环境的障碍,并要不断地对程序进行感觉修正(сенсорные коррекции)。对于伯恩斯坦提出的上述生理能动性机理,小列昂季耶夫认为"它更适合用来对现代心理学中的活动观作出解释"。(Леонтьев 2005:61)

2021年,俄罗斯科学院语言学研究所推出一部由多位知名学者合写的专著《俄罗斯心理语言学:总结和前景(1966–2021)》(«Российская психолингвистика: итоги и перспективы»)。这是俄罗斯历史上第一部全面总结作为独立学科的俄罗斯心理语言学发展历程的著作。在该著作的第一篇——《俄罗斯心理语言学发展过程》(«Из истории российской психолингвистики»)中,第一部分集中论述了俄罗斯心理语言学的方法论基础问题,其内容涵盖5个方面:(1)维果茨基的文化–历史心理学;(2)老列昂季耶夫的系统活动方法;(3)卢利亚的高级心理机能系统动态脑占位论(Теория системной динамической мозговой локализации высших психических функций);(4)小列昂季耶夫的言语活动论史;(5)作为俄罗斯心理语言学基础的活动论。(Стернин, Уфимцева 2021:14–52)显然,如此有分量的著作在"总结"俄罗斯心理语言学的方法论基础时，只论及上述5个方面是有失全面的：基本上全部都是心理学方面的，而根本没有涉及或完全忽视了语言学和生理学方面的基础，这不仅有悖于言语活动论的基本学理，也与小列昂季耶夫本人在创立言语活动论时对其学理渊源的相关论述不相符。

我们认为，从俄罗斯心理语言学的生成背景和运作机理看，其心理学、语言学和生理学的基础缺一不可：它们既互为条件又互为支撑，共同建构起俄罗斯心理语言学范式的言语活动论方法论大厦。

从学科性质看，心理语言学是心理学和语言学相互交叉的产物，因此，心理学和语言学两个学科的学理基础不可或缺。就俄罗斯心理语言学而言，如果说心理学基础是对言语活动论中的"活动"的基本原理和特性作出了方法论阐释，从而奠定了活动的心理机制基础的话，那么语言学基础则对言语活动论中"言语活动"的内容（按照小列昂季耶夫的界说包括"语言""语言能力""言语"3个方面）作出合理解释，对语言符号及其系统的性质、功用和运作规律（即心理模式）提供理论支撑。这就决定了言语活动论在分析言语活动过程时，是从心理学视角出发，而非基于语言学中关于"活动"的有关思想。此外，由于心理语言学的研究对象主要是对交际过程中的言语生成、言语感知以及心智语汇、语言能力、语言意识的形成机制等作出科学解释，因此，必然会涉及生理学的相关内容，如人的高级神经系统的活动生理、人对客观事物（包括言语）的反射机能以及对感知事物的模式化等。尤其是当代神经语言学研究深入电生理、脑成像等前沿领域，更离不开与生理学相关的基本学说和原理。可以认为，俄罗斯心理语言学的形成正是由于植根于上述"三大基础"，才凸显出世界心理语言学研究格局中的一种独特范式。

从学理指向看，心理语言学本质上是用心理学的方法来研究人说语言，因此，就俄罗斯心理语言学的学理基础而言，维果茨基的文化–历史心理学、老列昂季耶夫所完善的活动论，以及卢利亚和任金的脑占位论和言语机制说等，就为小列昂季耶夫创立言语活动论提供了坚实的方法论。而语言作为活动的结构，在言语活动论中包含着语言符号本质的社会意义、言语活动单位和层级的普遍组织以及对每一种语言而言专门的算子（即言语生成和感知的直接手段）。因此，言语活动中的语言被视作人在母语世界中活动所必需的定向物。

从思想传统看，由于俄罗斯语言学传统在人文科学研究中始终占据着主导或领先地位，因此，作为独立学科的俄罗斯心理语言学的兴起和形成，也与其他新兴交叉学科一样，最先是从语言学（尤其是普通语言学、词汇学等)的基本原理中汲取丰富养料而建构起来的。如，波捷布尼亚所创立的哈尔科夫语言学派继承和发展了洪堡特的语言世界观学说，成为俄罗斯历史上第一个心理学方向上的语言学派；此后，喀山语言学派的奠基人博杜恩·德·库尔德内和彼得堡语言学派的创立者之一谢尔巴的相关学说也带有明显的心理主义特性。19世纪末至20世纪初形成的俄罗斯语言学"三大学派"的思想学说，不仅在当时明显领先于西方学界，更成为百年来俄罗斯语言学各个分支学科发展的思想源泉。从该意义上讲，在俄罗斯心理语言学的学理基础上，语言学基础的渊源最为久远，积淀也最为厚重，因此，应该予以其更多的关注和研究。

从研究路径看，俄罗斯心理语言学的"三大学派"的奠基人小列昂季耶夫、扎列夫斯卡娅、萨哈尔内依都是从语言学领域转向心理语言学研究的：前者最初从事普通语言学研究，先后获得两个博士学位（语文学博士和心理学博士）；中者从事外语教学，由词汇学转向心智语汇研究领域；后者则从其擅长的词汇和语篇研究转向了语篇心理学和神经语言学领域。这也从一个侧面表明，在俄罗斯心理语言学范式中，来自语言学的理论思想和方法，不仅是成就其过去，也是照亮其未来的重要方面，否则，如像上文中那样来谈论其"前景"，就很可能会在失去其得天独厚的肥沃土壤后"黯然失色"。

最后需要补充的是，本章的主旨是梳理和缕析俄罗斯心理语言学范式的学理基础问题，并主要从俄罗斯本国的文化和思想传统中去探根溯源，但这并不意味着俄罗斯心理语言学就完全"姓俄"，而与世界其他国家的心理学、语言学和生理学等在学理上没有任何的关联性。事实上，西方先进的科学思想，包括洪堡特、冯特、奥斯古特、乔姆斯基的相关学说，以及索绪尔的语言与言语学说、布拉格语言学派（Пражская лингвистическая школа）中关于音位学的相关思想等，都与俄罗斯心理语言学范式的言语活动论有程度不同的联系，对此，小列昂季耶夫本人也在多部著作中有比较系统的论述和考证。科学无界，学理相通，和而不同，这是我们在审视俄罗斯心理语言学范式的学理基础时必须要看到的。

第 3 章　俄罗斯心理语言学范式中的三大学派

俄罗斯心理语言学范式从"创建"至今虽然只有50余年的时间，但发展得较快，从20世纪70年代中期起呈现出迅速扩张（与别的学科联姻）的态势，在多个方向上形成了不同的学派（见第1章的有关内容）。

关于俄罗斯心理语言学范式中究竟有多少个学派，学界至今并无一致的看法。应该说，受苏联时期的教育法规和科学工作理念影响，原则上规定一个教研室就应该形成自己的学派或流派。尽管如此，从俄罗斯心理语言学的研究实际看，学界公认最有影响的是莫斯科心理语言学派，即以俄罗斯科学院语言学研究所为基地、以俄罗斯心理语言学奠基人小列昂季耶夫为领袖、以言语活动论为基本样式的莫斯科心理语言学派。其他有较大影响并得到学界公认的还有两个学派——特维尔心理语言学派、彼得堡心理语言学派。当然，还有几个学派或影响不大，或未得到学界公认（带有"自封"的性质），而实际上只是某地区或某高校的心理语言学研究中心，如沃罗涅日心理学语言学派（Воронежская школа в психолингвистике），领导人为斯捷尔宁（И.А.Стернин）；乌法心理语言学派（Уфимская школа в психолингвистике），领导人为别什科娃（Н.П. Пешкова）、罗戈日尼科娃（Т.М. Рогожникова）；萨拉托夫心理语言学派（Саратовская психолингвистическая школа），领导人为戈连洛夫（И.Н.Горелов）、戈利季（В.Е. Гольди）、斯多布诺娃（А.П. Сдобнова）；彼尔姆社会心理语言学派（Пермская социопсихолингвистическая школа），领导人为奥弗奇尼科娃（И.Г.Овчинникова）、叶罗费耶娃（Е.В. Ерофеева）、多岑科（Т.И. Доценко）；鄂木斯克心理语言学派（Омская психолингвистическая школа），领导人为布塔科娃（Л.О. Бутакова）、古茨（Е.Н. Гуц）等。（Федорова 2020：120–121；Стернин, Уфимцева 2021：95–96）

限于篇幅，本章仅就上述的三大学派——莫斯科心理语言学派、特维尔心理语言学派和彼得堡心理语言学派的基本理论和方法论遗产进行梳理，着重对其代表人物的学术思想和观点进行分析和评述。对于其他学派，由于它们的学术思想几乎都是建立在上述三大学派代表人物的理论学说基础之上的，因此，本著作会在随后的第 4、5 章中作出具体的审视。

第 1 节 莫斯科心理语言学派

莫斯科心理语言学派作为俄罗斯历史最悠久、影响最大的心理语言学派，在世界心理语言学界其实就是俄罗斯心理语言学范式的代名词。换句话说，我们所说的俄罗斯心理语言学范式，通常意义上就是指由小列昂季耶夫创立的莫斯科心理语言学派。本著作在第1、2章所讨论的关于俄罗斯心理语言学范式的发展历程和学理基础问题，也都是基于这一前提并紧紧围绕该学派的学术活动而展开的，而本章要审视的其他两个学派——特维尔心理语言学派和彼得堡心理语言学派，其形成和发展也都离不开莫斯科心理语言学派所构建的言语活动论学理基础。

众所周知，学派的形成主要是以在某一阶段内学术样式的相对一致性或相近性来确定的，小列昂季耶夫所创立的莫斯科心理语言学派，其基本学术样式就是学界公认的言语活动论。因此，围绕该样式所展开学术活动的学者，理论上讲就是该学派的成员。但由于其骨干成员大多是俄罗斯科学院语言学研究所心理语言学部以及莫斯科大学的学者，小列昂季耶夫本人将其称为"莫斯科心理语言学派"。[①]该学派的核心成员除小列昂季耶夫本人外，还有阿胡金娜（梁波娃）、齐姆尼亚娅、弗鲁姆金娜、塔拉索夫、索罗金、德里泽、沙赫纳罗维奇（А.М.Шахнарович）等。从研究方向看，学派成员大致有如下分工：小列昂季耶夫与阿胡金娜主要从事对言语生成的普通理论模式的研究；齐姆尼亚娅的研究方向多集中在言语感知领域；弗鲁姆金娜则重言语过程的概率性结构及联想机制等的应用研究；沙赫纳罗维奇的研究兴趣主要为儿童言语的发展机制问题；塔拉索夫和索罗金更多偏重交际心理尤其是跨文化交际心理以及民族心理的探索；德里泽的研究集中在语篇的社会心理学阐释方面。也就是说，莫斯科心理语言学派核心成员围绕言语活动论这一新型样式所展开的学术活动，几乎囊括了普通心理语言学、发展心理语言学、应用心理语言学、交际心理语言学、民族心理语言学、语篇心理语言学等多个学科领域。

[①] 从某种意义上讲，小列昂季耶夫将自己创立的学派称为"莫斯科心理语言学派"是一种谦逊的说法，主要是因为从事言语活动论研究的大多是其同事。

下面，我们将按若干专题，对莫斯科心理语言学派的主要理论学说和思想进行简要评述或批评。

1.1 "言语活动论"学说

俄罗斯心理语言学范式的晶核是言语活动论，或者说，言语活动论就是莫斯科心理语言学派乃至俄罗斯心理语言范式的代名词，这是俄罗斯心理语言学范式有别于世界其他心理语言范式最重要的标志。因此，搞清楚言语活动论的特定概念、对象、方法及特点，也就把握住了俄罗斯心理语言学范式的基本性质及学理形态。

1.1.1 "言语活动论"的概念和对象

审视言语活动论，首先要搞清楚究竟什么是言语活动，它的概念内涵及对象是什么等问题。对此，小列昂季耶夫在1965年出版的《言语活动中的词语：言语活动普通理论的若干问题》一书中指出，虽然心理学和语言学都研究言语活动，但前者首先关注的是任何活动的普遍性问题，因此它是关于社会个体的心理生理活动论；而后者的研究对象是言语行动系统（система речевых действий）[①]，因此语言学又可以被界说为研究"一种活动（即言语活动）中的一个方面的学说"。（Леонтьев 2003а：25–28）上述界说将心理学和语言学所研究的言语活动的概念内涵进行了区分，即把心理学看作"活动论"，而把语言学视为"言语活动的一个方面"。换言之，小列昂季耶夫眼中的语言学的研究对象只涉及言语活动学说中的"一个方面"，即言语行动系统。对此，小列昂季耶夫又在1969年出版的俄罗斯心理语言学的奠基性著作之一的《语言、言语、言语活动》中作了进一步强调。他指出，并不是孤立的言语行为（речевой акт）的总和构成了语言学的对象[②]，而是言语行动系统即言语活动才是语言学的对象。在言语活动的整体对象中，语言学只是其中的"一个方面"的模式化，而心理学所模式化的是"另一个方面"。（Леонтьев 2010：27）应该说，小列昂季耶夫正是从上述基本概念出发对语言符号的性质及言语活动的结构作出进一步

[①] 在俄罗斯心理语言学的文献中，术语 действие 并不等同于 акт 或 поведение 的概念，因此，我们将其定名为"行动"。莫斯科心理语言学派对活动的界说，是建立在老列昂季耶夫的活动心理学（психология деятельности）基本原理基础上的，即将活动视为行动或行动链而存在，没有行动，就无任何活动可言。

[②] 此处的"言语行为"的概念是心理学的，与当代语用学中的言语行为理论（теория речевого акта）中的"言语行为"的概念并不相同。

阐释的。

1.1.2 "言语活动"与"语言符号"的关系

从上述对言语活动的概念界说中可以清楚看出,言语活动与语言符号之间有一种天然联系。对于符号,小列昂季耶夫认为现代科学研究有3个相互不同的视角:第一种是以胡塞尔(E.Husserl)、皮尔斯(C.S.Peirce)等为代表的现象学哲学传统(феноменологическая философская традиция),即把世界万物都视作符号;第二种是以索绪尔为代表的经验主义符号学(эмпирическая семиотика),即把语言符号视为一种独立的符号系统加以研究;第三种是以维果茨基、谢德罗维茨基等为代表,即研究的并不是符号或符号系统本身,而是符号活动(знаковая деятельность),即语言符号或语言符号系统的"内部的和心理学的方面"(внутренняя и психологическая сторона)。(Леонтьев 2010: 43–45)那么,这个语言符号系统究竟包括哪些具体的内容呢?对此,小列昂季耶夫认为相对于以胡塞尔、皮尔斯为代表的现象学哲学传统视角,言语活动论视角的符号域(круг знаков)要狭窄得多,它特指如下现实事物(предметы действительности)或现实现象(явления действительности):(1)在起源上对人的心理形成有制约作用的,如语言符号、聋哑人的面部表情符号等。(2)在人的心理运作过程中起各种辅助作用的,如记忆手段、地图、图纸和图式等。(3)基础性符号或作为基础性符号的对应物,如城市交通符号、旗语代码、莫尔斯电码等。第二、第三种符号是第二性的,它们常常用作第一种符号的替代物,即第二种符号是第一种符号的功能对应物,而第三种符号则是第一种符号的形式对应物。(Леонтьев 2010: 45–46)简言之,小列昂季耶夫眼中的语言符号系统,主要指语言符号及其替代物,因为只有第一种语言符号的特性(свойства)才构成心理语言学的研究对象,该特性就是:与人的大脑的心理生理构造有某种绝对的无条件联系,并能够使人的肌体中某些内隐的生物特性现实化;具有潜在的(常常又是现实的)多功能符号(полифункциональные знаки);无论哪种形式在自上而下的方向上(в направлении сверху вниз)都不会使代码变形。(Леонтьев 2010: 46)从上述对语言符号特性的解释中可以清楚地看出,莫斯科心理语言学派视角的符号观与语言学、心理学、生理学、言语以及思维病理学、逻辑学、诗学等都不相同。在该学派的学说中,符号并不是现实事物或现象,而是对现实事物或现象的功能特性进行概括的符号模式(знаковая модель)。也就是说,如果不同的事物或现象可以用间接方式表现出同一种工序的话，那么这些不同的事物或现象就属于同一个符号模式。这一点对莫斯科心理语言学派来说尤为重要，是其在学理上区别于其他学派（尤其是美国心理语言学派）的根本所在。

除上之外，小列昂季耶夫在论述言语活动与语言符号的关系时，还引入了若干个新概念，如符号工序（знаковая операция）、虚拟符号（виртуальный знак）、现实符号（реальный знак）、符号两面性（двусторонность знака）以及符号系统等。在他看来，符号工序即符号行动（знаковое действие），它与符号的使用有关；虚拟符号是指由具体符号运作中抽象出来并固化在符号形式中的一些活动特点，即物化在符号中的活动（опредмеченная в знаке деятельность）；现实符号即作为具体符号运作成分的符号；符号两面性指符号的一面与符号的纯功能有关，另一面与对符号的自觉行动（сознательные действия）有关；符号系统的属性是由符号类型决定的，即不同的符号类型，其符号系统有别。从语言符号系统看，它由两组特征构成：一是变音成分共性（общность диакритических элементов），即由那些构成符号体（тело знаков）的成分所形成的共性；二是符号功能共性（общность функции знаков），它可以有不同层级或等级；也可以是符号的惯用近似（узуальная близость），如情景近似（ситуативная близость）——具体符号运作中的全部或部分的符号潜能，或语境近似（контекстная близость）——复杂符号中简单符号相互替代的潜能等。（Леонтьев 2010：47-48）总之，在小列昂季耶夫看来，对符号、符号系统的审视，凡是从纯语言学视角或其他与言语活动论无关的视角出发都是没有发展前景的。如果我们想揭示的并不是符号和符号工序的现象学，而是其本质，那么就应该采取心理学即活动论的分析方法。（Леонтьев 2010：49）以上可见，小列昂季耶夫关于言语活动与语言符号相互关系的观点，与索绪尔在《普通语言学教程》中对符号学（семиотика）这门科学的界说完全一致，后者认为符号学可以成为社会心理学或普通心理学的一个组成部分，因此，确定符号学的地位是心理学的任务。（Соссюр 1966：40）

1.1.3 "言语活动"的结构及其相互关系

显然，要对现实事物或现象的功能进行模式化概括，用传统的结构主义语言学的方法（如索绪尔的语言和言语对立等）是无法得到合理解决的。只有从上述既定目标出发，对语言符号的本质属性尤其是语言运作的机理进行重新审视和界说，才能获得理想的答案。为此，小列昂季耶夫依据谢尔巴的语言现象"三层面"学说,以及任金关于言语性质和过程的相关思想,提出了言语活动由3个范畴构成的重要观点,即:(1)作为能力的语言——语言群体成员掌握、生产、再现和等值感知语言符号的心理学和生理学条件的总和,相对于谢尔巴的"语言材料";(2)作为对象的语言——用一定方式整理过的语言活动恒常成分的总和,相对于谢尔巴的"语言系统";(3)作为过程的语言——语言群体在一定社会经济和文化条件下为交际或自我交际(思维)而实现的语言能力的过程,相对于谢尔巴的"言语活动"。(Леонтьев 2010:101-104)也就是说,小列昂季耶夫在这里第一次完整地提出了"三位一体"的言语活动论思想,这与索绪尔把自然语言符号区分为语言(Langue)、语言能力(Faculté du Langage)、言语活动(Langage)、言语(Parole)有很大不同。索绪尔认为语言与语言能力相对立,构成言语活动,而言语活动又与言语相对立。小列昂季耶夫则认为,言语活动包含了其他所有的3个方面。从这个意义上讲,莫斯科心理语言学派的语言观就是上述"三位一体"的言语活动论。

不妨让我们来具体审视一下这3个不同语言层面或语言模式的相互关系。首先,把作为对象的语言(语言系统)与作为过程的语言(言语)进行对接,历来属于语言学专有的对象,其他学科少有涉及。尽管语言学的不同分支学科可能对语言和言语有不同的研究视阈,甚至会采用不同的术语系统(如交际学理论就把语言和言语分别视作代码和信息等),但它们的对立应该说从来就被视为20世纪哲学研究实现语言学转向以来的最大成果之一。其次,将作为能力的语言(言语机制)与作为过程的语言(言语)相对接,除了心理学外,任何其他科学都不将上述两者结合起来进行研究,因为这种对接在分析言语机制时,并不对与交际过程相关的内容进行描写,也不对言语生成中表达的相关成分进行区分。这显然不是心理语言学所企求的。再次,把作为对象的语言(语言系统)与作为能力的语言(言语机制)相对接,这是心理学和语言学联系最为紧密的一种对接,因此,这几乎是世界心理语言学各种范式所依据的一般原理,或者说心理语言学正是按照这种对接模式来建构其研究对象的。我们从小列昂季耶夫对心理语言学所下的最初定义——"心理语言学是一门把语言系统与语言能力之间的关系作为研究对象的科学"中,看到了这种对接。(Леонтьев 2010:106)但实际上,语言系统与语言能力并不是按照同样的规则建构起来的,正如小列昂季耶夫本人所说,人的言语机制建构与语言系统建构并不完全相同,前者的构造是由心理学与高级神经活动生理学和其他科学一起所获得的特殊形式(尽管到目前为止我们还无法对语言能力的构造进行详尽描述)。(Леонтьев 2003a：102–106)为此，小列昂季耶夫给心理语言学又下了第二个定义："心理语言学的研究对象是作为整体的言语活动及其在综合模式化中的规律性。"①(Леонтьев 2010：110)

以上论述可以得出这样一个重要结论：莫斯科心理语言学派的任务（或者说首要任务）就是要建构一套与语言模式有别的言语能力（речевая способность）模式，以此来论证该学说一贯强调的对心理语言学的学科定位——心理语言学是一门既有别于语言学也有别于心理学的综合性学科。而这个专门用于研究言语能力生成模式的学科就是言语活动论。换句话说，从心理语言学角度看，探索言语活动综合的和多层级的模式化之规律性，就是言语活动论特有的概念内涵和学理指向，它与语言学和心理学走的完全是不同的方向。

1.1.4 "言语活动论"的研究方法

关于言语活动论的研究方法问题，小列昂季耶夫在1969年出版的《语言、言语、言语活动》一书中认为，从本质上讲，心理语言学的研究方法较其研究对象来要简单得多，原因是心理语言学本身并没有与语言学格格不入的方法，因为任何一个正确建构起来的模式尤其是语言模式，必须要通过严格的实验（организованный эксперимент）予以后续的论证。(Леонтьев 2010：111)但他同时又认为，心理语言学的实验与语言学的实验有所不同：一是实验方法的具体名录不同，心理语言学通常采用的是从心理学那里借用过来的技术方法系统；二是使用的方法在数量上更多，因为对语言模式的建构原则上是不需要经过实验的，几乎都是纯演绎式的，这种演绎方式具有很大的随意性。(Леонтьев 2010：110–111)再来看他在1997年出版的《心理语言学基础》一书中的相关论述。他在该书中提出，心理语言学的方法主要有实验法（экспериментальные методы/методики）、观察法（наблюдение）、形成法（формирующие методы）、语言学实验法（метод лингвистического эксперимента）等。(Леонтьев 2005：73–78)其中，实验法又可以分为直接实验法（прямые экспериментальные методики）、间接实验法

---

① 事实上，小列昂季耶夫本人对心理语言学的对象曾下过多次定义（1969年两次，1989年和1996年又分别各一次）。这主要是由学科不断发展之需要所决定的。1969年所下的两个定义，是针对俄罗斯心理语言学的最初学术样式——言语活动论而下的；后来该学科得到空前的扩张，发展成为真正具有综合性质的心理语言学范式，因此小列昂季耶夫对定义又做了两次修订。

（косвенные экспериментальные методики）、投影法（проективные методики）等；观察法还包括列宁格勒音位学派（Ленинградская фонологическая школа）的创始人谢尔巴在音位学研究中采用的自我观察法（самонаблюдение）、反省法（интроспекция）等；形成法主要用于对掌握语言过程的研究；而语言学实验法则是从语言学方法那里继承过来的。可见，从1969年至1997年间，俄罗斯心理语言学得到快速发展，其研究方法呈现出多样化的趋势。正如小列昂季耶夫在《语言、言语、言语活动》书中所说，在1969年当时的条件下，还不可能对心理语言学所采取的研究方法进行更加详细的评价。（Леонтьев 2010：112）

下面有必要简要评述一下莫斯科心理语言学派常用的研究方法。如按照获取实验数据的方式分，可分为直接实验方法（прямой эксперимент）和间接实验方法（косвенный эксперимент）两种：

1）间接实验方法。该方法是通过对同一心理过程的不同特性之间的联系或不同心理过程的特性之间的联系而得出结论的方法，如观察法（наблюдение）、条件反射法（условно-рефлекторная методика）等。其中，后者为典型的生理学研究方法，用以对内部词汇中的词语关系进行研究。

直接实验方法。该方法属于心理语言学特有的方法，主要有两种：一是语义刻度法（методика семантического шкалирования）。美国第一代心理语言学的代表奥斯古特提出的语义微分法（методика семантического дифференциала），以及俄罗斯心理语言学家索罗金等提出的语义整合法（методика семантического интеграла）等就属此列。此外，联想方法（ассоциативные методы）也属于直接实验方法。

2）语言学实验方法。该方法是谢尔巴于1931年创立的，在语言学和心理语言学中得到广泛使用。它主要用来测验受实验者的语感，以验证语言规范模式或功能言语模式。由谢尔巴创立的列宁格勒音位学派就普遍使用该方法。谢尔巴把语言学实验分为两种——肯定实验法（положительный эксперимент）和否定实验法（отрицательный эксперимент）。前者是先对某个词语的意义或某种形式或某种构词和构形的规则作出假设，并根据该假设尝试说出一组不同的句子，如果得出肯定结果，那么就证明公式是正确的；后者是给出一个错误的语句，让受实验者找出错误并予以改正。（Щерба 2004：24–38）在谢尔巴提出的肯定和否定实验的基础上，小列昂季耶夫还提出了另一种方法——排除实验法（альтернативный эксперимент），即由受实验者来决定所给语言片断的异同。语言学实验法用作心理语言学的实验,其验证的不是语言规范模式或功能言语模式,而是语言能力模式或言语活动模式。(Леонтьев 2005: 80)

3) 联想实验方法。这是目前技术上最为成熟、使用范围最为广泛的语义分析方法之一。联想实验包括自由联想实验方法(свободный ассоциативный эксперимент)——对受实验者没有任何限制的实验方法;定向联想实验方法(направленный ассоциативный эксперимент)——对受实验者提出语法、语义类别限制,以引导或限制其言语思维活动;链式联想实验方法(цепочечный ассоциативный эксперимент)——受实验者要用若干联想对刺激作出反应,比如在20秒内作出10次反应等。

莫斯科心理语言学派的联想实验研究已取得举世公认的成果,如出版了两卷本的《俄语联想词典》(«Русский ассоциативный словарь»),还有一大批少数民族语言联想词典,以及法语、德语、美式英语联想词典等。直至目前,《俄语联想实验词典》依然是世界上规模最大、收录词汇最全的联想词典。因此,其所有的实验都可以此为科学依据而有序进行,而其他国家目前仍缺少实验赖以依存的"大数据"。该词典共收集 1277 个刺激词,记录了1.26万个不同回答,反应词的总数超过百万个。该词典的词条结构为:先给出标题词(заглавное слово),先后按频率递减顺序给出反应词。如, лес, поле, деревня 11... осень, большой, берёза 7(森林田野、村庄11……秋天、大、白桦树7)等列出以此递减的反应词;并在每个词条的最后给出频率总数, 如: лес. 549+186+0+119等(第一个数字表示对刺激词的反应总数;第二个数字表示各种反应数;第三个数字表示受实验者对刺激词没有作出回答的人数,即拒绝回答的人数;第四个数字表示一次回答的数量,即仅回答一次的反应词数量)。可以看出,该词典记录的反应词的参数较为丰满,完全可以满足联想实验对组合联想、聚合联想、主题联想等的分析要求。

联想实验方法的新颖之处在于不仅中性词形(如单数第一格的名词、动词不定式等),任何词形都可以充当刺激物,这样获得的就不仅是词汇的信息,还有心理语言学语法的信息。联想实验是按照"刺激—反应"模式来进行的。该模式最大的特点,是在刺激与反应之间有一个犹如航空器上的装置——黑匣子(чёрный ящик),因此,该模式可用公式 S→■→R 来表示。此处的"S"即实验者的"刺激","R"即受实验者的"反应",这个黑匣子象征着言语思维活动的积极参与者——受实验者或被研究者(исследуемые)的未知性(непостижимость),这是该实验方法的学术价值所在。

鉴于联想实验是莫斯科心理语言学派（也包括其他学派）目前最为流行的实验方法，因此，在这里有必要对该实验的步骤、阐释、意义等作简要考察。

（1）实验步骤。联想实验在形式上并不复杂，通常由以下步骤组成：

步骤一：选择受实验者。通常受实验者的人数要求比较多，因为只有在足够量的反应词的分布频率基础上，才能够建构起联想场（ассоциативное поле）。

步骤二：选择刺激词。联想实验中的刺激词，在网络激活过程中扮演着发射脉冲的角色，并将网络的大部分地段导入前言语准备（предречевая готовность）之中，受实验者由此可以将位于前言语准备中的一个"节点"语言化。（Караулов 1993：250）因此，选择刺激词是联想实验的重要步骤之一。刺激词通常是由表征某观念的关键词的词位来充当，大多为名词。

步骤三：将某一词语（如关键词或观念称名词）作为刺激词，在规定时间内由联想受实验者对刺激词进行联想式回答，其形式可以是口头→口头、口头→书面、书面→口头、书面→书面等。

步骤四：将构成联想场的上述反应词作为语言手段，对由刺激词所引发的心理认知特征的客体化情况进行分析和阐释。

联想实验的目的是验证所提假设正确与否，核心是要揭开上文中所说的"黑匣子"的谜底，因此，"步骤四"是决定其成败的关键，即如何对联想实验所得的反应词进行分析和阐释。

实验阐释。联想实验通常将反应词在3个关系维度上进行分类和阐释，即上文中提到的组合联想、聚合联想、主题联想。组合联想是受实验者建立在语言外属性（экстралингвистическая природа）基础上的联想，因此其反应词的语法类别不同于刺激词的语法类别；而聚合联想是受实验者建立在语言内属性（лингвистическая природа）基础上的联想，因此其反应词的语法类别与刺激词相同。（Белянин 2003：131）可以将组合反应词和聚合反应词分别看作语言系统和语言（言语）程序的组织程度（степень сформированности），而把主题联想词（тематические ассоциаты）视为定型语言外情景（стереотипные внеязыковые ситуации）。（Ягунова 2005：35）以联想双词（ассоциативная пара）即"S→R"为例：бабушка старая（奶奶 老奶奶），сидеть стуле（坐 在椅子上）就是语法上组成的组合联系；старая молодая（年老 年轻），сидеть стоять（坐 站），сидеть сесть （坐下来 吃）就是语法上组成的聚合联系；而 чайка Чехов（海鸥 契诃夫）就是语法上组成的主题联系，即刺激词与反应词的所指对象之间存在着相互作用（关联）情景。特别需要指出的是，大量刺激词与反应词之间的联系并非单一的。如 бабушка внучка（奶奶→孙女），既可视为属于同一语法类别的聚合联系，也可视为与指称对象的交际情景相关联的主题联系。

无论是组合联想还是聚合联想，它们都要服从于"最小对比"原则，即刺激词与反应词的语义成素构成差异越少，反应词的现实化概率就越高。这一原则可以对"联想为何可以复原刺激词的语义成素"这一问题作出解释：联想集包含着刺激词中所包含着的相似性系列特征，因此，操语言者可以根据反应词轻松地复原刺激词。（Белянин 2003：131）

值得一提的是，上述各种联想结构还反映在扩展语篇中。如，相似于关键词组合的主题联想结构，就与完整语篇的特点完全吻合。显然，在建立语篇联系中，聚合联想起着关键作用，因为它们为语篇关键词的语义、语法和联想的重叠（повтор）提供着保障；而组合联想的语篇组合潜力则受到句子的制约。

综合以上论述，言语联想就有以下程序：对刺激词的感知，对刺激词的理解，将刺激词与其他词汇单位即反应词相关联等。在这里，联想双词即"SR"作为分析单位，就呈现为一个所谓的"三成素结构"（трёхкомпонентная структура）：刺激词——反应词——从刺激词向反应词的过渡程序（процедура перехода）。（Ягунова 2005：36–37）由此可以看出，"S→■→R"公式中的黑匣子就是过渡程序。该程序以联想双词按照不同理据联合而成的各种类聚（组合、聚合、主题联系）为基础，展示着联想过程的内部结构。而心理语言学联想实验所要研究的就是该程序。

（2）实验意义。联想实验之所被广泛使用，除了技术上最为成熟和使用简便外，还有两个显著特点：一是科学性强；二是其实验结果可被运用于心理语言学研究的不同领域。

从运用领域看，联想实验的结果至少可以被运用于对语言学和心理学以下领域的研究：

一是根据反应词的频率分布表，可以计算出不同词之间的语义近似性（семантическая близость）即所谓的语义距离（семантическое расстояние），以为语言学确定同义词、近义词等提供参照，因为反应词的相似性作为回答分布的吻合度，是衡量语义近似性的尺度。

二是联想实验计算出的语义近似性有时与语篇的静态分布分析(即研究者不采用联想实验方法,而是对词组进行单独计算)的结果相吻合。这时,联想实验的结果可以对操语言者的语言意识片断(фрагменты языкового сознания)作出解释。(Белянин 2003：129–130)

三是在联想实验基础上可以建构起词的语义成素。如,可以将对刺激词的第二次联想(即"联想的联想")的语义距离矩阵(матрицы семантических расстояний)视为因素分析方法(факторный анализ)的程序,而对所凸显的因素进行内容上的解释,就可以区分出词的语义成素。正因为如此,联想实验可以同时成为获取语言学知识和心理学知识的方式。

四是联想实验可以展示词义中或词的所指事物中心理学成素的存在,从而有可能建构起词的语义结构。该结构是研究心理对应词(психологические эквиваленты)不可或缺的材料,可为揭示操语言者心理存在的词的语义联系提供可能。

五是由于联想实验是在多人参与下进行的,因此,其实验结果一定程度上可以凸显意义上的一些无意识成素(неосознанные компоненты)。如,有研究表明,экзамен(考试)一词在操俄语者的意识中就存在着下列一些民族文化成素：трудный(困难的)、страшный(可怕的)、тяжёлый(费劲的)等。(Белянин 2003：133)

六是由于联想在很大程度上要受到本民族语言尤其是语言中的言语模式(шаблон речи)、套话(клише)等的制约,因此,联想实验结果具有一定的语言定型性质,该结果可用于对定型现象、先例现象进行研究,因为反应词如实反映着受实验者母语文化的差异性,以及不同的回想文本(текстовые реминисценции)等。

七是由于联想首先具有言语联想(вербальные ассоциации)的性质,这表明语言意义会受到其联想意义的制约和影响。因此,用联想实验来研究语言的联想意义,可以发掘人的语言意识或世界形象的功能化特点和机制。正如有学者指出的那样,研究语言意识的前提是：研究语言单位和语言结构的过程,可以揭示出这些单位和结构在心理上的现实内涵：在何种现实的、心理学上可信的语义成素集成中,这样或那样的意义存在于民族意识中和保存在民族语言的记忆里；构成词义的那些单独意义成素彼此又处在怎样的关系中；词与结构的现实意义联系在人的语言记忆里又有怎样的联系等。(Попова,Стернин 2003：43)

八是联想实验的反应词可以构成联想场,且每一个联想场又都有自己的中心和外围。这表明,无论在称名词的构成上还是在其联系上,每个联想场的中心和外围的结构都不会相同,会有多种因素(如教育程度、性别、年龄、职业等)影响到受实验者心智语汇的构成。因此,联想实验可以为此提供必要理据。(Синигаева 2017: 11–12)

最后需要指出的是,言语活动论的研究方法在很多情况下并不是单独使用的,而要根据实验的目标,同时使用一组方法来实现。此外,上述方法不仅适用于狭义的言语活动论研究,还同样适用于广义的心理语言学研究的各个领域,如上文中所说的先例研究、定型研究、语言意识研究、跨文化交际研究、观念研究等。

1.1.5 "言语活动论"的方法论原则

我们在本著作第2章中谈到了言语活动论的三大学理基础,即建构言语活动论的心理学、语言学和生理学基础。其实,从上述三大学理基础中不难看出这样一个问题,即言语活动论所依据的方法论主要是俄罗斯科学传统中特有的心理学、语言学和生理学有关"活动"的学说或"活动论"。正是活动论的基本学理,成就了莫斯科心理语言学派;也正是活动论所蕴含的方法论原则不同于西方学派,才使言语活动论被喻为新的心理语言学范式而受到西方学界的推崇。那么,言语活动论所遵循的方法论原则与西方(主要是美国)的究竟有哪些不同呢?研究表明,言语活动论所遵循的是普通心理活动论中的活动解释原则(деятельностный объяснительный принцип)[①],该原则与西方学界奉行的相关方法论原则是相对立的。对此,俄罗斯著名心理语言学家、莫斯科心理语言学派的主要成员之一、《心理语言学问题》(«Вопросы психолингвистики»)杂志主编塔拉索夫在《心理语言学发展趋势》(«Тенденции развития психолингвистики»)一书中,参照阿斯莫洛夫(А.Г.Асмолов)的相关思想作了精辟概括,它们分别是:

1)与刺激性原则相对立的事物性原则(принцип предметности как оппозиция принципу стимульности)。活动论认为事物具有双重性:作为构成主体活动的独立存在物和作为活动主体的心理形象(психический образ),因此它具有主观形式。心理形象可用作揭示活

---

① "活动解释原则"是普通心理学活动论用于对言语进行分析的一种解释图式(объяснительная схема),其学理形成于哲学,后首先被洪堡特用于语言学的研究。从本质上看,活动论的目的就是对活动解释原则作出科学阐释。

动的动机。

2) 与反应性原则相对立的能动性原则（принцип активности как оппозиция принципу реактивности）。活动论把人的心理过程看作是一种创造性的和有目的的活动，而不是行为主义的消极的或被动的反应。

3) 与适应性原则相对立的人的主题活动的非适应性原则（принцип неадаптивной природы предметной деятельности человека как оппозиция принципу адаптивности）。活动论认为，是人创造着自身生存的条件，而不是去寻找自然界中现成的东西。人的动机（事物）处在不断变化之中，社会也会给人提出新的事物。由于人是为了满足自身的需要而开展活动的，因此，这种主题活动就具有非适应的性质。相关心理学实验也证明，人的能动性（активность）与适应性（адаптивность）并不等同。

4) 与直接联想联系原则相对立的间接性原则（принцип опосредствования как опозиция принципу непосредственных ассоциативных связей）。间接性原则是活动论的基本原则之一，这是由人的高级心理机能决定的，人是通过语言符号这个中介来进行活动的，人的工具心理形成也是通过上述中介来实现的，这也是人与动物的主要区别之一。

5) 与社会化原则相对立的内化-外化原则（принцип интериоризации-экстериоризации как оппозиция принципу социализации）。活动论把人的心理机制的形成视作内化和外化的结果，首先由社会外部的活动转化为活动的心理学形式，从而形成自我意识，然后产生意识内层。内化绝不是机械地由外部物质的东西向内转化为思想或理念，而是一个十分复杂的心理过程。

6) 与成分分析原则相对立的单位分析原则（принцип анализа по «единицам» как оппозиция принципу анализа по «элементам»）。这是莫斯科心理语言学派与西方心理语言学范式的最大区别之一。单位分析是把人的言语活动看作是一个宏观结构，它不是把人的活动切分为成分，而是揭示构成活动关系的特征。人的活动由3个基本单位构成——活动、行动、工序。

7) 心理反映取决于活动结构中所反映的客体地位原则（принцип зависимости психического отражения от места отражаемого объекта в структуре деятельности）。对作为心理语言学的言语活动论而言，该原则的启发式价值体现在解决单个语言中对相同现实片断范畴化（категоризация）时的差异问题，这就是语言相对论假说（гипотеза

лингвистической относительности）所要解决的问题。显然，它超出了语言学的解释潜力，而只有依据上述原则才能得到相应研究。（Тарасов 1987：103–108, Асмолов 1983：115–136）

以上原则，都是活动解释原则的具体体现。它们不仅为言语活动论提供了方法论，也在哲学层面上为言语活动论区别于世界其他心理语言学范式奠定了学理基础。

1.1.6 "言语活动论"的学理构成

言语活动论的方法论原则，决定了其学理内涵。对此，小列昂季耶夫和别梁宁（В.П.Белянин）等学者曾对言语活动论的学理构成作过概括性总结，对我们全面了解莫斯科心理语言学派的理论思想体系不无帮助。现归纳和评析如下：

1）心理语言学分析的是"单位"而不是"成分"，即不是操语言者心理的某语言单位的静态对应物，而是基础言语行动和言语工序。也就是说，莫斯科心理语言学派的言语活动论的分析单位是心理学工序（психологическая операция），它是由实现言语生成和言语感知以及掌握语言的单位形成的，而不是由可以划分、描写以及直观表征的成分构成的。这是莫斯科心理语言学派与西方第二代心理语言学说的原则区别。

在活动范式（деятельностная парадигма）内审视心理语言学分析单位，其发端的言语事件具有活动框架（деятельностные фреймы）即活动图式（деятельностная схема）的特点。这个单位即言语活动的最小细胞（минимальная клеточка）应该具有活动的如下基本特征：（1）事物性（предметность），即指向人的周围现实，或者说在活动中内部心理过程向客观事物世界敞开；（2）目的性（целенаправленность），即任何活动行为都是有限的，而任何行动又都包含着活动主体事先计划好要达成的过渡目标；（3）理据性（мотивированность），即任何活动的行为总是有多个理据的，它会同时受到构成统一整体的多个动机所激励；（4）纵向的等级组织（иерархическая организация），包括活动的单位及准单位（квазиединицы）的等级组织，如图式、功能块（функциональный блок）等；（5）横向的阶段组织（фазная организация）等。（Леонтьев 2005：65–66, Белянин 2003：29–30）

2）用启发式原则（эвристический принцип）组织言语活动。心理语言学理论不应该属于算法论，而应该是启发式的理论。理由是：与任何一种有目的的活动一样，言语活动的实施要取决于目的、条件、手段等其他条件,即不能一劳永逸或有硬性的规定程序,而只能是启发式的,因为言语活动不仅要对选择言语行为策略的环节作出预测,还要允许言语的生成和感知在不同的阶段中有灵活的运作路径,更要与先前用各种心理语言学模式取得的实验结果相对应等。因此,如果把心理语言学理论视作普通心理学活动论的组成部分,即把言语过程视作言语活动或言语行动,那么它就应该是启发式的。

强调形象层面的活动视角或过程视角。活动论的哲学基础并不是意识(сознание)与存在(бытие)的对立,而是形象(образ)与过程(процесс)的对立,因为心理学的对象是主体对现实的活动,因此就必须围绕形象与活动(过程)的关系来建构心理语言学理论,即首先研究由语言符号间接表达的世界形象与言语活动的关系。

活动方式的选择取决于未来模式化(моделирование будущего),因此,概率预测(вероятностное прогнозирование)具有重要意义。言语生成的过程是言语感知的基础。也就是说,言语感知过程具有能动的性质。(Леонтьев 2005:67–71)

以上对言语活动论的概念、对象、结构、方法以及方法论、基本原理等的全面梳理和审视,使我们不难得出这样的结论:言语活动论的基本学理是建立在普通心理学的活动论基础上的;基本分析对象是言语生成、言语感知和掌握语言的过程;分析单位是心理学工序(强调不是语言学的,而是心理学的);价值取向是活动本体论(онтология деятельности),遵循的方法论是活动解释原则。

1.2 言语生成研究

言语生成研究即言语生成的理论及模式,是心理语言学尤其是俄罗斯心理语言学范式的核心对象之一。

从根本上讲,言语生成涉及语言的起源问题,因此自古以来研究者众多,但迄今为止似乎依然停留在种种假说之中,并无确切的材料予以证实。莫斯科心理语言学派对言语生成的研究,是建立在唯物主义历史观基础上的,即认为言语产生于集体劳动(活动)过程。尽管个体行动与集体活动相对立,但相同的动机或意图把它们联系在一起,并通过语言符号来协调该集体所有成员的行动,最后发展到只要实施言语行动就能实现劳动(活动)的行为。

由于言语生成的过程是内隐的,无法对此进行直接观察,而只能通过言语的中间产品和终端产品作出判断,因此,心理语言学界就采用种种心理学的方法来解释言语生成过程，由此形成了众多的言语生成理论和模式。如，美国心理语言学奥斯古特、米勒就提出随机模式（стохастическая модель），乔姆斯基提出了转换生成模式（трансформационно-порождающая модель）等，在世界心理语言学界产生了深远影响。

莫斯科心理语言学派的言语生成理论和模式，是在批判吸收世界心理语言学的最新成果，继承和发扬维果茨基、卢利亚、任金、谢尔巴等本国学者的言语生成学说基础上形成的[①]，因此，具有鲜明的俄罗斯特色。

下面，让我们对该学派主要成员提出的言语生成理论及模式作简要评述。

1.2.1 小列昂季耶夫的"言语生成"理论

应该说，在言语生成理论的研究中最具成果的是莫斯科心理语言学派的创始人小列昂季耶夫，他在句子生成和语义、句子生成模式等理论问题上有一系列的建树，从而为形成该学派完整的言语生成理论体系奠定了基础。归纳起来，他的主要思想包括：

关于句子生成和语义的心理语言学理论问题。在1969年出版的《语言、言语、言语活动》的著作中，小列昂季耶夫对句子生成和语义的心理语言学问题进行了系统阐述。他在分析美国心理语言学家奥斯古特、米勒、乔姆斯基等提出的言语生成模式的优长和缺陷后，提出新的模式构想：第一步，构建语句的线性超语法结构构式（конструкция линейной внеграмматической структуры）及内部编程（внутреннее программирование）；第二步，将线性超语法结构及内部编程改造成句子的语法结构；第三步，实现句子的语法生成模式。他认为只有全部实现了如上3个不同的步骤，才能在真正意义上谈得上句子的转换生成。（Леонтьев, 2003a: 112–124）。关于心理语言学的语义问题，他认为与句子的生成问题密切相关，不同的研究视角可以对句子语义作出不同的阐释。比如，乔姆斯基和米勒提出的语义模式由4个层级构成，其中两个是转换和生成层级，另两个则是词汇单位的语法层级和词汇单位（语义单位）层级，而奥斯古特则从意义的实验视角提出语义微分法等，这些心理语义模式或多或少都存有缺陷，而俄罗斯学者卢利亚提出的条件反射法和梅

[①] 有关维果茨基、卢利亚、任金的心理语言学理论学说，请参见本著作第2章的相关评述。

里丘克（И.А.Мельчук）提出的意思⇔文本（Смысл⇔Текст）语义结构模式等，却能获得词语在语义场中的有用信息，为言语交际和机器翻译等提供现实的意义生成和转换机制。（Леонтьев 2003a：125–134）

关于语句生成模式的理论问题。小列昂季耶夫在1969年出版的自称为"莫斯科心理语言学派奠基之作和宣言"的《心理语言学单位与言语句的生成》一书中，对当时世界心理语言学界最为重要的几种生成模式进行了系统梳理和评介，其中包括语句生成模式（модель порождения высказывания）、短时记忆模式（модель кратковременной памяти）、语法意义或长时记忆模式（модель грамматического значения или долговременной памяти）、随机模式、转换生成模式、语义模式（семантические модели）、直接构素模式（модели непосредственно составляющих）等，并对俄罗斯心理语言学的语句生成模式研究应遵循的若干原则作了理论上的概括。这些原则包括：（1）在遵循随机静态原则时要考虑语境而实行概率修正（вероятностная коррекция）；（2）在言语生成模式中应该把选择可能的解决方案与采用该方案区分开来；（3）生成模式中应该包括长时记忆模式和短时记忆模式；（4）生成模式中要实行结构原则，即结构上较复杂的句子要有相应较复杂的运作程序；（5）转换生成的复杂性应当与心理语言学的复杂程度相对应；（6）语句的心理语言学结构在很大程度上取决于前语言学因素（долингвистические факторы）；（7）在心理语言学结构中要突出内部图式或语句的程序；（8）语句加工模式至少要在语法层级上与言语生成和感知保持同一性。（Леонтьев 2003b：40–131）在此基础上，小列昂季耶夫还对言语生成模式各成分之间的相互关系等作出具体描写。他认为，任何言语句的生成模式都有其基本结构，具体说要具备4个阶段：（1）动机阶段（этап мотивации），虽然动机不能看作是心理语言学模式，但却是理解言语行为因果条件及其结构特点的必要前提；（2）意图（或程序或计划）阶段（этап замысла или программы, плана）；（3）意图或计划实现阶段（этап осуществления замысла или плана）；（4）对比阶段（этап сопоставления），即将意图实现与意图本身进行对比。（Леонтьев 2003b：133）他认为，上述4个阶段与人的智力行为结构（структура интеллектуального акта）相适应，而智力行为又与活动的概念紧密相连：它也是一种活动行为，或至少可以构成进入更复杂活动行为的某些行动的总和。（Леонтьев 2003b：134）他提出，言语可以进入智力行为的各个阶段：首先，行动编程（программирование действий）可以是言语的或非言语的，但只有言语行动编程（речевое программирование действий）才能在不依靠语言来预先显性地解释计划（意图）的前提下生成言语句，因此，它是语句生成模式所必需的。其次，行动本身可以是言语的。智力行为中的言语行动与非言语行动（неречевое действие）的相互关系有很大不同：在其他活动行为成素等同条件下，它们之间的关系既可以靠改变言语句的长度发生交替，也可以靠改变活动行为中的言语行动比重（即改变行为结构）发生交替。再次，对所获结果进行对比也可以是言语的，即在活动行为足够复杂时，便可发生言语对比。在小列昂季耶夫看来，上述3种情形展示着言语的3种不同功能，但只有第一种功能——对非言语行动进行言语编程最为典型。（Леонтьев 2003b: 134）在上述基础上，小列昂季耶夫进一步分析了言语行动与人类活动的关系。他认为，由于人类活动具有目的性，构成连贯性（последовательность строения），因此，言语行动也有自身的目的或任务，也有自身的行动构成以及自身的内部结构。但影响言语行动的因素却是多方面的，其中最主要的是主导动机因素（фактор доминирующей мотивации）和环境导入因素（фактор обстановочной афферентации）：前者与先前的行动没有必然联系，只是消极地影响人对言语行动的选择；而后者则不仅在活动行为框架内与先前的行动密切相关，同时也是由这些行动形成的，从而创建起所谓的"神经环境模式"（нервная модель обстановки）。（Леонтьев 2003b: 135–136）在这里，我们似乎清晰地看到了伯恩斯坦提出的关于运动和能动性生理学的基本原理，即"过去–现在模式"。

关于内部编程和语法–语义现实化问题。小列昂季耶夫的言语生成理论并非仅局限在上述两个方面，他在1997年出版的《心理语言学基础》一书中又作了进一步的补充和完善。他认为，除去动机和意图（定向）外，言语生成还要经历"内部编程"和"语法–语义现实化"（грамматико-семантическая реализация）两个阶段。内部编程无论在功能上还是在部分结构上都与作为非言语行动编程的内部言语不同，也与所谓的"内部言说"（внутреннее проговаривание）有别。内部编程的程序只相当于"未来语句"的内核（содержательное ядро），即与现实和隐性述谓性有关联的那些成素。语句的内部编程是一个命题等级系统，这是语句的基础，它是说话人在描写情景的定向战略基础上形成的；内部编程的代码就是任金所说的"事物–图式代码"或"事物–造型代码"（предметно-изобразительный код），也就是说，编程的基础是形象，语句生成的某些意义特点就来自于形象。由内部编程向语法–语义现实化阶段的转换过程中，要经历4个子阶段（подэтап）：(1)语法建构子阶段（тектограмматический подэтап），包括向客观代码转换等程序，即由词最小的语义特征的集合来替代主观代码单位，以限制其语义类别，以便在之后生成时在该语义类别内选择不同的方案。(2)语法体现子阶段（фенограмматический подэтап），其特点是引入线性原则（линейный принцип），如在若干单位（代码）之间对先前归属于一个代码的语义特征进行分配，在语句中对尚无语法特性的代码单位进行线性分配等，从而凸显出语句的起始成分或主要成分（语句的现实切分也正是从该阶段开始的）。(3)句法预测子阶段（подэтап синтаксического прогнозирования）。语句的起始成分凸显出来后，同时就开始进行句法预测——使语句在从左至右的运动过程中实现词汇-语法特征化，从而使语句所有不足的参数归属下列连贯成分（последовательные элементы）之中：在语句普通句法图式中的位子，语法必须形式（грамматические обязательства）即位子在普通图式中的形态体现及与句法不相关的语法特征、语义特征的完整集合、发音特征的完整集合等。(4)句法控制子阶段（подэтап синтаксического контроля），将预测与现有信息联系起来，如程序、语境、交际情景等。如未发现有相互矛盾之处，则可依据不同特征从左至右继续选择下一个词语，依次类推；如果预测不正确，就用另一种预测，以使语句具有另一种句法图式，直到它们彼此吻合为止；如果所有预测都不符合要求，那就要回到起始词，赋予其另一种句法特征，即进行语句的转换程序；如果转换也不可能，那只有回到内部编程中去，对语句进行重新编程。(Леонтьев 2005：113-119)应该说，上述还不是言语生成模式的全部，在语句的内部语法-语义编程之后，还有运动编程（кинетическое или моторное программирование），即"对人脑中的发音运动程序进行建构"，并"将该程序转换为发音运动的某种连续综合体"。(Леонтьев 2003b：173)只有在上述编程全部完成之后，才能够实现言语输出（выход речи）——生成言语。

除此之外，小列昂季耶夫还在相关论文中对言语生成机制作过具体论述。他认为，言语生成问题可以从3个不同视角进行解释——语义学视角（семантический аспект）、语法学视角（грамматический аспект）、语音学视角（фонетический аспект）。语义学视角主要研究词的事物关联性问题，即将某词归属于某一事物或现象的潜能问题；语法学视角主要研究语句的语法加工模式（модели грамматической переработки）问题，如学界流行的随机模式、直接构素模式、转换模式等就属此类；语音学视角研究的主要有声带的神经支配过程（процессы иннервации）以及由言语机制的静态成素（статический компонент）和动态成素（динамический компонент）所构成的生理学系统。（Леонтьев 1970: 314–370）

上述就是小列昂季耶夫对言语生成模式作出的理论阐释，尽管这还不是十分具体，但却具有很强的操作性。它的最大特点是以启发式原则为基础，融合西方和俄罗斯学者提出的相关模式理论，从而在言语生成的各个"点"上都可以选择不同的生成模式。正如他本人所说，这就解决了用实验来验证相互对立的心理语言学模式问题，因此比其他心理语言学模式单独使用具有更大的解释力。（Леонтьев 2005: 120）显然，该理论的核心思想是所谓的"内部编程"，这一思想超越了美国心理语言学家乔姆斯基提出的句子深层组织的语义–语用理论，是对维果茨基相关学说的进一步发展。这不仅是小列昂季耶夫对世界心理语言学作出的最大贡献之一，也是莫斯科心理语言学派言语生成理论的最大亮点所在。该理论的基本原理后来成为俄罗斯其他心理语言学派建构言语生成模式的基础。

1.2.2 阿胡金娜的"言语生成"思想及模式

在小列昂季耶夫对言语生成普遍理论模式的构建过程中，阿胡金娜起到了不可或缺的重要作用。作为神经心理学家和神经语言学家，她用临床实验证明了动态失语症条件下言语意义编程（内部言语）与语句句法构成错乱的差异问题，并建构起失语症患者的言语生成模式，从而对小列昂季耶夫的言语生成理论作出进一步的论证和补充。她的言语生成思想及模式，比较集中地反映在《根据失语症学资料看言语生成机制》（«Механизм порождения речи по данным афазиологии»）(1967)、《动态失语症的神经语言学分析》（«Нейролингвистический анализ динамической афазии»）(1975)、《言语生成：句法的神经语言学分析》（«Порождение речи. Нейролингвистический анализ синтаксиса»）(1989) 等著述中。阿胡金娜认为，从失语症学角度看，言语生成的模式是从语句的内部运动图式（внутренняя моторная схема）即内部言语的语句意图开始的，然后过渡到外部言语的语法建构即词语选择的过程。词汇选择需要经历两个阶段：一是按意义选择词语，二是寻找词语的完整形式。这是一个前后连贯的直接过程；然后再过渡到语句的运动程序（моторная программа），而这个程序特征是音节型的，因此还要实现对发音的选择。具体模式如下（Ахутина 1967: 67–94）：

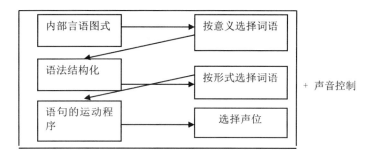

可以看出，阿胡金娜的言语生成模式，是根据卢利亚的神经语言学的相关学说提出来的，并得到相应实验的印证。

1975年，阿胡金娜根据对失语症研究的最新进展，又对上述模式作了必要的修正和补充。她认为，1967年的模式在句法组织（синтаксическая организация）上还存在一定缺陷，因为失语症患者缺损的不仅是话语，也包括单个句子，这就意味着需要在句法上增加含义图式（смысловая схема）。为此，她又提出了一种更加完善的言语生成机制模式。见下表（Ахутина 1989：74–75）：

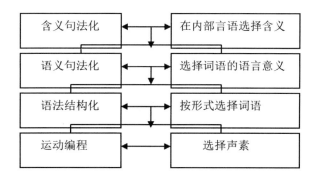

不难看出，该图式最大的特点是由1967年的3个层级改为4个层级，即在语句的内部（含义）程序层级实现含义句法化（смысловое синтаксирование）和内部言语中意义的选择；在语句的语义结构层级实现语义句法化（семантическое синтаксирование）和词语的语言意义选择；在语句结构的词汇–语法结构层级实现语法结构化（грамматическое структурирование）和对词位的选择；最后在运动程序层级实现运动编程和对声素（артикулема）的选择。（Леонтьев 2005：121–122）显然，该模式与小列昂季耶夫的言语生成理论并无本质的差别，即没有将动机视作言语生成过程本身的内容。

1.2.3 齐姆尼亚娅的"言语生成"模式

齐姆尼亚娅是俄罗斯著名心理学家、心理语言学家、心理教育家。她在心理学研究中提出了言语信息的含义感知（смысловое восприятие）概念，这一概念成为该学科领域重要的研究方向。她的言语生成模式思想，主要体现在1969年和1985年发表的《言语生成图式中的言语机制》（«Речевой механизм в схеме порождения речи»）和《语言对思想的形成与表达的功能心理学图式》（«функциональная психологическая схема формирования и формулирования мысли посредством языка»）两篇论文中，从而对言语生成理论作出了自己的贡献。其主要思想是从掌握外语的角度，把言语看作形成和表达思想的方式，并将其概括为3个不同层级：动机-激励层级（мотивационно-побуждающий уровень）、形成层级（формирующий уровень）、实现层级（реализующий уровень）。

1）动机-激励层级是行动指向的那个现实的内部形象（внутренний образ），是整个言语生成过程的发射（запуск），从而使需求在活动对象中"获得确定性"，而思想作为"具体化的需求"成为内在动机（внутренний мотив），又激励着所谓的"言说活动"（деятельность говорения）。（Зимняя 1969：71）也就是说，齐姆尼亚娅在这里把该层级分为"动机"和"激励"两个不同的阶段，即把动机与交际意向（коммуникативное намерение）区分了开来。她认为，说者在该阶段只知道大体的信息，如对象或语句的题目和与听者相互作用的形式等，而不清楚要说的具体内容。因此，"受外部影响直接或间接主导的激励层本身就可以形成语句的对象和目标"。（Зимняя 1969：73）

2）形成层级指思想的"形成"和"表达"两个阶段，它们在功能上既有区别又有所不同：含义形成阶段（смыслообразующая фаза）形成并展开说者的意图，这相当于小列昂季耶夫提出的"内部编程"。她认为，通过语言中介连贯地形成和表达意图，并不是言语化（вербализация），而是同时用来称名和述谓的，即建立起新知-已知（новое-данное）之间的联系。此时，意图会在空间概念图式（пространственно-понятийная схема）和时间展开图式（схема временной развертки）中得到同时体现，即分别将称名场（поле номинации）和述谓场（поле предикации）现实化。空间概念图式是概念的关系网络，被称为现实对象关系的内部形象，是由动机确定的；而时间展开图式反映的是概念的联系和连续性，即思维语法（грамматика мысли）。概念场现实化的本身，是实现声音的(听觉的)和运动形式的言语化表达。因此,含义形成阶段与表达阶段(формулирующая фаза)是合二为一的,即在选择词语的同时就呈现出词语的分布程序。

3)实现层级指言语表达的外在体现。它是整个言语生成的程序中不可缺少的重要方面。首先,要按照节律发出每个音,此时音节是其基本单位,并关系到短时记忆的容量问题。一个话语的发音程序通常由3—4个音节组成。发音程序一旦完成,即可在含义形成层级上使话语现实化。(许高渝等 2008: 127)重要的是,该层级的实现几乎是与形成层级同时进行的,因此齐姆尼亚娅认为,"由含义形成阶段和表达阶段实现的言语生成的形成层级,同时实现着词语选择机制、时间展开机制和声音化程序,后者在形成和表达思想中还直接使意图现实化或客观化"。(Зимняя 1969: 78)

以上不难发现,齐姆尼亚娅提出的言语生成模式与小列昂季耶夫、阿胡金娜的最大不同,是把动机当作言语生成的第一层级,并把动机与交际意向进行了区分,而后两位学者认为动机并不包括在言语生成的程序之中;阿胡金娜的言语生成模式注重的是层级生成的连贯性(последовательность),而齐姆尼亚娅的模式更加强调层级的并行性(параллельность),尽管它们在每一个层级内部的时间表征上是连贯的。

综上所述,应该说莫斯科心理语言学派的言语生成理论或模式并无大的原则性区别,它们具有下列共同的特点:一是学理上依据的都是维果茨基、伯恩斯坦的相关心理学和生理学原理;二是都是通过从意图到言语体现转换的间接表达方式来对语句含义结构进行建构;三是都有内部编程的环节,旨在对行动结构的能动性进行心理学和生理学的表征,以展示将固定的语言手段转换为表达个体思想灵活工具的心理机制。

1.3 言语感知研究

言语感知研究是心理语言学的重要分支学科,被小列昂季耶夫称为"言语感知心理语言学"(психолингвистика восприятия речи)(Леонтьев 2005: 127)所谓言语感知,就是分析言语含义的感知和理解过程,即说者和听者之间的言语信息的心理编码和解码过程。因此,在莫斯科心理语言学派的言语感知理论中,同时也包含着言语理解的过程。[①]

[①] "言语感知"和"言语理解"在一些学派的理论中是两个不同的概念,如库布里亚科娃(Е.С.Кубрякова)在认知语言学研究中就对此作了严格的区分。但从总体上看,莫斯科心理语言学派的几位代表人物视其为同一概念。

下面，我们对该学派中的小列昂季耶夫、齐姆尼亚娅等学者的言语感知理论和思想作简要评述。

1.3.1 小列昂季耶夫的"言语感知"理论

小列昂季耶夫在1969年出版的《心理语言学单位与言语句的生成》和1997年出版的《心理语言学基础》两部著作中，对言语感知问题做了比较系统的理论阐述。

1）关于言语感知理论的学理问题。世界上的言语感知理论很多，莫斯科心理语言学派采用的是哪一种理论呢？对此，小列昂季耶夫首先按照原则（принцип）和性质（характер）两种参数对言语感知理论进行了分类。他认为，尽管言语感知是一个复杂而多层级的过程，但却有共同的规律可循：世界上所有的言语感知理论都可以分为运动原则（моторный принцип）和感觉原则（сенсорный принцип），以及能动性质（активный характер）和被动性质（пассивный характер）两大类。运动感知理论强调，人是在听言语的过程中确定生产信息所必需的并起着控制作用的运动信号意义的；感觉感知理论则认为，在产生相应的运动形象（моторный образ）之前就存在着按照声学特征将言语信号与心理标尺（эталон）进行比对的问题，感知的发音成素具有任选的性质，因此，言语感知首先是感觉感知，而不需要有运动环节的参与就能完成。（Леонтьев 2005：127-128）莫斯科心理语言学派的言语感知理论并不是对上述学说的复制，而是批判地扬弃和吸收。对此，小列昂季耶夫指出，虽然从总体上看，运动感知理论相对于感觉（声学）感知理论而言更适合我们对感知过程的现代知识，但运动成素并不是参与言语感知中所有意料中的事件的。（Леонтьев 2003b：120）他认为，运动感知和感觉感知学说的争论，都忽视了以下3个重要的方面：（1）没有考虑言语类别的生理学差异，如自发（主动）言语、模仿言语、反应言语、自动言语、随机言语的区别等。此外，言语行为在生理上不可能不是多层级的，甚至像呼语（вокативы）这样最简单的言语成素，也都会有相应的初级信号的言语机制；（2）没有考虑感知中有可能完全依靠非对应运动成素的问题，因为音高感知的运动成素可以发生变形；（3）最重要的，言语感知在多数情形下并不是对言语特性的初级认识。

随着人对客体认识程度的加深，就可以在客体中区分出新的特征，并将这些特征进行归类，使其成为感知运作单位的结构或完整形象。（Леонтьев 2003b：120-121）对于第三点，小列昂季耶夫在1997年出版的《心理语言学基础》一书中还作了补充,认为言语感知情景与知觉标尺(перцептивный эталон)的形成不相关联,而与使用业已形成的标尺相关联。这时,所采用的特征既可以是运动的,也可以是感觉的,总之具有启发的性质。① (Леонтьев 2005: 130)

以上可见,小列昂季耶夫在充分肯定运动感知的基础上,又吸收了感觉感知的合理成分,使莫斯科心理语言学派的感知理论具有了综合的性质。为此,他在《心理语言学单位与言语句的生成》一书中对美国心理语言学家米勒、乔姆斯基等提出的言语感知综合分析理论给予了充分肯定,认为该理论无论在学理上还是在实验上都具有可行性和可信性,且与运动感知理论相结合,包含有回应能动性(встречная активность)及启发式(эвристика)的思想。(Леонтьев 2003b: 121-126)

总之,以小列昂季耶夫为代表的莫斯科心理语言学派的言语感知理论的基本学理,是运动感知理论与感觉感知理论相结合,具有综合分析的性质:它一方面强调言语感知是一个能动的动态过程,因此在知觉标尺的形成阶段必须要有运动感知即言语运动环节的参与;另一方面又认为在言语的含义感知过程中,词语的语音面貌充当着知觉标尺的角色,因为词语中所包含的所有发出的和听到的音都可用来识别和区分词语。(Леонтьев 2005: 128-130)简言之,其学理形态呈现为感知能动性、感知活动性、感知启发性。

2) 关于影响词语识别的因素问题。词语识别(опознание слов)是言语感知理论需要解决的重要问题之一,对此,小列昂季耶夫赞同津捷尔(Л.Р.Зиндер)和什捷尔恩(А.С.Штерн)提出的观点,即:(1)采用言语信号(речевой сигнал)的不同特性——语音的、语义的、语义-语法的、概率的特征、特点等对词语加以识别。(2)不同类别的言语信号特征在不同感知条件下可以对词语识别起主导作用。如:在相对好的感知条件下(信号水平比噪声水平高得多),首先采用语音特征;在感知条件一般的情况下,可采用语义特征;而在噪声非常大时词语的频率就起着主导作用。(Леонтьев 2005: 131)小列昂季耶夫认为,最主要的是听者在选择最佳感知方法时对信号与噪声的关系有系统的考量。换言之,听者作出的不是个别的和唯一的(策略的)决策,不能只涉及一个信

---

① 在这里,小列昂季耶夫再一次强调了启发式的重要性。他在言语活动论学说和言语生成理论中曾多次强调"启发式原则",可见,该原则是贯穿于莫斯科心理语言学派的整个学术之中的。

号或一个单独语句,而是要选择总的方法、程序类别、一定的感知战略(стратегии восприятия),因为受实验者在选择战略时所使用的特征,与词语识别过程中所使用的特征是有本质区别的。为此,他提出,这种总的感知战略早在人们直接遇到某种具体的刺激以前就开始进行选择了。选择的关键取决于听者对客体的感知定向——或是事前预定的,或是在感知过程中形成的定向。在言语感知中加入预先定向(предварительная ориентировка)的概念,就能够获得情景类别的信息,并对决策类别作出选择。当然,选择具体的决策是感知的下一个步骤,起主导作用的是第一步,总的原则是"启发式的"。(Леонтьев 2005:132–133)以上可以比较清晰地看出,小列昂季耶夫把言语感知看作是对词语的识别,主张采用综合的感知战略(语音的、语义的、语义–语法的、概率的),而不是用单一的方式对词语进行识别,并认为预先定向在言语感知中的决策选择起着决定性的作用。他的这些思想和观点,从一个侧面体现了言语活动论的精髓。

3)关于语篇感知问题。审视言语感知,势必要涉及语篇感知这一重要方面,对此,小列昂季耶夫作有开拓性研究。他对语篇感知的研究是在其言语句感知(восприятие речевого высказывания)的基础上进行的。1976年,他发表《语篇连续性与整体性特征》(«Признаки связности и цельности текста»)一文,对语篇所特有的总体特征进行了初步的心理学分析;1979年,他又在论文《现代语言学和心理学中的语篇概念》(«Понятие текста в современной лингвистике и психолингвистике»)中和1997年出版的《心理语言学基础》一书中,对语篇感知作了概括性和补充性阐释。在他看来,语篇连续性有以下属性:(1)语篇连续性问题属于语篇语言学或言语语言学范畴,它是由两个或若干个连续性句子(通常为3–5个句子,最多不超过7个句子)确定的。连贯性的数量特征表明,语篇接受者将连贯性特征用作把相关的句子联合为语义整体的信号。也就是说,语篇接受者是把具有连贯性特征的句子当作统一体来看待的;(2)连贯性特征有不同的类别,可以是句法特征、句法语义特征、现实切分特征、语音特征、符号学特征等。但上述任何一个连贯性特征类别都是语篇所必需的,因为如果不考虑起始句结构和内容的制约性的话,那么选择某一特征类别就是相对自由的;(3)连贯性没有层级之分,它可以是一维的或多维的,只能靠两个或若干个相邻的句子作出判断;(4)连贯性特征并不是由接受者的交际(言语)意向提出来的,而是产生于语篇的生成过程之中。语篇接受者使用这些特征不是为了恢复语篇的总体结构，而仅仅是用作确定对该语篇进行加工方法的信号。（Леонтьев 2005：133–136）关于语篇的整体性，小列昂季耶夫明确认为是指语篇的含义统一体（смысловое единство）特征，认为整体性具有心理语言学属性，其本质就存在于接受者用来感知语篇的言语句计划（程序）的等级组织之中。具体说，整体性具有下列特征：（1）整体性的外部特征（语言的和言语的）被接受者用作信号，使其在没有完全感知语篇之前就可以预测到语篇的界限、容量、内容结构等，以简化相应的感知。（2）在说者看来整体的语篇并不是整体性，因为任何语句在说者主观上看都是整体的。（3）语篇的整体性特征可以分为3种基本类型：a）由交际意向提出并作为含义统一体体现在整个语篇中的特征；b）通过重复而对整体语篇作出说明的特征，这些特征与篇章含义组织的关联不是直接的；c）语篇整体性的界限信号特征等。上述 a）类特征标注着语篇含义组织，b）类特征表明着是否存在由一个层级的含义成素向另一层级的含义成素的转换问题，c）类特征只是作为含义统一体的语篇的外部范围。（Леонтьев 2005：136–138）

4）关于语篇理解问题。小列昂季耶夫把语篇理解界说为"该语篇含义转换为任何一种固定形式的过程"，认为这种转换可以是：（1）用其他话语来替换或转述；（2）转换为其他语言；（3）含义紧缩（如提要、简介、提纲、关键词等）；（4）对象或情景形象建构的过程；（5）形成个性含义特征的过程；（6）形成事件感情评价的过程；（7）语篇规定的对程序算法进行加工的过程等。以上这些"转换"就构成了语篇内容形象（образ содержания текста）。它是语篇内容理解的过程本身，原则上具有动态性。小列昂季耶还认为，对语篇理解要取决于感知的总体规律性，而语篇内容就是事物形象（предметный образ），原则上是"复调式的"[①]，是一个自由层级集（множество степеней свободы），因为每一位读者都可以从语篇中"读出"少许不同的内容。但是，对语篇的感知不同，并不说明我们在建构不同的世界，事实上我们建构的是同一个世界。语篇里的世界与现实的世界一样，内容形象对感知和理解只起着事物形象的作用。（Леонтьев，2005：141–144）

以上可见，小列昂季耶夫的语篇感知理论有3点值得关注：（1）语篇的概念是莫斯科心理语言学派的言语活动论视角的，实际上是指作为"含

[①] 小列昂季耶夫在这里借用了俄罗斯著名哲学家、符号学家巴赫金的"复调"理论，对语篇的内容结构进行多层级审视。

义上统一体"的言语或话语,因此它与当代语篇语言学里的语篇的概念有很大不同;(2)语篇的感知(包括理解)主要从其连贯性和整体性的角度加以审视的,这应该是语篇最为主要的特征。但当代语言学及其分支学科(如语篇语言学、语用学、语言符号学等)认为,语篇是一个复杂的语义构成,因此除了具有上述基本特征外,还应该有情感性(эмотивность)、先例性(прецедентность)、混语性(креолизованность)等。必须指出的是,小列昂季耶夫的整体性,首先是针对含义统一体而言的,即在语篇的开头至结尾构成含义整体,即便对语篇进行紧缩,也并不影响其含义的统一性;而连贯性即句子的相互关系,有形式连贯性和语义连贯性等类型:前者指外显的或表层的连贯,是由语言来表达的,如重复式连贯、句子在语法范畴方面的一致关系、前置词的联系、同义词的替代、反义词等;后者指含义的连贯,具有内隐性,它的实现不需要用外部的表达手段。

1.3.2 齐姆尼亚娅的"言语感知"学说

齐姆尼亚娅对心理语言学的研究主要集中在言语感知领域。早在1976年,她就在《言语信息的含义感知》(«Смысловое восприятие речевого сообщения»)的文章中提出了含义感知的重要概念,并建构出"含义生成功能心理学图式"(функционально-психологическая схема смыслопорождения),成为莫斯科心理语言学派中最有影响的学说之一。

齐姆尼亚娅认为,含义感知包括了感知与理解两个方面,它的形成实际上就是把个体先前获得的知觉–思维转化为一个统一的不可分割的理解单位——被知觉信息的整体含义,因此含义感知是以语篇接受者的先前经验为基础的,是其知觉与理解相互作用的统一过程。基于以上认识,她依据言语生成模式的3个层级(即上文所说的"动机–激励层级""形成层级""实现层级"),分别对含义感知的心理学图式进行了整体建构:(1)激励层级,将情景–语境信号(刺激)与动机结合在一起;(2)形成层级则与言语生成的相应阶段有所不同,包含了4个"子阶段"——含义预测阶段、词语组合阶段、确定含义联系阶段、含义成型阶段;(3)实现层级,即在感知基本含义完成建构的基础上形成对言语行动的意向。应该说,上述含义生成功能心理学图式与其提出的言语生成模式在层级上并没有差异,所不同的是第二层级的内涵。从时间上看,齐姆尼亚娅提出的言语生成模式在先(1969),在此基础上才形成了含义感知模式(1976),因此层级的相同也就不足为奇了。关键是她认为言语生成和含义感知在第一、第三层级上的体现形式是基本相同的,只是在第二层级有不同的内涵。齐姆尼亚娅对该层级的含义感知的内涵所作的解释是:言语生成在该层级体现为含义形成和含义表达两个不可分割的统一阶段,而含义感知在该层级则体现为既相互联系又相互包容的4个阶段:(1)含义预测阶段实现与假设含义相关联的含义场(смысловое поле)的建构,从而使语义场的词语连续体准备好与输入信息的组合;(2)词语组合阶段会对词语的含义假设作出肯定或否定的选择,即实现词语形象的现实化;(3)确定含义联系阶段是在词语形象现实化的同时,通过联想链将该形象与其他词语建立起联系;(4)含义成型阶段就是在两个或两个以上的词语之间形成语义环,实现对信息总含义(общий смысл)的感知和理解。(Зимняя 1976:31–33)小列昂季耶夫在评论上述图式时认为,尽管该图式对于语句含义感知机制的描写比较简洁,但信息量足,令人信服。它的特点是将言语生成模式与言语感知模式很好地结合在一起,采取的是双词语组合式的含义环(смысловое звено)(即命题的决策),紧接着是含义环之间的联系,此后才实现含义解释阶段——为听者总结所有知觉–思维运作的结果,并将该结果转换成一个完整的不可切分的理解单位(即所感知信息的总含义)。(Леонтьев 2005:133–134)因此,可以说,齐姆尼亚娅的言语感知学说的核心是含义感知,它相当于小列昂季耶夫感知理论中的言语句的"内部编程",该内部编程同样可以成为将语句由一种语言转换为另一种语言的恒量环(инвариантное звено)。

1.3.3 别梁宁的"言语感知"思想

别梁宁属于莫斯科心理语言学派中较为年轻的学者,他对言语感知问题也有比较系统的研究。他认为,言语感知是处于言语句外部形式之外的含义抽象过程,因此它具有无意识性(неосознаваемость)、层级性(уровневость)、领悟性(осмысленность)等基本特征。所谓无意识性,是指交际(读书或交谈)过程中不知不觉地将符号或语音的含义抽象化,即转向了所感知言语的含义方面;层级性是指言语感知是一个相当复杂系统,从生理学角度看它要受到人的神经系统各个层级的动态连续性的制约,而从含义感知角度看它又呈现为多层级结构——既表现为感知程序本身的阶梯式(ступенчатость),也体现为言语信号加工的连续性(即层级性);领悟性是指在言语感知的各个层级上,信息接受者总是试图将含义归属于语言结构,即赋予所有的词语和句子相应的形态和句法特征,以达成将句子的整体结构理解为某主体实施的某行动这样的信息。基于以上认识，别梁宁具体分析了字母、词语和句子的感知过程，提出了言语理解由3个层级构成的基本模式，即：（1）起始层级（начальный уровень）——负责理解语句的基本内容，即"说的什么"；（2）第二层级（второй уровень）——理解含义内容的层级，其特点是不仅知道"说的什么"，而且知道"说了什么"；（3）高级层级（высший уровень）——不仅要解决"说了什么"的问题，最主要是要理解"为什么这么说""采用怎样的语言手段来说"等问题，从而使信息接受者（听者）深入所说的含义层面而明了说者的动机。与言语理解有所不同的是，言语感知则具有选择性（избирательность）的特征，即只有那些重要的、相关联的言语材料才能进入个体的视野，帮助其选择最有意义的对象。因此，选择性也是信息接受者发挥能动性的前提，它在很大程度上决定着对所感知事实进行阐释的性质。（Белянин 2003：87–106）

如上所见，莫斯科心理语言学派的言语感知理论和学说强调的是运动感知与知觉感知相结合，侧重对感知过程的内部编程作出心理学的解释，在学理上与言语生成理论有密切的关联。当然，从20世纪80年代起，该学派对言语感知研究更多带有认知心理学的性质，学者们开始比较钟情于对语言意识中的观念和心智语汇（ментальный лексикон）等作出阐释[①]，因为观念和心智语汇是按照一定的规则建构起来的，它反映着词语的音位学、正字法、语义学等多种特征。能否在观念和心智语汇中探索词语，不仅取决于词语的内部特征，而且也取决于如词语的频率、语境的影响等外部特征。但总体上讲，俄罗斯学界在言语感知研究领域尚未形成统一的理论模式，对言语感知的单位、机制、结构等的认识也存在诸多分歧，各种模式的实验结果也不相吻合。这也从另一个侧面说明了言语感知问题的复杂性，以及制定相互对应研究方法的难度。

---

① 关于 ментальный лексикон 的译法，学界并不一致。国内学者有的译为"心理词典"，有的译为"心理词汇"。在我们看来，"心理词汇"的译名可能比较流行，但译为"心智语汇"更加合适。ментальный 一词源自英语 mental，有多个含义，但在认知语言学和认知心理学界通常用作"心智的、心灵的、精神的"等意思；лексикон 在语言学词典中被界定为"个体或群体使用的词汇总和"，即语汇，意义接近于 тезаурус，属于语言个性的认知层级。因此，定名为"语汇"比较符合心理语言学对词和语篇所作的认知心理研究。

1.4 民族心理语言学研究

民族心理语言学是莫斯科心理语言学派最具特色的一个研究领域，它是俄罗斯心理语言学"发展"阶段的产物，属于民族认知心理研究的重要方面。该学派曾出版几部有影响的文集，专门审视民族心理语言学的相关论题，如《言语行为的民族文化特点》（«Национально-культурная специфика речевого поведения»）(1977)、《语义的民族心理语言学问题》（«Этнопсихолингвистические проблемы семантики»）(1978)、《民族心理语言学》（«Этнопсихолингвистика»）(1988)、《作为文化现象的语篇》（«Текст как явление культуры»）(1989) 等，这些文集对俄罗斯的民族心理语言学研究起到了很好的示范和推动作用。

民族心理语言学研究涉及领域很广，内容也十分丰富。20世纪80年代起，该领域研究生成了语言个性理论、先例理论和定性理论，并在语言意识研究、跨文化交际研究、观念研究等方面取得一系列标志性成果。本节只讨论莫斯科心理语言学派在"创建"和"定型"阶段的相关理论思想。[①]

1.4.1 小列昂季耶夫的"言语交际的民族文化特点论"思想

早在1974年，小列昂季耶夫就在其出版的《交际心理学》一书中对言语交际的心理学特性作过系统论述，从而在学理上完成了对言语活动论的理论构建。1977年，他又在论文《作为跨学科问题的交际的民族文化特点》（«Национально-культурные особенности коммуникации как междисциплинарная проблема»）中，首次使用"民族心理语言学"这一术语，并认为有关"言语交际的民族文化特点"（национально-культурная специфика речевого общения）的研究可以统辖在该术语范围内进行审视。他提出，可以从以下6个方面来进行民族心理语言学的研究，它们分别是：(1) 交际过程的功能和目标；(2) 交际过程的社会角色；(3) 交际手段；(4) 交际过程的心理语言组织（即交际的心理工序）；(5) 交际的心理情景组织（如空间距离）；(6) 交际的实现（如语速）。(Леонтьев 1977: 10–12)

对于上述思想，小列昂季耶夫又在1997年出版的《心理语言学基础》一书中作了比较系统的阐释和补充。归纳起来，他的"言语交际的民族文

[①] 有关"发展"阶段的民族心理语言学研究的相关成果，由于内容丰富和特色鲜明，本著作将在第4、5章中作专门评述。

化特点"思想主要体现在：对影响言语交际的民族文化因素作出界说。他指出，尽管"言语交际的民族文化特点"这一命题是许多不同学科的研究对象，如语言学研究语篇的民族特点，社会语言学关注言语礼节、禁忌语和暗语，符号学审视交际的空间距离以及颜色词语和专有名词的文化象征，普通心理学探讨语言、思维、感知、记忆与交际的相互关系以及跨文化交际的过程和手段，社会心理学和社会学则注重对民族心理尤其是民族自我评价和民族评价的定型描写等，但对民族心理语言学研究而言，所谓"言语交际的民族文化特点"，是由不同层级的交际过程组织（организация процессов общения）的一系列因素形成的，因此，它有不同的属性。这些因素包括：（1）与文化传统相关的因素，包括：a）该民族共性中"允许"和"禁止"的交际类型及其变体；b）进入该民族的民族文化储备（национально-культурный фонд）及某群体亚文化的交际定型行为（стереотипный акт общения）；c）属于交际普遍行为（универсальный акт общения）的礼节描写；d）与民族共性相关的交际角色和社会象征特点；e）交际中使用的语言和话语定型的名录和功能；f）交际中使用的语篇组织。（2）与交际的社会情境和社会功能相关的因素，包括功能亚语言（функциональные подъязыки）和功能特点、礼节形式等。（3）与"狭义的"民族心理相关的因素，包括言语活动和其他以语言为中介的活动（知觉活动、记忆活动）的心理语言学组织（психолингвистическая организация），反映在表时空语言、辅助语言和身势语言的名录、功能、特点中的因素等。（4）决定该民族共性语言特点的因素。（Леонтьев 2005：189–192）可以看出，小列昂季耶夫以上列出的4大类因素并不是泛泛而谈的，而是与心理语言学中的言语交际观有关。也就是说，大凡心理语言学研究中所涉及的言语交际，都会受到这4大类民族文化因素的影响，它在范围上与普通交际学或跨文化交际学所涉及的民族文化因素有较大区别——较多地考虑到了民族语言本身的文化因素。这就为我们审视心理语言学视角的言语交际的内涵提供了参照。

1）提出言语交际民族文化特点的具体内容。小列昂季耶夫在分析了言语交际的民族文化因素后认为，民族心理语言学对言语交际的民族文化特点的研究，可以归结为以下3个方面：（1）言语活动的言语工序、言语行动和完整的言语行为研究；（2）语言意识（языковое сознание）研究，即对认知视角的语言使用和与该语言在功能上相对应的其他符号系统的使用的研究；（3）言语交际过程的内部组织和外部组织研究。上述3个方面又可分别呈现为3种限定关系——言语活动的民族心理学限定关系(этнопсихолингвистическая детерминация речевой деятельности)、语言意识的民族心理学限定关系(этнопсихолингвистическая детерминация языкового сознания)、交际的民族心理学限定关系(этнопсихолингвистическая детерминация общения)。(Леонтьев 2005:192)

2）关于言语活动的民族心理学限定关系问题,小列昂季耶夫认为,言语活动的民族心理学决定论包括以下内容:(1)与语言特点相关的不同民族所采取的语句生成战略问题;(2)言语行动的语用类型学问题,即由言语行动与非言语行动不同粘附性和性质决定的言语实现中的各种差异等。不同的语言不仅语法结构有差异,且在一定语境中其语言结构与其具体实现之间的关系也不相同。如,孤立语(如汉语和越南语等)的语法意义表达就与属于屈折语的俄语完全不同,具有任选性的特征,并需要靠情景和语境予以补偿;(3)在不同的语言中,语句在语流中的具体化形式不尽相同,如德语中可使用动词前缀对事物的空间作出明确限定,而在北高加索语言中则有详细的方位格意义系统等;(4)语义的民族文化限定性等。(Леонтьев 2005:193–194))

3）关于语言意识的民族心理语言学限定关系问题,小列昂季耶夫认为它首先指感知和记忆心理过程的限定性问题,如,对颜色的感知和记忆,不同的民族会采用不同的策略。其次指关于世界形象(образ мира)、事物意义等方面的民族文化限定性问题,如不同民族对诸如"命运""自由""远近"等概念就有不同表征等。(Леонтьев 2005:194)

4）关于交际的民族心理语言学限定关系问题,小列昂季耶夫认为主要包括对以下几个单独问题的研究:(1)交际手段(确切说是指由完整语篇到单独语义单位的交际手段等级,如交际手段所处的等级越高,那么它就越容易生成民族文化变量)研究;(2)交际过程的流程在功能上的表义特点(如交际时的距离远近等)研究;(3)交际的限定性特点(如语速的快慢、音量的高低、停顿的长短等)研究;(4)言语语音发音象征评价的跨文化或跨语言研究等。(Леонтьев 2005:196)

应该指出的是,尽管小列昂季耶夫对言语交际的民族文化特点及其在民族心理语言学中的研究内容进行了界说和具体分析,但总体上看,他提出的思想仍处在"宣言"阶段:不仅所积累的不同民族文化特点的语料不足,且在理论上或方法论上也未形成完整的思想体系。不过,令人欣慰的是,20世纪末期以来的俄罗斯心理语言学研究在言语交际领域已取得长足的进步,尤其在跨文化交际(межкультурная коммуникация)领域取得了一批有影响的理论和实践成果，对此，我们将在本著作第5章中作专门的评述。

1.4.2 索罗金的"空缺论"思想

空缺（лакуны）作为一种现象，是多学科研究的对象。但作为心理语言学的术语，最先研究该现象并取得学界公认成就的首推俄罗斯当代心理语言学家索罗金。从1977年起，他就先后发表多篇文章，对语篇解读中及跨文化交际中的空缺现象进行较为系统阐释和分析，如《空缺作为揭示地域文化特点的方法之一》（«Метод установления лакун как один из способов выявления специфики локальных культур»）(1977)、《空缺作为语言文化共性特点的信号》（«Лакуны как сигналы специфики лингвокультурной общности»）(1982)、《"异"文化理解问题与克服语篇中空缺的方法》（«Проблема понимани'чужой'» культуры и способы устранения лакун в тексте»）(1987) 等。2003年，他又主编了《语言与言语中的空缺》（«Лакуны в языке и речи»）文集，并在该文集中发表了《空缺：又一个审视缩影》（«Лакуны: ещё один ракурс рассмотрения»）的文章。上述论文在学理上和方法上构建起比较完整的空缺论（теория лакун）学说。归纳起来，该学说主要包含以下几个方面：

1）对空缺作出民族心理语言学的界说。在索罗金看来，所谓空缺，就是语言个性（языковая личность）结构构素中的某种空白点（белые пятна），或者说是某语言文化共体（лингво-культурное сообщество）相对于另一语言文化共体而言的经验冗余或不足（избыточность или недостаточность опыта）。他发现，语篇中常常存在着一些与受体（读者）的经验不同的事物、过程和状态，它们作为某一语言文化共体特点的基本成素，常会给非本民族文化的个性造成理解或交际的障碍。这就是语言和意识中的"空白点"。语言与文化中的差异和非吻合性就是"空缺"。而研究空缺的基本方法是进行比较，即比较两个或数个地域文化的概念范畴和语言情感范畴，从而得出某一地域文化语言行为与另一地域文化的差异。（Сорокин 1977: 122–135）对空缺现象进行民族心理语言学的分析。空缺作为一种语言文化现象（лингвокультурное явление），受到俄罗斯众多语言学家和心理语言学家的关注，人们先后提出了空缺化（лакунизация）、空缺性（лакунарность）等概念。索罗金认为，空缺化或空缺性的过程原指个性间交际（межличностное общение），尤其是交际参与者的人体形象（соматологический образ），即所谓的"人体图"（карты человеческого тела），它可造成交际一方不接受或不喜欢另一方的直接原因；后来，在言语和非言语交际中由于文化行为尺度的非一致性而导致了空缺化或空缺性的出现。它们不仅反映在语言中，也反映在文化中，尤其集中体现在不同语言文化共体的心理意识层面。如，俄汉语中的习惯用语和成语等的理解和翻译由于存在空缺而显得十分困难：对"生米做成熟饭"（Сырой рис превратился в кашу）、"绣花枕头"（расшитая цветами подушка）等汉语成语，俄罗斯人就很难理解其中的奥妙，只能翻译成"事已成，火车开了"（Дело уже сделано, поезд ушёл）和"长着孔雀翅膀的乌鸦"（ворона в павлиньих перьях）等。为解决语言文化的这种空缺，索罗金认为最主要的是要有文化储备（культурный фонд）以及语言的背景知识（фоновые знания）等。为此，他提出用语源（семиогенез）和语符（семиозис）两个概念来分别解决文化经验和交际经验的积累问题。(Сорокин 2003b: 3–11)

2）提出消除语篇及跨文化交际空缺的方法。为有效消除语篇以及跨文化交际中出现的语言文化空缺现象，索罗金及其他学者提出了如下几种方法：(1) 空缺填充法（способ заполнения лакуны）——通过揭示异文化概念或词语的含义来填补母语文化的空缺。填充可以有不同的深度，这取决于空缺的性质、语篇的类型及交际对象的特点。其中使用最多的方法是保留陌生文化的"原汁原味"，以有助于深刻理解它文化的特点；(2) 空缺注释法（способ комментария к лакуне）——通过对语篇中异文化成分的注释来实现填补空缺的方法。其具体方法可分为百科全书式的注释和语言国情式的注释两种：前者注重提供具体和准确的信息，后者用以揭示感知语言外事实的民族特点；(3) 空缺补偿法（способ компенсации лакуны）——从译语语篇角度导入交际受体文化成分的方法，以消除交际受体的文化障碍。如，可以在语篇中导入与源文化相似的成分和准相似的成分。具体方法有：借用交际受体熟悉的相似物，使用泛义词替代、语境替换等。(Сорокин 1987: 160–168; 1988: 11–18)

以上可见，作为语言文化现象空缺，只有在跨文化交际语境下才能够凸显，这与民族心理语言学研究对象和任务的实现条件是完全一致的。从这个意义上讲，索罗金提出的"空缺论"思想，从概念界定到实例分析再到方法的制定，形成了较为完备的学术体系，因此成为该领域研究关注度最高和最容易取得成果的学说之一。

目前，俄罗斯心理语言学界对空缺现象的研究，已经形成了比较完整理论体系，内容几乎涉及交际尤其是跨文化交际的所有领域，提出了一系列的研究课题和方向。如：(1) 语言空缺 (языковые лакуны)——包括词汇空缺、语法空缺、修辞空缺等；(2) 民族主体空缺 (субъективно-национальные лакуны)——由交际者民族心理类型不吻合造成的空缺，如颜色、数字的象征意义等；(3) 交际活动空缺 (деятельностно-коммуникативные лакуны)——由不同民族的典型活动类型不同产生的空缺，如表情、身势语的行为定型 (стереотип поведения) 等；(4) 语篇空缺 (текстовые лакуны)——由作为交际工具的语篇特点造成的空缺，如交际时空的非对应性等；(5) 文化空间空缺 (лакуны культурного пространства)——由不同语言文化共体对文化空间和文化装饰的评价不吻合造成的空缺，如生活方式、世界知识、文化储备等。

最后需要特别指出的是，空缺现象研究在不同学科有不同的称谓。如，语言国情学称其为"非对应词汇" (безэквивалентная лексика)，语言学称其为"含混语篇点" (тёмные текстовые места)，交际学称其为"倒刺" (заусеницы)，符号学称其为"语言语义图上的空白点" (белые пятна на семантической карте языка)，民族学称其为"特色词" (реалии) 等。

总体看，莫斯科心理语言学派的民族心理语言学研究大致经历了两个不同的发展阶段：第一个阶段是20世纪70年代末至80年代初，该学派关注的焦点是"行为" (поведение)，既包括言语行为，也包括非言语行为。这一阶段主要从跨文化视角出发侧重对言语交际的民族文化特点以及空缺现象等进行全方位的论证和阐释，并进行了大量的双语、双文化对比研究。第二个阶段是从20世纪80年代中期开始的，该学派成员及其他学者的研究方向出现了显著变化，转向了关注"说话的人"，即语言意识、语言个性、定型、先例等现象的研究（对此，我们将在有关章节中作专门评述）。但该两个阶段的学术样式却出自同一个科学原理：任何交际尤其是跨文化交际的主要障碍是思想的传递无法直接由大脑来传递，而必须借助于专门的符号（当然首先是语言符号），并依靠在母语文化中形成的知识系统来完成。也就是说，交际不仅要有共同语言符号和代码，还必须要有共同的关于世界和语言的知识。因此，交际就具有了民族文化和民族意识的特性，并受到民族心理和民族意识特征和特点的制约。应该说，这不仅是建构民族心理语言学原理的关键所在，同样也是莫斯科心理语言学派全部理论的出发点所在。

1.5 言语影响研究

言语影响研究,属心理语言学的应用研究之一。莫斯科心理语言学派的应用研究所涉及的范围较广,包括神经语言学编程、语篇的自动化分析、语言与社会性别研究以及法律心理语言学、病理心理语言学、翻译与心理语言学、联想实验、言语影响心理语言学、语言教学与心理语言学等(上述有的内容将在本著作的有关章节中作专门评述)。其中,比较有俄罗斯特色的是言语影响的心理语言学研究。

言语影响的概念有广义和狭义之分:广义指任何言语交际,即带有一定指向性和目的性的交际任何一方的言语交际;狭义指运用大众信息手段开展的言语交际活动。总体上看,莫斯科心理语言学派对言语影响的研究,广义的和狭义的兼而有之。

1.5.1 言语影响研究的主要内容

就莫斯科心理语言学派的言语影响学说的学理而言,其研究依据的主要是维果茨基和老列昂季耶夫提出的活动论学说,以及小列昂季耶夫1974年出版的《交际心理学》一书中所提出的言语影响的基本出发点是言语的非独立性思想:言语总是服从于某目的或为某目的服务;言语是某个体的活动对他人活动的调节;言语的主要目标是对他人活动产生影响,而不是提供或传达信息等。据此,小列昂季耶夫提出了交际的3种基本形式:(1)事物指向性交际(предметно ориентированное общение)——研究的课题和内容是共同活动过程中的相互作用;(2)个性指向性交际(личностно ориентированное общение)——研究的课题和内容是人们的心理关系发生的变化;(3)社会指向性交际(социально ориентированное общение)——研究的课题和内容是交际受体的社会心理结构和社会结构的变化,或通过对该社会群体或整个社会成员心理的影响激发其采取直接的社会行动。(Леонтьев 2005:256)可以看出,莫斯科心理语言学派的言语影响研究主要是第三种形式,即狭义的"社会指向性交际"研究。

所谓"社会指向性交际",主要指大众传播(массовая коммуникация),如各类广播、电视、报纸、宣传、电影以及具有社会心理影响的计算机网络、广告等,还包括具有直接社会影响的讲座、报告等。也就是说,社会指向性交际从形式上看可以是直接的或间接的,从交际的时间上看可以是同时的或异时的,从空间上看可以是集中的或分散的。研究表明，几乎在上述所有领域，莫斯科心理语言学派都有大量的研究成果发表。其主要学术成果比较集中地体现在对个性含义（смысл личности）领域的改造，以及对大众传播言语影响语篇的研究领域（如语篇的心理语言学特点、言语定型的心理学分析、语篇感知中的选择因素等），提出了社会指向交际的语篇具有3项心理学任务的思想：（1）吸引交际受体对语篇的关注；（2）促使语篇的优化；（3）交际受体接受语篇的内容。在小列昂季耶夫看来，语篇的心理语言学特点研究可以也应该根据上述任务指向性的不同而有所区别。（Леонтьев 2005：259–260）

1985年起，由于俄罗斯社会大力推行所谓的"公开性"（гласность）和"改革"（перестройка），致使大众传播领域出现失控局面，客观上不允许莫斯科心理语言学派开展对言语影响的系统研究。这种状态直到1991年苏联解体后才有所改变，但研究的重点方向已经不是先前的大众传播领域，而是俄罗斯社会现实密切相关的政治、法律等意识形态领域，政治心理学（политическая психология）、司法心理学（судебная психология）等开始成为应用研究关注的热点。

1.5.2 言语影响研究的主要成果

莫斯科心理语言学派对言语影响的系统研究始于20世纪60年代后期，即与言语活动论研究几乎是同时展开的。在1968年召开的第二届心理语言学研习班上，德里泽发表了《社会学研究中使用心理语言学方法初探》（«Опыт использования психолингвистической методики в социологическом исследовании»）的文章；在1970年召开的第三届心理语言学研习班上，专门设立了"言语影响效果研究中的心理语言学问题"小组来研讨言语影响问题。此后各届心理语言学研习班都改成了"心理语言学和交际理论研讨会"，而其中的"交际理论"方向就是针对言语影响研究而言的；1972年，在第四届心理语言学和交际理论研讨会上，有多篇有关言语影响的论文发表，如小列昂季耶夫的《论言语影响心理学》（«К психологии речевого воздействия»）(1972a)、诺沃德沃尔斯卡娅（В.А. Новодворская）的《儿童语言中的言语影响形式问题》（«Формы речевого воздействия в детской речи»）、哈拉什（А.У.Хараш）的《符号定向手段及其对实物活动的影响》（«Знаковые средства ориентировки и их воздействие на предметную деятельность»）等。更为重要的是，同年苏联科学院语言学研究所出版由小列昂季耶夫担任主编的《言语影响：应用心理语言学问题》（«Речевое воздействие: проблемы прикладной психолингвистики»)（1972b）文集，标志着言语影响心理语言学研究走上正规化和科学化的轨道。

在莫斯科心理语言学派中，从事言语影响方向研究并产生广泛影响的学者除上述小列昂季耶夫、德里泽外，还有科学院语言学研究所的其他著名学者，如塔拉索夫、索罗金等。他们的研究视角主要关注大众传播中的热点问题，如传媒语言、广告语言、演讲、言语定型等，相关研究成果被收录在1974年和1976年出版的《大众传播的心理语言学问题》（«Психолингвистические проблемы массовой коммуникации»）和《大众传播条件下的言语信息的含义感知》（«Смысловое восприятие речевого сообщения (в условиях массовой коммуникации)»）两部文集出版。该两部文集被认为是莫斯科心理语言学派关于言语影响理论的"总结性著作"：前者"第一次比较全面地分析了广播和电视言语的心理学和心理语言学的特点"，后者几乎"涉及苏联那个时期研究的有关言语影响的所有理论和实验问题"。（Леонтьев 2005：261）因此，该两部文集对学界而后的研究产生了重大的影响。1980年和1984年，德里泽又分别出版了《语言与社会心理学》（«Язык и социальная психология»）、《社会交际结构中的语篇活动：符号社会心理学问题》（«Текстовая деятельность в структуре социальной коммуникации. Проблемы семиосоциопсихологии»）两部著作，成为该研究领域有影响的学术遗产。

1.6 语言能力研究

关于"语言能力"问题，我们在本著作第1章第2节以及本章第1节"言语活动论"学说中已经有所涉及。作为心理语言学的一个重要概念，学界公认，"语言能力"最早是由美国著名语言学家、第二代心理语言学的代表人物乔姆斯基于20世纪60年代中期提出来的。他在1965年出版的《句法理论的若干问题》（«Аспекты теории синтаксиса»）一书中提出了生成语法模式（модели порождающей грамматики）的基本要点：（1）建构起语法、语义、语音（音位）和语用规则；（2）将语言能力与语言活力（языковая активность）相区分；（3）人的语言结构具有天赋性（врождённость）。（Леонтьев 2005：33–47）但事实上，小列昂季耶夫同样也在1965年出版的《言语活动中的词语：言语活动普通理论的若干问题》一书中对语言能力问题进行了审视，并在1969年出版的莫斯科心理语言学派的奠基性著作《语言、言语、言语活动》中进一步系统地阐释了语言能力的生成机制及其与语言系统、语言材料等关系问题，从而为该学派的语言能力研究提供了基本的方法论。

作为俄罗斯心理语言学范式晶核的言语活动论，就其学理本质而言，就是用来解释言语生成、言语感知和言语理解机制的学说。因此，它不可能回避语言能力的生成机制问题，或者说，就必须要在语言应用研究层面对语言教学（包括非母语教学、外语教学）及掌握语言过程中的语言能力生成机制问题作出合理解释。

应该说，莫斯科心理语言学派的多数成员对语言能力问题都有所涉及，但取得公认成果的是小列昂季耶夫，以及另一位以研究儿童言语而著称的学者沙赫纳罗维奇。下面，就让我们对这两位学者的相关思想作出简要评述。

1.6.1 小列昂季耶夫的"语言能力"思想

小列昂季耶夫的语言能力思想，除上文中提到的《语言、言语、言语活动》那部著作外，还集中体现在1965年出版的《言语活动中的词语：言语活动普通理论的若干问题》、2005年出版的《心理语言学基础》等著作以及1970年发表的长篇论文《言语的心理生理机制》（«Психофизиологические механизмы речи»）中。[①]归纳起来，主要有下列思想内容：

1）语言能力是一种特殊组织的思想。小列昂季耶夫对语言能力的审视，首先是从人的语言能力及其在现代科学中的研究视角出发的。他指出，19世纪末至20世纪初的语言学首先把语言视为一个由现实言语活动中抽象出来的凝固系统（застывшая система），对此，他赞同苏联语言学家沃洛希诺夫（В. Н. Волошинов）的观点，将该凝固系统称为"抽象客观主义"（абстрактный объективизм）。抽象客观主义语言学的特点有：(1) 语言是一个稳定不变的系统。该系统具有规范上等同的语言单位，并受到个体意识的制约；(2) 语言法则就是封闭语言系统内部语言符号之间关系的语言学法则，这些法则对所有主观意识都具有客观性；(3) 语言所特有的各种关系与意识形态价值毫无共同之处；(4) 言说（говорение）

---

① 该长篇论文的内容十分丰富，包括"人的语言能力及其在现代科学中的研究""言语的生理机制与言语病理学""言语活动及其特点""语言能力层级与心理语言学单位""内部言语""言语生成的语义视角""句子现实切分问题的心理学方面""言语生成的语法学视角""言语生成的语音学视角""言语的心理生理组织概论"10个部分，且每一个部分都可以成为一篇独立的文章。

这一行为，从语言的视角看仅仅是相同形式的偶然折射物和变体形式或扭曲物。（Леонтьев 1970：314）在小列昂季耶夫看来，上述抽象客观主义事实上将言语排除在了语言学研究对象之外；但另一方面，言语又是传统言语心理学的研究对象。因此，语言学与心理学对研究对象有各自的划界，甚至同一个问题也有不同的表述。如，被心理学称为"思维与言语"的现象，语言学则称其为"语言与思维"；语言学倾向于将言语解释为"语言现实化"（реализация языка），因此，只有语言可以被视作社会的载体，而言语只是纯个体的现象。（Леонтьев 1970：315–316）关于语言能力的结构和功能化问题，心理学研究中也同样存在着不同认识。如，有的心理学理论否定人有一种建立在神经生理前提基础上并受到言语交际影响的特殊心理生理机制，而小列昂季耶夫则认为这样的机制是完全存在的。在他看来，一方面，绝不能将该机制归结为抽象的语言系统的简单现实化，也不是纯个体性的，因为该机制的形成（更不用说其功能化了）是以社会影响为前提条件的；另一方面，该机制也绝不等同于抽象的语言系统，即不能将其视为一种植入大脑的语法。这一机制就是语言能力，它无疑具有某种特殊的组织，值得加以研究，但它又处于语言学和心理学的研究界限之外。（Леонтьев 1970：317–318）基于以上认识，小列昂季耶夫对语言能力的概念下了如下定义：语言能力是保障语言群体成员学会、生产、再生产和相同感知语言符号的心理学和生理学条件的总和。（Леонтьев 2003a：54）由此可见，他眼中的语言能力，实际上就是一种心理生理机制，或者更具体地说就是言语生成机制（механизмы порождения речи）。[①]该机制一方面有其特殊的既有别于语言学也有别于心理学和生理学的结构组织，另一方面又必须采用语言学、心理学、生理学的方法对其作出合理的解释。对于该组织或机制，小列昂季耶夫在该长篇文章中从语义学、语法学和语音学等不同视角进行了具体的阐释和分析，并提出要采取一种综合方法（комплексный подход）来研究整个言语活动或言语行为，即同时依据语言学和心理生理学的原理来揭示语言能力的形成路径、组织特点和功能化规律等。（Леонтьев 1970：319）该综合方法从一个侧面证明，语言能力乃至言语活动研究，不仅是心理语言学研究的一个重要方面，且具有综合或跨学科的性质，而俄罗斯心理语言学家维果茨基、任金、卢利亚等在该领域对言语心理生理机制所作的学术探索及成果，就为莫斯科心

---

① 关于言语生成机制问题，请参见本章"言语生成研究"尤其是小列昂季耶夫的"言语生成"理论的有关内容。

理语言学派对语言能力的研究奠定了理论基础。

2）语言能力层级的思想。关于语言能力的层级问题，小列昂季耶夫在许多著述中都有论及。他认为，既然语言能力不是言语行为外在表现的组织形式，也不是植入大脑的"语法"，而是一种言语的心理生理机制，即言语生成模式，那么，该模式就与任何一个语言标准模式（модель языкового стандарта）都不相同：它不具有公理性质（аксиоматический характер），而是一种发生学模式（генетическая модель）；对它无法进行穷尽式描写（исчерпывающее описание），而只能对其结构作出假说式描写（гипотетическое описание）。比如，语流既可以切分为语言单位，也可以切分成语言学单位，还可以切分成语言能力内部组织单位。如果将语流切分成独立的音段（сегмент），那么这些音段在不同的视角中就显得不尽相同：从语言学视角看，в реку（向河里）是两个"词"，也是两个独立的音段；而从言语生成视角看，这是一个"词"和一个音段；即便是同一个语流音段，从纯语言学视角看也可以作出不同的解释，这主要取决于我们将其投射到哪一个语言系统层级（уровень системы языка）。这是一种传统的描写模式，它是分析性的，由4个独立的层级构成——词位层级、词素层级、音位层级、语音类型层级。（Леонтьев 1970：330–332）关于语言能力层级问题，小列昂季耶夫认为关键在于上述音段的描写性或分析性切分对应于哪一个言语生成机制块（блок порождающего механизма речи），每一个"块"都保障着某类单位（确切说是某类音段）在语流中的呈现。某一个"块"一旦"关闭"，就会对语言能力造成损伤，抑或生成出有缺陷的言语（如失语症等）。（Леонтьев 1970：333）那么，究竟哪些音段类型和言语生成机制块可以现实地呈现在言语活动中呢？这就关系到语言能力的层级问题。对此，学界有不同的看法。如美国心理语言学家奥斯古特就区分出4种对应于不同心理语言学单位的语言能力层级：（1）动机层级（мотивационный уровень）对应于广义的句子；（2）语义层级（семантический уровень）负责对意义的选择，对应于功能类别（функциональный класс）即语段；（3）连贯层级（уровень последовательностей）对应于音段或词；（4）融合层级（интеграционный уровень）对应于音节或音位等。此外，该学者还提出了3种心理学层级：表征层级（уровень репрезентации）、融合层级（уровень интеграции）和投射层级（уровень проекции）。（Леонтьев 1970：334–336）而小列昂季耶夫主要是依据俄罗斯生理学家伯恩斯坦的"运动和能动生理学"原理以及儿童言语发育（развитие речи)的视角来建构语言能力层级的,他认为伯恩斯坦的理论思想最接近于对言语活动生理学机制的现代理解。它们是(由高到低构成等级关系):(1)含义连续言语层级(уровень смысловой связанной речи),其功能操作单位是句子或语句;(2)事物行动层级(уровень предметного действия),亦称为"称名层级"(уровень называния),其功能操作单位是词;(3)音节层级(слоговой уровень),其功能操作单位为音节。(Леонтьев 1970:340)就上述层级的特点而言,小列昂季耶夫指出,从儿童言语发育视角看,婴儿在音节层级可以有选择地掌握标准语言的语音特点;词具有现实的心理生理独立性,是言语活动的量子(квант);而句子则是包含有情景的交际单位,是更高层级的量子。(Леонтьев 2003а:113–114)以上不难看出,小列昂季耶夫的语言能力层级的思想是建立在本国生理学遗产基础上的,他所建构的3个不同层级较之奥斯古特的4个层级而言,不仅简洁,且具有不同的功用,涵盖了"音节—词—句子"较为完整的三位一体言语生成机制环节。

3)掌握语言过程中的语言能力思想。关于言语活动与语言教学的关系,小列昂季耶夫认为首先要理解教学过程的本质和内涵,其次要对人的心理属性和组织及言语机制作出界说,再次是要搞清楚语言的本质和区别性特征。总之,对言语行为或言语活动的认识决定着语言教学的方法。(Леонтьев 2010:135)在他看来,尽管美国学界对言语行为的研究有多个流派,但它们大多是基于人的肌体所积累的经验,教学的成败主要取决于人天生的神经生理结构以及所受到的刺激数量,教学方法和内容主要以机体的先验性参数来决定。因此,美国的言语行为观无法有效形成人的心理生理机制;而俄罗斯心理学对言语行为的认识是建立在维果茨基等学者提出的活动观(концепция деятельности)基础上的,它主要通过所学习材料组织以及教学过程组织来积极影响人的心理生理机能的形成。也就是说,俄罗斯的言语行为观具有"主动掌握语言"和"积极影响现实"的性质,即人可以提前预见和有意识计划自己的行为。(Леонтьев 2010:137–139)这是小列昂季耶夫从心理语言学视角对语言教学或掌握语言过程所得出的总体认识。至于掌握非母语或外语过程中的语言能力问题,显然与语言教学或掌握语言的过程既有共性,也有特性。对此,小列昂季耶夫在2005出版的《心理语言学基础》一书中专门辟出章节进行了论述。他认为,外语教学的本质就是依靠外语进行言语活动教学(обучение речевой деятельности),或者更确切地说,可以将掌握语言比作依靠该语言来进行言语交际教学。这表明,如何处理外语教学与言语活动或言语交际的相互关系就成为掌握语言的关键。这主要包含以下几个方面：(1) 如何理解活动、言语活动和言语交际。在小列昂季耶夫看来，活动与言语活动在心理学层面的建构都是相同的。外语与母语的区别首先是定位环节 (ориентировочное звено) 不同：要建构言语句，操不同语言者应该对情景、目的和言语交际条件等作出不同的分析，此外，言语交际还要有相同的内容和方向，即施行同一种言语行动；(2) 如何实现言语工序 (речевые операции)。他认为，言语工序可由两种方式进行——或通过模仿 (подражание) 或通过有意识实现 (сознательное осуществление)。第一种方式是传统的教学法视角，第二种方式是莫斯科心理语言学派所研发的活动论视角。而要掌握外语的所有言语工序，仅靠第一种方式 (模仿) 或第二种方式 (有意识实现) 都是不可能的，教学实践中需要两种方式并举使用；(3) 如何理解言语熟巧 (речевые навыки) 和言语技能 (речевые умения)。在他看来，言语熟巧是最佳参数事项的言语工序，该参数是无意识的、完全自动化的、符合语言规范的、标准语速的和稳定的；言语技能是最佳参数事项的言语行动。如果说言语熟巧的形成是保障学生正确建构语句并使之现实化的话，那么对充分交际 (полноценное общение) 来说首先要善于使用言语熟巧来独立表达自己的思想、意图和感受，否则，言语活动在其实现环节就是不完整的。此外，还要能够依据交际目的、情景及交际对象等任意地或有意识地变换言语工序的组合 (熟巧)。只有这样，我们才可以说已经形成了言语的 (交际的、言语交际的) 技能。掌握言语技能，就意味着能够正确选择语体，将语言语句的形式服从于交际之任务，并能使用最为有效的语言 (包括非语言) 手段。(Леонтьев 2005: 220–222) 以上不难看出，小列昂季耶夫眼中的言语技巧具有定型的、机械的性质，因此，言语熟巧的教学要依循心理学、教学论的基本规律；而言语技能则是在言语熟巧基础上形成的，它是掌握语言 (包括外语) 过程中交际能力即语言能力的标志。

总结小列昂季耶夫有关语言能力的思想，在我们看来无疑具有心理认知和语言认知的性质。该思想中最具学术价值的是他依据活动和言语活动学说的基本原理而提出的语言能力即心理生理机制的观点。这一观点与西方学界的观点大相径庭，因此，它更加符合包括母语和非母语教学在内的语言教学的实际，同样也更加符合儿童掌握语言的心理生理特点。当然，还需要指出的是，语言能力生成机制研究对语言教学而言具有重要的实用价值，对此，小列昂季耶夫在1969年出版的《语言、言语、言语活动》

一书中也曾试图从本国的中学语法教学以及"作为心理语言学问题的词类"（части речи как психолингвистическая проблема）等角度作出理论上的解释和实践上的论证。(Леонтьев 2010：135–176) 但由于小列昂季耶夫提出的语言能力机制及其层级的思想本身仅仅是一种理论假设，尚未在学界形成所谓的"共识"，之后也少有学者对此作进一步的实验论证，因此，到目前为止并未见有重大成果面世。此外，由于时代的局限性以及受限于言语活动论基本学理的制约，他也没有将语篇这一更大的语言单位列入语言能力层级的审视范围，这在一定程度上影响到语言能力研究的深度和广度。这是言语活动论本身更多偏重对言语生成和感知作出心理语言学的解释所决定的，因为这里所谓的"言语"的基本单位并不是语篇，而是词以及语句（句子）。而对语篇能力的研究，只有上升到言语交际以及语言意识的层级才能实现。

1.6.2 沙赫纳罗维奇的"语言能力"思想

作为俄罗斯心理语言学界公认的儿童言语方面的研究专家，沙赫纳罗维奇的学术兴趣主要集中在儿童言语的生成机制领域。如，他的副博士和博士学位论文都是研究儿童言语的，分别为《论儿童言语的心理语言学分析问题》（«К проблеме психолингвистического анализа детской речи»）(1977) 和《儿童言语语义学：心理语言学分析》（«Семантика детской речи. Психолингвистический анализ»）(1985)，这也决定着他对语言能力的研究视阈和学术指向。他在儿童言语以及语言能力研究方面的代表作有：著作《心理语言学视阈下的儿童言语》（«Детская речь в зеркале психолингвистики»）(1999)，以及论文《论语言能力（机制）问题》（«К проблеме языковой способности (механизма)»）(1991)、《语言个性与语言能力》（«Языковая личность и языковая способность»）(1995) 等。除上之外，他还与其他学者合编（著）了多部文集或著作，如《心理语言学文集》（«Психолингвистика. Сборник статьей»）(1984)、《语言中人的因素：语言与言语生成》（«Человеческий фактор в языке: Язык и порождение речи»）(1991)、《个体发育中掌握交际的心理语言学问题》（«Психилингвистические проблемы овладения общением в онтогенезе»）(2009) 等，还编有《选集，朋友和学生回忆录》（«Избранные труды, воспоминания друзей и учеников»）(2001)。有学者认为，沙赫纳罗维奇对俄罗斯心理语言学所作出的贡献主要体现在4个方面——语言能力的语义成素分析（анализ семантического компонента языковой способности）、意义的个体发育机制（механизм онтогенеза значения）、语篇的功能起源（функциональный генезис текста）、语言学实验理论（теория лингвистического эксперимента）。(Сигал 2014: 9–15)在这里，我们仅对其有关语言能力的思想作出评述。

对语言能力的概念和属性进行界说。关于语言能力的概念内涵，沙赫纳罗维奇的认识与莫斯科心理语言学派奠基人小列昂季耶夫的界说基本一致。他认为，俄罗斯心理语言学通常将个体发育中的言语活动发育（развитие речевой деятельности）视为语言能力发育（развитие языковой способности）；心理语言学的研究对象，本质上就是语言能力及其属性和功能化的研究。(Шахнарович 1991: 185)当然，沙赫纳罗维奇在这里所说的心理语言学，并非西方的或美国的，而是俄罗斯的，因为在他看来，只有从不同视角对言语活动进行心理语言学分析，才能够回答"何为语言能力"的相关问题。(Шахнарович 1991: 186)据此，沙赫纳罗维奇进一步区分了以下两个相近的概念：(1)语言能力与心理学意义上的能力（способность в психологическом смысле）不同，后者主要指掌控某种活动（包括言语活动）的个体能力的总和，以保障该个体在解决理论和实践任务过程中与他人协调一致；(2)语言能力与交际能力（коммуникативная способность/компетенция）的不同，后者在西方（主要是美国）学界通常被解释为各种现实情境中有效使用语言的技能，因此要考虑到言语主体的外部情况（如民族文化准则、社会实践情景组织、交际行为成素以及交际对象的社会心理特点等）和内部情况（言语行为的内部参数以及掌握语言的内部机制等）。他认为，恰恰是这"内部参数"值得在人的语言能力框架内加以描写。(Шахнарович 1991: 186)于是，他给语言能力下了一个"可操作的定义"：语言能力是一种具有心理生理属性的机制，它主要是生前在社会影响的作用下形成的，是按照等级原则组织起来的；它是一个功能机制和依照一定规则运作的机制，这些规则系统保障着语言系统成分使用于交际目的。(Шахнарович 1991: 186–187)也就是说，在他看来，语言能力实际上就是使用规则的能力，这些规则构成了一个系统，言语主体对该系统并不能意识到，只有语言本身知晓这些规则。此外，关于语言能力的本质属性问题，沙赫纳罗维奇认为有两种截然不同的观点：一是以乔姆斯基为代表，将语言能力视为积淀在人体中的遗传继承性构成物（генетически наследуемое образование），认为人所积淀的语言材料起初并不多也不正确，但会随着主体的发育、交际范围的扩大而逐渐得到丰富和矫正；二是以维果茨基及其学派为代表，将语言能力视作受社会因素（主要是交际需求和为实现不同情境中的交际意向）影响的社会构成物（социальное образование），认为要实现个体所获得的母语系统规则的发育，只有借助于语言并在交际过程中才有可能，或者说，只有在与他人的交际中，保障该交际的语言系统才能够发育起来。(Шахнарович 1991：187) 显然，沙赫纳罗维奇推崇的是后一种观点，即维果茨基提出的相关思想。

在他看来，能够成为语言发育源泉的并不是天赋图式（врождённая схема），而是活动及其规则本身；语言能力是一种功能化机制，即儿童在掌握语言系统时所形成的与语言系统相关的概括性成分系统。因此，可以将语言能力界说为"反映（和泛化）母语系统成分结果和按照一定规则运作的功能系统"，即语言系统成分及其选择规则的功能系统。(Шахнарович 1991：188–190) 对于上述界说，沙赫纳罗维奇还在1995年发表的《语言个性与语言能力》一文中做了进一步阐释。他认为，语言能力既是意识中的一种语言储存方式，同时也是反映在意识中的语言系统成分现实化的方式。(Шахнарович 1995：213) 总之，沙赫纳罗维奇眼中的语言能力的概念和属性就是语言系统本身，确切说是语言成分及其现实化规则系统，该系统的形成具有社会属性，即有历史的和文化的成因，而不是西方学界所推崇的天赋能力的思想。

对语言能力的结构和语义作出描述。沙赫纳罗维奇在对语言能力的概念和属性进行界说的基础上，还对另一个问题即语言能力的结构问题作了较为详细的解释或建构。他认为，语言能力是一个有等级组织的构式（иерархически организованный конструкт），它由一系列成素（компоненты）组成：语音的、词汇的、形态的、语义的成素等。这些成素如同其单位的构素（составляющие）一样，彼此间由规则联系在一起；这些规则具有规定性质（прескрипторный/прескриптивный характер）①，本质上是为实现交际意向而选择功能成分的规则；规则构成系统，而选择规则和与交际任务相应的意义规则在该系统中占主导地位；对内容成素的选择是言语句生成的必要阶段，而实现该阶段的规则，其复杂程度对操语言的成人的儿童来说很可能是不同的。(Шахнарович 1991：191) 上述话语表明，语言能力的结构是一个由多种成素组成的复

---

① 沙赫纳罗维奇在两篇文章中分别使用了 прескрипторный/прескриптивный 两个不同的词，后者显然是标准词语，前者或是"自造词"或是"笔误"。

杂的等级系统，其中语义成素占有特殊地位：它作为选择相应意义规则的子系统，其规则与组成语法成素的规则并不相同。关于语言能力结构的成素问题，沙赫纳罗维奇并没有对语音、词汇、形态等成素作出具体描写，而是把注意力集中在对语义成素的阐释方面。对此，他提出的相关思想包括：（1）进入语言能力语义成素的意义选择规则，是独立于认知结构（когнитивные структуры）的，或者说是相对独立于认知结构形成的，其间接的证据是人的智力发育与言语发育并不吻合：语义成素是语言能力结构中的核心成素（стержневой компонент），因此，言语发育的核心问题之一是语言意义的发育问题。（2）从个体发育角度看，语言的掌握并非为了自身的个体发育，而是作为一种交际手段。因此，解决语言手段的分阶段掌握（поэтапное освоение）问题具有重要意义。（3）对个体发育中的言语活动发育分析，首先应该确立儿童言语并非"半成人言语"（полувзрослая речь），而是一套特殊规则的组合系统，该系统从一个阶段到另一个阶段有不同的变化形式，而语言意义就是组织掌握语言结构不同阶段的联系环节（связующее звено）。（4）分析言语活动和语言能力的起源，一方面就是分析交际和认知结构以及言语思维活动和主题活动相互关系的过程和机制；另一方面就是分析语言单位，因为意义是言语思维个体发育的中心范畴，意义起源的理解是人的语言能力的条件之一（Шахнарович 1991：191–192）。（5）掌握意义就是掌握符号的功能特征，该特征与事物的功能特性有别。事物在物质的相互作用中展现自己的特性，而符号则是在人与人及其理念行为的相互关系中展现自己的特性。对儿童而言，名称作为事物的一个组成部分和特性，其有意识的活动既可以针对指称对象（денотат），也可以指向意义（即指向指称对象和意义的掌握）。也正是在这种情境下，符号与指称对象之间才可以生成主观上的吻合。（Шахнарович 1995：214–215）以上不难看出，沙赫纳罗维奇关于语言能力结构和语义的思想，与俄罗斯心理语言学研究中多位学者（如小列昂季耶夫、任金等）所论证的言语生成机制或言语机制的思想相一致，即紧紧围绕言语活动或言语交际的本质和特性，对人的语言能力或智力生成机理提出某种科学的假说。

沙赫纳罗维奇对语言能力的个体发育机制作出分析。他对语言能力个体发育机制的认识，首先是建立在对乔姆斯基提出的"天赋图式"批判基础上的。在他看来，天赋图式并没有对婴儿的语言系统是如何呈现的问题——如是否以成人形式（взрослая форма）或三成素组织

(трехкомпонентная организация)等作出明确的回答。① 其实,这并不是一个空泛的问题,因为该问题的解决影响到婴儿以言语形式所实现的符号活动是否具有语言能动性问题的认识。此外,是否存在着实现言语活动的语法前规则(дограмматические правила)问题,也有赖于对语言能力组织的认识。假如可以表明,婴儿的言语活动就是其初始阶段按照特殊的(非成人的)规则实现的语言能力的体现,那么乔姆斯基有关掌握语言可以"一劳永逸"的论题就是站不住脚的,掌握语言的过程是另一幅图景:婴儿对语言成素的掌握,是在事物(工具)行为和主题活动基础上的言语交际(语言实践)过程中慢慢实现的。这样一来,语言发育的源泉并非天赋图式,而是活动及活动规则。(Шахнарович 1991: 196–197)基于以上认识,沙赫纳罗维奇对儿童言语的个体发育机制问题表达了以下观点:(1)婴儿早期的言语活动并不是由纯语言规则(чисто языковые правила)来支配的,而是婴儿通过符号活动的概括所掌握的规则来掌控的。这些规则就来源于实践(事物)活动。(2)随着婴儿言语中单音节语句的出现,其借助于约定俗成手段对内在心理现实现象的表征能力开始发育起来。这些手段由语言系统提供,婴儿会在语言系统成分上添加些许一定发育阶段自己所获得的有关世界的知识和认识。(3)儿童的最初语句多半是其自身的能动性或状态性称名词语,而不是外部指称对象的称名词语。这表明,对儿童语句意义的理解和分析,只有在语句使用的具体情境中才有可能。(4)当代语义句法范畴的运用,使得将独词语句(однословное высказывание)重新认定为语句命题内容(пропозициональное содержание)发育的主要形式成为可能。可以假设,命题内容的生成源自双成分结构(двучленная структура)的生成,其语义与标记为新事物(новое)的成分密切相关,即本质上是谓词;儿童年龄段的独词语句的语法–语义功能就首先体现为(предикативная функция);命题内容获得现实化的言语手段在后:起初与独词语句链(цепочка однословных высказываний)有关,后来与双层语句链(цепочка двуслойных высказываний)有关。也就是说,独词语句是儿童个体发育中的最初形式,它将获得的意思(смысл)、意图等称谓的东西结合在一起,就成为核心述谓形式(ядерная предикативная форма),而命题内容就聚集在该述谓形式周围。(5)从交际情境看,美国心理语言学家是从语用交际目的的视角来审视儿童使用语言能力的形成机制的,认为掌握交际战略决定着

---

① 这里所说的"三成素组织",指语音、语法、语义。

儿童使用所学知识的方式，而这些方式和战略的总和就构成了所谓的"交际能力"。但实际上，语言能力与交际能力并不相同：前者是一种功能成素及其使用规则的功能等级化系统（функциональная иерархизированная система），而后者是前者的上层建筑（надстройка）[①]，也就是说，没有语言能力也就不会有交际能力。（6）游戏活动是婴儿积极掌握句法阶段中的重要活动。言语交际的语用和功能方面在早期个体发育中直接受制于语用和社会行为的内容；随着行为以及带有符号的行为的发育，便形成了相对独立的语言知识（языковое знание）。由于事物和言语行为在早期个体发育中是融合在交际情境中的，句法结构功能方面的发育分析就展现为有目的地研究游戏和言语行为问题，以及语句在交际情境中言语活动和非言语活动之间的关联方式问题。（7）鉴于儿童的游戏行为，可以对语句功能的发育情况进行实验分析。研究表明，语句类型与游戏行为类型相关联。如，可将语句分为以下5种类型：（a）确认－操作（констатация-манипуляции）类语句，如давай-давай, полетело все, сломалось (о машине)（快－快，机器飞起来了，摔坏了）；（b）描述－事物行为（характеризация-предметные действия）类语句，如 звонит у меня（我有电话），я строить приехал（我来搭建），（c）组合－限定行为（комбинация-атрибутивные действия）类语句，如 давай вот такой сделаем гараж（让我们来搭这样的车库），дом строить будем（我们要搭房子）等；（d）描写－描写行为（описания изобразительные действия）类语句，如 я с тобой...катер и подводная лодка, это торпедный катер... у него торпеда есть... и мотор（我和你……快艇和潜艇，这是鱼雷艇……它有鱼雷，还有马达）等；（e）角色具体化－角色行为（конкретизация роли-ролевые действия）类语句，如 я буду продавщик（我当买货的），я буду продукты носить（我来拿货），я буду медсестра（我当护士），буду карточки писать（我来写卡片）等。（Шахнарович 1991: 197–201）分析儿童言语句法语义的发育，使沙赫纳罗维奇得出如下5点重要结论：（1）语句语义发育是言语手段形成的基础；（2）语句语义结构在其发育过程中，由于婴儿认知内容的发育及其事物经验的概括而变得复杂起来；（3）在语句意义的发育中，述谓能力的发育至关重要，这意味着在分析情景时，要与从区分事物到区分事物特征的过渡紧密结合在一起；（4）随着婴儿的发育和事物行为的复杂化，语

[①] 我们理解，这里的"上层建筑"即"上位概念"的意思。

句功能的发育会从对现实片断中的事态（положение дел）的简单确认转向由于思维操作而建立起来的关系描述；(5)随着语句意义的复杂化和事物行为的丰富，语句会与情景"脱钩"；事物意义会由于其不断的紧缩（свёртывание）和泛化（генерализация）而变为交际伙伴的一般知识储备（фонд общих знаний）。

以上不难发现，沙赫纳罗维奇对语言能力的研究，所聚焦的主要是语言能力的结构和语义以及儿童个体发育的机制问题。从方法论看，维果茨基及其学派的文化–历史心理学显然是其重要的理论依据和思想源泉；从研究重心看，注重对语言能力结构中的语义或意义生成问题作出合理解释或假设；从研究视阈看，如果说小列昂季耶夫的思想更多带有宏观性质的话，那么沙赫纳罗维奇更侧重于具体的微观层面的建构和解析，尤其重视交际、主题活动及儿童游戏等对各阶段儿童言语发育所带来的影响和作用。从这个意义上讲，小列昂季耶夫和沙赫纳罗维奇的研究为我们大致勾勒出俄罗斯心理语言学在语言能力研究领域的基本方向和所取得的主要成果。这些成果对心理语言学的应用研究尤其语言教学研究、掌握语言研究等，都有一定的参考价值。

综上所述，回顾和总结莫斯科心理语言学派的学术遗产，无法回避这样一个问题：该学派形成的时间并不长，但为何能在世界心理语言学界具有如此大的影响力呢？答案恐怕只能从该学派的理论特质中才能找到（对此，我们将在第6章中作专门讨论）。仅从学科建设视角看，至少有以下两方面的因素：(1)学术团队的志同道合。莫斯科心理语言学派学理框架的建构，基本上是由小列昂季耶夫一人以及不大的学术团队完成的。该学术团队成员大多为小列昂季耶夫在语言学研究所或莫斯科大学从事心理语言学研究的同事，几乎个个都是该领域某一方向的专家和学者。他们志趣相同，秉承俄罗斯优秀人文主义传统，在被喻为"人学"的心理语言学领域精心耕耘，成果斐然。他们在如此短的时间内能够建立起自己的学派，并在世界学界有如此广泛的影响，这在世界人文社会科学发展史上并不多见。(2)学科建构的方法独特。莫斯科心理语言学派之所以举世闻名，关键还是其学科建构方法的科学性和独特性。简言之，植根于俄罗斯普通心理学中的活动论遗产，就使得以言语活动论为主要内涵的俄罗斯心理语言学拥有了科学运作的概念系统和自主的方法论系统。也就是说，使用心理学中关于活动的概念和方法，来解释人的言语活动的结构单位和运作机理，是一种独特的方法论建构，这为俄罗斯心理语言学的迅速兴起和成功运作起到了关键作用。

第 2 节　特维尔心理语言学派

特维尔心理语言学派是指以俄罗斯著名心理语言学家、俄罗斯功勋科学家、国际心理科学院名誉院士、特维尔国立大学（Тверｒ ГУ）名誉教授扎列夫斯卡娅为领袖的学术团队及其研究样式。由于该学派在心理语言学研究方面成果丰硕并别具一格，因此，在俄罗斯乃至世界心理语言学界享有较高的声誉和影响。①

扎列夫斯卡娅毕业于阿拉木图外国语学院，毕生从事心理语言学及外语教学研究，科研成果颇丰。她从1955年开始发表第一篇论文（副博士论文）《中学高年级外语语篇的修辞分析方法》（«Методика стилистического анализа иностранного текста в старших классах средней школы»）至今，著述总数多达350多部/篇，其中包括专著5部，教材8部，讲座文集2部，主编著作和文集30余部。1982年以来，由她培养的博士和副博士就有数十位（其中博士10余位），他们大多都活跃于独联体国家的各高校和科研院所，形成了比较固定的学术团队，主要成员有勃列夫多（И.В.Бревдо）、佐洛托娃（Н.О.Золотова）、卡明斯卡娅（Э.Е.Каминская）、列别捷娃（С.В.Лебедева）、梅德维捷娃（И.Л.Медведева）、米哈依洛娃（Т.В.Михайлова）、米雅赫科娃（И.Л.Мягкова）、拉菲科娃（Н.В.Рафикова）、罗戈日尼科娃（Т.М.Рогожникова）、萨佐诺娃（Т.Ю.Сазонова）、托戈耶娃（С.И.Тогоева）等，从而也奠定了特维尔国立大学俄罗斯心理语言学研究重镇的学术地位。②

该学派最为显著的成果是从20世纪80年代初起不定期地出版由扎列夫斯卡娅担任主编的心理语言学著作，其中最具影响的是系列文集《词与

---

① 目前学界对"特维尔心理语言学派"的提法仍有不同看法：不少学者都将该学派看作莫斯科学派的一个分支，认为扎列夫斯卡娅的学说是建构在莫斯科学派言语活动论学理基础之上的，但学界多数学者都认为扎列夫斯卡娅及其团队的研究别具一格，已经形成了自己的学派。俄罗斯科学院语言学研究所2021年出版的《俄罗斯心理语言学：总结和前景（1966–2021）》一书，也认可其为独立学派。（Стернин., Уфимцева 2021:270–284）另外，从扎列夫斯卡娅所毕业的学校及其学术发展的轨迹看，也很难将其归入莫斯科心理语言学派。

② 特维尔心理语言学派的学术团队与莫斯科心理学派的有很大不同，主要由扎列夫斯卡娅本人及其学生组成，而后者主要以科学院语言学研究所为基地，吸收了包括莫斯科大学在内的多所高校的专家和学者。

语篇的心理语言学视角研究》（«Слово и текст:психолингвистический подход»）。该文集从2003年出版第1集，至2009年共出版9集①，其研究的核心内容是认知心理语言学和民族心理语言学范畴内的心智语汇（ментальный лексикон）问题②，包括词和语篇层面的言语组织、言语机制以及交际中的言语组织和联想实验问题等，从而在俄罗斯心理语言学界开创了从词的角度研究人的语言能力模式的新领域。因此，学界也将特维尔心理语言学派称为"词的心理语言学理论"（психолингвистическая теория слова）学派。

特维尔心理语言学派的主要理论和学说，比较集中地被收录在扎列夫斯卡娅出版的下列著作中：《词的语义的心理语言学问题》（«Психолингвистические проблемы семантики слова: Учеб. Пособие»）（1982）、《人的语汇中的词：心理语言学研究》（«Слово в лексиконе человека: психолингвистическое исследование»）（1990）、《个体知识：功能化特点及原则》（«Индивидуальное знание: специфика и принципы функционирования»）（1992）、《心理语言学视角的掌握第二语言的几个理论问题》（«Вопросы теории овладения вторым языком в психолингвистическом аспекте»）（1996）、《心理语言学导论》（«Введение в психолингвистику»）（1999）、《语篇与语篇的理解》（«Текст и его понимание»）（2001）、《心理语言学研究：词与语篇研究文集》（«Психолингвистичесие исследования. Слово. Текст: Избранные труды»）（2005）、《教学双语能力理论导论：硕士生教材》（«Введение в теорию учебного двуязычия: учебник для магистрантов»）（2016）等教材和著作中。其中，《心理语言学导论》一书是特维尔心理语言学派及她本人的学术思想和理论观点的结晶。

下面，我们将就该学派奠基人及其相关成员的主要理论和学术思想

---

① 其中，2004、2005年各出版2集。
② 关于 ментальный лексикон 的译法，学界并不一致。国内有学者将其译为"心理词典""心理词汇"等。（许高渝等 2008 :90—110）我们将其译为"心智语汇"，这是因为 ментальный 一词源自英语 mental，有多个含义，但在认知语言学和认知心理学界通常用作"心智的""心灵的""精神的"意思；лексикон 在语言学词典中被说为"个体或群体使用的词汇总和"，即"语汇"，意义接近于 тезаурус，属于语言个性的认知层级。因此，定名为"语汇"比较符合特维尔心理语言学派对词和语篇的认知心理研究。此外，也有俄罗斯学者用 словари 和 тезаурус 来替代 лексикон 一词，意思为"词汇"或"语汇"。（Золотова 1989, 2003）

作出简要评述。

2.1 心智语汇研究

扎列夫斯卡娅对心智语汇的研究起始于20世纪70年代。早在1977年，她就出版了《人的内部语汇的组织问题》（«Проблемы организации внутреннего лексикона человека»）的教材（该教材被收入2005年出版的"研究文集"），从言语组织（речевая организация）视角出发对人的心智或内部语汇的结构、功能、特点及其与言语思维过程的关系、实验等进行系统审视和阐释。此后，她又在《心理语言学导论》等著作中对上述问题进行了总结和深入分析。此外，特维尔心理语言学派的其他成员也在心智语汇的理论研究方面有相关著述，从而构成了较为系统的"心智语汇"说。

总体看，以扎列夫斯卡娅为代表的特维尔心理语言学派对心智语汇的研究，包括了"言语组织""言语机制""个人财富""言语生产模式"等若干方面的思想。

2.1.1 关于"言语组织"的思想

何为"言语组织"？这是俄罗斯心理语言学所有学派所关注的核心问题之一，因为它是言语活动论必须首先作出回答的理论问题。因此，这也成为扎列夫斯卡娅研究心智语汇的切入点。言语组织的概念最早是由彼得堡语言学派的奠基人之一谢尔巴在其1931年发表的经典文章《论语言现象的三层面和语言学中的实验》（«О трояком аспекте языковых явлений и об эксперименте в языкознании»）中提出来的[①]。谢尔巴在该文中不仅区分了3种语言现象，即言语活动、语言系统、语言材料，同时也强调了言语活动的特性，即受个体的心理生理的言语组织制约的、具有社会性质的说话和理解的过程，是一种复杂的、综合的活动。（Щерба 197：24–39）据此，在扎列夫斯卡娅看来，言语组织具有下列特性：(1)不能将其简单地等同于言语经验的总和，而应该是对言语经验的"独特加工"；(2)这种加工只能是心理生理的；(3)言语活动与其社会产品（социальный продукт）一道都受到言语组织的制约；(4)言语组织是从语言系统的语言材料中剥离出来的个体表现形式（индивидуальные

---

① 这里之所以将谢尔巴称为彼得堡语言学派的奠基人之一，是因为该学派的奠基人还有博杜恩·德·库尔德内。

проявления）；(5) 只有在个体言语活动的基础上才可以对言语组织的性质作出评价。(Залевская 1999：29)

上述表明，扎列夫斯卡娅眼中的言语组织，已经超出了谢尔巴所提出的它可以制约言语活动、语言材料中的个体表现形式以及语言系统的范围。在她看来，言语组织不仅可以制约上述语言现象，还可以制约言语活动的社会产品。这一点无疑是她对作为心理生理现象的"言语组织"概念理解的一种深化。对此，她早在1977年出版的《人的内部语汇的组织问题》一书中就试图对上述4个方面的制约因素及其相互关系作出阐释。她指出，谢尔巴提出的言语组织的概念中实际已经包含了对言语经验加工产品的有序性和组织性。因此，可以将言语组织视为言语活动"过程"和"产品"的统一体，而这里所说的"产品"，就是在说话和理解过程中语言使用的个体观念和战略系统(индивидуальная система концептов и стратегий)。从这一意义上讲，言语组织也可被称为语言组织(языковая организация)。此外，她还在该书中强调了以下几点：(1) 人的言语组织并非一个消极的语言信息储存器，而是一个动态功能系统；(2) 言语经验及其产品的加工和调整过程之间需要进行经常性的相互协同；(3) 言语组织是一个自组织系统(самоорганизующаяся система)。(Залевская 1977：6–9) 以上论述表明，扎列夫斯卡娅对"言语组织"概念内涵的界说是建立在谢尔巴相关思想基础之上的，它特别关注到了语言系统、语言材料以及说话和言语理解对言语组织的作用问题，这也成为心理语言学与心理学在言语组织研究视阈上的重要区别之一。正是依据上述界说，扎列夫斯卡娅提出了研究言语组织的基本任务：(1) 要解释人的言语组织与语言能力、语言个性之间的关系；(2) 要确定人的言语组织的单位特点及其在言语活动中有序使用的基本原理；(3) 要把言语生产和理解的过程看作是结构与过程、机制与使用特点的相互作用；(4) 要审视知识的类型及运作特点；(5) 要对言语组织形成过程的掌握语言(包括掌握外语)作具体分析。(Залевкая 1999：51–52) 由此不难看出，扎列夫斯卡娅对言语组织的考察已经由谢尔巴的语言结构层面扩展到心理语言学的语言能力层面。她所提出的言语组织不仅是一个"动态功能系统"，而且是一个"自组织系统"的思想，实际上将言语活动视为言语思维活动(речемыслительная деятельность)。(Залевская 2005：34) 这一思想正是特维尔心理语言学派所有理论和学说的基本出发点所在。

2.1.2 关于"言语机制"的思想

机制(механизм)这一术语,被广泛使用于当代哲学、心理语言学、心理学及语言学等学科,可以说,不同学科甚至同一个学科对其的界说也不完全相同。对此,扎列夫斯卡娅在《心理语言学导论》一书中认为,"机制"本身所具有的多层面性是造成不同界说的根本原因。因此,应该对其作出综合考察。从人的心理生理言语组织视角出发,首先应该审视人的最为普遍的心理活动机制,然后再审视言语活动机制,以便进一步转向讨论语言/言语机制的特点及其功能化原则等。(Залевская 1999:45)从目前俄罗斯学界研究对上述3个层次的机制研究内容看,人的心理活动机制主要包括以下几种机制:功能机制(функциональные механизмы)、运作机制(операциональные механизмы)、动机机制(мотивационные механизмы)、大脑机制(механизмы мозга)、思维机制(механизмы мышления)以及概率预测机制(механизм вероятностного прогнозирования)、预想机制(механизм антиципации)等[1];而作为言语活动机制,主要有任金提出的生理学机制(физиологический механизм)、言语思维活动机制(механизм речемыслительной деятельности)、互补机制(комплементарный механизм)等,以及由齐姆尼亚娅提出的思维逻辑和指称关联性机制(механизмы логики мысли и денотатной отнесенности)、语句内部形成机制(механизмы внутреннего оформления высказывания)、语句外部形成机制(механизмы внешнего оформления высказывания)、反向联系机制(механизмы обратной связи)等。(见 Жинкин 1982, Зимняя 1985)

关于言语机制,应该说主要是任金的相关学说为其奠定了学理基础[2]。此外,莫斯科心理语言学派奠基人小列昂季耶夫等许多心理语言学家也都对该命题有重要论述。扎列夫斯卡娅认为,所谓"言语机制",首先应该将其解释成用于实现一定过程并拥有物质基质(大脑)潜能和适合在不同层级上进行研究的装置(устройство)。该装置要由专门单位来运作,内容丰富并且有序(有组织),可以在相应的过程中得到最佳使用,因为结构和过程都是相互依存和相互制约的。(Залевская 1999:51)该段话语表明,扎列夫斯卡娅对言语机制的界说与小列昂季耶夫的观点基本一致,即将机制与过程相对立(如眼睛的装置与视觉过程相

---

[1] 见本著作第2章有关任金的言语机制学说。
[2] 见本章第1节的相关内容。

对立)。言语机制就是人的言语组织或言语生产机制,它是由构素单位（составляющие единицы）之间的相互作用形成的,并可以用于不同的目的。(Леонтьев 2010：101–103) 此外, 在她看来, 讨论言语机制, 还有必要对下列有关心理语言学能力（компетенция психолингвистики）的问题作出回答：(1) 必须对人的言语组织、语言能力、语言个性等相互交织在一起的相关概念作出解释和区分；(2) 必须确定人的语言/言语组织单位的特性及其在言语思维活动中的使用原则和功能化特点；(3) 必须将言语生产和言语理解过程视为其结构、过程、机制之间的相互作用；(4) 既然言语思维过程最先是靠世界形象和现实知识（знание о действительности）来运作的, 那么就必须要对当代不同的知识种类作出解释；(5) 言语组织是在掌握语言(包括第二语言和外语)过程中和在相应文化影响下形成的。(Залевская 1999：51–52) 对于上述问题, 扎列夫斯卡娅在《心理语言学导论》一书的有关章节中都一一作了审视。

那么, 如何对言语机制进行考察呢？在扎列夫斯卡娅看来, 除了使用任金提出的含义替代机制（механизм смысловой замены）、小列昂季耶夫提出的区分活动的实现机制（механизм осуществления）和控制机制（механизм контроля）等方法外, 还应该考虑采用隐喻性原则（принцип метафоричности）, 因为作为认知手段的隐喻（метафора）具有启发式潜能（эвристический потенциал）。该潜能可以通过3种过程来实现, 即：认知过程(在感知中保障能动性)、联想过程(保障对知觉、认知和情感评价经验加工产品间的相互联系)、深层述谓过程(确定有各种联系的事实)。而实现人的言语机制的隐喻性原则, 可采用3种不同的方法：(1) 模数方法（модульный подход）——前提是确认在人的言语机制中存在着相互独立和自主的信息加工系统, 每一个系数将各自加工好的信息传递给中央加工系统(即中央处理器), 并由该处理器来完成对信息的校对。这种隐喻方法是以人对语言加工与计算机对语言加工具有相似性为前提的, 因此只适用于神经心理语言学对失语症的诊断和研究。(2) 关联方法（коннекционистский подход）——依据对人脑信息加工过程的研究结果, 强调加工在信息相互作用下的同时性（одновременность）, 即任何层级的加工都与其他层级相关联, 如对信息的理解就包括对信息由下而上或由上而下的整合等。实施该方法的前提是将知识的形式表征为网状结构（сетевая структура）。网是由各神经的节点（узлы）及其联系构成的, 节点用来表征概念、命题、框架等, 在联系图式中起着重要作用, 因此该方法广泛运用于对人脑生理学过程的研究。(3) 融合方法（гибридный подход）——即将上述两种方法交叉使用的方法。(Залевская 1999: 60–62)

除上之外，扎列夫斯卡娅还在《个体知识：功能化特点及原则》《心理语言学导论》等相关著作中对言语机制功能化（функционирование речевого механизма）的一些基本原则进行了分析。她并不赞成有些学者将"机制"和"原则"等同起来的观点，认为它们并不是同一个概念：前者是一种"装置"，而后者则是该装置作为对某过程或某心理反应的直接描写所发挥的作用（功能化）。(Залевская 1999: 52) 在众多的言语机制功能化原则中，她比较推崇联想化原则（принцип ассоциирования）和含义替代原则（принцип смысловой замены）。她指出，联想化原则在研究启发式搜索（эвристический поиск）方面颇有前景：尽管有许多学者将联想联系与启发式搜索作为两个互不相容的概念对立起来，但该原则实际上可以将那些看上去互不相关的客体链接在一起，解决日常生活中和科学研究中碰到的那些"最解释不清楚的课题"。在她看来，联想化原则可以与任何层级上的人的心理活动及其任何类型联系起来。(Залевская 1999: 52–53) 对于含义替代原则，扎列夫斯卡娅认为该原则有以下主要功能：(1) 保障所说内容的事物性，并面向世界形象；(2) 掌控交际条件下指称对象证同（идентификация денотатов）的正确性，这种掌控在语言单位的离散型与大容量、多维度世界图景的连续统之间经常性出现矛盾的情形下尤为重要；(3) 巩固与含义紧缩（компрессия смысла）或含义扩展（развертывание смысла）现象直接相关的个体知识。(Залевская 1992: 116–117)

总之，在扎列夫斯卡娅看来，人的言语机制问题是一个多层级现象，因此，对言语机制的研究需要建立在揭示其构造、过程以及内外因素相互作用的特点之上，并要充分考虑到人的思维活动在知觉、认知、调节、动机、感情评价等不同层级上的关联性；对人的言语机制描写，可以采用不同的隐喻方法。应该说，强调隐喻在研究人的言语机制即言语组织中的作用，这是以扎列夫斯卡娅为代表的特维尔心理语言学派区别于其他学派的特点之一。

2.1.3 关于词义是"个体财富"的思想

谈到言语机制问题，还必须对词在人的言语机制中的作用作出必要阐释。为此，特维尔心理语言学派有比较多的成果发表或出版。如，该学派奠基人扎列夫斯卡娅在《词的语义的心理语言学问题》《人的语汇中的词：心理语言学研究》《心理语言学导论》《心理语言学研究：词与语篇研究文集》等一系列著作中，都有比较详细的论述和阐释。她在《人的语汇中的词：心理语言学研究》一书中曾提出这样一个主导思想：词不仅是人的言语能力的词汇成素单位（единица лексического компонента），也是通过对个体经验加工而抵达（единый информационный тезаурус）的手段，更是认知不同层级上的多维联系和关系的支撑成分（опорные элементы）。（见 Залевская 1990）这一思想对特维尔心理语言学派来说无疑具有重要意义：它标志着该学派所进行的心智语汇研究，是将词作为其基本单位和认知手段的，或者说是建立在对词尤其是词义的心理语言学阐释基础上的，其根本目的就在于揭示人的语言能力的形成机制。

关于词义问题，扎列夫斯卡娅的思想较为独特。在她看来，学界关于词义的学说有很多，既有结构语义的，也有认知语义的。而作为个体财富（достояние индивида）的词义①，才是心理语言学应该特别关注的，并应该有专门的理论对其加以研究，这是因为：作为个体财富的词义，一方面揭示着词义特点，即依据典型和偶然特征以及范畴原型等所展现的词的情感评价色彩；另一方面又生成了对先前研究经验（包括词义的经典解释）的否定。也就是说，它是对词义的动态审视。（Залевская 1999：98–104）据此，她提出可采用以下5种方法对作为个体财富的词义进行系统研究：

1）联想方法（ассоциативный подход）。该方法将联想解释为某混合的或相同的或对立的成分重复的产物，联想意义的概念是在探索意义的特殊内部结构以及深层联系和关系模式过程中形成的。这种结构模式是人通过言语和思维建立起来的，成为人的认知组织（когнитивная организация）的基础，并通过词的联想联系分析加以揭示。

2）参数方法（параметрический подход）。该方法关注的是词义对操语言者而言并不是独块"石块"，而是可分解为一系列的构素，以对其表现程度进行量化分析。具体说，该方法又可有3种不同的视角：一是将义素（семантические доля）分析方法与所谓的"个体设计者理论"（теория личностных конструкторов）结合起来，用心理语义学方法来研究意识和个性，以揭示个体意识中意义的不同存在形式，如形象、象征、交际行

---

① 扎列夫斯卡娅在《心理语言学导论》一书中数十次用到"财富"一词。在她看来，语言、语义、知识、语言意识、心智语汇、观念等都是人的或个体的财富。由此可见，凡属于个体的心理或精神的东西，在她看来都是个体的财富。

动（коммуникативные действия）、仪式行动（ритуальные действия）等①；二是使参数方法现实化，以通过操语言者对词义的刻度化来研究词义的心理结构；三是在认知心理学和认知语义学框架内对词义的特征、属性、参数等进行区分。

3) 特征方法（признаковый подход）。该方法并不是语义学研究中的成素分析（компонентный анализ），而是研究个体是如何来使用词义的，即通过某一组特征来对词的客体、行动、性质等作出描写。

4) 原型方法（прототипный подход）。该方法以认知语义学的范畴化理论为依托，以特征组合和特征表义的典型性概念为基础，对词义的原型范畴作出解释。

5) 情景方法（ситуационный подход）。这是当代学界对词义作出阐释最为重要的方法之一。它表明，对语言使用者而言，词义是通过其更为宽泛的单位——命题（пропозиция）、框架（фрейм）、图式（схема）、场景（сцена）、脚本（сценарий）、事件（событие）、心智模型（ментальная модель）等来现实化的。也就是说，词义并非单独的，而是在一定联系中发挥其功用（功能化）的。(Залевская 1999: 105–117)

如上不难发现，扎列夫斯卡娅对词义的理解和解释是认知心理语言学视角的。她特别关注作为个体财富的词义研究，并将其置入认知语义学、认知心理学、语用学等多维视角进行审视，彰显出该学派特有的方法论，因为相对而言，包括小列昂季耶夫、齐姆尼亚娅等在内的莫斯科心理语言学派主要成员对词义的研究并没有涉及如此多的视角。

2.1.4 关于"心智语汇"的思想

扎列夫斯卡娅及其特维尔心理语言学派对心智语汇的研究，首先是建立在对词义的全面审视和重新思考基础上的。扎列夫斯卡娅认为，当代学界对词义研究已经由原子态（атомарность）经过分子态（молекулярность）而进入共相态（всеобщность），即由传统的单个词的逻辑语

---

① 特维尔心理语言学派的理论学说，沿用了莫斯科心理语言学派言语活动论中"言语行动"的表述。这表明，其理论学说一方面与言语活动论之间有着内在的联系，另一方面也与言语行为理论有密切的关联性，因为俄罗斯著名学者阿鲁玖诺娃（Н.Д.Арутюнова）就曾提出"言语行动"思想，即用心智行为（ментальные акты）模式来分析人的言语活动。（Арутюнова 1994: 3）也就是说，从心理语言学视角来审视心智语汇，所涉及的并非交际行为本身，而是心智场（ментальное поле）所体现的言语活动与现实生活之间的认知行为。

义，经过语言知识和百科知识等复杂的相互作用的认定，进入把词义看作是个性所体验的个体世界图景（индивидуальная картина мира）的手段的阶段。因此，对词义的研究不仅应该关注意义的运作过程和内部结构组织，还要与单个的词和语汇结合起来，与语汇在人的语言/言语机制中和认识体系中的地位结合起来，予以综合考察。(Залевская 1999: 133-134))

　　基于上述认识，扎列夫斯卡娅着重对心智语汇的特点进行了分析。她认为，心智语汇是人的言语组织中的词汇成素，因此同样具有言语组织的各种特性；心智语汇不能解释为语言信息的被动储存器，而是一个对言语经验进行加工和整理，与该过程的产品不断发生相互作用的自组织的动态功能系统。由此她得出这样的结论：既然人的言语组织是一个心理生理现象，对言语经验加工和整理的结果都会储存在人的记忆里，并被用作言语思维活动，那么对语汇的研究就应该是跨学科的和跨语言的，这是因为：没有类型学视角对不同语料的对比分析，就不可能区分语汇组织中普遍的和民族个体的成分。(Залевская 1999: 153-154) 在她看来，人的信息基体（информационная база）即记忆（память）的形成，即掌握前辈经验的作为某社会共体（социум）成员的个体形成，这些都是通过词来实现的，因此，可以将语汇解释为"抵达"信息基体的工具。而作为这一工具的语汇，就不可能不反映出人的有关周围世界以及人对世界各种规律性和联系性进行认识的知识系统。由于这种"抵达"要靠词来实现，因此，能够成为语汇单位组织基础的还有纯语言参数（чисто языковые параметры）。(Залевская 1999: 157) 据此，扎列夫斯卡娅提出，对心智语汇的研究可采用以下3种方法：(1) 对外语词和母语词自由复现（свободное воспроизведение）的实验材料进行多维分析，以揭示复现时词的配置原理及其错误偷换（подмена）和添写（приписка）的成因；(2) 对单语和多语进行一系列自由联想（свободная ассоциация）和定向联想（направленная ассоциация）实验；(3) 对联想准则进行跨语言对比（межъязыковое сопоставление）。(Залевская 1999: 158) 扎列夫斯卡娅对词所作的直接复现和自由复现的实验表明，受试者在对词的证同的各个层级上都存有差异，这就使其得出这样的假设：在词的表层单位之间的联系（不考虑其深层意义）有可能现实化的情形下，语汇具有多层级构造（многоуровневое строение）；而对外语词自由复现的实验还表明，在其语汇表层还存在着两种亚层级（подъярус）——词的书写形式亚层级（подъярус графических форм слова）和词的语音形式亚层级

（подъярус звуковых форм слова）。此外，她还发现词在记忆中的搜索参数具有多级性（множественность），按照不同特征集成的语汇单位具有有序性（упорядоченность）。(Залевская 1999：158–159)

依据以上分析，扎列夫斯卡娅把个体的心智语汇看作是言语思维活动和交际的能动主体财富（достояние активного субъекта），并把语汇研究与心理语言学中的词义理论结合起来，从个体知识的特点及其形成机理出发来探讨人的言语机制的功能特点，提出了个体心智语汇核（ядро ментального лексикона）这一重要概念。

所谓"心智语汇核"，是指联想语汇实验中最具联系功能的词汇，它们对区分语汇组织中的普遍性和民族性成分具有决定性的作用。对此，扎列夫斯卡娅在联想实验材料分析中采取以下步骤对词的普遍系统意义（общесистемное значение）和作为特殊构成物（специфическое образование）的词义的心理结构进行区分：（1）首先对词进行证同。研究表明，人在此情形下会以一定的方式展示（首先给其自己展示）其所理解的正是该词；（2）由于人总是试图用另外的词来传递所理解的事物，因此，这种对被证同词（слово-идентификатор）的重新表述，可以解释为"显性表征性回答"，以表示其关注的词义重点和保障理解的方式；（3）随着所对比语言范围的扩大，就不难得出这样的结论：确实存在着某些能证实理解事实的普遍战略和方式，既可以通过相似词（симиляры）或相背词（оппозиты）来确定，也可以将其置入超级纵坐标（суперордината）并将"想象中的形象"现实化来确定，还可以通过行动主体和客体来确定。(Залевская 1969：58–69)扎列夫斯卡娅所作的上述观察表明，作为支点的证同词在形成显性表征回答过程中起着语汇核的作用。而她对英语联想语汇（ассоциативный тезаурус）所作的实验也证明了这一点：在最先选定的75个英语词中，输入联系（входящие связи）不少于300个，这就为下一步区分心智语汇的"核中心"打下了基础。如，她将输入联系指标降至100个后发现，联想语汇中就包含有586个带有输入联系指标的词。如果考虑到联想网中只约60%的节点只有输入联系，那么就可以发现带有联系集（множество связей）联想网的中心部分。(Залевская 1999：169–170)

那么，词作为语汇单位到底有哪些功能机制呢？这是扎列夫斯卡娅探索心智语汇特点无法回避的现实问题。对此，她从派生词、多义词、新词语、成语的识别特点4个方面进行了系统思考和论证，并得出结论认为：词在人的语汇中的功能机制，是在知觉、认知和情感评价经验的加工产品的相互作用下，由不同层级认知的多段式过程（многоступенчатые процессы）来完成的。因此，世界形象的获得，需要采用不同的策略和支撑成分，并在内外各种因素的作用下依靠对语言知识和百科知识的范畴化来实现。除此之外，为保证心智语汇运作程序的可信度，还应该采用多种实验手段对词汇单位的功能机制特点予以验证（Залевская 1999：199-200）

需要补充指出的是，关于心智语汇核问题，特维尔心理语言学派中的佐洛托娃有专门研究。1989年，她顺利通过副博士论文答辩，题目为《操英语者语汇核的特点：以英语联想语汇为例》（«Специфика ядра лексикона носителя английского языка：на материале ассоциативного тезауруса английского языка»）。该论文为扎列夫斯卡娅系统审视英语联想语汇的特点提供了范例。2003年，她又发表《论心智语汇核》（«Ядро ментального лексикона»）一文，对心智语汇有关的理论问题进行了深入阐述。她在文中指出，人的语汇问题研究与当代心理语言学、认知学（когнитология）和其他人文科学的发展紧密关联。从事人脑中词汇问题研究的学者所聚焦的，是关于作为心智语汇单位的词义或语义在言语思维活动中的功能，是心智语汇的组织机制和如何抵达心智语汇单位等一系列问题。（Золотова 2003：35）对此，她秉承其导师扎列夫斯卡娅的思想，认为可采用隐喻的方法来解决上述问题。她提出，随着计算机技术的迅速发展，尽管计算机隐喻（компьютерная метафора）有取代大脑隐喻（мозговая метафора）的趋势，但这两种隐喻都是从人工智能模式化（моделирование искусственного интеллекта）视角来审视语汇问题的。而计算机隐喻对心智语汇模式（модель ментального лексикона）的研究是建立在作为人工智能构素的模数（модуль）概念基础之上的，这就远离了心理学实际：语汇研究就脱离了操语汇者（носитель лексикона）——被置入社会和交际语境中的人。因此，用计算机隐喻作为形成"活人语汇"的认识是有局限性的。（Золотова 2003：35-36）在她看来，扎列夫斯卡娅提出的"词可以作为抵达人的统一信息基体的工具"的思想，可以有效解决心智语汇组织的功能表义问题，而对操不同语言者和不同文化携带者的联想实验材料进行对比分析，对确定心智语汇核单位的功能作用至关重要。心智语汇核单位起着证同词（идентификаторы）的作用，它可以作为内部指称（внутренняя референция）和激活指向理解过程的导出知识（выводное знание）的起点。证同词可以言语化，以提示理解事实的确认以及语汇核单位的元认知功能（метакогнитивная функция）和元语言功能（метаязыковая функция）；作为自我校正（самокоррекция）基础的证同词的现实化或言语化，还可以在理解产生困难以及所期待的与所体现的不相吻合的情形下进行观察。（Золотова 2003：37–38）以上关于心智语汇核的思想，与其说是佐洛托娃本人的，不如说是整个特维尔学派的，或者说是该学派的奠基人扎列夫斯卡娅的。应该说，这一思想与俄罗斯心理语言学传统相一致，也吸收了国外的相关研究成果。

以上不难看出，对个体心智语汇的研究是扎列夫斯卡娅及其弟子关注的核心内容之一。当然，由于该问题在当代心理语言学研究中最为迫切和最具争议，因此，其学术价值也显得更高。扎列夫斯卡娅所提出的研究方法和路径也仅仅是一种假设，其最大特点是将语汇作为"个体财富"和"自组织系统"来看待，立论理据是心理语言学中的词义理论——既考虑到言语机制的功能化特点，同时也兼顾个体知识及其形成和使用机制的些许特点。在她看来，在个体心智语汇中，起决定性作用的是其"内核"，而对"心智语汇核"进行跨语言的多维对比研究，可以揭示出其现实化的普遍性趋向和民族个体的特点。（Залевская 1999：171）

在我们看来，扎列夫斯卡娅及其弟子关于心智语汇的学说，实际上是对语言与思维或意识关系的认知心理研究。扎列夫斯卡娅认为对词进行识别的"动态过程"，是依据心智语汇来运作的，也就是说，从心理学角度来研究词的识别过程和检索词的意义，在一定程度上要靠研究心智对语言学单位的表征这个中介来实现。这应该说是一种全新的心理语言学研究视角。因为该领域此前的研究通常只涉及阅读有声言语的基本单位，依据的主要是有关知觉过程和单位的属性资料，即从感知心理学的立场来研究词的识别和意义问题，这使该项研究缺乏一定的理据性。而把心智语汇当作词具有"自组织系统"的特殊储存器来研究，无疑为词的识别提供了认知理据。当代认知语言学的研究也表明，语言与思维的关系问题研究，需要建立一套完整的感知理论体系来系统解释人的言语活动过程中的概念和知觉机制问题。

2.1.5 关于"言语生产模式"的思想

扎列夫斯卡娅对言语生成的研究与其他的俄罗斯学者有所不同。她不太赞成使用美国学者乔姆斯基提出的"言语生成"的术语，认为该术语侧重言语的发展即转换生成，是一种人工过程（искусственный процесс），从而忽视了言语思维过程的启动时刻（пусковой момент）。因此，她提倡用言语生产（производство речи/продуцирование речи）的术语来强调言语思维是隐秘的自然过程（естественный процесс），理由是：从认知科学看，言语活动是一种言语思维活动，其过程是无法直接观察的，只有通过思维活动的中间产品或最终产品作出判断。该最终产品可以是语篇、语句或单个的词，它们在一定程度上依照不同的参数可能与普通语言的（系统的、规范的、惯用法的）和语用的要求不相符，即包含着一些错误，而对这些错误的分析可能会构建出说话人言语思维做工中发生间断（сбой）的假设。此外，扎列夫斯卡娅还对怎样研究"言语生产过程"有自己的见解。她认为，对言语生产过程的研究首先要提出该过程的理论假设，其次要根据实验所获得的信息将该过程模式化。具体步骤可以是：要设计出针对不同假设的相应图式，然后使用机器将智力过程模式化，以此来检测各种假设，并制定出仿拟自然流程条件下"生产言语"的操作程序。（Залевская 1999: 204–206）

早在1977年，扎列夫斯卡娅就在《人的内部语汇组织问题》一书中，根据人的心智语汇特点提出了言语生产过程的结构模式，并在1999年出版的《心理语言学导论》中对该模式进行了重新审视。她首先对学界已有的言语生产模式进行了对比，其中包括本国的著名学者维果茨基、卢利亚、阿胡金娜、小列昂季耶夫、齐姆尼亚娅等。她指出，20世纪60—70年代人们受到计算机技术的制约，因此，那个时代出笼的言语生产模式大多含有以下要素或步骤：(1) 动机（形成思想）；(2) 思想（在内部词语中间接表达思维）；(3) 内部言语（外部词语中的间接表达）；(4) 语义层面（含义结构在词呈现中的变体，由意义句法过渡到词的句法系统）。（Залевская 1999: 214）上述模式可以用下列图式进行比照（Залевская 1999: 210）：

	维果茨基（1982）	小列昂季耶夫、梁博娃（1970）	阿胡金娜（1975）	卢利亚（1975）
1	动机	动机	动机	动机
2	思想	思想	思想（言语意向）	语句基本思想
3	内部词语（含义）	内部编程	内部语法编程	语义记录
4	外部词语意义	词汇展开，语法结构化	含义语法结构	从深层句法结构到表层句法结构
5	词语	外部言语	外部言语	形态扩展

在上述基础上，扎列夫斯卡娅还从言语组织及言语思维活动的

特性出发，对言语生产结构模式进行了重新建构，并得出如下图式（Залевская 1977: 18, 1999: 216）：

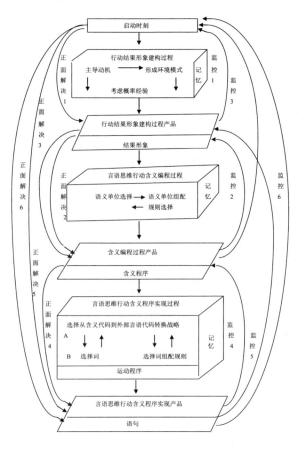

在扎列夫斯卡娅看来，上述言语生产结构模式有3大特点：（1）把"启动时刻"作为言语思维过程的起点（该时刻可以源自外部，也可以源自个体自身的内部），并由此启动建立动作结果的映像过程；此时，从主导动机角度看又同时开始形成内外环境的混成模式，依据概率实验采取相应的解决方案。该阶段的产品就是得出行动结果形象，相当于言语意向（речевая интенция）或总意图（общий замысел）；（2）图中标示的3个模块（блок）和平面（плоскость），分别代表言语思维过程的3个不同阶段，它们是具有统一信息基体（记忆）并彼此关联的层级，从中可以获得为实现相应程序所有必要的操作单位和战略；（3）由于活动产品要与产品需求进行校正，因此，言语思维过程中的每一个阶段都强调行动的发展，其结果既有肯定的，也有否定的。(Залевкская 1999: 215–216)

在此，扎列夫斯卡娅特别强调第二个特点的作用和意义，认为其中包含的原理至少在以下4个方面至关重要：(1) 将过程与过程的产品进行区分，强调在获得最终产品前还有一系列的中间产品；(2) 关注到不同层级语汇单位的功能机制；(3) 强调不同语汇单位的选择都生产于统一信息基体（记忆），这不仅说明各种知识具有不可分割性，还有约定性（условность），即在不同单位层级与该单位特点之间存在着基本的相互联系的条件下，把结构与过程发生相互作用的统一有机体（единый организм）切分为单独的构素；(4) 重视一个层级单位的组合规则与跨层级的过渡策略相结合，即先发展结果形象（образ результата），后实现含义编程（смысловое программирование）之任务。(Залевская 1999：215)

以上可以看出，扎列夫斯卡娅所谓的"言语生产模式"，实际上是一种言语思维过程模式。该模式主要是从心理学和认知科学的相关原理出发，并参照心理语言学、神经语言学的言语生产模式的相关学理，对心智语汇的生产过程提出了科学假设。从学理上看，该模式与莫斯科心理语言学派的"齐姆尼亚娅模式"和"阿胡金娜模式"有较大的区别：一是视角不同，扎列夫斯卡娅是认知学方向的，而齐姆尼亚娅和阿胡金娜则分别是心理学方向的和神经心理学方向的。二是主旨不同，前者主要指向人的语言能力的语义组织，具体说是言语的语义方面或语篇和词的意义方面，以对作为言语组织的心智语汇的生产过程作出合理解释，而后者则主要指向言语感知的概率组织（вероятностная организация），以解释内部言语（具体说为"语句"）的语法生成机制并解决失语症问题。三是起始点不同，前者是从言语思维的"启动时刻"开始的，而后者则分别从"动机"和"内部言语意向"开始。此外，扎列夫斯卡娅及其学派成员还就该模式作了大量心理学实验，从而为该模式的成功运作提供了必要的物质基础。

2.2 语篇理解研究

语篇心理语言学（психолингвистика текста）研究是俄罗斯心理语言学范式的特色之一，对于特维尔心理语言学派来说也不例外。但相对于莫斯科心理语言学派而言，该学派对语篇的研究主要体现在言语理解过程的功能机制层面。

2.2.1 关于词在语篇理解中的作用问题

词与语篇的关系问题是特维尔心理语言学派关注的核心内容之一，因此该学派中的多位学者都在该领域有相应的成果发表。

扎列夫斯卡娅本人就非常重视对词在语篇理解中的作用研究，对此，我们已经在上文中有所论述。她基本观点是：词不仅是心理语言学研究中的"基础概念"，也是构建人的语言能力模式的基础；词作为通向人的统一信息基体的手段，在语篇理解中起着决定性作用；词可以在特征、字母、音位、词素以及语义和句法等各个层级上进行分析，从而使揭示各层级心理加工过程的特点成为可能；词的概念是鲜活的，词不仅是人的财富和产品，同时也是知觉、认知和情感评价过程相互作用的发生器。(Залевская 1999：243；2005：471)对特维尔学派而言，词在心理语言学研究中的上述作用可以归结为一点，那就是"在对语篇的感知和理解的某些阶段上，都必须要对词进行辨析和识别，并在心智语汇中检索词的意义"。(Залевская 1999：244)不难看出，扎列夫斯卡娅对心智语汇的研究同样也是建立在对词或词汇的上述功能机制上的。正是依据词对语篇理解过程中所具有的识别、双重调节、综合、双重校正、预测等一系列功能，她才得出了个体语汇的些许特点。她认为，词在功能运作中的作用与审读全息图时的激光射线的作用一样，可以把连续的、多维的个体世界图景中的离散片断展示在人的面前。她的结论是：语篇的理解是一个复杂的和多阶段的过程，包括能动主体对所从事活动的知觉–认知–情感加工（перцептивно-когнитивно-аффективная переработка），也需要各种知识的相互作用，其中包括语言知识、百科知识以及语篇中所提供的知识等。(Залевская 1999：247，262)

此外，扎列夫斯卡娅还在相关著述中讨论过语篇研究的视角和投射等问题。她认为，语篇研究主要有下列视角：逻辑–语言学视角、系统–符号学视角、阐释学视角、认知学视角、心理语言学视角、心理诗学视角等，其中心理语言学把语篇理解视为投射（проекция）；语篇投射（проекция текста）是一种心智构成物（ментальное образование），是受体对语篇含义感知过程的产品，在一定程度上接近于语篇投射的作者版本；投射主要包括下列5个成素——作者、作者的语篇投射、语篇体（тело текста）、受试者（реципиент）、受试者的语篇投射（реципиентная проекция текста），其中只有"语篇体"是一个常量，而其他都是变量。(Залевская 1999：253–254)

除扎列夫斯卡娅本人外，特维尔心理语言学派的其他成员也对语篇的理解问题有较深入的研究。如，拉菲科娃在对散文语篇理解的"支撑成分"的实验性研究中取得新的进展。她给受试者提供单独的句子，要求他们依据自己的生活经验并针对句子中的词从每个句子中提取最大程度的信息量，以此来揭示关键词和所形成的含义动态系统，以及语篇含义的实现和转换途径等。她的研究表明，不同的含义动态系统都可以成为同一个词的心理学结构的基础；而动态含义系统作为理解的"支撑成分"，可以增加语篇理解的变量。(Рафикова 1997: 54–64)再如，卡明斯卡娅侧重对英文诗歌原作与3种俄译本进行实验对比分析。她把鉴定专家从上述4种语篇中选出的关键词提供给受试学生进行自由联想。结果表明，译者对原文语篇关键词的识别特点不仅会影响到译文的偏重程度，而且还会制约原文和译文的感知结果。(Каминская 1994: 151–159)

2.2.2 关于语篇理解中的"支撑"问题

扎列夫斯卡娅在1999年出版的《心理语言学导论》中对该问题进行了比较全面的阐释。她认为，在语篇识别和理解过程中，个体会使用各种支撑(опора)作为手段，如通过运用词与词之间的空格、标点符号、语句的重复成分、单个的词等作为支撑，来发掘语篇中的表义部分。其中，结构支撑(структурная опора)的作用最为重要，其功能意义是根据操语言者言语经验的加工程度而形成的。而言语经验加工的产品又与中学教育中所获得的元语言知识(метаязыковые знания)有关，因此能够熟练被使用。其功能机制的某些特点只有经过一系列的实验结果才能够观察得到。结构支撑既属于表层支撑，又属于深层支撑，它们会发生相互作用，如作为表层的信号(词形)加工就会立刻联通作为深层的含义加工。她还指出，语篇中不同的长度单位(从音位到成语组合)的识别以及语篇投射的建构，都是理解机制系统(如识别机制、概率预测机制、联想机制、深层述谓机制、语言知识和百科知识的双重范畴化机制、输出知识的获得机制、隐喻化机制、含义替代机制等)相互作用的结果。此时，扮演支撑成分角色的不仅有进入情景或词的内部形式的结构支撑，还有被识别的特征及其组合，以及不同层级和不同属性的特征，如知觉特征、认知特征、情感特征以及言语化的和未被言语化的特征、意识到的和未意识到的特征等。特别重要的是，每一个支撑并不是自身在语篇投射的建构过程中发挥作用的，而只是作为拧开"螺旋体"的脉冲[①]，作为扩大或深化该螺旋体

---

① "螺旋体"模式是扎列夫斯卡娅在1998年提出的关于语篇理解的一种假设。该模式把识别的词置入知觉、认知、情感等多维内部语境中加以考察，并将其与词、情景等外部语境相互作用，从而形成语篇的投射过程。

上升和加强支撑"纵向"与"横向"之间联系的手段。(Залевская 1999：255–256)

作为特维尔心理语言学派成员的米哈依洛娃通过省略语句结构的实验论证了情景（ситуация）作为支撑在语篇理解中的作用。她把从当代法国剧本中摘录出来的带有省略语句的不同对话提供给3组受试者，主要内容是问候、寒暄、结束交谈，即典型的两人（一男一女）见面时的"三段式"言语情景。结果是：第1组没有得到关于两人关系的任何信息；第2组认为两人相互仇视；而第3组则看出两人相互喜欢。由此，米哈依洛娃得出以下结论：(1)如果在一定情景中使用的省略结构（эллиптическая конструкция）失去情景，就会丧失含义，因此不再具有交际功能，原因是用非言语手段表示的省略结构成分之间的语法联系只有在情景成分（элементы ситуации）中才得以体现。[①] (2)储存在个体记忆中的情景形象（框架）是恢复这种省略结构过程的支撑成分。(3)对知识的认知控制及分析水平的高低取决于情景的典型化程度。(4)在不提供情景条件的情况下，人们对语篇加工要经历3个阶段——对整个语篇言语成分的最初感知阶段→在语篇信息与个体的认识相对接并升华为个体经验里具有的具体情景形象的基础上，形成语篇含义的个人假设→填补省略结构（把对情景的个人认识言语化）。(5)外部提供的情景信息，只有在接受者（受体）根据自己的知识类型对其进行创造性加工后，才会影响到对语句的理解。此时，外部情景条件的设定可以大大简化个体对省略结构的填补过程，但如果外部提供的某些情景形象与个体对类似情景的认识不相吻合，也会使这种填补过程变得复杂化。(6)被列入典型化情景省略结构的填补过程，很少能被意识到，受认知控制的程度也较低，由此可能会引起典型化情景与个人认识情景对接上的冲突，结果通常会有利于典型化情景。(Михайлова 1997：1–18；Залевская 1999：257–258)

以上可见，对语篇理解中的支撑问题，扎列夫斯卡娅注重的是结构支撑，而米哈依洛娃强调的是情景支撑。她们之间之所以会有如此大的不同，是因为前者基于的是语篇识别和理解过程，后者则立足于言语交际即语篇的交际功能。

[①] 在米哈依洛娃看来，此处的"情景成分"是指把语言与非语言手段所表征的信息组合为统一含义综合体的"实现器"（актуализаторы）。

2.2.3 关于语篇理解的实验问题

实验分析作为心理语言学的主要方法之一，它被广泛运用于对词、语句和语篇的生成和理解过程验证之中。在语篇理解实验方面，作为特维尔心理语言学派成员的勃列夫多曾作过有益尝试，并取得一定成效。她从知识结构类型视角对笑话脚本（сценарий шутки）即笑话语篇的非单义性（неоднозначность）问题进行了实验分析。她提出，笑话脚本的理解与带有偏见（предубеждения）和成见（предрассудки）成素的社会定型（социальный стереотип）和民族定型（национальный стереотип）有关。对此，方法之一是用框架来展示该脚本的定型情景（стереотипная ситуация）：每一个框架都有链接其他框架的终端集（множество терминалов）；各种笑话脚本的框架都会发生"突转"，即由一个框架转换到另一个框架，这是理解幽默笑话脚本的基础。勃列夫多强调指出，非单义性是任何一个幽默笑话脚本不可分割的成素，因此，可将该脚本分为情景幽默（ситуационный юмор）和语言幽默（языковой юмор）两类。通常情形是：多数笑话的建构在开始时会营造出一种"紧张状态"，然后是该状态的"解扣"。这种解扣在非单义性成为笑话基础的情形下是十分明显的。重要的是，这种非单义性直到某一时刻前是不显现的或是被曲解的，也只有在该条件下，使用一个非寻常词或一个非寻常情景才能达成理想的效果——引发听者笑。因此，为了营造理想的紧张状态，笑话脚本一开始就要在情景上做文章，以迷惑听者，使其产生情节发展的错觉（ложные антиципации），即将听者推向说笑话者所希冀的方向；而紧张状态的解扣则包含着解扣所营造的非单义性成素，以迫使听者重新审视情景，重新思考脚本的新信息。（Бревдо 1999：5–6，Залевская 1999：259–260）上述论述是勃列夫多对笑话脚本理解所作的假设，对此，她用心理实验验证了笑话中由一个情景脚本转换为另一个情景脚本的发展过程。实验结果表明，笑话的感知和理解受到3种因素驱动：（1）作为言语产品的语篇结构和语义的驱动；（2）感知语篇的个体言语思维过程的驱动；（3）个体所具有的知识结构的驱动。据此，她提出解扣笑话非单义性过程的心理语言学模式。该模式显示：（1）随着笑话情节的展开，笑话脚本会对听者的意识产生会影响，即用营造出的笑话发展的真实情景引导听者作出错误预判；（2）听者在遇到笑话的非单义性成素时，为了理解该成素，就会激活意识里的某一脚本，并依据该脚本对非单义性成素的相应意义作出选择；（3）意义选择受到先前语境（предшествующий контекст）或先前效应（эффект предшествования）的制约，但这也可能是非单义词使用频率最高的意义；（4）笑话理解过程的第一个阶段与转换为另一个脚本的阶段不同，即寻找非单义性成素的初始意义并不排除在笑话进一步感知过程中继续搜索其他意义的概率；（5）在任何情形下，要解扣笑话的紧张状态，听者都需要重新解释其所选择的笑话，因为解扣本身就包含着"笑话含义的变革成分"（реформатор смысла шутки），该成分会从根本上改变笑话脚本的语境，并迫使听者重新思考非单义性意义；（6）语境的改变会引导听者转向全新的语境；（7）听者会以新的语境为支撑走向其所需要的非单义性成素意义。（Бревдо 1999：10–18，Залевская 1999：260–261）扎列夫斯卡娅在评析勃列夫多提出的解扣笑话非单义性过程模式时得出结论认为，语篇理解既要受到必要情景支撑的制约，同时也要受到周围世界的知识结构的制约，因此，有必要更加详细地探讨获取和利用作为特殊支撑的"导出知识"问题，否则就根本谈不上语篇理解。（Залевская 1999：262）

除上述勃列夫多所作的笑话脚本实验外，特维尔心理语言学派中还有多位学者作过类似的实验分析。如，格沃兹杰娃（О.Л.Гвоздева）就曾对非标准诗歌语篇（нестандартный поэтический текст）的理解问题进行过专门实验分析，并得出如下结论：（1）在诗歌语篇"朴素读者"的意识中，存在着某些对文学语篇及其体裁的认识，是否对应于这些认识决定着读者对所接受语篇的态度和理解；（2）履行读者相应知识领域现实化基本功能的"钥匙"会作为支撑成分进入非标准语篇的理解之中，该钥匙还有其他补充功能，如阻截读者的注意力、促进对隐性含义的搜索等；（3）非标准语篇的理解与"表述不清楚的算题"的解题过程有许多共同之处。对实验中所研究的过程进行部分监控，可以使非标准语篇成为揭示不理解成因以及克服障碍的有效手段；（4）障碍可以体现在语篇理解过程的不同阶段。在克服障碍过程中，受试者会利用各种知识类型。这就使得可将障碍分为两类——程序性障碍（затруднения процедурного характера）和宣告性障碍（затруднения декларативного характера）；（5）克服上述两种障碍是在情景选择阶段实现的，原因是在读者意识中语篇与作为语篇存在条件的某情景相关联；（6）受试者活动的积极性或消极性个体能力，进入影响非标准语篇选择战略的溢价因素（лажные факторы）之中。（Гвоздева 2000：1–18）可以看出，该项试验的新颖之处就在于它区分了不同的"支撑成分"，这些成分在非标准语篇的理解以及隐性信息的揭示中起着关键作用。在此基础上，格沃兹杰娃又审视了克服障碍的些许战略问题，并研制出相应的语篇理解模式，其理论意义则体现为将语境视为一种特定的心智现象（ментальное явление），这也是特维尔心理语言学派所秉持的基本方法论之一。

总之，在扎列夫斯卡娅及其学派其他成员看来，语篇理解是一个复杂和多阶段的过程，它包括能动和执着主体对感知语篇所作的知觉–认知–情感加工，也要求有各方面知识（语言知识和百科知识等）的相互协同，而语篇理解过程的模式化也会因不同的目的和不同的理论视点而不尽相同。（Залевская 1999：262）当然，在我们看来，特维尔心理语言学派对语篇理解的研究，其最有价值的学术思想或观点主要有3点：（1）关于个体知识及其特点的思想；（2）关于语篇理解中主导作用的思想；（3）关于体现在"螺旋体式语篇理解模式"中的动态层级表征的思想。

2.3 掌握语言研究

扎列夫斯卡娅对掌握语言（овладение языком）的研究是建立在双语能力理论（теория двуязычия）基础上的，因此，这里所说的"语言"主要指第二语言（второй язык）或外语。此外，她认为，一方面应该从新的视角来重新审视传统的双语能力理论，比如认知视角、活动视角等；另一方面还要重新审视相关学科的一些概念，比如有关语境、翻译、语言相对性（лингвистическая относительность）的概念等，以为跨文化交际的系统研究构建起新的概念组织。（Залевская 1999：290–291）这表明，扎列夫斯卡娅对掌握语言的研究，与传统的双语能力理论已经有本质的不同，她所关注的主要是社会相互作用语境下言语主体的语言功能化机制问题，即词语视角的人的语言能力的形成机制研究，这与莫斯科心理语言学派所进行的语言能力研究有不同之处。

扎列夫斯卡娅对掌握语言的研究，集中反映在其出版的《心理语言学视角的掌握第二语言的几个理论问题》《心理语言学导论》以及《教学双语能力理论导论：硕士生教材》等若干著作中。下面，让我们对扎列夫斯卡娅本人及该领域中相关学者的学术思想作简要评述。

2.3.1 掌握语言是一个心理过程

上文中已经讲到，扎列夫斯卡娅将词义看作是"个体财富"。不仅如此，在她看来，语言也同样是个体财富。那么，究竟哪些心理活动的特点决定着作为"人的财富"的语言形成及功能化呢？她认为以下几个论点对正确解答上述问题至关重要：（1）人的心理反应从来都不是消极的、机械的和镜像式的，而是在能动主体（активный субъект）的活动过程中形成的，即通过人与周围世界之间不间断协同，通过内部与外部、主观与客观、个体与社会之间的常态化联系而获得的。(2) 心理物 (психическое) 极具程序性 (процессуальность)、动态性 (динамичность)、不间断性 (непрерывность)、过程及其产品的协同性 (взаимодействие процессов и их продуктов) 等基本特征。(3) 各种心理活动只有相互间配合方可功能化，如思维、言语、记忆、感知等心理过程都不可能以孤立行为而单独存在。(4) 在多维和多层级的心理反应过程中，不同形式和层级会相互协同 (如转换、分化、一体化等)，包括感觉-知觉过程层级 (уровень сенсорно-перцептивных процессов)、表象层级 (уровень представлений)、言语思维过程层级 (уровень речемыслительных процессов)、概念思维层级 (уровень понятийного мышления)、智力层级 (уровень интеллекта) 等。(5) 任何心理过程总是在不同的所意识层级 (уровни осознаваемости) 上同时形成的，任何所意识内容 (осознанное содержание) 通常不完全包括所意识的从属关系和相互关系，所意识物 (осознанное) 和非所意识物 (неосознанное) 具有不间断性，这是作为过程的心理物的基本特征之一。(6) 在所意识物与被言语化物 (вербализованное) 之间，就如在非所意识物与非被言语化物 (невербализованное) 之间一样，不存在单义的对应性：所意识物可以超出被言语化物的范围，否则，就会如同所知物 (знаемое) 和所明了物 (понятное) 那样不总是需要作出解释和言语描写。(7) 在知觉、认知和情感评价过程及其产品的相互协同下，在现实表义和潜在表义的动态作用下，个体所体验到的知识内容的直接现实 (непосредственная данность) 具有原始的事物性和偏向性 (пристрастность) 特征。(8) 作为个体财富的语言，有别于语言的描写模式，即与作为语言学家元语言活动 (метаязыковая деятельность) 产物的语言不同。(Залевская 2016：17-19) 由以上不难看出，由于作为个体财富的语言是心理活动的产物，因此，掌握语言就成为一个心理过程，而对该心理过程进行研究，正是当代心理语言学的重要内容之一。

那么，究竟何为"掌握语言"呢？在扎列夫斯卡娅看来，掌握语言的概念不等同于学会语言 (владение языком) 和语言能力，也不等同于使用语言 (пользование языком)。她提出，首先，掌握语言的概念内涵应该包括学习语言 (изучение языка) 的概念；其次，应该将掌握语言归入学会语言的范畴，因为后者本身就包含着语言能力和使用语言；再次，上述概念之间的联系具有双向性：它们都是通过相互作用而功能化的：语言能力一方面制约着使用语言，另一方面又成形于使用语言；学会语言同样也通过拥有语言能力和使用语言而促进着掌握语言。(Залевская 2016：20–21)

应该说，扎列夫斯卡娅对掌握语言的研究正是建立在以上认识之上的：她既将语言视为个体财富的心理过程，又将语言能力看作是一个动态过程。

2.3.2 知识的类型及形成机制

美国语言学家乔姆斯基及其追随者提出的有关天赋知识（врождённое знание）的论断，迫使扎列夫斯卡娅对掌握语言过程中知识类型及其形成机制问题作出新的审视。她首先将掌握语言和使用语言中的知识分为宣告性知识（декларативное знание）和程序性知识（процедурное знание）两类：前者是有关事实和事物的知识，属长期记忆中的宣告性记忆（декларативная память）部分，包括语义知识、不久前联成混合语义网（смешанная семантическая сеть）的被编码的事件等。该类型知识可通过该网被普遍激活而提取出信息。尽管事实可以纯目视的形式得以表征，但对宣告性记忆而言最为典型的是可用言语说明的命题。记忆事实的过程本身是有意识的自省所无法企及的，这一过程的产品展现给人的是某种事实；后者是执行各种认知行为（когнитивное поведение）的知识，即长期记忆中的程序性记忆（процедурная память）部分，包括实施行为的条件，并为我们所施行的所有行为负责：如果与我们经验中和现有情景中的条件都吻合，那么就可以从记忆中提取出有关行为。在此情形下，行为就会被组织为以达成某目的的和有条理的连续性。上述产品的特点是：它们在遇到有关条件时会自动被提取出来。(Залевская 2016：30–31)在扎列夫斯卡娅看来，宣告性知识与程序性知识之间有很大的差异：前者展现为命题网（пропозициональная сеть），即长时记忆中的观念被表征为由联想关系连接起来的网络枢纽，从宣告性记忆中提取知识是通过对各个观念的激活实现的；而后者的表征和激活则完全不同。程序性知识的产品并非联合为联想联系网枢纽，而多半为由条件和行为构成的"组对"：当一些行为的条件与外部环境和内部环境（做工记忆）相融时，它们就会被选择和唤醒。此外，宣告性记忆及其信息加工方式的优势是作为程序性记忆及其信息加工方式的不足而显现出来的。如，宣告性编码的信息较之程序性知识更容易掌握，它更容易提取出来，也可以被灵活地运用于任何语境。然而，宣告性知识也有缺陷：它与行为以及对行为的控制之间没有直接联系，因此，对该知识的加工相对较慢，也相对费力。程序性知识的特点则在于：不仅掌握（学会）难度更大，还由于它与一定的语境有关，因此较之宣告性知识而言，其使用的灵活性较低。但它可以被自动提取出来，可以被更有效地使用。（Залевская 2016：32）在以上认识的基础上，扎列夫斯卡娅参照国外相关研究成果，用下列图式对程序性知识和宣告性知识进行了区分（Залевская 2016：33）：

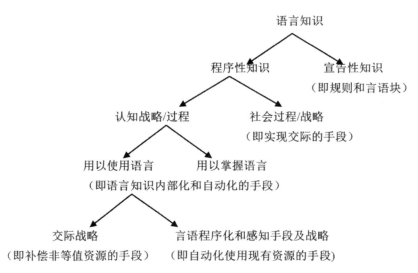

除上之外，扎列夫斯卡娅还对知识的内化和外化过程和形式问题进行了审视。她依据维果茨基等学者提出的相关思想，将知识的内化区分为3种不同的界面（грань）：第一种为个体化界面（грань индивидуализации），即从儿童跨心理的、社会的、群体的活动转化为儿童活动个体的、内省的形式；第二种为隐秘化界面（грань интимизации），即由"我们"转化为"我"；第三种为意识内层生成界面（грань производства внутреннего плана сознания），它将内化的概念视为一种社会化机制（механизм социализации），将物质转换为理念，将外在转化为内在。（Залевская 2016：43）在她看来，对掌握语言而言，可以对知识内化过程和形式得出以下几点结论：（1）最重要的是第三种界面，即意识内层的生成问题；（2）不能忽视第一种界面，即由跨心理向心理内的转化；（3）第一种界面的转化不可能是简单的移位（перемещение）；（4）知识内化时会发生不同行为成素的缩减、改变和溢出等。（Залевская 2016：44）以上不难看出，扎列夫斯卡娅对知识类型的区分及其形成机制的分析，是建立在下列设想或推测基础上的：元语言知识为掌握第二语言或外语过程中提供着功能支撑，即按照信息同化原则将作为宣告性知识的某些言语单位与主观代码单位的某一运作程序连接起来，从而转化为程序性知识。也就是说，信息同化并非建立在外在知识与作为内在知识的程序之间的，而是建立在知识认同产品与可调节的程序性活动产品之间的。显然，在这一复杂的心理转化过程中，元语言知识起到了不可替代的支撑作用。

2.3.3 掌握语言的主要研究方法

关于掌握语言的研究方法，扎列夫斯卡娅在多部著作中都有涉及。她主要是从教育学视角来审视该研究方法的，旨在探索提升第二语言教学或外语教学的有效性，更好地明了掌握第二语言或外语过程的些许特殊性，并对第一语言与第二语言之间的相互作用特点作出揭示和解释。在她看来，心理语言学界比较认同的有关掌握语言（尤其是第二语言或外语）的研究方法主要有以下几种：对比分析方法（контрастивный анализ）。这是心理语言学界最早运用的方法之一。她认为，选择对比分析方法，最初是受制于行为主义心理学理论对掌握语言（包括第一语言和第二语言）的有关认识。行为主义认为，掌握语言就在于通过实践和强化来养成"习惯性反应"（навыки），即在刺激与反应之间建立起某种机械的（通过重复）和固定的联系。由于在学会第二语言之前就已经稳固地建立起了使用第一语言的习惯性反应，它们会对形成新的第二语言的习惯性反应产生决定性影响：已有的习惯性反应会发生迁移（перенос）[①]，包括语言现象相似情形下的正迁移（положительный перенос）以及第一语言和第二语言系统之间不相吻合情形下的负迁移（отрицательный перенос），后者亦被称作"习惯性反应干扰"（интерференция навыков）。由此便可得出下列结论：（1）语言之间的不相吻合是导致掌握第一语言与第二语言重大差异的原因所在；（2）在掌握第二语言之前，必须要对第一语言和第二语言系统进行比较分析，以揭示相似与不相吻合的有关事实，发现教学中必须重视的那些"危机方面"，以预防干扰的出现。（Залевская 1999：293–294）以上表明，运用对比分析法的目的，最初主要是通过两种语言（第一和第

---

① 在西方学界，迁移（包括语言迁移和文化迁移等）大多用 transfer（трансформация）一词，而扎列夫斯卡娅在这里却用地道的俄语词汇 перенос 来表示，说明她并不太喜欢使用流行的术语，犹如她习惯用 производство речи（言语生产）来替代学界更广泛使用的术语 порождение речи（言语生成）一样。

二语言)系统的对比来获得语言现象之间不相吻合的清单,从而为预测第二语言教学的困难以及确定学习者可能出现的错误等提供理据。后来,随着上述对比分析方法在各国学界的广泛使用,包括乔姆斯基在内的很多学者用积累的大量理据开始对上述行为主义的对比分析方法展开了批评,从而推动该方法由机械论(механизм)转向心智论(ментализм),即从通过重复和强化来形成习惯性反应,转向考虑到学习者的思维潜能方面。对此,扎列夫斯卡娅认为,对某些语法结构进行对比分析,其最大的问题就在于预测与结果之间不相对应。预测也并非总是正确无误,甚至存在错误;干扰更经常地发生在第一语言与第二语言相似的情形下,而不是两种语言完全不同的情形下。此外,并非所有的错误都可以用"习惯性反应干扰"来作出解释,因为第一语言对掌握第二语言的干扰有多种成因,其中就包括:(1)学习者会使用第二语言的规则来替代习惯性反应干扰,而这些规则在第一语言中并不存在;(2)所对比语言中区分出的对语言现象使用的一些限制,仅仅体现在某些条件或情景中;(3)当学习者由于第二语言资源储备不足而发生交际受阻时,他们可以求助于第一语言的相关资源而有意识地加以借入。(Залевская 1999: 294–295)上述对比分析方法研究视阈的转向,凸显出掌握语言研究由最初的机械论转向具有认知科学性质的心智论:它从承认学习者的能动性视角来解释掌握语言的整个过程,这样一来,对比分析预测的难度可以不依赖于习惯性反应干扰的出错来实现,而可以通过避免使用某些现象来实现。如,两种语言事实之间所固有的结构差异或结构距离(структурное расстояние),可以用操不同语言者之间的接受程度来决定;语言系统的对比分析与个体所接受语言之间的异同事实可以不完全吻合。总之,在扎列夫斯卡娅看来,掌握第二语言是一个能动的创造性过程,它与掌握第一语言的过程相似。只要学习者在掌握第一语言方面没有困难或基本没有困难,那么它对掌握第二语言就有正迁移作用。(Залевская 1999: 296)

1)错误分析方法(анализ ошибок)。错误分析方法生成于20世纪60年代末,它是世界心理语言学界在研究掌握语言过程中普遍采用的方之一,也积累了大量的言语错误分析语料以及言语病理学(патология речи)分析经验。扎列夫斯卡娅认为,在第一语言中采用错误分析方法有不同的目的:一是用以揭示言语生产和言语理解的特点,并对其过程模式化;二是用以研究心智语汇的结构及其功能化机制;三是用以发掘掌握母语的规律性;四是用以解决失语症条件下言语恢复的具体任务。上述在第一语言领域的研究成果对掌握第二语言的特点大有裨益,因为在第一语言学习中出现的词汇错误（лексические ошибки）范畴和"笔误"等，很大程度上与第二语言或外语学习者身上发现的是一致的。(Залевская 1999: 298) 但20世纪70年代的研究表明，只有第二语言中的部分错误可以归咎于第一语言的影响，这些错误被鉴定为跨语言错误（межъязыковые ошибки）或跨语言干扰错误（ошибки межъязыковой интерференции）；同时，学习第二语言者所犯的许多错误与他们学习第一语言时的错误没有关联性，这类错误被称作"语内错误"（внутриязыковые ошибки），亦称"发育错误"（ошибки развития）或"形成过程错误"（генетические ошибки）。在扎列夫斯卡娅看来，跨语言错误可以根据语言的层级、言语类别等进行语言学分析；而语内错误起先被解释为受干扰制约的错误，因此在分析中注重的是所学语言框架内的相互作用的语言形式或语言意义成分，后来又转向强调通过错误分析来揭示学习者用以减轻掌握第二语言任务的战略。(Залевская 1999: 299-230) 不难看出，错误分析方法与对比分析方法有很大不同。如，在分析对象方面，如果说对比分析方法研究的主要是语言系统本身的话，那么错误分析的对象则是直接由教学主体本身获得的事实；在理论方面，对比分析方法认定人脑具有天赋的掌握语言的能力，该能力在掌握第一语言后可以继续发挥其功用——帮助学习者能动地按照掌握第一语言时那样构建起第二语言的"语法"，而错误分析方法注重的是掌握语言的战略问题，它所得出的些许战略对掌握第一语言和第二语言都具有普遍意义；在迁移问题上，对比分析方法强调由语言学家来确定其学习者迁移的方式和程度，而错误分析方法则强调由学习者主体自身来确定第一语言和第二语言之间的结构差异。当然，错误分析方法也有其不足之处，近来也饱受学界的批评。如有学者提出，错误分析方法把注意力集中在学习者所犯的错误上，这容易导致研究者对掌握第二语言的完整图景以及成功保障掌握第二语言过程的诸多因素视而不见。因此，该分析方法一方面应该与其他方法结合起来使用，另一方面还应该在使用语言的更宽泛语境中，不仅将使用语言理解为话语以及学习者与交际者之间的互动，还应理解为个体在掌握第二语言时应该学会的全部知识的总和。而后者就需要引入一个关键概念——作为第二语言学习者不断进步的某种连续统的中间语（промежуточный язык）。[①] (Залевская 1999: 302) 应该说，中间语

[①] 在俄罗斯心理语言学文献中，言语生成和跨文化交际视角的"中间语"也被称作"中介语""思维语言"等。

现象作为保障掌握第二语言的心理过程，被心理语言学界广泛关注。扎列夫斯卡娅认为，中间语是一个单独的语言系统，该系统不仅是学习者试图完整展现所学语言的产物，也是由各种战略——如简化战略（стратегии упрощения）、高度概括战略（стратегии сверхобобщения）、迁移战略（стратегии переноса）等所获得的语言规则中间系统。（Залевская 1999：303）从上述意义上讲，掌握第二语言本质上就是一个心理认知过程，而中间语就是处在发育中的更接近于操第二语言者所使用的那个近似语言系统。应该说，"错误"作为掌握第二语言理论中的核心概念之一，对其分析既有不同理论视角，也有不同的分类方法：有的关注第一和第二语言系统的互动特点，有的关注心理学定势，还有的关注言语生产和理解过程的结构问题。

2）内省方法（интроспективные методы）。内省方法就是将错误分析方法、中间语研究以及言语分析方法（анализ речи）结合在一起的方法。①扎列夫斯卡娅认为，该方法与对比分析方法最大的不同，就在于它是直接面向学习者及其直觉和所学语言、生成程序、采取决定的判断的，即人对自身心理生活内在计划（внутрунний план）的自我观察。（Залевская 1999：308）在扎列夫斯卡娅看来，学界在运用内省方法研究掌握第二语言的特点方面已经积累了一些经验。如，有学者认为，用内省来研究程序性知识的使用战略是可行的，这是因为：(1)在掌握第二语言过程中，学习者会遇到各种困难：难度不大的可以自动解决，而难度较大的当需要有意识地使用某些习得战略（стратегии научения）时就需要内省；(2)有几种工作（如听写、写作等）需要将注意力集中在加工上，此时学习者能够对上述行为作出解释，而在其他条件下，学习者对所行之事的解释是自动的；(3)可以在学习者完成某项作业进程中打断其话语，以迫使其将自动解决的行为变为用自省方法来解决。（Залевская 1999：309）再如，有学者以翻译材料为例对快速和延迟的内省与回溯（ретроспекция）进行了对比。他们的研究表明，快速内省（немедленная ретроспекция）需要间断，即将连续语篇（связанный текст）的翻译过程分为片断，这对词汇搜索（лексический поиск）及其正确性控制来说就失去了更大的语境。因此，如果我们想观察语篇中较为自然部分的翻译过程，最可靠的方法就是在翻译完整个语篇或语篇片断后采用延迟回溯调查（отсроченные ретроспективные опросы），因

---

① "言语分析"在英语文献中被称为"语言行为分析"（Performance Analysis）。

为这样的调查至少可以发现学习者所偏爱的战略。另从技术角度看,延迟回溯注释也最容易进行。由此,学习者便可获得下列潜在图景:(1)内省可以发现言语规划和说话阶段所使用的战略;(2)较早的延迟内省揭示着所偏爱的战略;(3)较晚的延迟内省伴随有元语言句(метаязыковые высказывания)。(Залевская 1999:310, 2016:63)此外,他们还采用程序组合(комбинация процедур)来研究内省问题,进入该程序组合的有:(1)单个学习者在翻译连续语篇和对词汇选择问题的内省注释过程中,所发出的喃喃自语思考的记录录音,没有采访;(2)在连续语篇翻译过程中的对话录音,有随后(延迟)采访;(3)单个学习者在翻译带有词汇问题的简短片断过程中发出的喃喃自语推断记录录音,快速采访;(4)在简短片断的词汇难点翻译过程中的对话,快速采访。对这些组合程序的研究表明:翻译过程中的词汇搜索较之个体翻译时的喃喃自语推断显得更为自然。程序不同,所发现的事物也不同。如,个体的喃喃自语推断、对话以及快速注释等可以揭示出实际使用的战略,而延迟注释和延迟采访则可以揭示出学习者所偏爱的战略以及宣告性知识等。(Залевская 1999:310, 2016:63-64)相比之下,俄语文献中对自省方法的研究成果并不多,除扎列夫斯卡娅外,较有影响的还有叶伊格尔(Г.В. Ейгер)、弗鲁姆金娜等学者。前者在研究语句的语言正确性控制机制过程中专门审视了个体的喃喃自语推断问题(见Ейгер 1990);后者在研究无法用实验方法直接观察到的作为过程的思维(мышление как процесс)时,就专门关注到内省的作用问题(见Фрумкина 2001)。需要指出的是,由于自省方法在哲学上依据的是自我观察方法,它过分强调主观分析的作用,追求个体对自身思想、情感、感受以及智力活动等的基础性认知,因此遭到来自结构主义等客观分析方法的批评。由此可见,对掌握语言尤其是掌握第二语言或外语的研究,仅靠自省方法是远远不够的,还必须运用多种手段进行综合性分析才能取得理想成效。

3)综合方法(комплексный подход)。所谓综合方法,一是指在综合运用上述对比分析方法、错误分析方法以及内省方法的基础上,附加一些观察方法和实验方法;二是指采用人工语言(искусственные языки)来揭示人在掌握不熟悉的第二语言过程中的心理加工原则。在扎列夫斯卡娅看来,目前学界采用的上述附加观察方法主要有:(1)日志观察法(дневниковые наблюдения),多运用于自然情景下掌握第二语言研究;(2)旁观法(наблюдение со стороны);(3)参与者观察法(наблюдение участника),即研究者直接加入所研究的行为。

在试验方面，在原先采用的静态分析（即将实验用作检验各种假说的工具）基础上，更加突出预实验（пре-эксперимент）和准实验（квази-эксперимент）两种。它们之间的差异体现为：（1）为确定某些现象之间的从属成因需要符合两条标准——有实验和控制组群的标准以及按照这些组群任意配置被实验者的标准；（2）准实验符合上述两种标准中的一个标准；（3）预实验不允许作出有关成因联系的结论，因为它不符合上述两种标准中的任何一个。(Залевская 1999: 311, 2016: 65–66)

萨尔基索娃（Э.В.Саркисова）曾专门对"陌生词"的感知和认识过程作过综合实验，并构建出个体对陌生成分的辨识过程模式（Саркисова 2014: 16）：

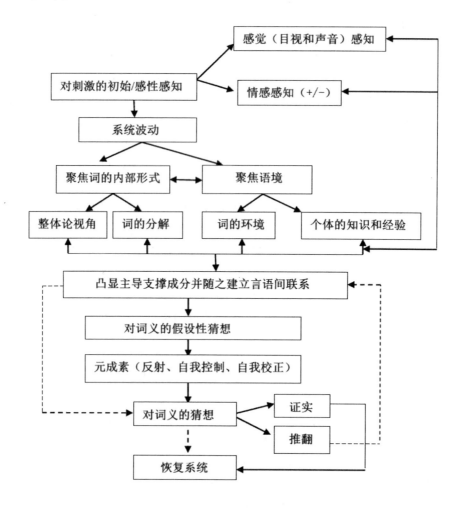

依据该学者的观点，该模式表明了词的形式特征对拼音字母相似联想以及词素相似联想的生成有促进作用；聚焦词的内部形式战略贯穿于实验研究的所有阶段。此时，词或被感知为整体单位或组合（通过分解）单位，在此基础上便可以描绘出词的形象（образ слова）。而被并入语汇的新词（陌生词），使人觉得是一个熟悉的词，它激活着不同的形象，所求意义（искомое значение）处在经常性的变化和发展之中。（Саркисова 2014:16–17）

还有学者采用其他综合分析方法来审视双语能力的形成问题。如，卡尔林斯基（А.Е. Карлинский）分别使用归纳方法（индуктивный метод）、演绎方法（дедуктивный метод）和实验方法（экспериментальный метод）来研究掌握外语过程中的干扰问题。如，他用归纳方法来记录学生的外语言语错误以及不同特征方面的分类错误，认为此类错误与外语教学法不具有关联性，因为干扰性错误与其他成因发生的错误不可区分，而如果不知晓错误的成因，教师就无法组织有针对性地消除错误和提醒错误等教学工作；他用演绎方法来进行对比分析，以从纯理论视角（概率定律）来预测潜在干扰范围，由此而获得的纯语言学资料并不考虑学生的特点，因此具有绝对的性质；他用实验方法来建构观察和研究如何吸引学习者的一些人工条件，如考虑学生的特点以及言语概率等。（Залевская 1999: 312, 2016: 68）此外，普里瓦洛娃还采用理论预测与实验相结合的综合分析方法，对第二语言学习中的错误进行对比研究。她认为，错误分析是用来检查理论预测正确性的，而语言对比的结果可以将校正导入实验之中，因此，最有效的方法就是同时使用实验和理论预测；操双语者是在人工条件下学会第二语言的，他们会不知不觉地将第二语言与母语进行比较。（Привалова 2001: 47）如上可见，相较于其他单个分析方法而言，综合分析方法显现出其较明显的优势，它也是目前学界所普遍采用并被认为是最有前景的方法之一。

最后需要指出的是，以上每一种方法都可以构成自身的独立体系：因为每一种方法都包括着以下要素：所依据的理论或哲学基础研究对象和目标、所使用的分析步骤、基本概念、所得出的主要结果、成败缘由以及来自学界的批评等。此外，每一种方法又都有各自的优长和难以克服的缺陷，相形之下，综合分析方法对第一语言和第二语言的特性对比尤其对第二语言各要素的分析显得更加全面和科学。而对各种分析方法的综合运用，正是旨在从理论和实践的结合上构建起再生语言个性（вторичная языковая личность）。①正如扎列夫斯卡娅所说，再生语言个性的形成是现阶段外语教学的目标之一，重要的是要重视对不同年龄儿童语言个性特点的综合研究。(Залевская 2016：69)

2.3.4 掌握和使用语言的基本战略

何为掌握和使用语言战略（стратегии овладения и пользования языком）？对此，不同的学者有不同的界说，至今并无公认的定义。而关于掌握和使用语言战略的种类问题，也同样缺乏统一的分类标准。但至少在以下两点上人们有相对一致的看法：一是学习者的成绩好坏，与他们选用的掌握语言和使用语言的战略有关。也就是说，掌握和使用语言战略对第二语言或外语教学具有重要作用和心理学意义；二是掌握和使用语言战略是可以习得（научение）的，因此，对该领域的科学研究以及进一步加强对战略选择的教学，有助于促进第二语言或外语教学效率的提升。

扎列夫斯卡娅对掌握和使用语言战略的教学以及选择的重要性有自己的看法。她认为，在掌握和使用语言过程中，学习者需要作出一系列有关感知和使用语言材料以及完成一系列行动的决定，如将语流（поток речи）分解为有意义单位，言语感知过程中的形式、意义和含义的认同，言语生产过程中的词语和语法结构的选择等。因此，在人的认知活动进程中"有规律地作出决定"就被称为"战略"。(Залевская 1999：319, 2016：74)以上界说表明，扎列夫斯卡娅眼中的战略，将"作出决定"视为对"潜在行动"的一种选择。这在当代工程心理学（инженерная психология）和认知心理学的研究中被广泛使用。而这种选择如果体现为某种规律性，那么就形成了语言学习者和使用者的战略。这里的"规律性"一定意义上讲就是上文中提到的"习惯性反应"。

---

① 国内有关文献将 вторичная языковая личность 定名为"第二语言个性"，这在我们看来是不够贴切或准确的，原因是：首先，俄语 вторичный 在意义上不等同于второй，它是相对于 первичный 而言的，即"再生的""第二性的"意思；其次，扎列夫斯卡娅再次使用该术语，是针对第二语言或外语而言的，即将母语视为"初生语言个性"（первичная языковая личность），并强调它对学习第二语言或外语即再生语言个性的形成具有干扰和迁移作用。

总结和批判性审视国内外学界关于掌握语言和使用语言战略的相关理论学说，结合特维尔心理语言学派成员多年的研究成果，扎列夫斯卡娅对掌握和使用语言战略进行了较为系统的综合审视，并提出了该学派对该领域研究的些许理论主张和实验结果。

1）掌握语言战略（стратегии овладения языком）。关于掌握语言战略问题，扎列夫斯卡娅在相关著作中对国内外的重要研究成果做了比较系统的梳理和分析。在她看来，俄罗斯学者依梅达泽（Н.В.Имедадзе）对掌握和学会第二语言实验心理学研究所提出的若干战略有重要借鉴意义。依梅达泽认为，掌握第二语言战略在不同的条件下和不同的年龄段应该有所区别。为此，她系统考察了4种不同情境对掌握第二语言战略的选择问题：（1）在平行掌握第一语言与第二语言条件下（1–3岁），儿童对输入语料（языковые входные данные）的加工战略是自生的、能动的和启发式的，可以通过混合性言语（смешанная речь）而走向自主地、非干扰型地和能产型地掌握第一和第二语言；（2）在实验教学条件下学得第二语言（6–7岁），学生主要用不完全概括（неполное обобщение）和直觉搜索战略（интуитивно-поисковая стратегия）来学习第二语言，可产生掌握语言现象的自生连贯性以及语言系统的变异再生性，从而产生自生的非规范性言语，以保障掌握第二语言基础层级上的交际能力；（3）按照学校现行的教学大纲来学得第二语言（8–16岁），学校通过作为战略的教学行为来组织教学，体现为不完全概括、普遍化（генерализация）和母语迁移（перенос из родного языка）等特征，掌握第二语言现象的连贯性部分地反映着战略的导入，其结果是带有部分言语习惯性反应的非规范性、非自生性和干扰性；（4）建立在阶段性形成原则基础上的学得第二语言（10岁以上），在学得单独语法范畴方面发生阶段性形成行动，从而完成对非自生言语性质的规范性语句的建构。（Имедадзе 1979: 130–131）此外，扎列夫斯卡娅还对国外学者提出的有关习得战略进行了分析，如证实战略（стратегии подтверждения）、监测战略（стратегия мониторинга）、熟记战略（стратегии заучивания）、猜想战略（стратегии догадки）、演绎推理战略（стратегии дедуктивного рассуждения）、实践战略（стратегии практики）等，并对将战略视为过程而获得的终端言语产品——现成套话（готовые клише）、创造性语句（творческие высказывания）等作了审视。其中，后者显然是掌握第二语言的重点，它包括移入新知识（аккумулирование нового знания）、现有知识自动化（автоматизация имеющегося знания）等工序；前者需要形成假设（формирование гипотез）和检查假设（проверка гипотез），后者则需要实践。（Залевская 1999：330-331）

综合学界的有关学说及观点，扎列夫斯卡娅对掌握第二语言战略提出如下图式（Залевская 1999：333，2016：88）：

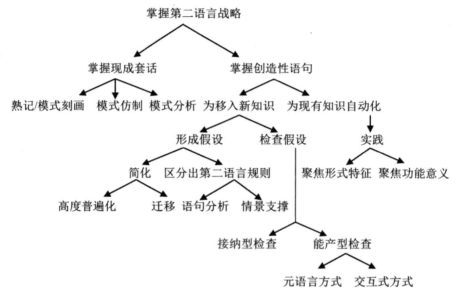

以上不难看出，扎列夫斯卡娅所推崇的掌握语言战略，是将战略作为心理活动的过程来对待和研究的，这与该学派秉持的言语活动论的基本原理相一致。

值得一提的是，近年来她在原有研究成果的基础上，对西方学界最新提出的具有认知心理学性质的若干战略作了进一步审视，其中包括直接战略——记忆战略（стратегии запоминания）、认知战略（когнитивные стратегии）、补偿战略（компенсаторные стратегии），以及间接战略——元认知战略（метакогнитивные стратегии）、情感战略（аффективные стратегии）、社会战略（социальные стратегии）等。（Залевская 2016：89-90）这些战略的运用，以提升交际能力乃至跨文化交际能力为目标，因此，它们较之传统的以语言能力为中心的目标又向前推进了一大步。扎列夫斯卡娅认为，用认知理论来解释掌握语言过程，其最为显著的特点有：将习得解释为一种能动和动态过程；将语言视为一种复杂的认知技能（когнитивное умение）；将语言习得看作由对信息初步理解（предварительное понимание）和能动操控（активное манипулирование）向使用语言完全自动化的前行运动；语言习得与人的认知过程在理论上相吻合，对第二语言教学有潜在影响。（Залевская 2016：79）但纷繁多样的战略，也容易给学生的理解和接受形成障碍。为此，扎列夫斯卡娅建议应该对上述所有战略有所选择，而不是要求每一位学生学会所有的战略，哪怕是那些被证明对其他学生有效的战略。（Залевская 2016：90）

2）使用语言战略（стратегии пользования языком）。首先来看看"使用语言战略"这一术语的概念内涵。应该说，这一术语是俄罗斯学界所特有的。在西方学界，该战略通常被称作"交际战略"（коммуникативные стратегии）。但西方的交际战略并非为"保障交际"而施行的战略，而主要是用以研究"如何克服交际障碍"的战略。因此，"使用语言战略"的概念内涵，就包括着上述两个方面：既包括保障交际顺利进行的战略，也包括摆脱困境、积极探索克服交际障碍有效途径的战略。

在第一个方面，扎列夫斯卡娅重点介绍了国外学者艾利斯（R.Ellis）的观点，并将他的观点勾画出下列"使用第二语言战略"图式（Залевская 1999：337，2016：92）：

在第二个方面，扎列夫斯卡娅以艾利斯的相关学说为基础，并结合其他西方学者的观点，将其归纳为如下图式（Залевская 1999：339，2016：94）：

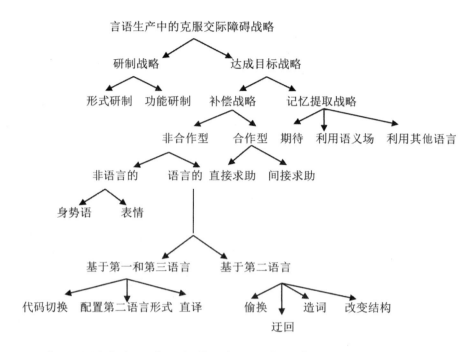

在上述图式中，"代码切换"在双语能力审视中受到学界的广泛关注。这里的"代码"，主要指个体所使用的语言规则系统，该系统又被西方学界分为代码混合（code-mixing）和代码切换（code-switching）两类。前者表示操X语言者将Y语言的成分或规则挪用到X语言即基础语言的使用上。与外来语不同的是，这些成分或规则无法被整合进X语言系统；后者表示在同一个语句中选择使用两种语言中的一种语言，这一战略与代码混合的不同就在于其没有基础语言。在扎列夫斯卡娅看来，上述代码问题的讨论显然是以跨文化交际为语境的。但事实上，操双语者的代码切换可能有两种形式：一种是已经完全掌握了第二语言的操双语者，他们可以进行自由切换；另一种是不完全掌握第二语言的操双语者，他们所做的切换是一种非能力切换（некомпетентное переключение）。代码混合的情景也是如此，其本质是由一种语言向另一种语言的迁移，这种代码混合可以故意使用，以证明自己属于某一社会组群，或作为表达自己意愿的方式、态度、作用等，或通过对第二语言的非能力性（некомпетентность）而弥补现有资源的不足。（Залевская 1999: 340, 2016: 95）

在上述系统审视西方使用语言战略的基础上，扎列夫斯卡娅与其学派成员波伊苗诺娃（А.А. Поймёнова）一道，构建起使用语言战略的基本模式。该模式主要致力于运用各种战略来研究词汇错误，以克服交际障碍，并将语句意图的实现分为不同的阶段（Залевская 2016：96）：

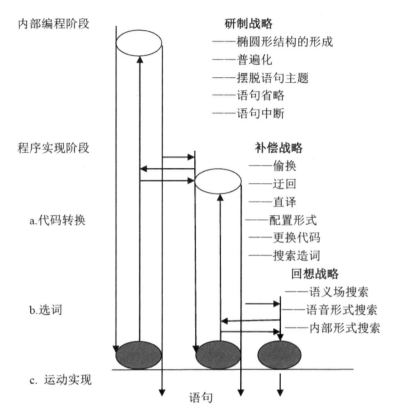

上述模式，源自由扎列夫斯卡娅亲自指导的波伊苗诺娃于 1999 年完成的题目为《使用外语条件下的克服交际障碍视阈的词汇错误》（«Лексическая ошибка в свете стратегий преодоления коммуникативных затруднений при пользовании иностранным языком»）的副博士论文。（见 Поймёнова 1999）波伊苗诺娃在该论文中，还用实验的方法详细描写了不同阶段所实施的各种战略，并将学生区分出3种不同的组群：第一组群是所谓的"直译者"（буквалисты），即对所观察事物进行详尽描述和逐字逐句传达所接受语篇的人。他们所使用的战略主要是记忆战略；第二组群是所谓的"创造者"（творцы），即依靠自身分析能力而不是记忆来生产言语的人；第三组群鉴于上述两个组群之间，被称为"居中者"（центристы），其特点是战略的选择严重依赖于语句的类型。他们在能产型言语生产时偏向于"创造者"，而在再现言语生产时偏向于"直译者"。（Залевская 2016：96–97）

除上述外，扎列夫斯卡娅还在1999年出版的《心理语言学导论》一书中审视了词证同和语篇理解战略（стратегии идентификации слов и понимания текста），主要研究听和阅读过程中对词语辨析和语篇理解所采取的战略问题。而该战略在2016年出版的《教学双语能力理论导论：硕士生教材》一书中并没有论及，说明它已经不是该学派掌握语言研究中的主要内容。事实也是如此：从该战略的研究指向看，它所关注的主要是听者和读者使用战略时的支撑成分问题，因此并不是掌握语言研究中的重点方向；更为重要的是，追着当代掌握语言研究向认知理论方向的转向，证同词和语篇理解战略更多偏向于"认知机制"的研究，而不是以前的基于语言结构的研究。关于此，我们在这里不做专门评述。总结特维尔心理语言学派的主要学术思想和成果，在我们看来，较之莫斯科心理语言学派的相关学术成果而言，以下5个方面无疑具有重要的理论和实践意义：

1）关于"词是个体的财富"的思想。这无疑是该学派所有学术思想的晶核所在。正因为词是个体的财富，它才能够成为通向人的统一信息基体（记忆）的手段；也正是因为词在这个信息基体中储存在人与周围世界相互作用所产生的各种知觉、认知和情感经验。也就是说，作为个体财富的词不仅在微观上对语篇（或言语）的感知和理解起着决定性作用，宏观上也对个体世界形象的建构产生着重要影响。更为重要的是，扎列夫斯卡娅在掌握语言研究中又将"词是个体财富"的思想进一步拓展到"语言是个体财富"这一更加宏观的领域，从而为建立掌握语言的心理机制和模式提供了强有力的理论支撑。

2）关于"心智语汇结构假说"的思想。扎列夫斯卡娅及该学派其他成员通过大量实验后提出，心智语汇是一个具有表层和深层的多层级结构。在第一和第二层级，词分别被识别为词形（словоформа）和词的形象，即第一层级是检索和识别词的形式特征的，而第二层级是意义和含义的联系层级，所以检索和识别的是词的语法和语义特征。（Залевская 1990：135）该学派所作的对词识别过程的模式化实验成果表明，深层语汇结构中对词的识别是经过抵达词（доступ к слову）→检索词（поиск слова）→词证同（идентификация слова）这样的统一过程来实现的。上述假说是对词义研究的一种新的尝试，即从意义的运作过程和内部结构组织入手，用"共性态"的视角来探索人的心智语汇中的词义生成机制，进而对言语机制作出合理的解释，这是提出该假说的科学意义所在，因此在理论和实践上都具有一定的学术价值。

3）关于"心智语汇是人的言语组织成素"的思想。语汇整体上具有与言语组织相同的特性,它不是语言信息消极的储存器,而是一个动态的"自组织系统",该系统的形成是对言语经验加工、整理的过程与其产品之间相互作用的结果。由此不难看出,扎列夫斯卡娅正是借助对言语组织特性的上述认识,并从语汇这个成素入手来探索人的言语思维机制这一心理语言学最本质问题的,以科学解答如下问题:人的心智是如何对世界作出能动反应的;人的语言能力是如何形成的;语言是如何习得和掌握的;心智语汇是如何构建起世界模式(модель мира)和语言个性的。这是当代心理语言学研究的一种独特视角,它对揭示语言能力的认知机制无疑具有重要意义。

4)关于掌握第二语言或外语是构建"再生语言个性"的思想。从50余年来俄罗斯心理语言学的发展历程看,莫斯科心理语言学派无疑是公认的"发动机"和"领头羊",该学派几乎在俄罗斯心理语言学的所有领域都有出色的理论建树和学术成果。但就"掌握语言"研究领域而言,在我们看来,成果最多和最有影响的是以扎列夫斯卡娅为代表的特维尔心理语言学派。而在其掌握语言的理论探索与实验考证中,最具心理语言学价值的是有关"再生语言个性"的思想。尽管该思想并不是扎列夫斯卡娅最先提出的[①],但她对掌握第二语言的理论、方法和战略的建构却是建立在对语言个性进行重构这一科学假设基础上的。她眼中的再生语言个性,其本质是由母语和第二语言或外语相互作用所建构起来的语言意识,因此,对它的研究就涉及心理语言学的方方面面,包括该学派重点关注的心智语汇、言语机制、言语组织、语言能力以及交际能力、跨文化交际能力等。甚至可以说,扎列夫斯卡娅及其学派成员的所有学术活动的最终目标,就是为了构建再生语言个性。正因为如此,我们在本章中对该学派"掌握语言研究"的评述也最为详细。

5)关于对人的语言机制考察的"综合视角"。该学派研究的一大亮点就是强调对人的言语组织、言语机制、心智语汇、语篇理解、掌握和使用语言过程中进行综合性考察和多维实验,这种考察远远超出了传统心理语言学的范围,而拓展到不同语言和文化的相互渗透、相互协同领域,拓展到影响人的心智形成的各个层面,这一点在对掌握和使用语言的研究中体现得尤为明显。如,该学派在方法上更加注重综合分析方法的运用,

---

① 据考证,最先提出"再生语言个性"这一术语的是哈列耶娃(И.И.Халеева),她在 1995 年发表《作为外语语篇接受者的再生语言个性》(«Вторичная языковая личность как реципиент инофонного текста»)长篇论文,从语篇层面对该再生语言个性进行了专门研究。(Халеева 1995:277–286)

而在战略运用上则推崇既保障交际又克服交际障碍的综合性战略。

第 3 节　彼得堡心理语言学派

彼得堡心理语言学派是以圣彼得堡大学语文系普通语言学教研室为基地的心理语言学研究群体和研究样式的称谓。1990–2019年间，该教研室主任一直由曾任圣彼得堡大学校长的俄罗斯科学院院士韦尔比茨卡娅（Л.А.Вербицкая）担任，这在客观上强化了其"学派意识"及其在国内外的学术影响力。

该学派的代表人物为著名语言学家、心理语言学家萨哈尔内依教授和什捷尔恩教授，他们既是师生关系，也是学术上的志同道合者，更是生活中的恩爱夫妻，称得上是真正的珠联璧合。

除萨哈尔内依和什捷尔恩夫妇外，该学派成员主要由该教研室的20多位同事和所培养的副博士和博士组成，如阿列克谢耶夫娜（Н.Г.Алексеевна）、巴利娜娃（И.А.Баринова）、文措夫（А.В. Венцов）、沃尔科娃（Л.Б.Волкова）、卡瓦尔塔科娃（Е.Л.Кавардакова）、洛佐夫斯卡娅（Н.В.Лозовская）、奥弗奇尼科娃（И.Г.Овчинникова）、彼得罗娃（Т.Е.Петрова）、罗曼诺夫斯卡娅（Л.Б.Романовская）、鲁萨科娃（М.В.Русакова）、西罗特科–西比尔斯基（С.А.Сиротко-Сибирский）、斯柳萨里（Н.А.Слюсарь）、斯特列卡洛夫斯卡娅（С.И.Стрекаловская）、切尔尼戈夫斯卡娅（Т.В.Черниговская）等。

与莫斯科心理语言学派和特维尔心理语言学派相比，彼得堡心理语言学派的学术活动主要有以下比较明显的特点：（1）学派形成时间较晚。尽管作为该学派奠基人的萨哈尔内依出道较早，从20世纪60年代末起（即作为独立学科的俄罗斯心理语言学的"创建"阶段）就开始发表相关论文，他可以被称作俄罗斯心理语言学的创始人之一，但直到20世纪90年代初韦尔比茨卡娅替代著名语言学家马斯洛夫（Ю.С.Маслов）出任教研室主任后，才开辟出新的理论语言学方向——心理语言学研究①；（2）其科学研究样式不是基于心理学的心理语言学方向，而是语言

---

① 我们以为，尽管萨哈尔内依本人早在1972年就与小列昂季耶夫一起主编出版了《国外心理语言学》（《Психолингвистика за рубежом》）一书，也尽管他早在彼尔姆大学执教期间（1965–1975）已经开始从事语言学方向上的心理学研究，但作为学派的标志性"宣言"，其形成时间应该是在韦尔比茨卡娅担任教研室主任之后。

学的心理学方向，因此，该学派所有成员几乎都是清一色从事普通语言学研究的学者；(3) 该学派对外宣称为"彼得堡心理语言学派"，但作为一种学术组织形式，它其实只是圣彼得堡大学诸多教育学派（научно-педагогическая школа）框架内的一个方向，因此还具有履行教育学派特定功能的责任[①]；(4) 该学派有自己的学术平台，即定期举办的归属彼得堡语言学会的心理语言学和神经语言学研习班（Семинар «психо-и нейролингвистика»）[②]，由此吸引了国内许多高校和科研院所的青年学者尤其是在读研究生的关注和参与；(5) 2003 年圣彼得堡大学设立了研究人的言语思维活动的实验室，2020 年改为认知研究所（Институт когнитивных исследований），由著名心理语言学家、神经语言学家切尔尼戈夫斯卡娅任所长。这也是俄罗斯国内认知语言心理学研究的重要基地。

彼得堡心理语言学派的创始人萨哈尔内依、什捷尔恩去世后，学术研究主要由切尔尼戈夫斯卡娅领衔。目前该学派的主攻方向由原来的词义研究、语篇研究、大脑作用研究和言语感知研究等逐渐转向认知心理语言学和神经语言学研究。本节欲就该学派研究的主要方向和成果以及代表人物的主要理论思想作简要的评述。

3.1 主要研究方向及成果

理论上讲，每一个学派都有各自特定的或有别于其他学派的研究方向，其取得的学术成果也不尽相同。本节对彼得堡心理语言学派及其理论

---

① 俄罗斯高校和科研院所中有很多所谓的"学派"（научная школа）。这主要指在共同的科学活动中历史形成的、比较稳定的并具有相对一致研究对象和方法的学术共同体（научное сообщество）。这种共同体通常要由著名专家、学者领衔，同时具有研究功能（建立新知识）和教育功能（传授新知识）。在高校，通常以教研室为单位组成自己的学术共同体。由于彼得堡心理语言学属于教育学派框架内的一个组成部分，因此与别的学派的不同就在于它会定期召开研习班，并要为培养新一代心理语言学家制定相应的教学大纲和方法，以及为教学提供技术设备保障。

② 该研习班是由萨哈尔内依和什捷尔恩夫妇于 20 世纪 80 年代末创办的，起先为心理语言学的专题讲座，后在韦尔比茨卡娅的支持下发展为普通语言学教研室内开设的心理语言学必修课程，2000 年又在此基础上开设了心理语言学专业。该研习班每月举行一次。20 年多来，该学派所有的博士和副博士论文都要在该研习班上进行审定（开题和答辩）。研习班设科研秘书职位，首任科研秘书切尔尼戈夫斯卡娅现为彼得堡心理学派的带头人。

思想进行审视，从研究方向和学术成果两个方面试图窥探出其主要特点所在。

现有资料表明，彼得堡心理语言学派的学术研究主要致力于以下一些问题的探索（大致按先后顺序来列）：

1) 词义的心理语言学阐释，包括词义辨析和实验研究等；

2) 儿童语言的实验研究，包括儿童掌握母语过程的各种语言学和心理学问题；

3) 儿童和成人言语和语言畸形的实验研究，包括书写能力和阅读能力的损伤、各种失语症等；

4) 各种群体的心智语汇实验研究，包括语言能力正常的成人群体、有各种遗传性言语病理的成人群体、学习第二种语言的成人群体，以及言语发育正常或损伤的儿童群体等；

5) 语言与大脑研究，进行人脑左右两个半球作用的实验研究，从保障言语功能和认知功能角度开展科学实验；

6) 语篇的主位-述位结构研究，如感知的统计学模式、各种语篇和各种解释程序（интерпретатор）范畴的概率预测机制等；

7) 双语类型及双语大脑机制的研究；

8) 第一语言与第二语言的教学原理研究，主要从生成主义和关联主义视角对语言教学进行心理学的探索；

9) 言语活动中的情感作用及认知语体研究；

10) 语法实验研究，用心理语言学方法来解释俄语语法尤其是语法范畴的基本特征等；

11) 阅读机制研究，主要观察现实时间内书面语的加工过程，以眼动实验等来验证理论假设的可能性；

12) 口语感知研究，主要运用生理学和语言学方法，并依据计算机技术和语料库，对人的言语感知过程进行综合分析。

以上不难看出，该学派的研究视阈主要集中在词义研究、语篇研究、人脑与语言研究、言语知觉研究等领域，这是其有别于莫斯科心理语言学派和特维尔心理语言学派的显著特征之一。

从学术成果看，萨哈尔内依的研究领域主要涉及普通语言学、语言符号学和心理语言学等。他被认为是最早倡导从事心理语言学研究的学者，也是俄罗斯国内最早出版心理语言学教材的学者。他的著述总数达 200 余部/篇，影响较广的主要有：《操语言者对词义的意识及其在言语中的反应类型》（«Осознание значения слова носителями языка и типы отражения этого осознания в речи»）(1968)，《解码者对语篇意义最低常量的掌握》（«Усвоение минимального инварианта значения текста декодирующими»）(1970a)，《论坐标指数化条件下的关键词区分问题》（«К вопросу о выделении ключевых слов при координатном индексировании»），《意义结构与情景：心理语言学词义理论的实验理据》（«Структура значения и ситуация: к экспериментальному обоснованию психолингвистической теории значения слова»）(1972a)，《论词义意识的实验研究：词义与构词结构的相互关系》（«К экспериментальному исследованию осознания значения слова: соотношение лексического значения и словообразовательной структуры»）(1972b)，《语篇的现实切分与紧缩：信息在心理语言学中的使用方法问题》（«Актуальное членение и компрессия текста: к использованию методов информации в психолингвистике»）(1982)，《思想与词语奥妙探索》（«К тайнам мысли и слова»）(1983a)，《成素组合的言语片断是否可以被感知抑或被感知为整体？》（«Воспринимаются ли речевые отрезки по наборам компонентов или как целое?»）(1983b)，《作为语篇的关键词组合》（«Набор ключевых слов как текст»）(1984)，《构词理论的心理语言学面面观》（«Психолингвистические аспекты теории словообразования»）(1985)，《作为语篇的词素和作为语篇部分的词素》（«Морфема как текст и морфема как часть текста»）(1987)，《关键词在扩展语篇结构中的分布：语篇紧缩派生机制研究》（«Расположение ключевых слов в структуре развернутого текста: к изучению деривационых механизмов компрессии текста)(1988a)，《作为语篇类型的关键词组合》（«Набор ключевых слов как тип текста»）(1988b)，《心理语言学导论》（«Введение в психолингвистику»）(1989)，《语篇多层级主位–述位结构分析初探：语篇语义派生模式化问题》（«Опыт анализа многоуровневой тема-рематической структуры текста: к моделированию семантической деривации текста«）(1990)，《初始语篇及其生成规律》（«Тексты-примитивы и закономерности их порождения»）(1991)，《语篇的含义加工：两种战略和两种语法》（«Смысловая обработка текста: две стратегии–две грамматики») (1993),《人与语篇: 两种语法》(«Человек и текст: две грамматики») (1994a),《右半球语言: 神话还是现实?》(«Язык правого полушария: миф или реальность?») (1994b),《大脑结构与语言结构: 大脑不对称性和语言结构》(«Структура мозга и структура языка: асимметрия мозга и структура языка») (1996a),《失语症患者语篇的多层级主位–述位结构化》(«Многоуровневое тема-рематическое структурирование текста у больных с афазией») (1996b),《主位–述位结构: 基本概念》(«Тема-рематическая структура:основные понятия») (1998)。从发表的这些著述看,萨哈尔内依的学术兴趣主要是词义、语篇、人脑作用的心理语言学研究。从其学术生涯的发展历程看,上述3个方面的成果大致是在70、80、90年代3个不同时期完成的。

什捷尔恩的学术兴趣主要集中在言语心理学以及言语活动和言语感知领域。早在1967年,她就发表了《言语语音主观评价的客观研究》(«Объективное изучение субъективных оценок звуков речи») 一文,尝试对言语生成的主客观因素作出理性分析;1981年,她完成题为《语言学因素对言语感知的影响》(«Влияния лингвистических факторов на восприятие речи») 的副博士论文答辩,正式步入职业心理语言学家的行列;1992年,她在博士论文基础上出版了具有广泛影响的学术专著《言语活动的知觉视角(实验研究)》(«Перцептивный аспект речевой деятельности(экспериментальное исследование)»)[①],成为言语活动领域言语感知研究方面的知名学者。此外,她还与丈夫萨哈尔内依及其他学者一道,发表了数十篇有关语篇心理学方面的论文,为彼得堡心理语言学派以及彼尔姆社会心理语言学派的建立和发展贡献了自己的力量。

3.2 萨哈尔内依的理论学说

彼得堡心理语言学派学术思想的文脉,可以追溯到博杜恩·德·库尔德内、谢尔巴、卡茨涅尔松(С.Д.Кацнельсон)、泽恩杰尔(Л.Р.Зиндер)

---

① 该著作是在其1990年完成的博士学位论文基础上形成的,只是在1992年出版时,在原博士论文《言语活动的知觉视角》基础上增加了"实验研究"几个字。

等著名语言学家的相关学说中。①该学派代表人物萨哈尔内依的学术思想，主要集中在词义的心理语言学研究、语篇的心理语言学研究、人脑左右两个半球在人的语言能力和言语活动中的作用研究、言语知觉研究4个方面。

3.2.1 词义研究

萨哈尔内依对词义的心理语言学研究成果，主要反映在其于1972年发表的《意义结构与情景：心理语言学词义理论的实验据》和《论词义意识的实验研究：词义与构词结构的相互关系》两篇论文中，其中第一篇论文集中反映着他对词义理论的基本认识。

萨哈尔内依对词义的考察，是建立在实验考证心理语言学与结构主义语言学对结构的不同划分和认识基础上的。他认为，追随索绪尔和叶列姆斯列夫（L. Hjelmslev）学说的经典结构主义语言学在承认言语活动以及包括交际过程条件的所有复杂性的同时②，极力将语言描写为一种消除了情景或将情景归零的理想化客体（идеализированный объект），而作为普通言语活动论（общая теория речевой деятельности）的心理语言学则完全相反，基本上不会考虑将情景因素从语言现实存在中剔除出去。因此，语言结构本身在心理语言学描写中具有些许重要特点。（Сахарный 1972a：141）以上话语表明，心理语言学与结构主义语言学在词义结构上的最大区分就在于对待作为情景的语境问题上。

基于以上认识，萨哈尔内依依照小列昂季耶夫、卢利亚、维诺格拉多夫等学者提出的关于词义结构的一系列观点，并通过在彼尔姆大学所作的系列实验，提出了他本人对词义结构问题的几点基本认识。

1) 词义与情景有关。萨哈尔内依认为，当代语言学对语境意义（контекстуальное значение）和语境外意义（внеконтекстное

---

① 其中，作为语言学家的卡茨涅尔松曾在1972年出版《语言类型学与言语思维》（«Типология языка и речевое мышление»）这一重要著作，并在著作中提出了言语思维视角的言语生成模式，即由言语思维层级（语义层级）、词汇－词法层级和发音层级构成的完整系统，在学界有广泛的影响。（见 Коцнельсон 1972）而作为俄罗斯著名语音学家的泽恩杰尔也曾与什捷尔恩合作，在第四届全苏联心理语言学和交际理论研讨会上发表了《影响词语识别的诸因素》（«Факторы, влияющие на опознание слов»）的文章。（Зиндер, Штерн 1972：100–108）

② 丹麦著名语言学家叶列姆斯列夫是哥本哈根语言学派（Копенгагенская лингвистическая школа）的奠基人之一，语符学（глоссематика）的创立者。

значение）作出的严格区分，即前者是与一定情景有关但并不被列入语言学描写的意义，后者作为与情境毫无关联的惯用意义（узуальное значение）而被列入语言学对语义系统的描写之中，都是虚假的，因为在心理语言学看来，词义作为"社会意识到的事实"（социально осознаваемый факт），从来就离不开情景。对此，他与其他学者合作对俄语形容词 холодный（冷的，寒冷的）等词语做了刺激-反应实验，并得到如下结果（Сахарный 1972a：142）：

编号	反应／刺激	总数／百分比	热的	温和的	炎热的	其他
1	寒冷的冬日	103（100%）	—	70 (67,9%)	4 (3,9%)	29 (28,2%)
2	寒冷的一天	161（100%）	1 (0,6%)	67 (41,6%)	86 (53,4%)	7 (4,4%)
3	河里的冷水	157（100%）	13 (8,3%)	134 (85,3%)	—	10 (6,4%)
4	锅里的冷水	112（100%）	94 (83,9%)	11 (10,0%)	—	7 (6,1%)
5	冷水	177（100%）	154 (89,5%)	15 (8,7%)	—	8 (1,8%)
6	冷的／寒冷的	204（100%）	129 (68,3%)	58 (28,4%)	7 (3,4%)	10 (4,9%)

以上实验结果表明，反应搜索在语境（1）"寒冷的一天"有两个基本走向，而在语境（1）"寒冷的冬日"只有一个走向，这证明刺激（1）与刺激（2）相比搜索反义词的不确定性要少许多；刺激（5）"冷水"首先使人联想到"热水"，但当确切成分被导入典型语境后，可以成为"冷水"反义词的就不仅仅是"热水"，如同刺激（4）"锅里的冷水"一样，还有"温和的水"，即如同于刺激（3）"河里的冷水"一样。此外，值得强调的是，上述图表中显示的相同答案的"大百分比"说明，"热的"对刺激（4）以及"暖和的"对刺激（3）具有稳定的社会性质。基于以上刺激／反应得到的数据，萨哈尔内依得出结论认为，"冷水"对刺激（5）的两个反义词具有社会稳定性，但在对刺激词的反应中，它们的出现频率却不相同——仅仅出现在操语言者意识中"地层深处"层级的联想等级中；对刺激（5）而言，"锅里的冷水"型情景显然要更加常见，这是因为它在反应中较之"河里的冷水"型情景更容易现实化。如果对以上情景进一步具体化，如将"锅里的冷

水"具体到"灶台上锅里的冷水"和"窗台上锅里的冷水"等,那么"温和的"对刺激(4)来说也同样具有社会表义性,只是该意义处在更加深层而已。(Сахарный 1972a: 143)

至于词的语境外意义,萨哈尔内依认为它实际上与语境紧密相关。道理很简单,当我们在审视孤立的词时,最终会选择最表层的和使用频率最高的那个词作为这种语境。从这个意义上讲,"冷的"在刺激(4)中的语境较之刺激(6)中的不会更多。因此,在萨哈尔内依看来,词义总体上是由那些标准的、社会意识到的情景中的词义总和形成的,此外还要考虑到操语言者意识中的现实化以及"地层深处"的程度。(Сахарный 1972a: 144)以上不难看出,萨哈尔内依眼中的心理语言学词义理论对词义的解释具有"全情景"的性质,即:只要是操语言者意识到的或意识中存在的现实,不管它位于表层还是深层,都属于情景场范畴,也都是心理语言学词义理论的研究对象。在这里,我们似可看到萨哈尔内依的观点与彼得堡功能语法学派对功能语义场(функционально-семантическое поле)以及范畴情景(категориальная ситуация)的阐释有相近或相似之处。

2) 词义即综合词汇意义。萨哈尔内依认为,结构主义语言学严格区分了语言的层级,尤其是词位和构词的层级,而心理语言学则把词义看作不同层级语义因素之间复杂的相互作用的结果。据此,他提出应该在词的心理语言学理论中合理地引入综合词汇意义(K——комплексное лексическое значение)的概念。在他看来,该概念是由 L——词位因素(лексемный фактор)和D——派生因素(деривационный фактор)本身组合而形成的:L是语义场所提供的综合性词汇意义因素,而D则是由词的内部组织各成素所决定的综合词汇意义因素。如,*автор*(作者)一词,按照L因素就是专门从事文学创作活动的人或文学作品的作者,而按照D因素就是写作的人。可见,无论是L因素还是D因素,都离不开现实情景的类型,因此它们(尤其对派生词而言)都具有社会表义性。(Сахарный 1972a: 144–145)对此,萨哈尔内依认为可以用实验来证实L因素和D因素在最表层(语境外层级)中的相互关系:给受试者展示 *утренник*(早场戏)、*дневник*(日记)、*вечерник*(夜校生)、*ночник*(小夜灯)4个词中的一个,并要求他们写出带有相同后缀的3个词,所得实验结果如下(Сахарный 1972a: 146):

基本反应/刺激	早场戏	日记	夜校生	小夜灯
全部反应数（其中包括与D因素有关额度反应）	77 (100%)	69 (100%)	67 (100%)	67 (100%)
早场戏	—	—	13	—
日记	2	—	9	8
夜校生	—	1	—	—
小夜灯	—	—	3	—
此类反应总数	2 (2,6%)	1 (1,4%)	25 (37,3%)	8 (11,9%)
其他反应				
节日	20	1	—	—
学徒/学生	3	16	3	4
中小学学生	1	13	1	3
教科书	5	3	2	—
护林员	2	15	—	4

以上实验表明，"早场戏"和"日记"两个词的刺激联想首先是沿着 L 因素运行的，因为这两个词对中小学生来说非常现实，可以与指称对象清晰地联系起来；而"夜校生"一词的刺激联想则首先是沿着 D 因素发展的，因为中小学生对该词不大熟悉，很大程度上要依据其内部形式来确定。据此，萨哈尔内依得出结论认为，现有的形态法（формальные методики）可以相当准确地区分出对 D 因素作出描述的反应①，其中少量的反应可以精确地显示 D 因素在 K（即综合词汇意义）中比重的减少，而显示的是该刺激词的词汇化（лексикализация）或成语化（идиоматизация）程度的增加。因此，可以用 $K_L = (R_S - R_D)/R_S$ 这一词汇化系数（коэффициент лексикализации）来衡量每一个刺激词的词汇化程度（R 表示是该刺激词的所有反应数，而 R_D 表示对 D 因素作出描述的所有反应数）。（Сахарный 1972а：146–147）

以上萨哈尔内依用联想实验对综合词汇意义及其成素的界说和描写，比较清晰地勾画出心理语言学词义理论的基本方法和内容。其中，D

---

① 我们理解，此处的 формальные методики 与 морфологические методики 同义，因此将其定名为"形态方法"。

因素（派生因素）是其描述的重点，这显然与心理语言学侧重于言语生成和言语理解机制的宗旨有关。

3）L因素有复杂的结构和特征等级。L因素（词位因素）指示着该词在语言词汇语义系统中的位置。萨哈尔内依认为，采用纯对立集成（чистый набор оппозиций）的方法对L因素作穷尽描写是不可能的，因为这种描写与语言现实存在中的词汇–语义系统并不等同。因此，这种描写越详细，其展现的非等同性就越明显。在萨哈尔内依看来，只有进入该语义场中心部分的各成分，才能揭示其精确的对立；而与边缘相关的对立，其扩散范围越大，成分的边缘性就越强。对于上述L因素的复杂结构和特征等级，萨哈尔内依同样用一组词的联想实验数据予以验证，并发现有两种规律性：（1）可以将区分出的特征分为两组：较深层的特征和较浅层的特征。前者对该语义场而言本质上是整合性的，后者对该语义场而言则是区分性的；（2）可以清晰地发现"地层深处"的不同程度，即便对类型上相同的区分性特征语义场来说也是如此。（Сахарный 1972a：148–149）

4）D因素与L因素同构。萨哈尔内依提出，区分性关系的意识程度（即特征的"地层深处"）会由于L因素和D因素在该词中的个体关系以及该词所属的构词类型而截然不同。因此，对词综合词汇意义中的派生因素的描写，不仅要考虑到该词中可切分性的"有或无"，还要考虑到可切分性的程度；而在构建构词类型系统的类型学时，还要把对不同类型D因素的意识程度一并考虑进去。（Сахарный 1972a：150）对此论点，萨哈尔内依同样作了派生因素的系列实验。最后，他用实验数据得出结论认为，L因素与D因素无论在表层（语境外层级）还是在深层（语境层级），都存在着复杂的结构和等级特征，因而在描写构词系统时，不仅要考虑到每一个词的词汇化系数，还要考虑到不同层级的 D 因素意识等级问题。（Сахарный 1972a：153）

以上有关词义的论点，萨哈尔内依在同年发表的另一篇论文《论词义意识的实验研究：词义与构词结构的相互关系》中进行了大致相同的论述和实验性分析。（Сахарный 1972b：57–79）

总之，萨哈尔内依所作的词义研究是有心理语言学意义的。尤其是"综合性词汇意义"概念的提出以及对该概念所包含的各种因素的分类和实验，不仅在理论上区分了结构主义语言学与心理语言学在词义问题上的基本分野，更使心理语言学对词义结构的描写和阐释成为可能。尽管相较于特维尔心理学派提出的词的心理语言学理论而言，萨哈尔内依的学术思想还不够系统,更没有涉及人的心智层面,但这种基于词义结构的描写和实验论证依然是具有说服力的,因为它不仅将语境的全部因素纳入其中,还描述了词义的总体特征,更对词义内部各种关系的相互联系与区别作了详细描写和实验论证,从而构建起了比较完整的词义结构分析图式。

3.2.2 语篇研究

如果说萨哈尔内依在70年代关注的主要是词义理论的话,那么到了80年代,他就将语篇研究作为其重点考察的对象。甚至可以说,相对于词义问题而言,语篇问题是萨哈尔内依学术生涯中倾注心血最多的领域之一,因此,他在该领域的学术成果也更为丰富。这些成果主要发表在上文中所列的系列相关论述中。1989年,他又在《心理语言学导论》一书中对语篇研究的相关思想和观点进行了归纳和总结。概括起来,主要包括下列思想:

1) 关于扩展语篇结构中关键词分布的思想。萨哈尔内依认为,每一个扩展语篇 (развернутый текст/PT) 在其紧缩过程中都可以通过实验获得5–15个不等的关键词集成 (набор ключевых слов/НКС);而在关键词集成中,有一个基本关键词 (основное ключевое слово/ОКС);每一个基本关键词作为紧缩语篇的替代,既是扩展语篇的含义核 (смысловое ядро),同时也是对"更小关键词组合"的扩展替代。由此,这就构成了语篇类型的聚合等级,即PT–НКС–ОКС。这个等级同时反映着PT和НКС中的复杂含义结构,该结构可以通过对关键词的揭示而获得。如:ОКС通常是PT中使用频率最高的实词,首先是代词和同义词;当在PT中挑选出反映其基本内容的词时,受试者就可以通过НКС而寻找到ОКС的"描述词"(слово-характеристика)。据此,萨哈尔内依提出,可以通过下列方式确定关键词 (ключевые слова/КС) 在PT结构中的概率分布情况:(1) 选择使用频率最高的实词 (如同ОКС);(2) 选择所有针对ОКС的代词和同义词;(3) 确定与 ОКС (及其替代词) 与左右邻近词的间距 (该间距受到ОКС的主位关键词 (тематические ключевые слова/ТКС) 最高概率分布区域的制约,最佳间距为3个词;(4) 从该区域分布的词中或选择所有实词,或只选择名词;(5) 选择句子最后的几个词作为述位关键词 (рематические ключевые слова/РКС) 和ОКС。萨哈尔内依通过上述实验得出这样的结论:确定КС的分布区域,不仅在整体上对PT有重要的意义,且对PT的任何片断 (如具有ОКС的主体等) 也同样具有意义。也就是说，在揭示PT中基本HKC的同时，还可以同时揭示出附带关键词集成（побочные наборы ключевых слов/ПНКС），从而提高对PT基本内容变量的理解。(Сахарный 1984: 81–83, 1988a: 27–29) 需要指出的是，萨哈尔内依对上述扩展语篇结构的研究是建立在心理语言学实验基础之上的。如，萨哈尔内依和什捷尔恩在1988年合作撰写的论文中就对关键词组合做了相关实验。(Сахарный, Штерн 1988b: 34–51)

2）关于语篇多层级主位-述位结构的思想。萨哈尔内依及其彼得堡心理语言学派对语篇的分析主要是从语义派生模式化角度对语篇的主位-述位结构（тема-рематическая структура/TPC）进行现实切分的，因此与其他学派的完全不同，具有十分明显的功能主义色彩。萨哈尔内依认为，分析扩展语篇就不难得出语篇具有6个层级的主位-述位组织的结论。它们分别是：（1）最小述谓结构层级（уровень минимальных предикативных структур/МПС）；（2）主位-述位块层级（уровень тема-рематических блоков/ТРБ）；（3）窄综合体层级（уровень узких комплексов）；（4）窄综合体联合层级（уровень соединений узких комплексов）；（5）宽综合体及其聚合性联合层级（уровень широких комплексов и их парадигматических соединений）；（6）宽综合体组合性联合层级（уровень синтагматических соединений широких комплексов）。对于上述不同的主位-述位层级，萨哈尔内依都一一作了具体实验和分析。

最小述谓结构层级——既最小的可以现实化的主位-述位的结构，在内容层面由一个可现实切分的述位来负责对主位进行说明。按照述位显示程度，可分为显性МПС和隐性МПС：前者在每一个语篇中都有表达，后者虽没有表达，但却可以通过分析得出；按照主位的性质，可分为存在性МПС和标记性МПС：前者主位是存在性质的，后者不是；按述位是否在该语篇的首次使用，可分为首次МПС和重复МПС：前者为第一次出现，后者则作为其他МПС的构素出现过；按МПС中词多少，可分为单个词МПС和多个词МПС等。此外，由于逻辑重音的改变，可以是主位-述位在语篇中的位置倒装。

主位-述位块层级——指含有存在性 МПС（包括显性和隐性的）及不超过一个显性的标记性МПС的主位-述位结构。在该层级，重要的是要对每一个标记性МПС在内容上确定其派生结构，为此就必须揭示其归属的存在性МПС。此时，可能出现两种情况：（1）搜索的存在性МПС（即心理学主体）是显性的，并处在并列的位置，那么两个显性МПС就会联合成一个ТРБ；（2）搜索的存在性МПС尽管是显性的，但并没有处在并列位置，那么存在性МПС对该标记性 МПС 来说就要作为隐性 МПС 予以"重构"，此后两个МПС就可以联合成一个ТРБ。

窄综合体层级——指语篇中处在同一位置上的两个或者两个以上ТРБ的联合。该ТРБ通过自身的内聚力（внутреннее сцепление）能够在共同的存在性МПС中把两个或两个以上的标记性МПС联合成一组的结构形式，从而使该综合体具有同一个心理学主体。其典型的形式是ТРБ接触性对偶（контактная пара），它可以分为存在–存在性对偶（бытийно-бытийная пара）、标记–存在性对偶（маркирующе-бытийная пара）、繁化存在–存在性对偶（осложненная бытийно-бытийная пара）等多种结构。

窄综合体联合层级——指窄综合体中不仅通过 ТРБ 的内聚力，而且通过其外聚力（внешнее сцепление）发生联合的层级。研究表明，外聚力机制首先是在构成窄综合体的三位一体（триада）中形成的，即由两个种属窄综合体（видовой узкий комплекс）在一个类属窄综合体（родовой узкий комплекс）中发生联合。该三位一体的联合是作为派生结构——锥形体的形式实现的。两个种属窄综合体可以是窄同义综合体（узкие комплексы-синонимы），也可以是窄反义综合体（узкие комплексы-антонимы）。

宽综合体及其聚合性联合层级——指语篇中处在不同位置上的两个或两个以上ТРБ的联合。该ТРБ应同时具有以下内聚力：（1）能把一组窄综合体与一个存在性МПС成分联系起来，使之成为整个宽综合体的心理学主体，从而形成主位宽综合体（тематические широкие комплексы）；（2）能将一组窄综合体与一个标记性МПС成分联系起来，使之成为整个宽综合体的心理学的谓项（предикат），从而形成述位宽综合体（рематические широкие комплексы）。

宽综合体组合性联合层级——这是整个扩展语篇结构中的最高层级。它同样也是在外聚力机制的基础上形成的，从而使情景参项（участник ситуации）之间构成组合性联合。该层级可以揭示出约定对应性类别之间相互联系的存在和性质，帮助确立这种联系的数量，进而为语篇所描写的情景参项提供补充和可靠的区分标准，如确定语篇的主题、基本思想等，即语篇含义结构的本质。（Сахарный 1990：28–50）

以上不难看出，萨哈尔内依从心理语言学视角提出的该6个层级具有如下特点：（1）语篇的主位–述位层级及其单位与语言学家区分的层级和单位不同;(2)并不是所有的语篇都会清晰地展现出该6个层级,在具体的语篇中可能会出现层级的"黏合",即同一个结构可能同时由若干层级来体现,这主要取决于语篇的篇幅和结构;(3)在每一个层级上都会发现自己的主位–述位结构,其特点和类型与其他层级的不同;(4)每一个层级的基础都由简单的机理构成,这就使得普通的操语言者不仅能够理解语篇的结构,同时还可以创建自己不同的语篇;(5)对语篇主位–述位结构的分析方法,与萨哈尔内依先前提出的依据关键词来分析语篇含义结构的方法构成互补,形成了颇具说服力的语篇理解学说。值得一提的是,对于萨哈尔内依提出的语篇多层级主位–述位结构的构想,洛佐夫斯卡娅在1999年发表的《语篇的心理语言学模式》(«Психолингвистическая модель текста»)文章中曾进行过实验论证。(Лозовская 1999: 15–19)

3)关于初始语篇生成规律的思想。1991年,萨哈尔内依在《初始语篇及其生成规律》的文章中对该论题进行了深入阐述。所谓"初始语篇"(тексты-примитивы),主要指"篇幅不大、完全缺乏专门联系手段的语篇结构",而传统语言学通常只关注对扩展性的规范文学语篇的研究,因此研究初始语篇的结构及其生成规律具有现实的意义。萨哈尔内依指出,传统的语篇分析通常是从形式开始的,因此黏合手段(средства связанности)就成为观察语篇完整性的基点;而初始语篇偏偏缺乏该黏合手段,在交际和结构方面呈现出以下特点:(1)初始语篇完整性结构的表达特点主要体现在:不加分解地表达完整性,即不对内容进行切分,因此难以被现实察觉,通常是由非词源化的词或固定的非词源化词组,有时则是由单个的词素来完成;分析性地表达完整性,即内容的切分是可以被实现察觉的,通常由关键词组合以及可以明显察觉的派生词来完成。(2)初始语篇的生成特点主要是:原生初始语篇(первичные тексты-примитивы)是初级编码、直接编码、非扩展性编码及言语化的结果,如儿童言语、失语症言语、外国人言语、口语中的语篇等;再生初始语篇(вторичные тексты-примитивы)是扩展性语篇的紧缩化形式,是再编码和紧缩编码的结果,如对现成语篇定标题、列提纲、标关键词等就属此类。(3)初始语篇的存在形式特点主要是:作为自主语篇所体现的存在形式,包括扩展语篇中的"镶饰物"形式,在扩展语篇构成"被溶解的"存在形式,即可以从扩展语篇中切分出来的形式。(Сахарный 1991: 221–237)

显然,萨哈尔内依对初始语篇结构及生成规律的分析,具有重要的心理语言学意义:它不仅提出了如何解释语篇的早期生成机制问题,更重要的是提出了认识初始语篇结构简洁经济的方法,即依据关键词来构建初始语篇的含义结构,这对说话人成功进行言语活动具有一定的参照作用。在我们看来,萨哈尔内依对初始语篇的结构分析与其对扩展语篇多层级主位–述位的结构分析,构成了比较完整的语篇分析理论体系。该理论无疑是对莫斯科心理语言学派提出的言语活动论相关学理的有力补充,因此具有重要的理论意义和实践价值。

3.2.3 人脑作用研究

萨哈尔内依在晚年(1990年代起)转向了属于神经心理语言学领域的人脑作用机制研究,并取得积极成果。他在该领域先后发表了多篇力作,如上文中提到的《语篇的含义加工:两种战略和两种语法》(1993)、《人与语篇:两种语法》(1994a)、《右半球语言:神话还是现实?》(1994b)、《大脑结构与语言结构:大脑不对称性和语言结构》(1996)等,比较系统地审视和分析了非标准语篇中和交际情景中的含义扩展机制问题,以及大脑机制与语言结构的相互关系问题。

萨哈尔内依在审视自洪堡特以来的世界语言学发展历程后认为,无论是洪堡特还是索绪尔以及当代的转换语法(порождающая грамматика)、言语行为理论、语篇语言学等,本质上都没有超越业已形成的"语言学知识范式"的范围。这一状况在20世纪下半叶起发生了转折:包括语言学在内的人文科学开始转向现实的人的言语能力研究。在此背景下,学界开始从生理学和心理学视角来研究"大量非传统材料",对新出现的事实进行广泛的实验研究,发现了许多原先未被列入语言学知识传统范式和未被语言学模式化的重要现象。其中,对大脑左右半球非对称性的研究起到了重要作用,所取得的成果改变了我们对言语活动机制性质的原有认识。研究表明,参与言语活动的不仅有左半球(起主导作用),还有右半球,且该两个半球在保障言语活动中的机制完全不同。在他看来,保障人的言语活动的"装置"非常复杂,总体上是由两种完全不同但又相互作用的机制形成的,即分别位于左右半球的不同机制。每一种机制都有自己的层级、单位以及运作这些单位的工序。因此,个体的语言能力和作为社会现象的语言都具有双重性。例如,进入语言概念的结构是基于逻辑原理的人脑左半球机制的精细结构,掌握这些结构需要长时间的教育,并有赖于人的智力活动水平的提升;左半球的结构需要与右半球的结构相互协同,才能最终形成人的语言能力。因此,研究右半球的机制对于整体上建立相应的言语活动图景具有现实的意义。(Сахарный

1993：17–18）

那么，在扩展语篇的生成和感知过程中，人脑的右半球又是如何对含义信息进行加工的呢？萨哈尔内依通过实验提出，该信息加工过程首先是朝着两种完全不同的趋向进行的：一是离心趋向（центробежная тенденция），另一种是向心趋向（центростремительная тенденция）。前者集中负责对每一个句子、句子的逐个单词进行加工，其基本参数由传统的句法分析和词汇分析框架内予以表征，并由此建立起句子间的各种联系，如超句统一体、关联性等；后者不仅与区分超音质特征标记的"焦点"，即对现实区分的述位进行言语指称，而且还与主位–述位结构的等级重构相关联，进而能大致展示出人的感性的完整性。基于以上分析，萨哈尔内依得出这样的结论：人具有相互补充的两种不同"语法"：一个是向心语法（центростремительная грамматика），另一个是离心语法（центробежная грамматика）。其中，对向心语法规则作出解释并教授该语法规则，不仅对外语和母语教学，且对各种言语病理的康复等都具有积极的实用意义。关于人脑左右半球言语思维机制的特点，萨哈尔内依用下列图表进行了对比（Сахарный 1989：77–78, 1993：19–20）：

编号	现象称名	左半球机制中的现象体现特点	右半球机制中的现象体现特点
1	信息加工的认知结构性质和基本原则	1）理性 2）详细的言语化 3）作为言语和逻辑结构的系统联系性的知识 4）离散性	1）感性 2）粗略的言语化 3）作为言语化与外部世界联系的知识 4）连续性
2	完整内容表征（依据言语结构）	作为言语结构各部分最终数量的整体	作为感性现象并与言语结构相关的整体性
3	同时发生的信息加工：过程的方向性和所加工语篇的最大篇幅	1）离心的片断加工 2）篇幅上受操作记忆容量制约的语篇片断（完整语篇）	1）向心的滞留整体加工 2）不受篇幅制约的完整语篇
4	对信息"量子"的内容区分操作和信息"量子"在语篇中的演替组织性质	依据逻辑关系的形式–语法指标对命题进行谓词–题元结构化	依据按韵律特征区分出的成素（"焦点"）对整体（亚整体）进行主位–述位结构化

(续表)

编号	现象称名	左半球机制中的现象体现特点	右半球机制中的现象体现特点
5	迁喻化操作和被迁喻化结构的相互关系性质	1）按照转换原则对逻辑结构进行准确迁喻化 2）严格的对应性	1）对主位–述位结构进行大致的迁喻化 2）有条件的对应性
6	单个语句（句子）表层结构的现实化操作	在"谓词中心论语法"基础上的详细言语化加工，有各种转换形式和细致的粘附手段指标	在"称名中心论语法"基础上的最小言语加工，没有转换形式，有粗略的粘附手段指标（只在初始语篇的范围内或作为初始语篇（首先是感叹词或关键词）的组合）
7	对单个语句（句子）言语表层结构的内容和形式的加工趋向	1）按成分（按"内部形式"）加工，按字面意义趋向加工 2）从深层结构向表层结构的算法转换改变	1）成语化，隐喻性 2）外部言语中核心结构的省略
8	选择称名词语操作	依据细致区分性特征和逻辑关系，从词汇单位的微观系统中选择称名词语	考虑到联想关系的主观–推测描述，依据粗略的区分特征和指称对象，从联想场核心中选择称名词语。趋向于错语症（尤其趋向于选择上位称名词语）
9	该半球言语思维机制受压制（不发达，受损）状态下的言语类型范例	1）各种失语症状态下的言语 2）婴幼儿言语 3）一些口语结构	1）精神分裂症状态下的言语 2）"形式"（逻辑）层面的语篇加工，不面向指称对象（包括用母语说得不大容易理解的语篇）

以上图表对大脑左右半球言语思维机制的分析，无疑是萨哈尔内依对神经语言学作出的主要贡献之一。在现有俄罗斯心理语言学的研究文献中，几乎都会提到萨哈尔内依对神经语言学的形成与发展所作的有益探索，很大程度上就是指他对人脑右半球的作用机理的实验分析和理论阐

释。萨哈尔内依的研究与俄罗斯以卢利亚为代表的莫斯科神经语言学派（Московская школа нейролингвистики）更倾向于对人脑左半球的分析有很大的不同，不仅填补了俄罗斯神经语言学研究的"弱项"，而且还具有以下两个显著特点：一是从语言功能角度并结合语篇主位–述位的结构对含义加工机理进行阐释和描写；二是这种阐释和描写并非假想式的归纳，而是建立在具体的心理实验基础上的，也就是说，他对左右半球言语思维机制的分析，全部都是依据心理学实验来完成和得出的，因此，所列举的特点具有科学性和可论证性。

总结萨哈尔内依的心理语言学思想，我们觉得可以在其于1983年出版的第一部著作《思想与词语奥妙探索》中窥视出基本的脉络和特点。该书是以中学生的课外读物形式问世的，尽管具有心理语言学科普的性质，但却为作者奠定了之后的研究方向。该书由3部分组成，以生动和浅显易懂的语言讨论了心理语言学研究的一些基本问题，其中就涉及作者本人在学术生涯中重点研究的课题，诸如言语活动的模式化问题、言语活动中的中心与边缘问题、言语活动中的情景问题、儿童语言的发展、大脑与言语活动、自由联想的实验、定向联想的实验、语篇的完整性、扩展称名的组合组织、称名的感知条件研究等。（见Сахарный 1983）因此，该著作虽是萨哈尔内依的心理语言学思想的"雏形"之作，但却在学理上为彼得堡心理语言学派的形成和发展奠定了理论基础。

3.3 什捷尔恩的"言语知觉"思想

"言语知觉"研究也是彼得堡心理语言学派的一大特色。[①] 不过，该项研究并不是由萨哈尔内依来完成的，而是由该学派的主要成员什捷尔恩来实现的。

作为莫斯科心理语言学派奠基人小列昂季耶夫的第一位学生，什捷尔恩大学毕业后就倾心于对言语活动进行心理学研究，并协助其丈夫萨哈尔内依做了大量的基础性工作，包括联合培养研究生、联合举办心理语言学和神经语言学研习班等。她还曾在彼得堡大学开设心理学系列讲座，出版了《心理学导论：讲座教程》（«Введение в психологию. Курс лекций»）一书。1991年，她与语言学家姆尔金（Л.Н.Мурзин）联袂出版了

---

① 言语知觉即言语感知，什捷尔恩喜欢用перцепция一词来替代学界更加常用的восприятие一词，说明她的视角是心理学的，而并非语言学的。我们将该学者的研究样式称作"言语知觉研究"，仅仅是为了保留其学术思想的特色，而并无其他含义。

《语篇及其感知》(«Текст и его восприятие»)一书。[①]

当然，作为言语活动尤其是言语感知研究领域的知名学者，什捷尔恩的成名作是其于1992年独立出版的《言语活动的知觉视角（实验研究）》一书。该著作是在其1990年答辩的博士论文基础上形成的。什捷尔恩在该著作中从心理学特有的知觉（перцепция）视角，对言语感知机制进行了比较系统的基础性研究并取得重要成果。她的研究方法是：分别以俄语的音节和俄、法、德、英语的词以及俄语和英语的语篇为实验材料，设置了言语知觉的各种条件，如噪声、听觉迟钝、失语症损伤、带某种口音的发音、无语境、有语境、母语和外语等。此外，她还对言语知觉的不同主体类别进行了比照，如单语者与双语者、成人与儿童等。

3.3.1 "普遍模式"的建构

依照什捷尔恩的观点，国内外学界对言语感知进行研究的学者很多，也取得许多重大学术和实践成果，但多数研究者习惯于按照本国的语言来描写"各自的语言层级"，而无法从中建构起一种普遍模式（общая модель）或普遍机制（общий механизм），因此，在现有成果基础上构建言语感知的某种普遍模式和揭示其普遍机制就显得相当迫切。(Штерн 1990: 4–5)以上话语表明，什捷尔恩对言语感知的研究目的与以往研究的最大不同就在于：它所要构建的并非仅仅适用于俄语言语感知的模式或机制，而是适用于印欧语系中主要语言的言语感知的普遍模式和普遍机制，这也是她要在该著作中对俄、法、德、英等多种语言的词语、语篇进行对比的原因所在。据此，她提出本著作的两大研究任务：（1）研制知觉层级（уровень перцепции）上的言语感知分析方法，包括按照语言学本质特征研究任何言语片断的知觉，探寻研究扩展语篇知觉特点的其他方式；（2）建构言语感知模式，包括用于不同层级片断以及不同感知条件的个别模式，俄语、英语、德语的普遍模式，个体发育感知模式，双语现象（билингвизм）感知模式等。(Штерн 1990: 6)该两大任务的确立，表明着什捷尔恩的研究目标是要创建一门心理语言学的分支学科——知觉语言学（перцептивная лингвистика），其主要原理是建立在对不同语言、不同层级的一系列实验分析的基础上的。如，该著作共审视了约90个听

[①] 姆尔金是彼尔姆大学的著名语言学家，研究领域几乎涉及语言学的各个领域，最有成就的是关于派生学（дериватология）研究，尤其是语词派生机制研究。由于彼得堡心理语言学派的萨哈尔内依和什捷尔恩夫妇都来自彼尔姆大学，因此他们的心理语言学思想与姆尔金的学术思想比较接近。

力试验结果（近18万个反应），约50个刺激-反应方法之外的其他方法实验，包括指数化（индексирование）、鉴定评价（экспертная оценка）、概率预测等，并对约200个扩展语篇进行了详细考察。什捷尔恩正是依据上述实验和考察的结果，并运用实验统计法（экспериментально-статистическая методика）来研究言语感知普遍模式问题的。她用该方法对言语感知机制的数十种个别统计模式（частная статистическая модель）进行了构建，并在此基础上构建出各个层级上的言语片断感知的普遍模式。

3.3.2 实验分析结果

通过理论建构，什捷尔恩对言语知觉的普遍模式进行了大规模实验，取得如下结果：

1）所有语言层级的言语片断都存在着普遍感知机制。除了要构建一个具有共性的言语片断感知模式外，还需要确立对不同层级的言语片断感知进行界说的普遍因素，如在恒定噪声（белый шум）条件下音节、词的感知中所体现的重读元音、频率、辅音的一些区别性特征等。感知孤立词的一些重要因素，同样也体现在对语篇中的词语感知中。在每一种干扰中都可以找到一组重要的语言特征，如与声学特性联系最为紧密的语音因素即使在声学上相互对立的条件下也同样发挥着作用，这证明，对可领悟言语片断（осмысленный речевой отрезок）的识别并不取决于干扰的类型。感知机制中存在着不受干扰类型制约的普遍因素，但同时又会受到干扰量的制约。由此，言语感知中的特征并不具备绝对的重要性，特征的重要性只有靠具体的接收条件（условие приёма）来决定。既然可以将重要的语言特征解释为识别机制的运作单位，那么在不同的接收条件下，听者就会使用不同数量的运作单位及其组合，并按照运作单位的重要性程度来选择使用的顺序。

2）操作单位（因素）是一个等级组织，但这并不意味着它们是按先后顺序进入感知过程的。也就是说，识别并不是固定地从某个特征开始的，运作单位的使用是同时进行的，因此，参与言语感知的有两种单位：一种是传统上区分的对象单位——音节、词和句子；另一种是知觉过程的运作单位——对言语感知具有重要意义的语言特征。

3）言语感知的语言特征具有等第（градация）。正是等第这一重要特征在最佳度量（оптимальная метрика）上成为感知的决策单位（единица принятия решения）。（Штерн 1990: 41–43；Залевская

1999: 241–242）

以上不难看出，什捷尔恩对言语知觉的研究带有鲜明的认知心理学性质，它与扎列夫斯卡娅提出的心智语汇对词的识别过程的解释，以及莫斯科心理语言学派中齐姆尼亚娅提出的有关言语感知学说有许多相近之处。她的研究遵循了俄罗斯心理语言学范式中有关感知能动性的基本理论，即承认含义加工程序的作用，因此又具有鲜明的俄罗斯特色。正如小列昂季耶夫指出的那样，什捷尔恩得出的结论与齐姆尼亚娅的研究结果相一致，都认为单个语句感知（восприятие отдельного высказывания）与完整可领悟语篇感知（восприятие цельного осмысленного текста）之间的相互关系不能采用两个极端的方式，无论是从语句到语篇还是从语篇到语句都是不正确的。（Леонтьев 2005: 138）小列昂季耶夫之所以得出上述论点，是因为什捷尔恩和姆尔金在1991年合著的《语篇及其理解》中就曾提出，"从部分到整体"和"从整体到部分"两种感知战略，就如同从两个方向上挖掘隧道一样，是同时进行的。（Мурзин, Штерн 1991: 154）在我们看来，什捷尔恩对言语知觉研究的最大特点，是基于认知心理学基本学理的对语言感知普遍模式的建构和分析，这就决定了她更多关注语篇感知中词的语音或言语片断方面。

2012年，俄罗斯科学院乌拉尔分部彼尔姆科学中心（Пермский научный центр Уральского отделения Российской академии наук）召开学术研讨会，纪念什捷尔恩诞辰70周年。与会专家学者围绕什捷尔恩科学研究所涉及的4个方向——言语感知问题、心智语汇问题、语篇研究的心理语言学问题、交际问题，进行深入探讨。[①]会议一致认为，她对彼尔姆社会心理语言学派的形成（她本人及其丈夫萨哈尔内依都来自彼尔姆大学，因此，她随丈夫调到彼得堡工作后，经常回彼尔姆进行学术咨询和论文指导，并为彼尔姆高校和科研院所培养了多名学生）作出了重要的贡献。

3.4 切尔尼戈夫斯卡娅的神经科学思想

作为彼得堡心理语言学派的主要成员之一，同时也作为该学派奠基人萨哈尔内依去世后的领军人物，切尔尼戈夫斯卡娅在的学术成就主要集中在心理语言学和神经语言学研究领域，其中尤以语言与大脑的关系研究

[①] 什捷尔恩在心智语汇方面的研究主要是结合言语感知进行的，而语篇研究和交际研究大多是与其丈夫萨哈尔内依一起完成的，因此，本节没有作专门的评述。

最为出色，内容涉及语言对人脑的作用和影响，以及人工智能的演进和发展理论等。她于1993年获得副博士学位，1997年以《语言与认知功能的进化：生物学和神经语言学视角》（«Эволюция языковых и когнитивных функций: физиологические и нейролингвистические аспекты»）的论文取得生物学和语文学博士学位，迄今已出版和发表的著述超过300多部/篇。限于篇幅，我们在这里仅就其大脑研究（包括实验研究）的最新学术思想及成果进行评述。

切尔尼戈夫斯卡娅在《大脑结构与语言结构：大脑不对称性和语言结构》（1996，与萨哈尔内依等人合著）、《语言、大脑和计算机隐喻》（«Язык, мозг и компьютерная метафора»）（2007）、《薛定谔猫的柴郡猫微笑：语言与意识》（«Чеширская улыбка кота Шрёдингера. Язык и сознание»）（2013）、《21世纪语言与思维实验研究：传统与潜力》（«Экспериментальное исследование языка и мышления в XXI веке: традиции и возможности»）（2015）等著述中，都论述了语言与大脑的关系及实验问题。她从神经生物学、神经语言学等多重视角出发，对大脑的运作机制尤其是语言系统对大脑的作用问题以及21世纪的神经科学的实验问题作了深入的描述和分析。

1）关于人脑的计算机隐喻问题。切尔尼戈夫斯卡娅认为，人脑记忆做工过程（包括记录、计算和搜索等）与计算机记忆做工过程有很大不同：后者的基础是地址访问（адресация），即指示出信息的位置，不同的内容搜索由地址援引系统予以保障；而人脑记忆也同样拥有快速读取所需信息的钥匙集成，但如果我们要获取可比性结果（сопоставимые результаты），却丝毫无法确信其过程本身是否就是如此。人拥有无比大的自由度来选择记录和读取信息的算法，从而使心理过程变得十分复杂。（Черниговская 2007: 1–2）因此，在她看来，下列一些心理过程特性与人脑的计算机隐喻毫不相干：（1）语境的特殊作用。语境在对信息和事件进行多重解释中扮演着十分重要的角色，这是因为：世界总是反映在棱镜中的，一种生物的世界对另一种生物世界而言是不可渗入的，只有高度组织的意义才有可能顾及他人的世界；（2）搜索同一个信息的不同路径潜能。计算机搜索同一个信息可有不同的路径，在不同的时间也可采用不同的算法，而人脑在心智工序（ментальные операции）作用下通常采用的是同一个路径，如果每一次都尝试采用新的路径，那就无外乎精神分裂了；（3）所对比客体或程序的不可预测性。对客体或程序进行对比通常具有意外性，客体彼此间相距越远，对比程序的不可预测性就越高。而人的大脑只能看见、听见和感觉到所想和所能看见、听见和感觉的东西，而非是世界上的一切事物；(4)描写的模糊性或非精确性。这并不会降低记忆中搜索和建构行为算法的有效性（通常与大脑右半球的意识类型有关）。因此，不能认为人感觉简单的东西，对计算机而言就是复杂的，或者相反，人感觉复杂的东西，对计算机而言就是简单的；(5)由文化和所解算题决定的思维类型的多样性。思维的类型很多，有日常思维、科学思维、宗教思维以及游戏思维等，因此，我们不能采用一个标准来界定我们的生物种类及心理过程。这种思维的多样性是由大脑本身所提供的，尤其是由大脑半球功能组织的特点来保障的；(6)人的心理特性有"呵痒心脏"（щекотка сердца）的作用。这一作用可以暂时地排除恐惧和良知。而如果我们"呵痒理智"（щекотка разума）的话，则可以破坏理智法则以及合理的意义和礼节（幽默、笑、狂欢等）。计算机能否使幽默模式化呢？多半是做不到的，如果能使其模式化，也只能是将那些简单的、非混合的和非解码的东西模式化。(Черниговская 2007: 2-4)基于以上对人脑计算机隐喻基本特性的认识，她提出有必要确定人的语言学能力（лингвистические компетенции）和语言能力的"人类学清单"（антропологический список）的界限，认为这是当代语言学和认知科学实验研究的核心方法问题之一，这是因为：无论是对假说进行诠释，还是对经验主义研究的结果作出解释，重要的是，一方面要认识到用以组织复杂行为、个体和社会教学、信息编码以及高级层次上的意识编码的演进原则的共性问题，另一方面还要认识人所特有的程序模式——既区别于由计算机隐喻所表达的模式，也区别于其他生物种群潜能的模式。(Черниговская 2007: 4)

  上述话语表明，当代俄罗斯神经语言学研究的重要方向之一是人脑的计算机隐喻问题。该隐喻即将人的信息加程序类比于计算机的信息加工程序。本著作已经在介绍"心智语汇"的研究中，涉及特维尔心理语言学派中的佐洛托娃对计算机隐喻问题所进行的研究，相比之下，切尔尼戈夫斯卡娅对这一问题的阐释更加系统，她所列出的人脑的计算机隐喻无法涉及或解决的人的复杂心理过程的6个方面，对理解计算机隐喻的功能和特性，尤其对深刻认识人的复杂心理过程特性具有一定的神经科学意义。也正是在此基础上，她进一步提出了当代人脑研究必须从20世纪的行为主义图式（бихевиористские схемы）转向21世纪的认知图式的重要性问题，因为当代语言学研究不考虑生物学、心理学和心理生理学等是不可能解决其基本任务的。她还预测，语言学实验研究的颇有前景的和必然的方向之一，就是检验计算机隐喻的做工能力（работоспособность）问题，即对儿童掌握第一语言的数据以及大脑各种病态条件下的语言系统的崩溃等进行跨语言对比研究。（Черниговская 2007：5-6）

2）关于语言的功能和特性及其对大脑的作用问题。这似乎并非新命题，因为心理语言学或神经语言学研究的根本问题之一，就语言与人的心理或心智形成过程的关系。但切尔尼戈夫斯卡娅对语言功能和特性的认识，并非从普通语言学视角出发的，而是从神经语言学和认知心理学的独特视角出发的，因此，这些认识对人脑机制的科学认知更具针对性。她认为，依照雅各布森的观点，语言具有下列主要功能：（1）指涉功能（референтивная функция），即指向语境。这一点特别重要，因为一切都取决于语境：形式上同一个报道可以携带完全不同的信息，这就取决于不同的语境（窄语境还是宽语境），也取决于深度不同的背景知识的同一性程度；（2）表情功能（эмотивная функция），即表达说者对所说语篇本身的立场；（3）意动功能（конативная функция），即用以对听者作出评价；（4）接触功能（фатическая функция），即建立与交际者的联系；（5）元语言功能（метаязыковая функция），即用以认识语言代码本身的特点，如语言体裁、语体、语言游戏等。此外，还有诗学功能（поэтическая функция）和魔幻功能（магическая функция）等。（Черниговская 2007：8）在切尔尼戈夫斯卡娅看来，语言的功能清单是开放的，尤为重要的是要对同样具有开放性质的人的语言特性清单有足够的认识。为此，她列出了对认知科学尤其对认识人脑机制的语言特性清单。它们主要是：（1）能产性（продуктивность），指拥有语言的生物（人）可以用有限的单位来创造和接受无限的信息，即掌握语言的人原则上可以说出从未说过和听说过的东西。换言之，能产性就是能创造和理解崭新的信息，这一过程也包括相似性思维的能力，即寻找与已知现象相似性的能力，同时，又能掌握大量信息，如儿童掌握成年人的语法就不需要有显性规则；（2）双重性（двойственность），指语言同时具有音响组织（звуковая организация）和含义组织，人的语言不需要为每一个信息都建构一个单独的信号，就可以从该语言有限的音位和音节集成中通过各种组合而建立起来。这一逻辑同样也适用于更高层级组合：由词构成句子，由句子构成语篇。语言的双重性特性，使象征构式（конструкции из символов）的建构成为可能性；（3）任意性（произвольность），指根据语境对所说内容进行各种界说的潜能，这是语言最主要和最重要的特性；（4）移动性（перемещаемость），指信息源在时间和空间上的移动。

这是信息发出者和信息接受者在时间和空间上彼此被隔断的条件,同样,对信息的反应也会在时间和空间上被隔断。正是语言的这一特性,使得千百年前写就的语篇可以对当代世界产生影响,不但如此,人们还可以与早已过世的语篇作者进行对话;(5)语法规范性(грамматичность),指不同的具体语言或多或少所具有的单位搭配固定序列;(6)层次性(стратификация),指语言单位层级的区分,如区分为音位、词素、词、句子等;(7)多通道性(мультиканальность),指可以将语言分为有声语、身势语、文字、盲文等;(8)时制性(темпоральность),指借助于语言所表达的时间观念;(9)文化传承性(культурная переемственность),指只有人的语言才使文化演进成为可能,个体所积累的经验甚至可以对一代人的文化产生影响。(Черниговская 2007: 9–10)以上不难看出,切尔尼戈夫斯卡娅列出的上述语言功能和特性,不仅与普通语言学所审视的内容有很大不同,也与20世纪经验主义研究的内容有本质区别。在她看来,经验主义所看重的语言特性主要是词序(порядок слов)、零成分(нулевые элементы)——即无含义负荷的空范畴、动词配价程序(процедуры с глогольными валентностями)以及纯语法成分(чисто грамматические элементы)等。(Черниговская 2007: 11)

那么,语言的这些功能和特性对人脑研究到底有哪些作用呢?对此,切尔尼戈夫斯卡娅在该论文中也作了简要论述。她提出的一个重要观点是:"人的语言并非仅仅是一种高级心理机能,而且是一种特殊类型的大脑计算能力(вычислительная способность мозга)。这一能力不仅使建构和组织异常复杂的交际信号成为可能,也使形成有关世界性质、结构和法则的观念和假设成为可能。因此,大脑计算能力是保障高级符号系统功能化和象征性行为的能力"。(Черниговская 2007: 17)在此,她一方面赞同乔姆斯基提出的语言能力具有天赋性的假说,认为人的语言能力就是人脑的特性,是人进行言语活动的基础;另一方面也援引了特维尔心理语言学派提出的有关心智语汇的观点,认为语汇作为构成语言相互作用的"模数",即一种复杂的、按照不同原则组织起来的词位、词形集。(Черниговская 2007: 17–18)在她看来,人之所以具有类比和探索相似性的能力(将单个的特点和现象合并为类别的能力),主要归功于所谓的"初始观念"(концепты-примитивы)。当代认知科学表明,从起源看,初始观念具有天赋性,它们在基因上就嵌刻于人的大脑中,而不是早期习得(раннее научение)的结果;从功能看,语言的作用不仅仅在于对客体和现象进行称名和确定,还在于执行某种意向和影响,包括由施为句（перформативы）这一专门结构所表达的"以言行事之力"（иллокутивная сила）；从数量看，初始观念大约有30个单位，它们首先与空间和空间中的运动有关（如始与终、上与下、内与外、节律运动、直线运动等）；从结构看，初始观念具有等级性，并形成系统。该系统具备新观念发生器机制，用以对各种假设作出解释。据此，她进一步推论，由于人的生物和心理演进，使人的大脑拥有了计算、递归和心智表征（ментальные репрезентации）的能力，从而构建起思维及人的语言的基础。这样一来，新的"语法机器"（грамматическая машина）就能为组织（思维）和传递（交际）复杂的观念而不断地培育出新的语言结构。（Черниговская 2007: 18–19）关于人的系统发育（филогенез）和个体发育中语言对大脑非对称性（церебральная асимметрия）所起的作用问题，切尔尼戈夫斯卡娅认为可以从以下几个不同视角加以研究：遗传因素和环境（受教育和文化类型）的影响，两性异形（половой диморфизм）、半球结构（гемисферные структуры）成熟的不同速度，神经过程所经历的不同速度（如在分析需要高速加工音位程序时，可能会影响大脑左半球的特殊作用）等。目前，学界在保障语言和其他高级机能机制的研究方面，依然混合使用局部模式（локализиционистская модель）或整体模式（холистическая модель），但临床数据和大脑机能成像技术（функциональное картирование мозга）越发清晰地证明着大脑不同区域对保障人的语言活动所扮演的作用。如，有研究表明，不同的语法范畴有不同的神经元机关（нейрональные представительства）。（Черниговская 2007: 19–20）

以上不难看出，切尔尼戈夫斯卡娅对语言功能和特性的认识具有神经科学的性质，她在该论文中不仅梳理和总结了俄罗斯心理语言学传统，还援引了众多国外学者的思想。可以认为，她对神经科学尤其是大脑机能的研究，主要是基于语言所具有的功能和特性出发的，这与心理学家、生理学家和生物学家的视阈有较大不同，也正因为如此，她的研究才显现出神经语言学的属性。正如她本人所说，她的所有研究都基于这样一种假设：语言是大脑、思维和世界的接口（интерфейс）。（Черниговская 2013: 10）

3) 关于语言与思维的实验研究问题。切尔尼戈夫斯卡娅在 2015年发表的文章《21世纪语言与思维实验研究：传统与潜力》中，就现阶段的神经科学实验研究阐发了自己独到的看法，似可以被看作该领域未来一个阶段彼得堡巴洛诺夫-杰格林学派实验研究的发展方向。她在该文中主要表达了下列颇有见地的观点：(1)语言、思维及其大脑机制的研究将在21世纪的科学中占据着重要地位。她认为，人是按照大脑所能够认识的世界方式来认识世界的，也就是说，世界对人而言，是其能够感知、分类和描写的世界，人及人类文明在世界中的地位，都取决于人对大脑机能的理解。正如俄罗斯著名生理学家乌赫托姆斯基（А.А.Ухтомский）在量子力学（квантовая механика）出现之前就预见到的那样，"没有客体便没有主体，就如同没有主体也就没有客体一样"。(2)语言和意识研究的主要障碍依然是对我们以为理所应当现象的理解的不确定性问题。如，在我们借助于大脑成像（мозговое картирование）技术研究人的高级机能时，或讨论人工智能越来越庞大系统的特性时，我们究竟要探索什么？对意识的解释也有很大分歧，从意识、反射至意识、潜意识和无意识过程的对立等。(3)确定语言学能力和语言能力的人类学清单边界十分不易（这是她在2004年发表的论文中阐发的观点，详见上文）。(4)当代对人的人类学本质的探究具有多学科交叉性。如果忽视生物学和心理学数据，就不可能解决语言学的许多基本问题；如果不考虑人类学知识，也就不可能对自然科学的研究成果作出正确诠释；而如果不考虑多学科综合，甚至研制具体的、可阐释的实验也不可能。为此，应该关注建立在乌赫托姆斯基提出的主导（доминанты）、观念，以及著名生理学家阿诺欣（П.К.Анохин）提出的功能系统论（теория функциональных систем）学理基础上的新心理生理学（новая психофизиология）。该新科学具有认知图式的性质，它所构建的有关人的集成知识（интегральные знания），完全可以决定新世纪的科学和哲学空间，也有利于克服将大脑机能理解为一种孤立的机能和无理据的抽象物。(5)心理语言学和神经语言学研究在新世纪具有特殊地位。该特殊地位不仅体现在认知科学和神经科学研究中，也体现在语言与思维科学人文部分的研究中，因为心理语言学和神经语言学研究为用实验方法检验自然科学聚合体以及语言学基本原理本身提供了可能。在这一知识领域，俄罗斯在传统上占有世界领先的一席之地，谢切诺夫（И.М.Сеченов）、乌赫托姆斯基、巴甫洛夫、别赫捷列夫、维果茨基、阿诺欣、老列昂季耶夫、卢利亚等国内著名学者的奠基性著作，都为对人的高级心理机能的研究做出了贡献。(6)语言与思维的实验研究具有重要价值。该价值首先体现在两个方面：一是分析儿童语言形成，主要指儿童语言的正常和病理言语发育情况，如言语不清（алалия）、遗传异常（генетическая аномалия）、朗读障碍（дислексия）、书写障碍（дисграфия）等；二是分析失语症及其他大脑损伤病人的语言系统崩溃情况，如阿尔茨海默病（болезнь Альцгеймера）、帕金森病（болезнь Паркинсона）、威廉姆斯综合征（синдром Уильямса）、注意力缺失症（дефицит внимания）等。大脑成像和其他高技术方法对上述领域的研究有特殊意义。(7) 跨语言研究意义重大。主要体现在以下几个方面：一是对操不同语言但有相似综合征（сходные синдромы）人群进行研究，可以为神经科学乃至人文领域提供珍贵资料；二是在精神分裂症（шизофрения）、自闭症（аутизм）和应急反应状态下神经元网络（нейронная сеть）做工中的"断线"情况，以及特殊天赋能力人群的超能力（сверх-способности）研究有重要意义；三是对作为心智类型和决策方式（其中也包括有基因理据的类型和方式）体现形式的语言与文化差异研究尤为重要。跨语言研究的实验方法也可以采用实验心理学方法，如启动法（методика прайминга）、词汇决策法（методика принятия лексического решения）、微眼动记录法（методика фиксации микродвижений глаз）、句法分析法（методика парсинга）等。(8) 依据近亲语言数据而将人的语言能力视为生物种群能力的时代已经成为过去。如今，已进入采集语言多样性信息的时代，为此，需要将类型学事实和精心搜集的普遍现象与神经生理学、神经心理学以及遗传学资料进行对比。(9) 大脑的认知研究需要各领域专家的合力。为此，心理学家、神经生物学家、语言学家、数学家以及遗传学家的协同，才是唯一可能的算法。(10) 研究人的大脑功能化原理和机制，需要有高精端的技术装备予以支撑，并在专门实验室和临床条件下进行。(11) 研究的重要分支是言语感知和言语生成的计算机功能化研究，也就是对言语进行自动分析和综合。对此，俄罗斯无论在言语生理学（физиология речи）领域，还是在语音学和生物声学（биоакустика）领域，都有厚重的传统。(Черниговская 2015：483–488)

  以上所列的11个观点，就构成了切尔尼戈夫斯卡娅有关21世纪语言与思维实验研究的主要思想。作为当代俄罗斯神经科学领域最著名的科学家之一，她的上述思想代表着新世纪俄罗斯神经语言学的研究方略和基本方向，那就是：对人的大脑研究需要多学科交叉，尤其要与心理生理学、神经生理学、神经生物学等协同进行。其中，她尤其强调了大脑的神经科学研究要与人文科学交叉并在跨语言语境中进行实验研究的思想，既顺应了世界学界的发展趋向，也彰显出对本国语言学、心理学、生物学、生理学厚重传统的传承（尤其与彼得堡心理语言学派奠基人萨哈尔内依倡导的"人脑作用研究"主旨相吻合），而大脑神经元网络研究、大脑成像技术研究等,将成为神经科学研究中的前沿领域。

彼得堡心理语言学派时间不长的学术成果,主要体现在以下5个方面:(1)在语篇的多层级主位–述位结构研究中取得新进展,研制出语篇感知的统计学模式以及随机预测机制模式等;(2)从多重视角开展的对人脑左右两个半球作用的心理语言学和神经语言学研究,从而在保障人的言语和认知功能方面取得新的成果;(3)制定和鉴定了新的方法,用以研究规范的和具有各种遗传性病理的言语和书写能力的掌握及功能机制过程等;(4)对言语感知普遍模式的建构,将莫斯科心理语言学派和特维尔心理语言学派提出的主要以单个语句为主的感知模式,上升到整个语篇的感知,且用大量实验证实了普遍模式的有效性和实用性;(5)开辟神经语言学研究新领域,使该学科研究朝着更加科学化的方向发展。

综上所述,俄罗斯心理语言学范式中的"三大学派"(也包括其他心理语言学派或研究中心),都是在小列昂季耶夫所创立的言语活动论基础上发展起来的。也就是说,莫斯科心理语言学派是俄罗斯心理语言学范式中的代表性学派——由科学院语言学研究所和莫斯科大学组成的"学院派"。如,言语活动论中的研究对象、内容、方法、原则等基本学理,几乎都是由该学派(尤其是小列昂季耶夫本人)首创的,它所培养出的数十位教授和副教授分散到全国各地高校或研究机构后,又相继建立起各自的学派或研究中心。特维尔心理语言学派的奠基人扎列夫斯卡娅并非学院派出身,她出道于阿拉木图外国语学院,后转至特维尔国立大学,专门从事外语教学尤其是词汇教学的心理语言学研究。但就方法论而言,该学派并无独创之处,而只是将言语活动论的基本原理运用到对词义的生成机制研究,后来又拓展到语言意识领域,将词义视作心智语汇的单位加以分析,并在语篇理解、双语问题和自然元语言研究方面取得显著成果。可以认为,该学派的研究是对莫斯科心理语言学派的继承和发展,尤其是在词义研究方面有突出贡献。至于彼得堡心理语言学派的学术活动,总体上也是在言语活动论的框架内展开的,其学术成果主要集中在对心理语言学的一般问题和个别问题的理论探索和实验验证方面,其学术样式有以下几个鲜明特点:(1)从学理渊源看,它生成于彼得堡语言学派传统。该传统擅长对言语活动的模式化研究(言语的感知、生成和思维等),以及人的心智语汇组织研究等,因此,彼得堡心理语言学派在言语活动的语言层级的研究方面成果颇丰;(2)从研究方法看,它则重视谢尔巴所开创的语言学实验法,即从语言学视角来审视验证心理学的若干主题;(3)从研究内容看,它偏重语篇的心理语言学问题,既有功能和交际视角的语篇研究，也涉及知识形成机制的心智语汇问题，更有较为前沿的神经语言学审视；(4) 倚重学术研究的实验性和应用性，着力解决社会生活和语言教学中有关心理学的实际问题，使其学术样式更多地具有社会心理学语言学的性质。[①]也就是说，如果说该学派对言语活动论的发展有哪些贡献的话，那主要集中在语篇层级的活动论阐释，以及拓展到神经语言学领域，使言语活动论研究由莫斯科心理语言学派以理论建构和质化研究为主，转变为以语篇层级的言语感知的量化研究或科学研究为主，并由心理学和语言学的双向交叉为主，转变为与当代认知科学、神经生理学、神经生物学以及计算机科学等多学科交叉的新型学术样式。

---

① 彼尔姆社会心理语言学派正是在什捷尔恩及其丈夫萨哈尔内依的具体指导和帮助下形成的，这从一个侧面证明了彼得堡心理语言学派学术样式的性质。

第 4 章　俄罗斯心理语言学范式中的若干理论学说

　　俄罗斯心理语言学范式的核心内容是由莫斯科心理语言学派的奠基人小列昂季耶夫所创立的言语活动论。至20世纪70年代中期，该样式的完整理论和实验体系已基本构建完成。在世界心理语言学研究实现向"认知心理学"转向即开启所谓的"后乔姆斯基"时代的大背景下，俄罗斯学者从70年代中期起在言语活动论基本学理的基础上，开始了向更加广阔领域的扩张步伐：他们不再局限于对句子层面的言语生成和言语感知作出分析，而是与人的思维过程尤其是与"说话的人"即"语言意识"的心理特征和表征紧密联系在一起，突出信息（语言）加工中的民族文化以及跨文化语境等因素，形成了若干个有影响的理论学说，其中最受推崇的是语言个性理论（теория языковой личности）、先例理论（теория прецедента）和定型理论（теория стереотипа）。这些理论学说不仅构建起俄罗斯心理语言学研究的学术高地，也吸引众多学者参与其中，一定程度上引领着语言学各分支学科的研究方向。

　　需要说明的是，2021年，俄罗斯科学院语言学研究所推出自心理语言学诞生以来的首部总结性集体著作《俄罗斯心理语言学：总结和前景（1966-2021）》(«Российская психолингвистика: итоги и перспективы (1966-2021)»)①，主编为当代俄罗斯心理语言学的领军人物斯捷尔宁、乌费姆采娃，还有一批当代著名学者分别在该集体著作中承担各研究方向的作者，如阿胡金娜、彼得罗娃、别梁宁、克拉斯内赫、塔拉索夫、扎列夫斯卡娅、佐洛托娃等。在该部一定意义上具有"权威性"

---

① 该著作将作为独立学科的俄罗斯心理语言学的起始时间确定为"1966 年"，其标志主要是在当年召开了第一届心理语言学研习班。对此"形成时间"和"形成标志"，本著作并不认同（见本著作第 1 章的有关内容）。

和"全面性"的著作中①，专门辟有"民族心理语言学研究"专栏，其中就有"语言个性"（языковая личность）研究；此外，该著作在论述心理语言学的"空缺"学说和索罗金的语篇理论中，在克拉斯内赫撰写的《文化中的语篇心理语言学研究》（«Психолингвистическое исследование текста в культуре»）一文中，都涉及心理语言学视角的"定型"和"先例"现象研究内容。因此，本章将主要审视上述几种理论学说。

第1节 语言个性理论

语言个性研究属于民族心理语言学研究范围。语言个性理论作为心理语言学领域的一种理论样式，创立于20世纪80年代中期，被学界公认为当今认知心理领域最具阐释力和影响力的理论学说之一。

1986年，俄罗斯著名心理语言学家卡拉乌洛夫在国际俄罗斯语言与文学教师协会（МАПРЯЛ）第六次大会上所作的题为《论先例文本在语言个性结构与功能中的作用》（«Роль прецедентных текстов в структуре и функционировании языковой личности»）学术报告中，首次从心理语言学和跨文化交际角度将"说话的人"界说为"语言个性"。（Караулов 1986: 105–126）翌年，他又集多年潜心研究之心得出版了学术专著《俄语与语言个性》（«Русский язык и языковая личность»），从理论与实践的结合上对语言个性的基本学理、结构和方法论意义等进行了系统阐释。该著作被学界称为语言个性理论的奠基之作。之后，他还发表了若干篇论文，对该理论构架、目的、意义等作了进一步的论述和完善。（Караулов 1989, 1995, 1996）因此，该理论的形成与卡拉乌洛夫所作出的开拓性、奠基性贡献密不可分。

---

① 该著作是俄罗斯心理语言学发展史上第一部全面总结过去并规划未来的学术成果。从参与者的身份以及所涉及的研究领域看，可谓具有一定的"权威性"和"全面性"，但就其研究内容的深度和广度看，并没有对言语活动论的基本原理作出系统而深入的发掘和阐释，也没有对三大学派的基本思想作出详细论述，更没有对相关理论以及焦点、热点问题予以重点关注和评析，因此，该部著作总体上属于"史学"性质的回顾、归纳、总结和展望，并没有完整体现出半个世纪以来俄罗斯心理语言学范式所走过的全部历程以及所取得的主要学术成就（当然，仅靠一部著作恐难当此任，本著从该意义上讲亦是如此）。

1.1 "语言个性"的概念及内涵

在俄罗斯心理语言学范式研究中,"语言个性"从科学概念确立到发展成为比较完整的理论体系,经历了数十年艰苦探索的过程。"语言个性"作为术语,最早是由俄罗斯著名语言学家维诺格拉多夫于20世纪30年代提出来的。他最先使用并区分了文学作品中的作者个性(личность автора)和人物个性(личность персонажей)两种不同形式,并对该两种语言个性的特点进行了分析。(Виноградов 1946: 10–12)此后,有多位学者为语言个性理论的形成作出了自己的贡献。如,莫斯科心理语言学派的奠基人小列昂季耶夫于1977年领衔主编了俄罗斯历史上第一部《俄语联想规范词典》(«Словарь ассоциативных норм русского языка»);特维尔心理语言学派奠基人在1977年提出"心智语汇"学说;心理语言学家博金等又从言语生成和理解角度,提出了所谓的"语言个性模式"(модель языковой личности)思想。(见 Богин 1984)上述词典的出版和学说思想的提出,客观上为卡拉乌洛夫创立语言个性理论奠定了一定的思想基础。但遗憾的是,他们的研究并没有在学界引起应有的反响。直到20世纪80年代中期,卡拉乌洛夫对语言个性的概念内涵作了比较系统的阐释后,才引起学界的普遍关注。

那么,究竟什么是语言个性呢?其学理内涵又是什么呢?

首先,语言个性的概念是建立在不同学科对个性(личность)的界说基础上的。"个性"作为科学概念,实际上一直是包括哲学、社会学、心理学、经济学、历史学、文化学、文学研究等在内的人文社会学科以及生物学、生理学、遗传学、精神病学等自然科学研究的对象,且每个学科都有其特定的内涵。如哲学认为,个性是生物遗传学素质、社会因素和心理社会内核——"自我"3个基本部分的总和。(斯比尔金 1990: 447)心理学把个性解释为由生物激励、社会和物理环境及条件相互作用下生成的相对固定的动机禀赋。(Караулов 1987: 35)社会学则一分为二地诠释个性,提出个性是作为意识活动关系主体的个体(即广义上的人),以及作为社会和心理的面貌。(Воробьёв 1993: 12)美国著名语言学家萨丕尔(E.Sapir)则把个性分为5种类型:哲学个性、生理学个性、心理物理学个性、社会学个性和心理精神病学个性。(Сепир 1993: 582–586)可见,所谓"个性",既指人的本质特征,也指人的功能特征:前者反映人的真实本质,揭示个性的"内部行为";后者说明人的社会作用,并以此判定个性的"外部行为"。

其次，语言个性理论视个性为个体社会化的产物，即人的智力和思维发育、成长过程（由婴儿融入社会共体）的结果，是与社会意识或心理密切相关的个体意识或个体心理。这里所说的意识，是指现实世界在人脑中的反映，它具有如下基本特性：(1)它是大脑的高级机能；(2)它只属于人类所专有；(3)它要靠言语机制来实现；(4)它会有针对性地反映客观世界，并对行为和行为的结果进行调节和作出评价。显然，由个体意识向社会意识的转换，只有在人与人、人与社会和人与自然的交际中才能实现。因此，语言个性理论中的个性，可以理解为语言（话语）中通过语言（话语）所体现的个性，或者说是建构在语言手段基础上的个性，亦指人在社会化过程中所获得的语言能力和交际能力。为此，俄罗斯心理语言学家克拉斯内赫对语言个性下了如下定义："语言个性是言语活动所展现的、拥有一定知识和认识总和的个性。"（Красных 1998：17）卡拉乌洛夫则把语言个性界说为"人的能力和评价的总和，它制约着人对言语作品（语篇）的创建和理解"。（Караулов 1989：3）简言之，语言个性既指作为语言主体的个体——语言中的人（человек в языке）即"说话的人"或"交际中的人"，也指人说的语言（язык в человеке）即交际中的语言（язык в общении）。因此，有充分理据认为，语言个性理论研究的实质，是从心理语言学角度来阐释语言生成、认知以及语言能力、交际能力的心理机制，或者说是用心理学的方法来研究语言与文化（这里为狭义的文化，即意识、心智）的相互作用和相互影响机制。

既然语言个性既指"语言中的人"，又指"人说的语言"，那么，语言个性概念的内涵至少包括以下3个方面的内容：(1)作为"语言中的人"，既可以指对现实世界进行思维并在言语中反映该世界的主体，也可以指具有社会意识的个体或文本的作者，还可以指积极的或消极的被调查者（информант）或操语言者，更可以指群体个性、民族个性等。(2)作为"人说的语言"，既可以指语文学家的语言、作家的语言、文学作品中某人物的语言，也可以指社会家庭成员的语言，不同年龄、性别和职业的人的语言，更可以指群体语言、民族语言等。(3)作为研究语言与文化相互关系的一种理论，其研究内容十分广泛，包括语言个性语汇（世界图景）、语言知识、世界知识、语言意识、民族心智体、民族心智空间、联想联系、联想场、内部词库、个体词库、心理语言学实验等。

以上可见，语言个性实际是一个多维聚合体，其概念内涵还包含着言语个性（речевая личность）和交际个性（коммуникативная личность），形成三位一体的对语言使用、语言认知以及操语言者的立体研究。正如克洛布科娃（Л.П. Клобукова）所说，任何语言个性都是多层级和多成分的言语个性聚合体；为了外语教学之目的，各种语言个性可以按语言知识的水平、掌握言语活动的种类以及言语交际的主题、范围和情景等进行区分。（Клобукова 1995：322–323）克拉斯内赫认为，言语个性是"交际中展现的、选择并实现某交际战略和策略、选择并使用某所有手段的个性"；而交际个性则是"具体交际行为的具体参与者"或"处在现实交际中的人"。（Красных 1998：17）以上论述表明，无论是语言个性、言语个性还是交际个性，本质上讲就是思维个性或意识个性。

1.2 语言个性理论的结构及其阐释

既然语言个性的研究对象是"语言中的人"和"人说的语言"，并集中体现在话语生成、认知、交际的能力上，这就决定了不同的语言个性在语言结构的繁简程度、反映现实的深浅程度以及交际行为的目的、意向等方面都不尽相同，这就为揭开语言个性结构之奥妙提供了可能。卡拉乌洛夫正是根据上述认识提出语言个性结构之假说的。他认为，从心理语言学和语言教学论（лингводидактика）视角看，语言个性分别呈现在掌握语言、理解语言和使用语言过程中呈现的语义（词汇语义）、认知（语汇）、语用（动机）3个层级，它们分别由语言单位（языковая единица）、语言关系（языковое отношение）、语言定型（языковой стереотип）组成。具体是：

零层级——语义层级（семантический уровень），或称"言语–语义层级"（вербально-семантический уровень）、"结构–语言层级"（структурно-языковой уровень），是呈网状的集词汇与语法于一体的个人词汇总量，分别由词（词汇）的单位意义、符号关系意义（聚合、组合、联想等）和词（词组、句子）意义等成分组成，主要体现在语言的结构系统中。

第一层级——语言–认知层级（лингво-когнитивный уровень），或称"语汇层级"（тезаурусный уровень），由语汇概念、语汇功能（等级关系、语义场）和概念化的语句组成，主要反映个体对世界的认知状况，揭示和确立语言个性的语言世界图景（языковая картина мира）。

第二层级——语用层级（прагматический уровень），或称"动机层级"（мативационный уровень），它由交际活动需要、交际形式及其情景、角色和话语样式等成分组成，主要显现在由个性的交际动机或目的、意向等引起的交际行为中。（Караулов 1987：37–51）

卡拉乌洛夫认为，传统心理学对个性问题的研究，注重的是"人的非认知方面"，即人的情感描述和意志，而不是"人的智力和能力"。而实际上，人的智力在语言中体现得最为强烈，因此必须通过语言来研究。但是，人的智力特性并不是在语言掌握和使用的各个层级上可以明显观察得到的，普通的语言–语义层级以及词的意义联系、词组、词汇语义关系层级等不可能揭示出语言个性。(Караулов 1987：35)正因为如此，他把语言个性结构中的语义层级定名为"零层级"，认为类似于 *как пройти*（怎样到某地去），*Где достали*（哪里弄到……），*Работает ли почта*（邮局开门吗？）这样的交际，就如同对*туристский*（旅游的）和*туристический*（旅游者的）两个词的选择一样，并不属于语言个性的能力范畴。(Караулов 1987：36)

卡拉乌洛夫的上述观点值得商榷。从语言能力的构素及其形成机制看，语言结构尤其是语义本身就具有鲜明的民族性和文化性。因此，该层级对跨文化交际者和学习外语的人来说，语义层级依然可体现出一定的语言个性。

以上不难看出，对语言个性进行综合分析和完整的描述，应该有3点基本要求：（1）评价语言个性的词汇——语义及语法结构（可以是详尽的，也可以是有区分的）；（2）构建语言个性的语言世界图景或语汇（可以在其文学作品文本或专业测试的基础上进行）；（3）揭示语言个性在话语生成、认知和使用过程中的真实情景要素（如生活和情景主流、立场、动机等）。

因此有理由认为，卡拉乌洛夫的语言个性理论，其实质是广义上的心理语言学和语言教学论视角的语言知识（包括文化知识）和语言能力（包括交际能力）的结构理论，是当代语言学研究"由意义转向知识"的一种崭新样式。

应该指出的是，语言个性结构的3个层级，就其显示个性的"强度"而言，并不是处在同一平面上的，而是由低到高呈梯形状的。也就是说，层级越高，其体现语言个性的强度就越大。当然，它们也处在相互依存的关系之中，但这种依存不是直接的，理由很简单：语义层极的结构，尽管是构成语言个性世界图景的必要前提，但并不就等于世界图景；同样，单凭语言个性的语汇即世界图景，仍无法对其话语的动机即目的、意向等作出结论。这表明，层极之间的相互转换还必须"补充某些信息"。(Караулов 1987：43)这个"信息"，就是词汇背景理论所研究的对象之一的语言文化知识（лингвокультурное знание）。

语言个性作为社会的一种客观存在，实际上是民族精神文化和物质文化历史发展的必然产物，也是民族个性、民族性格、民族意识以及民族经验世代传承的结晶。因而有理由认为，语言中历史的、不受时间限制的、相对稳定不变的"共性"成分，是语言个性的本质特征。

语言学发展的历史告诉我们，每一种新学说的产生，都有其相应的哲学理论作为基础。语言个性理论也不例外。卡拉乌洛夫就认为，语言个性作为语言学的研究对象，从本质上讲是迄今为止所有语言学范式——历史范式（историческая парадигма）、心理学范式、系统–结构范式、社会范式相互作用的结果。①他对这4种科学范式与语言个性的相互关系曾作有如下解释：(1) 语言个性是"民族共体历史发展的产物"（历史范式）；(2) 语言个性是"社会规律的集成和结果"（社会范式）；(3) 语言个性"作为生物动机所生成的一种禀赋，属于心理学范畴"（心理学范式）；(4) 由于语言个性既是符号的创造者又是符号的使用者，因此也同样具有"结构–系统的本质属性（系统–结构范式）"。(Караулов 1987: 11–27)

应该说，卡拉乌洛夫的上述分析以及作出的结论具有重要的心理语言学意义：一方面，它指出语言个性研究应遵循人的"思维和认知规律"以及个性对语言的"进化认识程序"；另一方面，它又规定着语言个性研究的性质与范围，那就是：它并不像一些人认为的那样是"文化性质"的研究或"语言中的文化"研究，而是属于"语言学性质"的研究，确切说是属于心理语言学研究的范围。但卡拉乌洛夫的结论似也有明显的缺陷之处。囿于该理论创立时代的局限性，他并没有把人类中心论范式的核心思想列入语言个性理论研究的范围之中。这一缺憾直到1998年才由另一位心理语言学家克拉斯内赫予以弥补。她在当年出版的专著《虚拟的现实还是现实的虚拟》（«Виртуальная реальность или реальная виртуальность?»）中指出：在语言学研究的新阶段，颇有吸引力的不纯粹是作为某个体的人，而是作为个性的人，这在一定程度上是人文学科研究中人类中心论（антропоцентризм）的影响所致。(Красных 1998: 12)

---

① 目前俄罗斯学界对科学范式的界说并无定论。常见的有卡拉乌洛夫的"四分法"——历史范式、心理学范式、结构–系统范式、社会范式；别列金（Ф.М.Березин）的"三分法"——青年语法学派范式（младограмматическая парадигма）、结构范式（структурная парадигма）和认知范式（когнитивная парадигма）(Березин 2000: 9–25)；玛斯洛娃（В.А.Маслова）的"三分法"——历史–比较范式、结构–系统范式和人类中心论范式。(Маслова 2001: 5–6)

需要指出的是，尽管卡拉乌洛夫的语言个性理论存有时代的局限性，但该理论从4种科学范式出发对个性的语言结构、语言认知以及话语交际能力各要素所作的综合性阐释，依然具有很强的说服力。这种阐释主要集中在基体（база）与变体（вариант）（共时与历时）、超时（вневременное）与实时（временное）（恒量与变量）的辩证关系方面。

首先，从基体与变体的关系看。卡拉乌洛夫认为，语言个性的零层级即语言结构部分，是语言个性构建世界图景的基体或恒量部分（инвариантная часть），它代表着某一社会共体的共性（универсалия）；第一层级即语言认知部分，是在社会意识共性基础上建立起来的，是语言个性的变体或变量部分（переменная часть）。由于每一个个体的生物遗传不同，感知世界的方式和程度也就有别，因而社会化过程中所形成的个性也就有差异；第二层级即话语动机部分，是在第一层级基础上产生的，也同样具有变体的性质。不同个体进入交际时，其对语境的感悟所表现出的话语能力，以及动机所显示的意义和价值等级是有区别的。①

其次，从超时与实时的关系看。卡拉乌洛夫从共时与历时参数的悖论角度对这一对关系进行了阐释。他认为，每一种个性在主观上都把历时参数排除在外，因为从心理上讲，无论对过去还是将来，就个性的感觉而言都是实时的。也就是说，个性在本质上是作为"不受时间限制的"即超时形式显现出来的。在这里，实时是个性的变量部分即历时，而超时则是个性的恒量部分即共时。语言个性的每一个层级都无不显现出超时与实时或恒量与变量的辩证统一。（Караулов 1987：37–41）

显然，语言个性中的超时部分是在漫长的历史进程中逐渐形成的，因此相对于实时而言，其蕴涵的民族文化信息更为厚重。

1.3 语言个性理论的研究现状

从形成背景看，语言个性理论是紧紧围绕"说话的人"这一内核展开的学术探究，是人文学科相互科交叉的产物，尤其是心理学、语言学、历史学、语言文化学、语言哲学等学科的交叉。

俄罗斯学界对语言个性理论的研究已取得阶段性重大成果。1987年卡拉乌洛夫提出该理论假设时，曾划定出3种基本研究途径：一是心理语言学的，二是普通语言教学论的，三是文艺作品分析的。实际上，这3种途

---

① 从上述这些论述看，在语言个性的零层级中，依然可以体现出鲜明的民族个性，这与卡拉乌洛夫本人先前的观点有矛盾之处。

径都是在当代心理语言学所涵盖的范围内进行的,卡拉乌洛夫本人亦正是依据这3种途径来建构语言个性结构模式的,即:用心理语言学理论来建构语言个性的个体发育模式;用语言教学论来建构语言个性的能力模式;用文艺批评理论来建构语言个性的方法论模式。上述3种研究路径的实施,使语言个性研究具有综合的和跨学科的性质。这是由语言个性固有的特性所决定的。研究表明,语言个性的形成既有语言内部结构系统的作用因素,也有语言外部的社会文化制约因素。因此,研究语言个性,既要从微观角度对其内部结构各构成要素进行具体分析,又离不开对其外部因素即宏观角度予以全方位的考察。语言与个性虽是两个不可分的整体,但毕竟还有各自相对独立的方面,因而微观审视"人说的语言"和宏观考察"语言中的人",应该是语言个性研究采取的正确方法。

从发展进程看,1988年,由俄罗斯科学院通讯院士卡拉乌洛夫领衔的"俄语语言个性学派"(Научная школа "Русская языковая шлока")在俄罗斯科学院俄语研究所和语言学研究所正式宣告成立。该学派有正式成员约30名,核心成员5名——除卡拉乌洛夫本人外,还有索罗金、塔拉索夫、乌费姆采娃、切尔卡索娃(Г.А.Черкасова),几乎是清一色的心理语言学家。该学派分别于1997年、2000年、2003年、2008年4次获得俄罗斯联邦总统"重点学派"专项基金的资助。

1989年俄罗斯科学院院士什梅廖夫(Д.Н.Шмелёв)编辑出版了《语言与个性》(«Язык и личность»)一书,比较详实地展示了语言个性研究中认知学、交际学和应用语言学方向的不同维度。(见 Шлемев 1989)该文集共收集上述3个方向上的论文近30篇,研究内容包括以下4个方面:(1)语言个性的类型——包括"现代农村居民的语言个性""非正式场合工人口语""作家口语"等;(2)个性和语言集体——包括"人在社会共体中的言语行为""家庭中的语言""家庭对话和家庭称名";(3)言语中的个体性——"性格的语音标记""演员语调的特点""个体语体成分的词的使用";(4)应用语言学视角研究——"语言意识和动机理论问题""心理语言学实验中被试验者的语言能力""口语司法鉴定视角的语言个性"等。以上4个方面的研究,比较具体地说明了语言个性研究应有的学术张力,其中的许多内容都是以往学界少有问津的,或者说是在其他语言学理论中难以企及的内容。

20世纪90年代起,俄罗斯学界对语言个性的研究呈现出多方向发展的良好态势。如,克拉斯内赫、普洛霍罗夫等新生代学者开始关注语言个性理论。前者从跨文化交际学和认知心理语言学视角对语言个性在话语中的表现形式进行了建构和阐释。她提出，语言个性作为"交际中的人"，应该包括"言语个性""交际个性"等不同形式，因此，应该把语言个性置于语言意识、世界知识系统以及先例现象（прецедентный феномен）的关系中予以考察。她认为，从认知心理学看，语言个性的结构也应该与人的认知结构相类似，由认知基体（когнитивная база/КБ）、群体认知空间（коллективное когнитивное пространство/ККП）、个体认知空间（индивидуальное когнитивное пространство/ИКП）3个维度构成。(Красных 2001：148–151) 后者主要从语用学角度来揭示对外俄语教学中的语言个性的生成机制，以及语言个性与民族文化定型（национально-культурный стереотип）的关系问题。他认为，从言语交际和外语教学的角度看，语言个性体现为言语个性；在言语个性的层面上，既反映出语言个性的民族文化特点，又展示着交际本身的民族文化特点；如果把语言教学看作一种交际手段，那么就必须从两个方面来对待教学过程的民族文化构素问题：一是外语个性应该掌握具有俄语语言个性民族特点的知识和技能；二是交际中语言个性应该体现出各种技能，即在用俄语交际的各种形式中体现具有民族特点的俄语言语个性的各种实践技能。(Прохоров 1996：59–61) 显然，普洛霍罗夫从交际和外语教学的独特视角审视语言个性问题，对外语教学实践和跨文化交际是有借鉴意义的。他的观点也从语言实践的角度进一步证实了这样一个道理：掌握语言个性结构中的"认知"和"语用"两个层级的构素，对言语个性和交际个性来说具有更大的意义或价值。

1988–1997年间，俄罗斯科学院语言学研究所心理语言学部开展了"自闭症谱系障碍"（расстройство аутистического спектра/РАС）系列实验研究，以解释俄语联想语汇中的语言个性现象，为进一步发展该领域的跨学科研究提供了必要条件。

进入21世纪以来，语言个性研究依然是俄罗斯心理语言学范式所关注的热点之一：俄罗斯科学院语言学研究所心理语言学部于2000–2004年间所完成的两个重大专项课题，其中之一就是对"语言个性"的研究。[①]研究内容围绕下列6个方向展开：(1) 语言个性研究：语言意识的认知结构和观念结构以及发生的与民族文化和社会变化相应的演化；(2) 语言个性的民族文化特性研究：俄语世界图景、俄罗斯人的心智和民族性格的语言标志；(3) 语言意识的跨文化、跨民族对比研究：类型学特征、实地

---

① 另一专项课题为"世界形象"研究。

考察、编撰和分析多语联想词典；(4)操俄语者日常语言存在的言语形象研究：语言个性类型学——社会变体、地域变体、历史变体、职业变体、社会性别变体和年龄变体；(5)语言艺术家的语言个性研究：作家语言的词典学参数化、作为翻译对应性工具的语篇联想场；(6)语言个性不同模拟做工模式下的认知者功能化计算机技术研究。以上研究突出了语言意识的形成过程研究、操俄语者的世界图景（世界形象）研究以及语言个性的变体研究等，从而使语言个性理论成为新时期俄罗斯心理语言学研究的主攻方向。

从发展趋势看，语言个性研究将更加关注于跨文化交际语境下个性形成机制问题，即用心理学和语言学的方法来揭示操不同语言者的语言意识和交际行为的特点。此外，为顺应新时代挑战，认知语境的语言个性研究将成为重点方向，它主要关注"如何解决个性心理核心问题的不确定性，以及生物体或复杂的有目的系统的过程为何不是由稳定的先验特征决定的，而是由反向联系（обратные связи）所驱动的与世界的实际互动所决定"的问题。(Шапошникова 2021：178) 得益于上述研究成果，目前俄罗斯心理语言学界对语言个性理论的认识较之以前有不同程度的深化和拓展。如，在理论界说方面，沙波什尼科娃（И.В. Шапошникова）认为语言个性不仅是人学的主要组成部分，更是人的特种共性（видоспецифичная универсалия）——该共性狭义上看是人在言语能力的发育系统中获得的功能产品，广义上看（历史-文化和心理认知学视角）是语言个性在具体文化的含义场框架内遵循着另一套在更加实惠的内容含义投影中才能认知的规则。因此，语言个性具有多维性，对它的研究需要关注不同的坐标系统。(Шапошникова 2021：179–181)

总之，语言个性理论所涵盖的范围很广，甚至包括原社会语言学等学科所涉及的内容，如不同团体的语言个性研究、不同职业的语言个性研究、不同性别的语言个性研究等。但就其本质而言，仍然没有超出索绪尔所提出的语言与言语相互关系的范畴，所不同的是，这种关系是通过语言个性这个特殊"棱镜"进行的。尽管如此，它依然具有不可低估的理论价值和方法论意义，因为这个棱镜是语言研究中由传统的意义研究（静态）向现代的知识研究（动态）转变的标志之一，也是当代俄罗斯心理语言学范式中民族心理语言学研究的核心内容之一。

第 2 节 先例理论

在俄罗斯当代心理语言学研究中，不少学者对"先例现象"表现出极大的兴趣，并由此形成了颇具俄罗斯特色的先例理论学说。从学理上看，该理论主要是从认知心理、跨文化交际等视角来探讨操俄语者语言主体意识的形成机理问题的，因此，它依然属于民族心理语言学的研究范围。由于卡拉乌洛夫在创立"语言个性理论"时，最先是基于对先例文本（прецедентный текст/ПТ）的审视，其核心观点为先例文本对建构语言个性有独特的功用。因此，本节所讨论的先例理论与上文中的语言个性理论有内在的关联性。

2.1 "先例"的概念与先例现象

俄语中 *прецедент* 一词，源自拉丁语 *preccedens*，意为"以前发生的事""以前说过的话"等；汉语中将其定名为"先例"或"前例"——通常被解释为"已有的事例"或"可以供后人援用或参考的事例"。由该普通名词演变过来的语言学术语"先例性"，基本保留了原样的含义，只是将汉语的解释合二为一，表示"已有的可以供后人援用和参考的事例"。

在俄罗斯心理语言学界，最早开始对先例性进行系统研究的是著名心理语言学家卡拉乌洛夫。他在1986年召开的第六届国际俄罗斯语言与文学教师协会代表大会上，作了题为"论先例文本对语言个性结构和建构的作用"的学术报告。（见 Караулов 1986）先例性作为语言个性结构中语用层级研究的主要内容，又被列入次年出版的俄语语言个性理论的奠基之作——《俄语与语言个性》一书中。（见 Караулов 1987）卡拉乌洛夫对先例文本的性质和特征作了如下界说：（1）对某语言个性在认知和情感方面有意义的文本；（2）具有超个性性质的，即该个性周围的人（包括其前代人和同代人）广为熟知的文本；（3）在该语言个性话语中多次重复出现诉求的文本。（Караулов 1987: 216）

除上之外，卡拉乌洛夫在进行上述界说时，还特别强调了先例文本的来源及范围所涉及的3个问题：（1）不能认为先例文本仅源自文艺作品，实际上早在文艺作品问世之前就以神话、传说、口头诗歌作品等形式存在于世界或本民族的文化之中；（2）当代文本的形式多种多样，如除了文艺作品外，可以成为先例文本的还有圣经文本和口头民间创作，如笑话、童话故事、寓言故事等；（3）先例文本又确与文艺作品的体裁有关，如报章小品文以及应用文等就难以归入先例文本的范围,原因是这些文本不是存在信息量不足的缺陷,就是缺乏认知和情感意义。(Караулов 1987: 216–217)

卡拉乌洛夫的上述界说,可以用"认知和情感意义""超个性""广为熟知""诉求中复现"等要素加以概括,这些要素成为先例现象的后来研究者们所依照的主要参数。

但可以看出,卡拉乌洛夫所说的先例文本的概念依然是狭义的,它仅限定在社会共体或民族共体(этнос)层面,而广义的先例文本还应该包括全人类先例文本(общечеловеческий прецедентный текст)、民族先例文本(национальный прецедентный текст)、社会/民族共体先例文本(социумный/этнический прецедентный текст)、群体先例文本(групповой прецедентный текст)、个体先例文本(индивидуальный прецедентный текст)等。这是因为:文化是民族的,也是全人类的,尤其是文化遗产,更具有跨民族的性质,如不朽的文学作品和经典著作(包括哲学、文化学、语言学、心理学、美学)等就是全人类共有的精神财富。有实验材料表明,先例名哥伦布(Colombo)在俄罗斯的知名度比本国历史上著名的农民起义领袖拉辛(С.Т.Разин)还要高出18%(分别为 97%和 79%)(Гудков 1999: 85);在一个和谐的多民族国家里,语言和文化相互渗透、彼此包容,由此而产生了具有全民族性质的先例文本,如我们常说的"美国文化""俄罗斯文化"等,就属此列,因此这里所说的"民族"即民族文化共体(национально-культурное сообщество);社会或民族共体先例文本的概念是最为显现的,也是最容易被理解和接受的。但该社会或民族共体已有别于上述的"民族文化共体"的概念,它只限定在虽属不同民族但却操同一种语言而组成的社会共体的范围之内,如俄罗斯的很多少数民族同样操俄语,他们与俄罗斯族之间就构成了统一的社会共体,心理语言学亦称之为心智–语言复合体(ментально-лингвальный комплекс);群体的概念还比较笼统,还应该细分为大群体(макрогруппа)和小群体(микрогруппа)两类:前者如青年先例文本(молодёжный прецедентный текст)、大学生先例文本(студенческий прецедентный текст)、作家先例文本(писательский прецедентный текст)等,后者如家庭先例文本(семейный прецедентный текст)、夫妻先例文本(супружеский прецедентный текст)等;个体先例文本的形式是存在的,但由于先例是建立在群体以上等级的文化和意识之中的,具有"超个体"的性质,因此不属于此处讨论的范围。此外,卡拉乌洛夫对先例文本所作的某些解释也值得商榷，如一些在时间上虽然相对"短暂"（在新一代人成长起来前已经不再使用），同时也不为该语言个性的前代人"广为熟知"的文本，同样也具有先例性，如某时期有代表性的广告、笑话、口号等。它们的先例性是建立在具有文化价值文本基础上的回想文本（реминисценции），这种回想文本曾经常被使用在当时的话语中。因此，有学者将广义的先例文本界定为"对一定文化群体有价值的、具有完整性和连贯性特点的任何符号单位"。（Слышкин 2000：28）

在卡拉乌洛夫提出先例文本的概念并对此作出解释之后，俄罗斯心理语言学界掀起了一股研究先例文本的热潮，一大批学者如索罗金、米哈列娃（И.М. Михалева）、科斯托马罗夫（В.Г.Костомаров）、布尔维科娃（Н.Д. Бурвикова）、叶芙久金娜（А.А. Евтюгина、泽姆斯卡娅（Е.А.Земская），普洛霍罗夫、克拉斯内赫、斯雷什金、扎哈连科（И.В. Захаренко）、古德科夫（Д.Б. Гудков）、皮库列娃（Ю.Б. Пикулева）等，就先后从不同角度对先例性问题进行了全方位、多层面的审视，从而深化了学界对先例文本的概念、形式、功能、意义等的认识。如，索罗金、米哈列娃就认为，先例文本既是"语言的某些微观和宏观的脚本结构单位"，又建立了审美或类型形象中的"某些选择特征"：前者"在脚本结构中展示认知-情感和价值关系"，后者"以对原文本和外来文本进行区分"。（Сорокин, Михалева 1993：113）科斯托马罗夫、布尔维科娃则认为，先例文本可以理解为"借助文化记忆并通过语言棱镜了解人类生活价值的单位"。（Костомаров, Бурвикова 1994：76）泽姆斯卡娅认为，"文本可以成为先例，进入文本的以不变或可变体出现的引文（цитация）和准引文（квазицитация）同样也具有先例性，因为它们广为人熟知，并在各种文本中经常复现"。（Земская 1996：157）还有学者认为，先例文本是一种先例文化符号（прецедентный культурный знак），它"反映着所指的符号属性"，并"与民族文化背景知识相关联"。（Пикулева 2003：23）

上述学者的界说或阐释，无疑使先例文本的概念具有了多维性或多义性。这不仅是由术语текст本身的多义性引发的，还由于 текст 是多学科研究的对象。那么，如何确定作为先例性的 текст 的含义呢？它究竟是指"话语""篇章""语篇""语句"还是"词语"？是否还包括非语言形式的文本呢？显然，这些问题如果不在理论上加以廓清，就难以对跨文化交际、外语教学等言语实践活动显现出应有的价值。斯雷什金认为，"任何长度的文本都可以成为先例文本：从谚语或警句名言到叙事文学"，"先例文本除了语言成分外，还应该包括标语、连环画、电影等图像和影像"。(Слышкин 2000：28–30) 克拉斯内赫也同样提出"语言的和非语言的"都可以成为先例性的，前者如"各种言语单位"，后者如"绘画、雕塑、建筑、音乐"等。(Красных 2002：46) 两位学者的表述尽管对"先例文本"概念内涵的界说已有深化，但仍然太过笼统，不便于言语实践中把握。为此，一些学者对先例文本作了进一步的分类。如，科斯托马罗夫、布尔维科娃在1994年发表的文章中就提出了"先例语句"(прецедентное высказывание/ПВ) 的概念，认为任何文本中都存在着所谓的"强位"(сильные позиции) 成分，如标题、片段、段落、文本的起始句子以及文本的结束句子等，这些都具有先例语句的性质，因为它们"承载着先例性"，"是文本意义的浓缩"。如：Я там был, мед-пиво пил (童话结束句)；Скажи-ка, дядя... (诗歌起始句)，Что станет говорить княгина Марья Алексевна? (喜剧结束句) 等。(Костомаров, Бурвикова 1994：74) 普洛霍罗夫进一步发展了先例文本的思想，提出了"先例回想文本"(прецедентные текстовые реминисценции) 的概念。他指出，从言语交际结构看，作为语言认知现象的社会文化定型 (социально-культурный стереотип) 不应该归入先例文本之列，而应属于回想文本。这种回想是体现在"某语言文化共体的言语交际结构中的"，它可以是引文——从片断到独立的词组，也可以是名言警句 (крылатые слова)，还可以是具有某种色彩的单独词语——包括个体的新词语、文学作品中的人物名、作品名、作家名等，更可以是直接或间接情景回想文本。(Прохоров 1996：157) 心理联想实验也证明，先例文本在被实验者中只有0.5%的回应率，而先例回想文本则达到1.5%，说明后者在语言个性的意识里比前者具有更强势的地位和作用。可以认为，先例回想文本同样是一种语言单位，但由于它是语言个性意识里复现的文本，因此它不仅与普通的语言单位有区别，也与先例文本的特征不完全相同：先例文本在某群体或社会共体或民族文化共体的成员中"广为熟知"，而先例回想文本则在一定程度上还具有"个体"的性质，因为回想文本是"对先前建立的文本的任何引文"，也就是说，这样的引文可能并不取决于该群体、社会共体或民族文化共体的其他成员是否知晓。此外，克拉斯内赫、扎哈连科等学者还在先例文本的基础上，先后提出了先例名 (прецедентное имя/ПМ)、先例情景 (прецедентная ситуация/ПС) 的新概念：前者指与广为熟知的文本或先例情景有关联的、属于先例性的个体名——包括人名、民族名、地名、事物名等，如犹大 (Иуда Искариот)、伊凡雷帝 (Иван Грозный)、犹太人 (еврей)、库利科沃原野 (Куликово поле) 等；后者指与一定文化伴随意义的集成相关联的标准的或典型的情景, 如霍登惨剧（Ходынка）、混乱时期（Смутное время）等。成为该情景的可以是先例语句或先例名, 以及其他非先例性现象, 如苹果、诱惑、驱逐等引起的情景等。(Гудков 1997: 106–118; Красных 2002: 46–48)

上述学者对先例性结构的分析和阐释, 不仅极大地拓展了先例性研究的学术视野和范围, 也为发展和完善先例性理论奠定了学理基础。在对先例文本研究中出现的纷繁多样的术语概念进行理论思维并使之系统化的过程中, 有一个新的术语受到学界的特别关注, 那就是所谓的"先例现象"。该术语是以克拉斯内赫、古德科夫、扎哈连科等为代表的一批年轻学者提出来的。他们在1996–1998年间多次举行的"文本与交际讲习班"上, 不断对已有先例理论进行修正和补充, 并从心理语言学的角度提出了较为完整的"先例现象"理论的结构体系：

$$
\text{先例现象（ПФ）}\begin{cases} \text{先例文本（ПТ）} \\ \text{先例语句（ПВ）} \\ \text{先例情景（ПС）} \\ \text{先例名（ПИ）} \end{cases}
$$

归纳他们在不同著作和文章中的观点, 可以对该体系作出如下解释：

1) 先例文本——完整和自足的言语思维活动产品, (多)述谓性单位; 复杂的符号, 其成分意义之和与其含义不相对称; 为该语言文化共体的每一个成员所熟知; 在交际中通过与该文本相关联的语句和象征多次得以复现。如文学作品《叶甫盖尼·奥涅金》(«Евгений Онегин»)、《博罗季诺》(«Бородино»)、《战争与和平》(«Война и мир»), 歌曲《莫斯科郊外的晚上》(«Подмосковные вечера»)以及政治和政论文本等。

2) 先例语句——再现的言语思维活动产品, 完整和自足的具有或不具有述谓性的单位(句子或词组), 复杂的符号, 其成分意义之和与其含义不相对称。属于该语句的有各种性质的引文——包括引文本身(文本片断)、作品名称、一个或若干语句的完整复制以及谚语等, 如 Кто виноват (谁之过), Что делать (怎么办), Тише едешь-дальше будешь (宁静致远) 等等。

3) 先例情景——由先例语句或先例名引发并具有某种伴随意义的标准的或典型的情景。如"犹大"作为先例名具有象征意义, 由此引发出"标准"的叛变情景以及叛变的其他特征——告密、可耻等。

4) 先例名——与先例文本、先例情景的名称有关的个体名, 包括人名、地名、事物名、民族名等。如切尔诺贝利核电站（Чернобыль）、茶炊（самовар）等。(Красных 1998: 54-76, Гудков 2000: 53-56, Захаренко 1997: 92-99)。

上述对先例现象结构的构建有以下两大特点：一是并没有包括"群体先例现象"这一层级的内容。作为哲学概念的先例现象，并不是流离或独立于先例文本、先例语句、先例情景和先例名等之外的新事物，而是将它们各自的理论综合化、系统化、理论化的结果，因此先例现象的类型也应该如广义的先例文本一样分为4种类型比较科学。二是在4种先例形式中，属于纯语言性质的是先例语句和先例名，其他两种则具有"混合的性质"，也就是说，先例情景和先例文本既可以是语言的，也可以是非语言的。而作为文化符号的非语言先例现象，需要进行实体化或言语化后才能进入"文化语言"系列，即通过语言手段的某种修饰或象征后，其感知恒量（инвариант восприятия）才能被现实化。

2.2 认知心理视角对先例现象的阐释

毋庸置疑，先例现象研究首先是属于认知心理范畴的，因此，俄罗斯学界从认知心理角度对先例文本、先例语句、先例情景和先例名的心理机制、认知结构等进行了较为全面的审视。

人作为社会化的产物，具有反映社会现实的主观能动性。每一个"说话的人"或"语言个性"都无不在自己的大脑（意识）中打上民族文化的烙印，这个烙印就是"关于世界知识和表象的集成"（наборы знаний и представлений о мире）[①]，它们构成了该民族相应的文化空间或认知空间。在这里，"表象"指人的大脑（意识）对客观世界的反映，"世界"指客观事物或客观现实。那么，客观现实与意识到底是一种怎样的关系呢？哲学认为前者是第一性的，后者是第二性的；而心理学则把意识解释为"由人类活动产生的特殊内在运动"，是"主体对现实、主体活动以及主体自身的反射"。(Леонтьев 1975: 13, 97)意识既是客观现实的反映，也同时进入客观现实。也就是说，意识的"内容"是客观现实的理念方面（идеальная сторона）。克拉斯内赫对此曾用"鱼""养鱼缸""水"的关系来做形象的比喻：鱼离不开水，但鱼和水并不是同一种物质，如果我们把养鱼缸比作含义的话，那么水就是"理念方面"，而鱼则是该理念

[①] 此处的 представление 一词是心理学术语，意为"表象"，即"经过感知的客观事物在人的大脑（意识）中再现的形象"。

方面的某种成分。(Красных 2002：35-36)那么，又怎样解释"理念方面"呢？现代心理学把人的意识中理念方面的这些成分称为"心智事例"（ментефакты）。克拉斯内赫认为，心智事例作为人的意识中形成的关于世界知识和表象的理念形象，是一个多层级的结构体系。在第一层级，它可一分为三——知识、观念和表象，即(Красных 2002：36)：

知识是一种信息或内容单位，是以一定方式构成的结构和等级系统；知识的获得主要靠人的记忆（如靠学习获得数理化知识等），而不是智力创造，因此可以说知识已经脱离开人的意识而构成了记忆的一部分；知识不是偶然事例的联合，而是有序信息体系的集成；观念"犹如人的意识里的文化凝聚块，文化是作为凝聚块进入人的心智世界的"。(Степанов 1997：40)也就是说，观念作为思维单位，是人的大脑（意识）里对客观世界的观念表达；表象与知识和观念不同：从本质上讲，如果说知识具有客观性质的话，那么观念和表象都具有主观性的特征；如果说观念是对客观世界表征中形成的思维或心智单位的话，那么表象则是客观世界在人的意识里再现的形象。请看三者的区别：

知识	观念	表象
由"信息单位"组成	思维单位，涉指范围广泛	表征为广义的"形象"
具有"个体"和"群体"性质	具有"个体"性质	具有"个体"和"群体"性质
具有"公理性"，不需要证实	具有"抽象性"，可以推导出"原型"	具有"理论性"，需要论证
以"展开的形态"储存	以"完形"和"命题"的形式储存	以"浓缩的形态"储存
需要靠记忆，没有伴随意义，具有"理据性"	有聚合体层面，需要言语化表征	包括评价和伴随意义，具有"直觉性"

如上所说已经能够比较清楚地看出，先例现象无论是作为"对某语言个性在认知和情感方面有意义的文本"，还是作为"言语思维活动的产品"，它都是通过表象而获得的。当然绝不是说先例现象与观念无关，恰

恰相反，先例现象作为人的心智图片（ментальные картинки）和言语化的"文化语言"，观念同样是其运作的单位。因此，先例现象与定型一样，也凝聚着关于世界的知识和世界的形象。这样，又可得出如下结构：

心智事例—表象—先例现象（ПФ） $\begin{cases} 先例文本（ПТ）\\ 先例语句（ПВ）\\ 先例情景（ПС）\\ 先例名（ПИ） \end{cases}$

那么，先例现象在人的认知心理结构中究竟占据着何种地位呢？对此，不少学者进行了具体阐释，概括起来是：世界知识和表象不仅具有个体的性质，也具有群体和社会或民族共体的性质。显然，先例现象就具有上述的性质，既有个体的，也有群体的——社会共体和民族。克拉斯内赫等学者从上述几种知识和认识中推导出3种不同的认知空间：（1）个体认知空间（ИКП）——某语言个性按一定方式建构起来的关于世界知识和认识的总和；（2）群体认知空间（ККП）——某社会共体按一定方式建构起来的关于世界知识和认识的总和；（3）认知基体（КБ）——某民族文化共体按一定方式建构起来的、必备的关于世界知识和认识的总和。（Красный 1998：45，Гудков 2000：53–54，Захаренко 1997：92–93）

先例现象作为反映在人意识里关于现实世界的心智图片，按照卡拉乌洛夫的说法，它本质上具有该民族文化共体"广为熟知"和"超个性"的性质，因而它对民族意识（包括语言意识）的形成起着重要的作用。如果用它作为"标尺"，可判断某民族文化共体成员的行为模式及其价值等级等，因此先例现象无疑属于认知基体的构成要素（认知基体是由世界的知识和认识的总和构成的）。虽然从总体上讲，先例现象同时具有个体和群体的性质，但就表象集成的内核而言，显然具有超个体的性质。但是，这并不是说所有先例现象都以相同的形式储存在人的认知基体中。有研究表明，属于语言性质的先例语句和先例名由于在言语中可以直接并多次地复现，其对现实世界的表征反映着该民族对先例性的认识，从而构建起相应的语言世界图景，因此它们是直接储存在民族文化共体的认知基体里的；而既属语言的又属非语言性质的先例文本和先例情景，由于它们中非语言的部分需要"言语化"后才能够显现其对世界的认识，因而它们是以感知恒量的样式储存在认知基体里的。该感知恒量如果不被语言"激活"，即附加必要的区分标志或限定成分，在跨文化交际中就难以成为先例。比如，由先例名"犹大"引发的先例情景的区分标志就有:"得到信任的人的可耻行为""告密行为""因叛变而得到奖赏"等;限定成分有"犹大之吻""为30个银币而叛变耶稣"等。(Гудков 2000:54–56)因此,要使情景成为先例(交际双方所共知),在许多情形下需要对该情景的来龙去脉作出交代——或转述或讲述,而这种"交代"是信息的"浓缩",通常用 Я имею в виду...(我说的是……)Представьте себе ситуацию(请想象这样的情景……)等句型,这就是所谓的"言语化"——对先例情景感知恒量的言语化表达。

2.3 跨文化交际视角对先例现象的阐释

跨文化交际视角对先例现象的阐释,首先会涉及文本、语句、情景和名称等是如何在言语生成和理解过程中成为"先例性"的问题,以及先例现象的来源等;其次还要还会涉及先例现象在交际尤其是跨文化交际中都有哪些功能和意义。

对于第一个问题,不妨首先来考察一下先例文本的"存在"和"诉求"方式。卡拉乌洛夫认为,世界上所有文本的存在和诉求方式都不外乎以下3种:(1)自然方式(натуральный способ),即文本以"原生形式"为读者或听者所接受,并成为他们感知、反应和理解的直接对象;(2)再生方式(вторичный способ),即由原生文本(исходный текст)转换为其他的艺术形式,如转换成剧本、电影、戏剧、雕塑、绘画等,这样的文本依然是用于直接感知的,或是由原生文本引发的再一次的思考;(3)符号学方式(семиотический способ),即它对原生文本的诉求是靠暗示(намёк)、参阅(отсылка)等实现的,因此在交际过程中复现的是整个原生文本或带有某情景、某事件的文本片断(即文本的浓缩形式)。这时,整个文本或片断就是一个完整的表义单位。(Караулов 1987:217–218)的确,任何形式的文本都具备前两种存在和诉求方式,而第三种具有符号学属性的方式只有先例文本才具备。对语言学家来说,在以上3种文本的存在和诉求方式中,感兴趣的只是第三种,因为也只有第三种才真正具有语言的本质属性,包括社会属性、心理属性和符号属性等。在跨文化交际中,先例文本也正是用该方式进入交际者的话语之中的,并在交际的智力–情感场(интеллектуально-эмоциональное поле)中显示其现实的意义。

从文化认知视角看,先例现象的形成与文本、语句、情景和名称所具有的伴随意义(коннотация)有密切的关系。研究表明,伴随意义无不具有鲜明的先例性，它通常指隐含在该民族文化共体文化中的、通过联想获得的具有情感和评价性质的意义的总和。理论上讲，语言中任何称名单位都可以具有一定的伴随意义，包括文本、语句和人名、地名、事物名等。在跨文化交际中，该伴随意义起着语用预设（прагматическая пресуппозиция）的作用，这就是先例性。如，古罗马著名将领布鲁图（D.J.Brutus）的名字就具有伴随意义，因为该将领曾参与反对恺撒（Gaius Iulius Caesar）的阴谋活动，因此是"叛徒"的象征词；而在 И ты, Брут!（你就是个布鲁图！）语句中，Брут 就是先例名，能引起对"变节"情景的联想。这种先例性直接与语言单位的伴随意义有关，其实质可称为"一级伴随意义"（первичная коннотация）。事实上，语言单位所隐含的伴随意义非常复杂，也很多样，其中有许多成分并不具备"广为熟知""超个体性"等先例性的特征。尤其在跨文化交际中，伴随意义可能在原有民族文化共体的层面转化为"个体"的性质。如，在俄罗斯小说《克里米亚岛》（«Остров Крым»）中，主人公的名字叫安德烈·阿尔谢尼耶维奇（Андрей Арсениевич）。由于他的父名在俄语中比较少见，因此在阅读该小说时读者会有不同联想：有猜想名字寓意的（作者通常会用主人公的姓名来隐喻什么），也有把他与曾遭到政治迫害的同名俄罗斯著名电影导演安德烈·阿尔谢尼耶维奇·塔可夫斯基的命运联系在一起的。作为该小说的作者，他让主人公拥有该人名显然是"别有用意"，也就是说是有语用预设的，但并不是每一位读者都能领悟其先例性，从而引发读者的个体性联想。这样的伴随意义实际上与一级伴随意义已有很大不同，它的先例性是靠先例回想文本来实现的，这种伴随意义可称为"二级伴随意义"（вторичная коннотация）。

普洛霍罗夫认为，先例回想文本是交际中常见的现象，因此应该成为跨文化交际研究的对象之一。他提出，先例回想文本的实质是一种民族文化定型[①]，它在言语中的使用"与语言个性的语言认知层级有关"，也就是说，它所具有的该民族的语言文化属性，在言语交际中是以定型化的形式存在并在"标准的言语交际情景中"得以体现的。（Прохоров 1996：155–161）显然，先例回想文本是建立在对先例文本的观念诉求基础上的，它在跨文化交际中的使用通常要符合以下3个条件：（1）说者对文本回想的有意识性；（2）听者熟知原生文本，并能够辨别出是对原生文本的参阅；（3）说者的语用预设不超出听者的知识和认识范围。也就是说，话语的发

---

① 有关民族文化定型的内容，参见下一节"定型理论"。

出者要有意识地对先例文本表达诉求,并要对话语接受者是否具备文本回想的知识和能力进行预测。如果违反第一个条件,即说者在言语中使用先前已掌握的文本时是无意识的话,那么该文本就不具备先例性质了,就变成了具有无意识性质的语言定型(языковой стереотип);如果违反第二个条件,既听者的言语不能对说者的文本情景作出反应,那么原生文本就失去应有的情感或价值意义而变成普通语言单位了;如果违反第三个条件,那么先例回想文本就会变成普通回想文本(обычные текстовые реминисценции),它所复现的已经不是先例文本,而是带有说者附加说明的普通文本。这样的附加说明通常会使用解释语,如 Знаешь...(你是否知晓),Я имею в виду...(我指的是……) В сущности, что.(实质是)等,也可在言语中使用反诘句,如 Откуда это?(哪里知道这些的呢?)等,来解释所引用的典故。需要特别说明的是,跨文化交际中先例性对不同社会共体或群体的人,甚至对不同职业、不同年龄和文化程度的人而言,其功用是有差别的。如,有实验证明,不同年龄段的人对"灰姑娘"形象的先例性认识就有很大不同:8–9 岁段是"最可爱、最温柔";13–14 岁段是"听天由命";19–20岁段是"受气包";成人段是"有耐力、勤劳"。(Хрусталева 2001:71–77)

跨文化交际视角的先例现象研究,不仅有助于深化对语言材料本身以及语言材料中反映的文化事例的认识,更可以作为独立的方法,对言语交际的各个方面(尤其是对作为先例文本的经典文学作品的分析)作出新的解读和阐释。

以上认知心理和跨文化交际视角对先例现象的阐释,还多建立在语料库语言学基础之上进行,并开展一定的心理学实验加以验证。如,联想实验方法就可以对先例文本(尤其是回想文本)、先例语句、先例名、先例情景等进行心理学实验,以验证其对言语交际尤其是跨文化交际的作用和影响。

第 3 节 定型理论

"定型"作为一种复杂的社会和心理现象,历来受到俄罗斯心理学和心理语言学的关注。如,活动论的奠基人之一老列昂季耶夫曾将"活动产品晶体化"称作定型。(Леонтьев 2004:305)俄罗斯心理语言学范式的奠基人小列昂季耶夫在《心理语言学基础》一书中,也曾对"交际定型行为"作过界说;著名心理语言学家任金曾对言语运动分析器中形成的"词语定型"作过详细分析；而当代俄罗斯心理语言学家、《俄罗斯心理语言学：总结和前景（1966–2021）》主编之一乌费姆采娃（Н.В.Уфимцева）也曾对民族定型和文化定型有专门研究（见下文）。因此，作为当代俄罗斯心理语言学研究的重要对象之一，它与"先例"一样，被学界视作"文化语言"或"意识存在形式"而置于文化空间、认知空间以及言语交际等多重语境中予以考察和分析，所形成的相关学说被称作"定型理论"。

3.1 "定型"的概念及内涵

自美国社会学家利普曼（W.Lippmann）于1922年在《舆论》（«Public Opinion»）一书中首次使用 stereotype 一词进行社会学研究以来[1]，"定型"的概念便被广泛应用于其他人文学科，并在原有社会定型概念的基础上相继形成了多种定型学说，如文化学中的文化定型（культурный стереотип）或民族文化定型，心理学中的思维定型（мыслительный стереотип）或心智定型（ментальный стереотип），交际学中的交际定型（стереотип общения）或行为定型等。尤其是进入20世纪90年代以来，随着科学研究中人类中心论范式的兴起，定型又作为"文化语言"的核心内容之一，与先例、象征、仪式、标尺等一起，成为当今俄罗斯心理语言学研究着力阐释的对象。

最先作为社会学研究对象之一的定型概念，指某群体成员对另一群体成员简单化的固定看法。利普曼认为，人所处的环境，无论是自然环境还是社会环境，都太复杂了，以至于不允许他对世界上所有的人，所有的事逐一地亲身进行体验和认识。为了节省时间，人们便用一个简化的认知方法，将具有相同特征的一群人或任何民族、种族塑造成一定的形象。这种定型即人的头脑里有序的、模式化的并由文化确定的世界图像。（Lippmann 1922：1617）以往学界对社会定型的研究主要体现在以下两个方面：（1）把社会定型视作民族偏见（этническое предубеждение）加以审视，分析其对异民族和异文化的消极影响；（2）把社会定型看作个体"我"和群体"我们"的形象体现加以分析，认定社会定型的形成机制是

---

[1] 英语词 ctereotype 在外语文献中并无异说和异义，只是中文的译名不尽一致。迄今有多种名称，如贾玉新的"定势"（1997），徐盛桓的"常规关系"（1996），刘宏的"常规范型"（2001），关世杰、文卫平先生的"定型观念"（1996 180–185；2002），李媛、范捷平的"模式固见"（2007）等，其内涵并无实质性差异。本著仍采用我们先前使用的"定型"的提法。（见赵爱国 2001）

多种认知过程的结果，其中包括因果分布（каузальная дистрибуция），即解释自我行为和他人行为的成因。无论从个体还是从群体看，社会定型都具备两种功能：对个体而言是认知功能（когнитивная функция）和价值维护功能（ценностно-защитная функция），前者表现为对认知过程的模式化和简洁化，后者则体现为建立和维持"我"的正面形象；对群体而言是意识形态化功能（идеологизирующая функция）和证同功能（идентифицирующая функция），分别反映为形成和维持群体思想体系以及建立和维护群体正面形象。(Шихирев 1985: 109–111)

社会定型通常以人的思维定型和行为定型的形式表现出来。尽管社会定型是建立在人自身的知觉和情感基础上的，但归根到底是由固定在群体意识中的、人的发展的自然条件所确定的。思维定型作为认知语言学和民族语言学的一个术语，通常指心智定型，也有学者称其为"天真世界图景"（наивная картина мира）。① (Силинский 1991: 273–275, Апресян 1995: 37–67)

天真世界图景相对于科学世界图景（научная картина мира）而言，是指语言中体现的事物与事物，或特征与特征之间，形成的一种常规关系，它们都被视作人在认识世界过程中所建立的模型或模式。科学是人类构建经验世界的方式，而语言则是人们构建经验世界的另一种方式。波兰语言学家巴尔特明斯基（J.Bartmiński）认为，语言定型作为语言世界图景的一部分，是对语言外世界某客体的一种或几种判断，即主观上确定的对事物的表征，这种表征"同时带有描写和评价特征，是在社会形成的认知模式范围内对现实进行解释的结果"。(Бартминьский 1995: 7)

心理学家把定型视作一种知觉机理来加以研究的，认为人的知觉作为人认知世界的一种特性，决定着社会交际和跨文化交际的方式。也就是说，思维定型对本民族文化而言是呈现客体或客体层级的某种记录方式，从日常意识或"天真意识"角度看则是反映该文化现实的方式。行为定型也与此相类似。在个性社会化过程中，行为定型是受社会定型制约的，个性只能在约定的社会定型范围内施行自己的行为。正如索罗金所说，定型的概念可以界定为交际（行为）和依据一定符号学模式构建行为的某种过程和结果。(Сорокин 1985: 10)。

按照普洛霍罗夫的观点，言语交际行为受到民族文化定型的制约，该定型又有由两部分组成：内隐民族文化定型（внутриэтнокультурный

---

① 这里的"天真语言世界图景"亦称"朴素世界图景"，其概念内涵相当于"语言世界图景"。

стереотип）和外显民族文化定型（внешнеэтнокультурный стереотип）。前者通过展现社会的一致需求，对社会文化个性的意识施加典型化影响，并能培养其相应动机的交际单位；后者与交际者的外国文化化（инкультурация）有关，可理解为跨文化交际中交际策略的民族特色形象或模式。它基于不同民族在言语行为中表现出的民族文化类型的差异性，既从交际对方理解的角度考虑到自我交际行为的定型，又从自我接受的角度考虑到交际对方的交际行为定型。因此，所谓言语交际行为的民族文化定型，至少表现为两种形式：一是该民族文化共体中的言语行为结构定型；二是该民族在实现言语行为过程中针对规范化的情景所选用的语言单位、语言结构的定型。（Прохоров1996：69–75）由于民族文化定型具有规范化的性质，因此，可以说它是一定民族言语行为规范化的文化单位。

言语交际行为的民族文化定型对跨文化交际（行为）具有重要的影响。它要求交际双方都必须具备施行自我行为及理解和接受他人行为的知识和文化储备。（Прохоров 1996：100–101）。由于交际双方具备的这种知识和文化储备总不是均等的，因此只有交际行为及其文化单位表现出对异民族文化的适应（адаптация），才能确保交际目的的达成。

3.2 文化空间的定型研究

定型理论研究最初是由社会学领域提出的，后逐渐扩展到其他人文学科。应该说，大多数定型研究是在特定文化空间语境内进行的。

文化空间亦称民族文化空间（национально-культурное пространство），通常指人的意识中的文化存在形式，或由民族文化决定的情感信息场。（Красных 2002：206）对此定义，目前俄罗斯学界并无大的异议，普遍认同"文化空间包含着民族文化共体成员现有的和潜在可能有的关于文化现象的全部认识"的界说 。（Гудков, Красных 1998：124）也就是说，文化空间被视作某民族所有个体和群体认知空间的总和。

总体上看，迄今为止俄罗斯心理语言学界对文化空间语境中的定型研究，大致可分为"社会定型"和"文化定型"两大类。

3.2.1 社会定型

我们从上文中得知，利普曼将社会定型定义为"人脑中有序的、模式化的并由文化决定的世界图像"。后来，该概念被众多从事心理学和交际学研究的学者所借用，分别指对某群体或民族带有类型化倾向的认识及其形象的过度概括。(文卫平 2002：12)因此，社会定型理论及其研究实际上形成了与心理学和交际学相对应的两个分支——思维定型和行为定型。思维定型又称心智定型、意识定型等，被分别解释为"人的心智图片""对事物或情景固定的民族文化认识"（Маслова 2001：110）；或"某种固定的、最低限度的恒量""受民族文化特点制约的有关事物或情景的认识"（Красных 1998：127）；或客观事物反映在人的头脑中"超稳定"和"超固化"的东西（Прохоров 1996：75）。思维定型一方面与客观现实有关，另一方面与人说的语言有关，因此又有学者将其视为"语言中体现的事物与事物或特征与特征之间的一种固定的或恒常的关系"。（Апресян 1995：37）。该关系可以通过心理语言学的方法加以揭示。对此，俄罗斯科学院语言学研究所和俄语研究所于1996年联合出版了《俄语联想词典》（«Русский ассоциативный словарь»），对现代俄语中通过固定联想而获得的具有思维定型性质的语言形式进行描述和阐释。行为定型被分别界说为"以某种方式对社会群体、民族及民族文化具体的实际需要进行言语固化的符号"（Красных 2002：177）；或"通过对社会认可的需要进行表征，从而能够对个体意识施加类型化影响的民族交际单位"（Рыжков 1985：15）。其实质无非是受民族文化制约的行为模式或行为策略和战略。研究表明，现实交际中的行为定型至少有以下两种表现形式：一是该民族文化共体中的行为结构定型（非言语行为）；二是该民族在实现言语行为过程中针对规范化的情景所选用的语言单位或语言结构定型（言语行为）。（赵爱国 2001：56）

以上不难看出，社会定型实际上是在特定文化空间中形成的人的思维方式和行为方式。它的形成受到本民族语言与文化的双重制约，而一旦形成之后又会对人的思想和行为产生积极或消极的影响。正因为如此，社会定型才成为当今心理语言学以及跨文化交际学等研究的热点之一。

3.2.2 文化定型

文化定型又称民族定型或民族文化定型，被界说为"对形成某民族典型特点的概括性认识"。（Маслова 2001：108）这种概括性认识，就是某群体或民族对本群体或本民族以及对他群体或他民族共同认可的价值和行为的概括性表达，或图式化和简单化的认识。因此，文化定型按其所指涉的对象又可分为自定型（автостереотип）和他定型（гетеростереотип）两种形式：前者是对本群体或本民族的固有认识，后者是对他群体或他民族的典型特征或性格的总体印象和简单化的形象概括。如现实生活中，中国人习惯用"北极熊""山姆大叔""矮东洋"来分别概括俄罗斯人、美国人和日本人的总体形象，这些都是文化定型中的他定型形式；而自定型常见的有"中国人勤劳""南方人精明""北方人豪爽"以及"东方巨龙""龙的传人"等。

需要特别指出的是，文化定型作为对某群体或某民族所进行的形象概括和总体描写，通常具有一定的局限性甚至片面性。事实上，人们从现实体验或经验中所获得的有关世界的其他知识或表象，也应该归入文化定型的范围之内。这是因为，正如上文已经提到的，文化空间语境中的定型，其本质是一种"情感信息场"的图式化理论，它包含着物质与精神两个方面。也就是说，排除人对事物（包括人与物）的情感因素，是无法完整理解和系统揭示文化定型的内在本质及外显形态的。正如沙普金娜（О.О.Шапкина）所说，定型中总是包含着情感评价，这种评价可以帮助获得客体定型的概念。（Шапкина 1995：84）因此，当我们说对事物的形象概括是一种文化定型时，这个形象可以是个体的形象、群体的形象或民族的形象，也可以是动物的形象或植物的形象等。例如，现代俄语中就有大量有关人或民族及动植物形象的定型比喻：*любезный/изысканный как француз*（好客/十分讲究的法国人），*пунтуальный как немец*（非常守时的德国人），*чопорный как англичанин*（过分拘礼的英国人）；*трудолюбив как муравей/пчела*（像蚂蚁/蜜蜂那样勤劳），*хитер как лиса*（像狐狸般狡猾），*труслив как заяц*（像兔子般胆小）；*строен как тополь*（像杨树一样挺拔），*красен как вишня*（像樱桃一样红），*кругл как арбу*（像西瓜一样圆）等。甚至许多抽象事物的形象同样也有定型的比喻，如：*характер как кисель*（羹一样（黏糊）的性格），*усталость как собака*（累得像狗），*чувство как рыба в воде*（像鱼在水里的感觉）等。据此，文化定型可以界说为"对某社会群体或民族以及社会事物和现象的概括性、形象化的认识"。

文化空间语境中社会定型和文化定型的成因是多方面的，既有社会文化环境因素，也不排除个体或群体的认知心理因素。社会文化环境因素通常是显性的，而认知心理因素则是隐性的。

社会文化环境包括两个方面：一是社会文化，如社会形态、社会习俗、民族传统、民族心理等；二是外部环境，如人文环境、地理环境等。定型作为人对世界图式化或简单化的认识，首先是社会化的产物，是社会化过程中个体、群体或民族的价值观念、行为规范等受社会文化环境方方面面的影响所致。有句话概括得好："定型从来就是民族的。"（Маслова

2001:101)其次,定型受外部环境的影响,其中包括广播、电视、电影、网络等传媒以及书刊、文学作品等文化产品。有材料证明,文化定型"最直接的来源是那些流行的有关民族性格的国际笑话"。(Тер-Минасова 2000:139)

国际笑话揭示的是一个民族对另一个民族的总体形象或面貌的认识,这就是文化定型。这种定型是把"双刃剑":一方面,它有助于跨文化交际中对对象国人的民族性格和爱好迅速"定位",以减少由文化差异带来的障碍和麻烦;另一方面,它作为一种文化上的思维定式,又在许多情形下影响着交际人的言行,妨碍着彼此的交流和沟通。多数学者认为,就跨文化交际行为而言,文化定型的这把"双刃剑",总体上还是"利大于弊",这就在一定程度上彰显出研究文化定型的学术价值。

个体或群体的认知因素主要基于文化的习得机制。显然,定型作为心智图片,是民族文化在人的心理所形成的一种意象,或者说是人在社会化过程中获得的一种认识世界的方式。正是这种认知的结果才导致了人的思维或行为的某种定型。

需要指出的是,现实生活中,社会定型和文化定型往往交织在一起,因此,许多定型观念和行为是很难清楚地归入某一类的。如,在时间观念上,不同民族的定型就有比较大的区别:日本人和北欧人的时间观念较强,无论上下班还是公交车运输都较守时,一般误差不超过2–3分钟;而俄罗斯人、意大利人的时间观念则比较宽泛,通常迟到10–15分钟也被认为是"守时的";最没有时间概念的可能是西班牙人,推迟1个小时是常见的现象。西班牙人常爱说的一个词是mañana,意为"明天"或"明天的明天"。(Красных 2002:198)可见,时间观念上的定型,整体上是本民族文化的使然,因而难以界说为属于哪一种具体的定型。

3.3 认知空间的定型研究

对定型理论而言,文化空间的研究主要揭示定型与文化即人的外部环境空间的关系,属于定型研究的表层;而认知空间的研究则用来阐释定型与认知即人的内部心理空间的关系,属于定型研究的深层。它们之间既有联系,又有区别。

空间范畴的划分有"科学"和"人文"的两种视角:前者是物理的、几何的或哲学的概念;后者是人类中心论概念,或者说是以人对世界的心理感知所形成的空间概念。显然,认知空间属于后一种。而以人类为中心的空间范畴,通常又可分为人的外部空间(внешнее пространство человека）和人的内部空间（внутреннее пространство человека）两大类。认知空间作为人类特有的智力活动，就其本质属性而言属于人的内部空间。但认知空间又是由人对外部世界的"感知、情感、范畴化以及推理等组成的"。（文旭 2002：90）因此，它又不能脱离开外部空间而孤立存在。可见，所谓认知空间，是指人能动地反映外部空间诸事物而形成的心理空间或心智空间。也就是说，认知空间并不是被动地或消极地或镜像般地投射客观现实所形成的空间，而是人的身心与客观现实之间互动的产物。这里有必要厘清两个不同的概念：（1）认知空间虽涉及的是人的心理或心智空间，但并不等同于文化空间语境中所说的思维定型或心智定型。尽管从词源学角度看，*стерео*源自*пространственный*（空间）一词，但按照语言学的解释，它们分属两个不同的范畴：空间是人对世界形态的划分，是定型得以生成的"媒介"或"场"；而定型则是人对世界的认识形态。（2）文化空间的定型研究也涉及人的认知因素，但与认知空间所审视的却不尽相同：前者用以揭示定型的文化成因；后者则是对定型生成的认知过程以及定性的语言表达方式作出语言学（确切说是心理语言学或认知语言学）的阐释。

以上界说，比较清晰地展示了认知空间与文化空间的不同及相互关系：认知空间的特质是心理或心智的，形态是内隐的；文化空间的特质是物质与精神的总和，形态是外显与内隐的结合。因此可以说，认知空间只是广义的文化空间的组成部分。

上文已经谈到，定型在本质上是一种思维方式和行为方式，其实，这句话还应该加上一点才更加完整：定型不仅是一种思维方式和行为方式，而且还是一种认知方式和表达方式。这是因为：从定型的生成机制看，其本身就履行着一系列认知和表达功能，如对世界进行言语固化从而获得图式化或简单化的认识等，都与人的认知和语言表达有关。因此，完全有理由认为，定型既是人对世界的认知过程，也是人对世界的认知结果。

影响人的认知的因素很多，既有生理的、心理的，也有经验的、理念的。其中人的身心体验是认知的基础。但从认知能力的角度看，认知与语言的作用密不可分。当代认知语言学理论告诉我们，语言作为人的思维和知识的载体，是认知系统（когнитивная система）不可或缺的组成部分，一定意义上讲，语言本身就是一种心理或认知现象。由此，可以得出这样的结论：所谓的认知空间语境的定型研究，实际上是围绕人的思维能力或言语生成、认知、交际能力而展开的研究，它的主要对象应该是语言定型。而研究语言定型，首先要揭示并阐释语言与定型以及定型与认知空间之间的相互关系。

3.3.1 语言与定型

语言定型也称作言语模式（шаблон речи），或称常规关系或常规范型，是在群体意识和社会共识基础上形成的一种合乎逻辑的语言单位。波兰学者巴尔特明斯基曾狭义地将语言定型解释为"对语言外世界某客体进行的、具有主观认识性质的判断"。（Бартминьский 1995：7）但此处所说的语言定型则是广义的概念，泛指一切有固定指涉意义的语言组合及用法，如 новый русский（俄罗斯新贵），крепкое здоровье（健壮的身体），чёрный чай（红茶）等。当然，研究语言与定型的关系，其着眼点并不是这些语言的组合及用法，而是基于语言对定型生成所起的作用机制。

语言与定型的关系，本质上是"语言对世界的观念化"的结果。（Шмелёв 2002：12）事实上，认知空间语境中的定型即语言定型，只属于语言世界图景理论体系中观念生成层级的内容，也就是说，语言定型与语言世界图景是部分与整体的关系。而且，语言定型还不是观念世界图景（концептуальная картина мира）的全部[①]，而只是其片断，因为定型作为某种心智图片（心智图片还包括形象、完形、图式、命题、脚本等），并不是单靠语言建构起来的，观念世界图景的形成也不是语言定型单方面的作用所致，因为参与对世界范畴化的还有人的其他思维活动。

依照心理语言学家克拉斯内赫的观点，每一个语言单位中都蕴含有一种定型或定型形象（стереотипный образ）。定型可以与联想-言语网（ассоциативно-вербальная сеть）一样，构成表征某民族文化共体观念域中的定型场（стереотипное поле），与该定型场相连的不是别的东西，而是观念。（Красных 2002：181）那么，什么是观念呢？当代心理语言学理论告诉我们，观念实际上是人对世界进行范畴化过程中通过个体和群体体验（感知、认知）而获得的意向-图式（образ-схема）。由于观念的形成离不开语言，因此，当语言符号与认知参与下形成的观念结构相一致（而不是与客观现实世界相对应）时，就形成了所谓的"意义"。定型的生成机制也与语言意义的生成机制一样，同样也是人的大脑中生成的关于世界形象和世界知识的观念系统（концептуальная система）。有研究表明，该观念系统是多层级的，并形成不同的观念块（концептуальные

[①] 关于"观念世界图景"，本著作将在第5章的语言意识研究和观念研究中加以论述。

块），它们"决定着我们如何看待世界，如何感知和切分世界"。（Красных 1998：116）而如果将这些观念块言语化或实体化，便成为言语生成与理解过程中的文化化的语言符号单位，即文化语言形式，这就是语言定型。从这个意义上讲，语言定型即是观念定型。但绝不能认为定型与观念之间可以因此画等号，因为从心理语言学角度看，并不是所有观念都可以形成语言定型的。观念与定型之间的区别可见如下简表：

	观念	定型
1	涉指范围比较宽泛，包含一切语言成分	涉指范围比较狭窄，只是某种而不是全部"心智图片"言语化的结果
2	比较抽象，可以推导出原型	比较具体
3	有聚合体层面	有功能作用，能在交际中呈现
4	作为定型、命题、完形等储存	作为框架结构储存

3.3.2 定型与认知空间

如果说上述语言与定型的关系主要是对定型的生成机制作出语言学解释的话，那么定型与认知空间的关系考察的主要是定型结构在认知空间结构中所处的层级。

先来看看定型的结构问题。如上文所述，定型的结构可划定为社会定型、文化定型、语言定型3种基本类型。应该说，目前学界对定型的划分还不尽一致，这主要是研究方向不同或视角不同而引起的。如西方从事社会学、跨文化交际学等研究的学者，多倾向于社会定型和文化定型的二分法，而俄罗斯学者对此却有不同的看法，如著名心理语言学家乌费姆采娃（Н.В.Уфимцева）就将定型分为民族定型和文化定型两种。她认为，两种定型的内涵具有不同的性质：前者是行为和群体无意识事实，是本民族成员靠自省（саморефлексия）所感受不到的，因此是不可习得的；后者则是行为和个体无意识事实，是能够被本民族成员的自省所感受到的，因而是可以习得的（Уфимцева 1995：55–62）。克拉斯内赫则认为定型应分为表象定型（стереотипы-представления）和行为定型两种，因为它们对人的心智分别履行着述谓功能（предикативная функция）和指示功能（прескриптивная функция），以决定人对某情景的期待以及人应该实现的行为；而表象定型又是由情景定型（стереотипы-ситуации）和形象定型（стереотипы-образы）构成的。（Красных 2002：198199）。

综合上述两位学者对定型的分类，定型的结构体系大致可用以下略图表示：

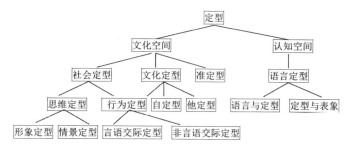

接下来再来审视一下定型结构与认知空间结构的关系。

我们已经知道，认知空间是贴有民族标签即承载着民族固化知识和表象的心理空间或心智空间。那么认知空间是靠什么建构起来的呢？俄罗斯心理语言学理论认为，认知空间内核的形成来源于相应的认知结构，它是人的大脑（意识）中信息编码和信息储存的形式，是按一定方式组织和建构起来的认知空间段。(Красных 2001：136，1998：47)该形式或空间段即思维语言或心智图片。正是因为人具备这种思维语言或心智图片，自己才有可能获得各种能力。换句话说，认知结构是生成人的能力的基础和源泉。尽管当代科学还缺乏足够的手段和方法来解开认知结构之谜，但依照心理语言学理论，它至少大致有两种结构类型——现象学认知结构（феноменологические когнитивные структуры）和语言学认知结构（лингвистические когнитивные структуры）。理由是：认知结构不仅包含着关于世界的一切信息（知识和认识），同样也包含着语言本身以及关于语言的各种知识；认知结构是内隐的，如果要使该内隐结构外化（овнешнение），唯一的方法和途径就是设法将认知结构客体激活，即将其投射到语言中，使其言语化或实体化，而激活的"中介"要靠语言学认知结构来完成。

克拉斯内赫在审视先例理论时，曾提出认知空间的"三维结构"思想，即个体认知空间（ИКП）、群体认知空间（ККП）、认知基体（КБ）假说。那么，定型究竟属于认知空间结构中的哪个层面呢？从上述所作的阐释及界说中已不难找到答案：从根本上讲，定型作为群体或民族的某种心智图片，作为关于世界知识和表象的民族决定的、最低限度的恒量，只能属于认知基体，因为认知基体不仅是个体认知空间和群体认知空间的内核，同样是认知空间的核心。当然，对社会定型的某些方面还要作具体分析。由于现实生活中社会定型容易受到个体认知和群体认识的影响（如年龄、性别、职业、文化程度不同等因素），人的思维定型和行为定型也就不可能全都一致，所以，社会定型有的属于个体认知空间，有的则属于群体认知空间。

3.4 言语交际与民族文化定型

言语交际作为一种行为，是人类最常见的交际方法，它受到一系列相互关联因素的制约，并要共同遵守一定的原则和方法方能进行。而在各种制约因素中，等值理解与表达，或对等的编码与解码是达成交际目的的首要条件。这不仅与交际者的发音、语法和词汇知识及技能有关，且受制于相应的民族心理、民族传统和民族文化规约，而后者即是"民族文化定型"所要研究的主要内容。

上文已经提到，民族文化定型即文化定型，它可分为自定型和他定型两种形式：前者是某群体对自身的定型观念，后者是某群体对他群体的定型观念。但从言语交际尤其是跨文化交际角度来审视民族文化定型，俄罗斯心理语言学界则有更加详细的分类。

1）阿鲁久诺夫（С.А.Арутюнов）从语言与文化相互关系角度将跨文化言语交际分为4种类型：双文化/双语（бикультурализм/билингвизм）、双文化/单语（бикультурализм/монолингвизм）、单文化/双语（монокультурализм/билингвизм）、单文化/单语（монокультурализм/монолингвизм）。（Арутюнов 1978：2–18）

2）尼科拉耶娃（Т.М.Николаева）从交际双方的相互关系角度将自定型/他定型（свой/чужой）细分为另外4种类型：单语自定型（своё для своих）、单语他定型（чужое для своих）、双语自定型（своё для чужих）、双语他定型（чужое для чужих）。（Николаева 1995：100–106）

3）普洛霍罗夫从对外俄语教学即教授与学习一种新语言、新文化的角度来审视民族文化定型问题，提出了旨在揭示学与教相互关系的4种定型（前项指"所学语言/文化"，后项指"母语/文化"）：单文化/双语–单文化/双语、双文化/双语–单文化/双语、单文化/双语–双文化/双语、双文化/双语–双文化/双语。（Прохоров 1996：105）

第一种类型是双语自定型–双语自定型（своё для чужих-своё для чужих）间的交际。交际双方都懂得对方的语言，但他们之间的交际都是单文化的，即没有摆脱各自民族文化的定型。此类交际亦可称为跨文化干扰型（тип межкультурной интерференции），它无法感知和掌握对方新的语言/文化，因此也就难以达成交际目的。

第二种类型是双语自定/他定型–双语自定型（своё/чужое для чужих-своё для чужих）间的交际。交际双方都懂得对方的语言，其中学习者能在民族文化自定型基础上兼顾对方的民族文化定型，而教授者则只使用自己的民族文化定型。从学习的角度看，其交际行为又可称为"跨文化趋同型"（тип межкультурной конвергенции），交际中能感悟到交际双方言语行为的民族文化差异，因而能利用所学语言/文化来趋同于对方。

第三种类型是双语自定型–双语自定/他定型（своё для чужих-своё/чужое для чужих）间的交际。双方都懂得对方的语言，学习者在交际中只使用自己的民族文化定型，而教授者则能同时兼顾教学对象的民族文化定型的某些特点。从学习的角度看，此交际行为又可称为跨文化趋异型（тип межкультурной дивергенции）。学习者对所学语言中的民族文化内涵及特点缺乏悟力，因此容易使交际产生偏误或偏异。

第四种类型是双语自定/他定型–双语自定/他定型（своё/чужое для чужих-своё/чужое для чужих）间的交际。交际双方都懂得对方的语言，言语行为都能按照需要或运用自己的民族文化定型，或运用对方的民族文化定型，因此又可称为跨文化融合型（тип межкультурной конгруэнции），即能在两种定型中之间作出选择或取舍，以调节各自的言语行为，达成交际目的。

毋庸否认，普洛霍罗夫从对外俄语教学角度提出的民族文化定型的类别具有一定的借鉴意义。如果我们将外语教学的实质界说为师生二主体之间的交际，那么该教学过程本身就是师生之间的一种交际行为。在这种交际行为中，师生之间交际目的的达成必须符合上述第四种类型，即跨文化融合，反之则容易造成误解或曲解。

然而，在我们看来，普洛霍罗夫的观点只是"一厢情愿"，因为从俄罗斯对外俄语教的现状看，他所设定的教学双方都懂得对方的语言/文化这一点是不切实际的。事实上，从事对外俄语教学的教师有相当一部分甚至绝大多数不懂得所教对象国的语言/文化，因此，第二种类型恐怕才是俄罗斯对外俄语教学中最为典型或常见的。

总之，俄罗斯学者对定型理论的研究，不仅揭示了操俄语者的语言个性以及语言意识的若干特征，更为我们展示了语言与认知、语言与意识以及语言与行为研究的新视角和新方法，因此具有重要的心理语言学和认知心理学的意义。

需要补充说明的是，由于定型在很大程度上要受到本民族语言尤其是语言中的言语模式、套话等因素的制约，因此，学界大多采用联想实验方法加以验证和分析。联想实验的结果具有一定的语言定型性质，可用于对定型现象进行研究，因为反应词能较真实地反映受实验者母语文化的差异性以及思维定型、文化定型的类型和模式。

综上所述，当代俄罗斯心理语言学研究中的三大理论——语言个性理论、先例理论、定型理论，是在民族心理语言学研究框架内形成的，它们是新时期俄罗斯心理语言学研究发展的必然结果：作为俄罗斯心理语言学范式的言语活动论，其研究对象在20世纪末期已呈现出"四项式"形态——"语言–意识–文化–交际"关系研究。而上述三大理论的形成，正是该"四项式"的集中体现。① 从哲学层面看，上述理论的形成是受语言学研究中人类中心论范式的有力推动，其学理内核是对"说话的人"或"语言意识"作出认知心理的解释。

最后需要说明的是，语言个性、先例和定性并非俄罗斯心理语言学专有的研究对象，当代认知语言学、语言文化学等学科也都涉及上述有关内容。那么，如何区别心理语言学、认知语言学和语言文化学之间的界限，已成为相关学界普遍关心的问题。在我们看来，可以从以下几点加以甄别：一是心理语言学（尤其是民族心理语言学）、语言文化学和认知语言学同属于当代人类中心论范式的新兴学科，它们在基本学理上有相互关联甚至部分重合之处，这符合当代人文学科相互交叉的发展趋势。二是即便上述3门学科在研究对象（объект）上的区别并不大，比如都关注语言与意识、语言与思维、语言与民族心理（文）化的关系问题等，但它们的研究主题（предмет）却有明显的不同，且所使用的术语系统也有较大差别[12]。三是从学理取向看，它们之间的区别主要体现在：民族心理语言学是在言语活动论基础上发展而来的，其研究范围主要涉及言语交际的民族文化特点、言语活动的言语程序、言语动作和言语行为、语言意识、言语交际过程的内部组织和外部组织等若干方面。(Леонтьев 1977：10–12；2005：193–196) 因此，该学科审视言语活动中的语言意识，主要是从认知心理视角探究语言的使用情况，以及与该语言在功能上相对应的其他符号系统的使用情况等，聚焦的是语言能力的心理形成机制，如言语的感知与理解等，所使用的术语——如反射、形象、心智图像、框架结构、心智语汇等，也无不具有心理学的性质；认知语言学是"以概念结构和意义研究为

---

① 言语活动论在"定型"阶段的研究对象主要是"语言能力–语言"关系的二项式研究，在"发展"阶段拓展为"语言能力–言语活动–语言"的三项式研究。

中心，着力寻找语言事实背后的认知方式，并通过认知方式和知识结构等对语言作出统一解释的、新兴的、跨领域的学科"。(王寅 2007：11)它对知识系统的阐释，主要是探索语言与认知方式、概念结构及语义系统等的相互关系，核心内容是概念的形成过程，即知识的范畴和范畴化问题。常用的术语概念、意象图式（схема образа）[①]、认知模式（когнитивная модель）、范畴化等能够比较清晰地看到其学理取向所在；语言文化学研究知识系统的形成机制及其对跨文化交际的作用与影响，是以民族文化共体的语言意识的特性为切入点的，即把语言意识视作世界图景。因此，作为世界图景的语言意识必然会刻有民族文化和民族认知的 DNA。但语言意识又具有双重属性——客观世界图景（объективная картина мира）和主观世界图景（субъективная картина мира）：前者不以人的意志为转移，具有第一性的性质；后者展现为理念世界图景，具有第二性的性质。(Красных 2001：64–65)因此，语言世界图景只是一种带有民族主观性质的世界图景，是民族语言对世界概念化的结果，因此带有鲜明的文化性。应该说，上述3门学科，现阶段呈现出进一步交叉的趋势，比如，俄罗斯心理语言学家克拉斯内赫就提出了心理语言文化学（психолингвокультурология）的新概念。(见Красных 2016)这就是上述学科交叉的结果。

---

① 仅就俄语中 образ 这一术语而言，三门不同的学科就将其分别定名为"形象""意象""映象"。

第5章　俄罗斯心理语言学范式中的若干热点方向

　　理论上讲,每一门学科在不同的时代都有其主攻的学术方向或所关注的热点课题,这一方面与本学科发展的阶段性有关,另一方面与本学科的学理传承有关。诞生于20世纪60年代末的俄罗斯心理语言学,其基本学理呈现出两大重要特征:一是它从诞生之日起就具有鲜明的第三代心理语言学即认知心理学的特性;二是它是在俄罗斯心理学奠基人维果茨基所创立的文化–历史心理学理论即"人的发展心理学"基础上发展而来的。也就是说,由活动论生发,并由此形成的俄罗斯心理语言学范式的言语活动论学说,就成为推动俄罗斯心理语言学向前发展的思想引擎和理论源泉。正是在言语活动论基本学理的引领下,俄罗斯当代心理语言学研究不仅生成了若干个有影响的理论学说(见本著作第4章的内容),同时也凝练出颇具俄罗斯特色的若干热点方向,如神经语言学研究、语言意识研究、交际与跨文化交际研究、观念研究和语篇含义研究等。

　　我们之所以将其定名为"方向",表明它们都可以像"神经语言学"一样成为俄罗斯当代心理语言学的某一个分支学科,诸如意识心理语言学"(психолингвистика сознания)、跨文化交际心理语言学(психолингвистика межкультурной коммуникации)、观念心理语言学(психолингвистика концепта)、语篇心理语言学(психолингвистика текста)等。这些方向本质上都是俄罗斯心理语言学所具有的上述"两大特征"的产物:或直接生成于人的发展心理学的基本学说(如神经语言学研究、语篇含义研究),或植根于言语活动论的基本思想(如语言意识研究、跨文化交际研究),或与70年代中期后形成的相关理论学说紧密相关(如观念研究)。总之,本章欲通过对上述若干热点方向的系统梳理和评析,一方面来展现俄罗斯当代心理语言学的主攻方向及取得的最新理论成果,另一方面也为我们客观评价俄罗斯当代心理语言学的基本特点提供依据。

第 1 节　神经语言学研究

神经语言学亦称"神经心理语言学"（нейропсихолингвистика）。学界公认，神经语言学作为心理学或心理语言学的一个独立分支学科，它的形成是心理学、神经学和语言学3门学科相互交叉的结果。该学科的研究对象，用莫斯科神经语言学派的奠基人卢利亚的说法，是研究言语活动的大脑机制及由大脑局部损伤所引发的言语过程变化等。(Лурия 1975：3)从学理看，神经语言学是将言语视为人脑的系统机能(системная функция)，而将失语症视为系统损伤(системное нарушение)。因此，该学科与神经心理学、病理学(патология)等有密切的关联性。

1.1 学理渊源

我们曾在本著作的第2章中对俄罗斯心理语言学的学理基础（心理学、语言学、生理学）进行过专门审视。这是针对整个俄罗斯心理语言学而言的。而这里所说的学理渊源，只是针对神经语言学一个学科而言的，即指俄罗斯神经语言学形成过程中的那些"俄罗斯元素"（并不涉及其他国家学者的相关学术思想）。

1）语言学渊源。语言学方面的渊源来自多位学者的学术思想。其一，喀山语言学派奠基人博杜恩·德·库尔德内的相关学术思想。他曾指出，存在的并不是某种飘忽在空中的语言，而是语言思维所赋予的人……心理现象与生理主体不可分，它们只与有生命的大脑共存，也会随大脑的死亡而消失。(Бодуэн де Куртенэ 1963：181)由此，他又得出另一个重要结论：语言既不是封闭的机体，也不是可侵犯的神像，而是工具和活动。(Бодуэн де Куртенэ 1963：140)其二，彼得堡语言学派的奠基人之一谢尔巴的相关思想。他在1933年发表的纪念博杜恩·德·库尔德内的文章《论语言现象的三层面和语言学中的实验》中指出，人的言语组织可以仅仅是生理学的组织，或者说是心理生理学的组织。后一个术语是指心理学自我观察中能够部分地（只是部分地）发现自己的那些过程。在谢尔巴看来，语言系统并不是"学说抽象物"，而是人们在词汇和语法中使用的人脑中的"心理数值"。这些数值作为观念，通过心理的和生理的直接实验是不可能获得的，而只能从语言材料中抽取出来，只有语言材料的同一性才能保障语言系统的统一。(Щерба 2004：24–39)其三，著名语言学家雅各布森(Р.О.Якобсон)的相关思想。1941年，他出版《儿童语言、失语症与音位学共性现象》(«Детский язык, афазия и фонологические универсалии»)一书，对儿童失语症的语言机制以及语言学类型进行了具体分析。此外，他还在有关论文中从交际学角度将组合（синтагма）和聚合（парадигма）重新定名为联合（комбинация）和选择（селекция），认为它们可以用来解释如何使失语症者获得相应的"语言能力"。(Якобсон 1990：110-132)应该说，上述3位语言学家所阐发的相关学术思想，为俄罗斯神经语言学的形成和发展提供了重要的学理源泉。

2）心理学渊源。俄罗斯神经语言学的心理学渊源是显而易见的，那就是学界公认的俄罗斯心理学奠基人维果茨基的相关学术思想。在我们看来，维果茨基的一系列论述都对神经语言学的学理建构具有决定性作用，如有关"心理是人的机能和特性"的思想，有关"社会、文化、历史发展规律制约着人的高级心理机能"的思想，以及有关"内部言语"的思想等。其中，最为核心的是他提出的关于"心理机能占位"（локализация психических функций）的思想，认为对心理机能占位的确立应该建立在高级心理机能的历史发展理论基础之上。（见 Выготский 1960）对于维果茨基的相关学术思想对俄罗斯神经语言学的形成所作出的贡献，被公认为俄罗斯神经语言学奠基人的卢利亚有专门的论述（见下文中有关卢利亚的神经语言学理论学说）。

3）生理学渊源。主要指伯恩斯坦所创立的运动和能动生理学有关思想。其中，他提出的关于能动生理学原理对神经语言学研究尤为重要。他认为，任意运动的产生和实现，是由若干阶段构成的一个序列，包括对情景的感知和评价、确定能动性会发生何种情景、应该做什么、怎样做4个阶段，其中后2个阶段构成了解决规定任务的程序。(Бернштейн 1966：288)正如卢利亚本人所说的那样，正是伯恩斯坦提出的大脑皮层前后两个系统协同做工、相互适应的双中心原则（принцип парных центров），帮助他得出了运动失语症（моторная афазия）的两种假设——传出形式（эфферентная форма）和传入形式（афферентная форма）。(Лурия 1947：56)

1.2 研究现状

俄罗斯心理学界对神经语言学的研究起始于20世纪50-60年代。总体看，呈现为两大学术传统：一是莫斯科神经语言学派，亦称"卢利亚学派"（Школа Лурия）；二是彼得堡心理语言学派中的神经语言学研究传统,目前该学派的代表人物是圣彼得堡大学教授、著名神经学家和心理语言学家切尔尼戈夫斯卡娅。

作为维果茨基心理学的继承人和莫斯科神经语言学派的奠基人,卢利亚的学术成就举世公认,被学界称为"俄罗斯神经语言学之父"(отец российской нейролингвистики)。(Седов 2007:6)早在伟大卫国战争结束后不久的1947年,他就开始关注战争创伤对大脑机理带来的失语症及其恢复机制问题,后又进一步拓展研究视阈,成为神经语言学领域公认的领军人物。他先后出版了多部有影响的著作,如《创伤性失语症》(«Травматическая афазия»)(1947)、《战争创伤后的大脑机能恢复》(«Восстановление функций мозга после военной травмы»)(1948)、《人的高级皮层机能》(«Высшие корковые функции человека»)(1962,1969)、《人的大脑与心理过程》(«Мозг человека и психические процессы»)(1963,1970)、《额部与心理过程的调节》(«Лобные доли и регуляция психических процессов»)(1966)、《神经心理学基础》(«Основы нейропсихологии»)(1973)、《记忆神经心理学》(«Нейропсихология памяти»)(1974,1976)、《神经语言学研究的几个基本问题》(«Основные проблемы нейтролингвистики»)(1975)等。其中,上述提到的最后一部著作《神经语言学研究的几个基本问题》,被视作对他本人20余年研究成果的概括和总结,也是神经语言学作为独立学科的形成标志。也就是说,神经语言学在俄罗斯成为一门独立学科,其形成年代可以认定为1975年。从这个意义上讲,莫斯科神经语言学派就成为俄罗斯神经语言学研究的"代名词",而卢利亚的理论学说也就代表着俄罗斯神经语言学研究的最高成就。

需要指出的是,卢利亚之后,阿胡金娜(梁波娃)成为莫斯科神经语言学派的代表人物。作为莫斯科心理语言学派的主要成员,她依据该学派的奠基人小列昂季耶夫的相关理论学说,以及卢利亚的相关思想,主要致力于言语生成尤其是句法生成(порождение синтаксиса)机制的神经语言学研究。她在该领域出版或发表的主要著述有《根据失语症学资料看言语生成机制》(«Механизм порождения речи по данным афазиологии»)(1967)、《动态失语症的神经语言学分析》(«Нейролингвистический анализ динамической афазии»)(1975)、《言语交际单位·内部言语·言语句生成》(«Единицы речевого общения, внутренняя речь, порождение речевого высказывания»)(1985)、《言语生成:句法的神经语言学分析》(«Порождение речи.

Нейролингвистический анализ синтаксиса»)（1989）等。她对俄罗斯心理语言学作出的最显著贡献，也集中体现在对句法的神经语言学分析方面：针对失语症病人的语法错乱（аграмматизм）现象，提出了区分出句法组织的3个层级的思想，即含义层级（смысловой уровень）、语义层级（семантический уровень）、表面层级（поверхностный уровень），亦称语用层级（прагматический уровень）、角色层级（ролевой уровень）、形式–语法层级（формально-грамматический уровень）。她对该3个层级都进行了神经语言学实验，从而将维果茨基、小列昂季耶夫、卢利亚等提出的有关言语生成理论得以实证化。

彼得堡心理语言学派中的切尔尼戈夫斯卡娅曾长期担任该学派的学术秘书，她对神经语言学的关注是在该学派奠基人萨哈尔内依提出的大脑作用机理思想基础上进行的，主要著作有《语言与认知功能的进化：生物学和神经语言学视角》（1997）、《语言、大脑和计算机隐喻》（2007）、《薛定谔猫的柴郡猫微笑：语言与意识》（2013）、《21世纪语言与思维实验研究：传统与潜力》（2015）等。有关她的学术成果已经在本著作第3章第3节中作过较详细评述，本节不作赘述。

总体看，上述两大传统的学术研究既有相似之处，也有某些不同。从学科指向看，莫斯科神经语言学派的研究偏向于心理学或神经心理学方向，即视神经语言学为心理学或神经心理学的一个分支；而彼得堡心理语言学派更接近于心理语言学，即将神经语言学视为心理语言学的一个分支；从研究视阈看，莫斯科神经语言学派偏重对大脑左半球机能的研究和开发，而对右半球的作用机制的关注不多；而彼得堡心理语言学派的研究则坚持认知心理方向，主要对语言与大脑的关系、大脑左右两个半球不同机制等进行开发和研究；从学术影响力看，莫斯科神经语言学派尤其是卢利亚的学术成就得到本国乃至世界学界的公认，影响力较大，而彼得堡心理语言学派对神经语言学的研究成果则显得相对薄弱。鉴于以上原因，本节的重点是对莫斯科神经语言学派尤其是卢利亚的相关学术思想作出评述。

1.3 卢利亚的神经语言学理论思想

尽管现阶段莫斯科神经语言学派的继承人和代表人物是阿胡金娜，但由于本著作在第3章的"莫斯科心理语言学派"一节中对其言语生成思想及模式已作过较为详细的评述，故这里不再赘述，而主要对该学科的奠基人卢利亚的相关学术思想进行审视。

有关卢利亚的学术思想，我们在本著作的第2章"俄罗斯心理语言学范式的学理基础"中曾作有简要论述①，因此，这里也不再重复，而仅就他在神经语言学领域的相关著述尤其是标志性著作《神经语言学研究的几个基本问题》中所阐发的若干重要思想作出评述和分析。

1.3.1 "言语交际"的神经语言学分析思想

众所周知，大凡心理语言学分析，都有一个重要前提，那就是对交际尤其是言语交际或跨文化交际的过程必须首先作出基本的定位或界说②，以确定言语生成（包括语感知、言语理解、信息传递等）的起点、路径及终点，所要经历的基本阶段，神经语言学分析更是如此。

卢利亚对言语交际所作的神经语言学分析，是建立在对信息传递（передача сообщения）过程的解说以及言语交际过程研究发展阶段的梳理基础上的，并对言语信息成像的心理学机制作了理论上的建构。

1）对信息传递的现实过程作出界说。他认为，言语交际过程，就是人通过自然语言传递信息。对此，包括语言学、信息论、物理学在内的许多学科都有较详细的研究。然而，这些学科的研究只是部分地揭示了传递言语信息过程的现实复杂性，且使用的方法也不够精确，难以对说者及说者大脑中所发生的现实过程（реальные процессы）——包括信息形成、信息感知和信息内容掌握的过程等作出描写。如，语言学对语言的研究基本是通过构建功能模式（функциональные модели）来实现的，而通常不会涉及这些模式所描写的语句的建构、理解等实际过程，而心理学和心理语言学的任务则恰恰要对上述过程进行具体描写。（Лурия 1975：4）

2）对言语交际过程研究的发展阶段进行梳理。他提出，学界对言语

---

① 本著作在第2章中对卢利亚相关思想的评述，只涉及他对言语活动论在"创建阶段"和"定型阶段"所作出的贡献方面，内容包括"言语促进思维和发展心理的思想""交际和言语生成模式的思想""对各种失语症诊断和研究方法的思想"3个方面，而并未系统涉及其有关神经语言学的理论思想。另外从时间看，"言语活动"思想的形成时间为1969年，而神经语言学的奠基性著作《神经语言学研究的几个基本问题》出版于1975年，因此，该著作所阐发的思想不可能成为言语活动论的学理基础。

② 在俄罗斯心理语言学研究中，"交际"这一术语的表述既可用 коммуникация，也可用 общение，其概念意义并无差异，只是不同学者有不同的喜好或习惯而已，这也同样包括对"言语交际"中的"交际"的表述。

交际过程的研究大致经历以下3个发展阶段[①]：（1）20世纪最初10年阶段，主要以德国维尔茨堡心理学派（Вюрцбургская психологическая школа）为代表，该学派主要对思想和意志进行了初步的实验分析，即将语句形成过程视为向"扩展言语"的思想体现，而将语句理解过程视为由扩展言语向思想的转换过程。（Лурия 1975：5）（2）20世纪20-30年代阶段，语言学领域主要以索绪尔、博杜恩·德·库尔德内、布龙菲尔德、叶列姆斯列夫等为代表，他们为确立信息形成的具体阶段以及揭示由扩展语句向内部含义（внутренний смысл）的路径作出了一定贡献。如，索绪尔对语言与言语以及聚合系统和组合系统进行了区分，博杜恩·德·库尔德内提出静态（статика）与动态（динамика）的思想，布龙菲尔德研制出概念结构图式（конструктивная схема понятий），叶列姆斯列夫对表达层面（план выражения）和内容层面（план содержания）进行了区分。（Лурия 1975：6，10-12）心理学领域以维果茨基心理学派的理论学说为代表，以维果茨基于1934年出版的《思维与言语》（«Мышление и речь»）经典著作为标志。该著作迈出了由思想向扩展言语句（развернутое речевое высказывание）或语句形成（формирование высказывания）转换的关键第一步。（Лурия 1975：6）在卢利亚看来，维果茨基学术思想的起点就在于：他把思想视为历史上形成的最为复杂的一种过程；思想"并非体现在词语中"，而是"在词语中得到完善"。他的思想精华集中体现在以下几点：一是思想是由动机驱动的对现实最为复杂的概括性反应；二是思想是一种紧缩行动（свёрнутые действия）；三是在个体发育中，思想的生成是由外部言语转为行动，再转为低声言语（шёпотная речь）并最后紧缩为内部言语的复杂过程。上述思想彻底颠覆了先前认为的思想是起点、思想是精神现象的观念，而开始把思想看作人的心理活动这一复杂而长时间发展的产物。（Лурия 1975：6-7）当然，维果茨基本人只是大致勾勒出上述活动论即有关"思想学说"的总体框架，其完整的学理体系则是由苏联时期最负盛名的心理学家老列昂季耶夫来完成的。[②]（3）20世纪50-60年代阶段，主要以乔姆斯基以及若尔科夫斯基（А.К.Жолковский）、梅里丘克为代表。乔姆斯基提出转换生成语法，即语言的表层语法结构（поверхностные грамматические структуры）

[①] 这里所说的发展阶段，指20世纪初至70年代中期，即俄罗斯神经语言学的奠基性著作《神经语言学研究的几个基本问题》（1975）出版之前。

[②] 详情见本著作第2章第1节的有关论述。

和深层语法结构（глубинные грамматические структуры）以及句子由深层向表层的转换模式等，为科学分析由思想向扩展言语转换的所有阶段开辟了新的路径；若尔科夫斯基、梅里丘克则研发出具有重大意义的"意思⇔文本"语言学模式。①该模式的最大特点是采用由深层向表层不同的层级来表达由思想转换为扩展语句的完整过程：（1）最深层级为语义表征层级（уровень семантических представлений）或称语义记录层级（уровень семантической записи），它包括语义基础单位义素（сема）所表达的单个含义表征（отдельные смысловые представления），这是一个由语义图形（семантический граф）所描述的同时发生图式系统（система симультанных схем），即起始思想的含义图式；（2）随后是"意思⇔文本"模式层级，即由深层词汇单位的符号（символ）（而非义素）所表征的深层句法结构层级（уровень глубинно-синтаксических структур）。该层级依靠"内部言语"实现着由"语义记录"到"深层句法结构"的转换；（3）接下来的几个层级都属于由思想向词语的转换阶段，它们将深层句法结构改造为表层句法结构（поверхностносинтаксические структуры），即获得形态上、音位上和语音上的扩展。（Лурия 1975：19–21）总体上看，卢利亚认为上述发展过程中的每一个阶段都对作为独立学科的神经语言学的形成有一定的方法论意义，但他尤其看重维果茨基、乔姆斯基以及若尔科夫斯基、梅里丘克等学者提出的相关思想和模式。在他看来，维果茨基提供了由思想转换为词语的方法，乔姆斯基提供了先前无法触摸到的由思想转换为扩展言语的转换阶段，而若尔科夫斯基、梅里丘克又在乔姆斯基学说的基础上更进一步，将义素作为由深层向表层转化的起点。由此可以认为，卢利亚所进行的神经语言学分析的全部理论学说，主要是建立在上述学者提出的相关学术思想基础之上的。

3）对言语信息成像的心理学机制进行建构。所谓"言语信息成像"（формирование речевого сообщения），主要指言语句信息编码（кодирование информации речевого высказывания）过程。对此问

---

① 若尔科夫斯基、梅里丘克都是莫斯科语义学派的代表人物。该学派创建于20世纪60年代，该学派的前身，是以莫斯科国立外国语师范学院机器翻译实验室（Лаборатория машинного перевода МГПИИ）为中心组建起来的一个语言学研究团队。该团队以构建多层级的"意思⇔文本"转换模式为目标，对语言进行整合性的形式化描写。

题，卢利亚首先对20世纪以来有关言语信息生成机制的若干学说作出了基本评价。他认为，维尔茨堡心理学派的有关学说视思想为"无形象和无言语精神现象"（без-образное и без-речевое духовное явление），思想体现为词语主要是靠声音符号这一"精神行为"（духовный акт）的联想来实现的；美国心理学家奥斯古特的研究是维尔茨堡心理学派的继续，只是增加了概率标准（вероятностный критерий）[①]；乔姆斯基和米勒的心理学研究尽管与先前的联想链（ассоциативные цепи）学说相比有重大进步[②]，但依然难以对言语生成过程作出令人信服的心理学描写；维果茨基在思想转换为扩展语句的心理学机制研究方面也小有成就，但他只是提出了一种假设，即扩展语句并不是由思想直接生成的，而是通过内部言语这一"中间阶段"（промежуточный этап）来实现的。但尽管如此，在卢利亚看来，这一假设"是进行深入研究可以依据的唯一尝试"，因为内部言语及其述谓功能、紧缩结构的思想如果加上语言学领域提出的有关深层句法结构和语义结构的假说，便可以在语句成功生成所需条件的心理学分析方面迈出"几小步"。（Лурия 1975：31–33）以上不难看出，卢利亚对言语信息成像的心理学机制的建构，主要是依据维果茨基的内部言语的假设并参照语言学的相关假说来完成的。这表明，神经语言学研究多半是建立在"假设"或"假说"基础上的，这也是现阶段心理学研究（即认知心理学）的一大特色。那么，卢利亚又是如何来建构语句生成的心理学机制的呢？对此，他在《神经语言学研究的几个基本问题》一书中表达了如下重要观点：（1）语义表征是一个多维同时发生结构（многомерная симультанная структура），可以将该结构描绘为"语义图形"。无论是构成语义图形"顶部"的语义单位，还是由链接这些顶部的"弧线"所表示的语义联系，都与词典中的简单表义有别。（Лурия 1975：34）显然，这一观点主要是依据若尔科夫斯基、梅里丘克提出的"意思⇔文本"语言学模式而阐发的，也是卢利亚建构语句生成的心理学机制的思想基础。（2）词汇单位本身可以将语句内容导入聚合关系系统（система парадигматических отношений）和组合联系系统（система

---

① 这里所说的奥斯古特心理学，即小列昂季耶夫所说的第一代心理学，也就是所谓的"反应心理语言学"或"新行为主义心理语言学"。

② 乔姆斯基–米勒心理学被小列昂季耶夫称为"第二代心理学"，即"语言学心理语言学"。

синтагматических связей)①：前者既包括内容语法特征，也包括形式语法特征，说话人要对思想作出详细解释，就必须将这些语义图形分解为单独的"模块"，每一个"模块"都由单独的词汇单位——"词"来表达。由于每一个词与词之间都有大量的联系，因此每一个词都会被列入多维含义网 (сеть многомерных смыслов)，以供语句形成时进行"选择"。这种选择通常是自动进行的。大脑皮层所处的条件越复杂以及神经过程所具有的正常选择性受损越严重，其选择过程也就越复杂；后者可以使每个词所具有的配价 (валентность) 进入完整的言语句——扩展言语句系统，这对连贯扩展语句的生成至关重要。(Лурия 1975：34–37) 在卢利亚看来，上述言语交际的两种关系对不同类型的信息的作用是不尽相同的：前者属"关系交际"，主要指物象之间的逻辑关系信息；后者是"事件交际"，主要指形象直观的外部事实信息。(Лурия 1975：37–38) (3) 无论是"从思想到言语"之路，还是"从言语到思想"之路，都要将以下环节包括其中：动机和语句的基本思想，语句的语义记录，将语义记录转换为语句的深层句法结构的内部言语，语句表层句法结构，外部言语等。(Лурия 1975：38) (4) 由于上述两种路径不同，其成素的心理学构造也就不同。从思想到言语的路径（言语生成）是：(a) 从动机和普遍意图 (общий замысел) 发端；(b) 依据语义记录及其潜在联系经过"内部言语阶段"；(c) 导致深层句法结构的形成；(d) 依据表层句法结构而扩展为外部言语句。而从言语到思想的路径（言语理解）则与上述路径相反，呈现为：(a) 对扩展语流（即语音结构）的感知；(b) 将所有单个成素联合在一起并从语流中区分出表意单位；(c) 通过内部言语揣摩出蕴含在言语信息中的含义。(Лурия 1975：38–40) 以上可见，卢利亚的神经语言学研究更看重的是言语生成机制的研究，而对从言语到思想的言语理解过程并非其关注的重点，这显然是由神经语言学的研究对象所决定的。而对于从思想到言语的研究，卢利亚注重的是言语信息的编码过程：第一步是形成语句的普遍图式 (общая схема)；第二步是利用词的配价过渡到对单个词位的搜索；第三步是依据聚合关系和组合联系对所需词汇单位进行选择而形成深层句法结构；第四步呈现在音位和语音层面，使词变为有声言语。应该说，卢利亚上述对言语信息成像的建构，与莫斯科心理语言学派中小列昂季耶夫的观点基

---

① 在这里，卢利亚将索绪尔提出的"聚合关系"和"组合关系"的术语稍稍作了些改变，分别命名为"聚合关系系统"和"组合关系系统"，这在我们看来并非"笔误"，而是"有意而为"，显然与他对神经语言学研究中这对关系作用的认识有关。

本一致。

4) 对言语交际过程的神经语言学方法作出分析。卢利亚在对言语信息成像的心理学机制进行系统审视后，又对言语交际过程的神经心理学方法作了进一步的阐释。他在1973年出版的《神经心理学基础》一书中提出，人的大脑做工至少由3个基本机能模块（основные функциональные блоки）构成：(1) 精力充沛紧张度调节模块（блок регуляции тонуса бодрствования）；(2) 信息接收、加工、储存模块（блок приёма, переработки и хранения информации）；(3) 活动复杂形式编程、调节和控制模块（блок программирования, регуляции и контроля сложных форм деятельности）。(Лурия 1973:6–121) 换言之，在卢利亚看来，人的每一个行为都是依靠上述3个机能模块进行协同做工的"有目的性的行动"及感知、记忆或思维的过程，每一个模块都各司其职，保障着所需过程的自身一面：第一个模块的器官受损，将导致大脑皮层紧张度的模态–非特殊性下降（модально-неспецифическое снижение），从而使心理活动的选择成为不可能或十分困难。第二个模块的器官受损，将对接收和加工信息所必需的条件产生实质性破坏，并导致明显的模态–特殊性损伤（модально-специфические нарушения），即视力、听力和空间运动的损伤。而这些左大脑器官的受损会从根本上限制用语言进行信息加工的能力。第三个模块即大脑额部的受损，即便不改变皮层的总体紧张度，也不涉及信息接收过程的基本条件，也同样会极大地损伤信息的积极加工过程，这不仅给意向生成（возникновение намерений）和"行动编程"造成困难，也会阻碍对意向生成和行动编程进行调节和控制。(Лурия 1975：47) 正是运用上述神经心理学方法，卢利亚不仅先后对言语、书写、解题、记忆等心理学过程进行了详细分析 (Лурия 1947, 1963, 1966, 1970)，还对语句形成（编码）和语句理解（解码）的现实过程作了具体审视，并得出如下4点重要结论：(1) 任何一个语句都是以表达言语中某思想的动机或意向的存在为先决条件的，动机或意向的积极生成是积极行动编程的基础；(2) 大脑的局部受损，会导致内部言语机制的损伤；(3) 大脑其他次要部位（如左太阳穴部位）受损，可引起语音听觉和精确选择言语词汇成分能力的损伤，但依然可保留对这些成分的积极检索能力；(4) 大脑左半球顶后部位受损，可导致空间合成能力损伤，致使很难将信息组成复杂系统，从而破坏复杂逻辑语法关系的形成。(Лурия 1975：48–49) 在卢利亚看来，以上对语句生成和理解的神经心理学方法，就是"最近被称作神经语言学"的方法，它对于解决那些以往研究重要而

又难以企及的问题十分有益。这就是言语过程神经心理学分析的基本路径。(Лурия 1975: 49–50)

卢利亚正是从以上四个方面构建起言语交际的神经语言学分析的理论框架的: 对信息传递现实过程的界说, 使其将研究重心集中在言语交际这一复杂心理学过程的"现实环节"方面; 对言语交际发展阶段的梳理和甄别, 使其找到正确的"突破口"; 对言语信息心理学机制的审视, 使其探明了言语信息生成和理解的两种不同路径; 而对言语交际过程的神经心理学分析, 使其对大脑中的3种机能模块有了新的认识。这一理论构架为他进一步对言语信息成像和理解两个复杂过程作出详细分析奠定了方法论基础。

1.3.2 "言语信息成像"的神经语言学分析思想

上文中已经提到, 言语信息成像即言语信息编码要经历"从思想到扩展语句"的复杂过程: 它起始于向另一个人传递信息的需求(即动机)的生成, 该动机以信息图式的形式体现在思想中; 思想在内部言语机制的助力下, 其语义表征被重新编码为未来语句的深层句法结构; 该结构进一步转变为表层句法结构; 最后变为线性的展开语句。那么, 在上述复杂过程中, 上述列举的4个阶段都起着怎样的作用呢? 大脑的哪些结构又与上述每一个阶段的实现相关联呢? 这都是卢利亚在对言语信息的神经语言学分析中希望解决的问题。他提出, 如果能够证实上述言语信息成像的4个阶段是在大脑结构的总体参与下或其主导作用下实现的, 那么作为信息编码过程基础的许多心理学过程就会变得明了得多——可以直接对信息编码过程作出分析。这就是神经语言学的基本任务所在。(Лурия 1975: 51–52)

正是基于以上设想, 卢利亚开始对言语信息成像的大脑损伤系统(система мозгового нарушения)进行建构。该系统主要从言语信息的组合系统器官损伤和聚合系统器官两个方面予以分别审视。

1) 言语信息成像组合器官的损伤。这里所说的组合器官(синтагматический аппарат), 是指语句的组合关系构造。卢利亚认为, 大脑的局部损伤都可以引起言语信息的一期失调(первичные расстройства)和二期失调(вторичные расстройства): 前者导致与皮层区域直接相关的某些因素的机能系统失灵(выпадение); 后者由一期失调引发, 指缺少那些失灵因素参与而出现的系统失调(системные расстройства)。因此, 有必要首先对每一个大脑局部受损条件下的言语句损伤性质作出判断,以确定其是属于一期还是二期的失调。(Лурия 1975: 55)据此,卢利亚从语句连贯性即组合组织视角审视了组合系统器官损伤的如下类型:(1)大脑深部器官受损条件下言语信息的损伤。它的形成有双重来源:一是体现在各种活动中患者的大脑皮层紧张度普遍下降,并显现为明显的非特殊性;二是损伤可以破坏言语运动正常的紧张度基础和发音基础。言语损伤主要有两种形式:一是在皮层紧张度出现重大下降的情形下,患者的所有行为具有一期非活动性(первичная инактивность)的特点,言语交际受到严重损伤;二是在上述一期非活动性出现大面积受损(массивные поражения)情形下,患者的言语完全丧失或仅限于能发出单音节的低声言语……这两种损伤具有典型的"运动-紧张度性质",即"边缘性质",对思想转换为语句不构成直接影响。(Лурия 1975: 57–59)(2)大脑额部分受损条件下言语信息成像的损伤。在大脑额部分大面积受损条件下,对言语交际的损伤与上述第一种类型相比完全是另一种图景:复杂的动机、意向和行为程序会遭受深度损伤,这种损伤会反映在患者的所有行为及其言语活动中。(Лурия 1975: 60–67)(3)动态失语症综合征条件下语言信息形成的损伤。这是大脑左半球言语区域(речевая зона)前部受损,较之上述前两种类型受损(属于语句编码受损,不属于言语特殊性损伤)完全不同,具有言语特殊性损伤的性质,会伤及属于内部言语形成的言语过程组织的深层,并扩展到语义记录和深层句法结构层面,其典型症状是自身扩展言语(спонтанная развёрнутая речь)的损伤。(Лурия 1975: 67–77)(4)语句述谓结构的损伤。该类损伤通常用术语"电报文体"(телеграфный стиль)来表示,即患者无法确认信息含义图式的缺损,言语信息的编码在最基本的句法环节受到明显破坏。(Лурия 1975: 77–87)(5)传出运动失语症综合形式条件下语言信息形成的损伤。这种损伤具有综合的性质,即神经过程的普遍非能动性(общая инактивность)、"不该出现的惰性"与信息编码的言语失组合在一起,出现运动失语症,导致言语活动的综合性瓦解。(Лурия 1975: 87–98)总之,卢利亚认为以上列举的5类损伤,有的是语句的言语编码所特有的,有的则是语句的言语编码所非特有的。这些情形对于神经语言学研究而言都具有特殊的意义:可以详细探究到底哪些语句形式对抗击病理学惰性的影响更为有效,哪些语句形式在神经过程动态性病理改变中更容易解体和瓦解。研究这些情形的价值并不在于它们可以被用作研究的对象,而在于可以被用作神经语言学分析的独特方法。(Лурия 1975: 98)

2) 言语信息成像聚合器官的损伤。与上述的组合器官相似,这里所说的聚合器官(парадигматический аппарат),是指语句的聚合关系构造。卢利亚认为,语句聚合器官的损伤,主要是相当于语言单位的"代码"及其构造的自身损伤,以及在大脑局部受损条件下代码使用中可以观察到的那些损伤。语言代码是建构在不同层级上的,它们可以按照一定的成分组成等级对立(иерархическое противопоставление),即一定的聚合关系构造。掌握或使用这些代码的能力受损,与连贯语句的组合关系组织的损伤无关,而主要是大脑左半球皮层后部位受损所致。(Лурия 1975: 99)在他看来,聚合关系可以在语音、词汇和语义组织的不同层级上进行审视:语音组织层级主要观察语音和发音的对立,如元音与辅音的对立等;词汇或形态组织层级主要观察词的意义以及语言运作的概念系统;而语义组织层级最为复杂:具有同一词汇–形态组织以及表示同一事物的词,可以有完全不同的含义。(Лурия 1975: 98–102)据此,卢利亚从神经心理学视角系统区分出下列聚合器官的损伤类型:(1)传出运动失语症条件下言语信息成像的发音成素损伤。这是大脑左半球后中枢区域下部受损导致的言语信息编码的发音系统损伤。在此情形下,尽管患者可以表达语句动机和含义内容图式,但显现出一定的困难,积极言语过程组织的语音层级遭到不该有的损伤。(2)感觉失语症条件下言语信息成像的声学成素损伤。该损伤是由语言代码音位组织的声学基础即音位听觉发生瓦解造成的,与左太阳穴区域上部的受损有关,从而导致感觉失语症(сенсорная афазия)的发生。在此情形下,患者不能正确区分音位,也不能重复词语和对事物进行称名,但依然还有扩展的、组合关系上组织起来的言语。(3)声学–记忆失语症条件下言语信息成像的损伤。该损伤是由左太阳穴中间(非声学)部位受损所造成的,主要表现为在保留语音构造的同时,对词的含义不出现大面积疏远的现象,重复词语没有明显的困难,甚至可以重复完整的叙述,只是在声学–记忆方面体现出有难度。(4)额–太阳穴综合征条件下言语信息成像的损伤。该损伤主要体现为言语中的词汇成分很容易被别的成分所替代,即词汇成分丧失了原有的选择性。由于词汇意义的不固定性和对词含义的疏远性,患者无法意识到所犯的错误。(5)语义失语症条件下言语信息成像的损伤。这是由大脑左半球皮层三期头顶–后脑勺部位受损所致,主要体现在掌握和使用语言代码单位方面的损伤,集中表现为患者不能准确地区分词语所表征的事物特征,对所需名称的回忆出现明显的困难,无法掌握和使用聚合关系的复杂词组等。(Лурия 1975: 105–141)

总之，卢利亚对言语信息成像所做的神经语言学分析，主要是聚焦于大脑左半球损伤的条件下进行的。他从组合器官和聚合器官两个方面，全面审视了语言代码系统受损后所造成的种种后果，并提出了对这些损伤进行神经语言学分析的方法。应该说，他的研究不仅具有前所未有的系统性和深入性，代表着俄罗斯当代神经语言学的最高水平，同时也为心理学和语言学研究复杂的言语过程提供了新的分析路径。

1.3.3 "言语信息理解"的神经语言学分析思想

言语信息成像过程与言语信息理解过程是言语活动不可分的两个方面。卢利亚在对第一个方面进行系统审视后，又在相关著述中对后一个方面作了神经语言学分析。

概括起来，卢利亚对言语信息理解的神经语言学分析的思想主要包括以下内容：

1）对言语信息理解的心理学过程作出分类和界说。他认为，语句理解即解码需要具备下列条件：（1）听者应该感知和懂得单个词语；（2）听者应该明了由单个词组成的整个句子的结构，即揭示词的所有系统的含义；（3）听者应该理解完整信息。这是言语信息解码的3个不同阶段：如果说前两个阶段主要是在语言规则（языковые правила）——语音规则、词汇规则以及词法规则和句法规则的框架内进行的话，那么第三个阶段即完整信息的理解就超出了语言学的范围，而进入言语思维心理学（психология речевого мышления）或认识活动的层面。（Лурия 1975：148–149）对此，卢利亚在《神经语言学研究的几个基本问题》等著作中从学理上对上述3种规则相关学说的形成进行了追溯和评述：在词汇成分理解方面，他比较推崇波捷布尼亚、梅里丘克、维果茨基等提出的相关思想；在句法结构的理解方面，他更倾向于采用乔姆斯基的转换生成语法规则和莫斯科语义学派的奠基人之一阿普列相的整合性描写方法；而在复杂信息即语篇的理解方面，他多次引用了维果茨基的观点，可以看出是对该学者相关思想的继承和发展。（Лурия 1975：149–177）

2）对言语信息理解的各种损伤作出分类和分析。主要包括：（1）大脑太阳穴部位受损和感觉失语症条件下言语信息理解的损伤。该损伤主要是左太阳穴区域的外在部位受损而导致音位听觉和所表述的词汇单位出现不固定性的损伤。（2）大脑记忆–后脑勺部位受损和语义失语症条件下言语信息理解的损伤。该损伤主要发生在左半球后部位皮层的三期区域（третичные зоны），即对外部信息加工起到一定作用的记忆–后脑勺区域,它不会破坏对孤立符号的感知,但会导致对空间的无法辨别和失用症。(3)后中枢和前运动区域受损和运动失语症综合征条件下言语信息理解的损伤。该损伤主要包括传入运动失语症(афферентная моторная афазия)和传出运动失语症(эфферентная моторная афазия)两种形式:前者是由左半球言语区域后中枢部位的受损引发的损伤,体现为患者不能立刻找到所需的发音,从而混淆发音的普遍特征;后者是由左半球前运动区域下部的受损而引起的损伤,体现为患者难以从发音综合体平稳地过渡到另一个发音综合体,因此,它亦被称为"传导性运动失语症"(транскортикальная моторная афазия)。(4)大脑深度受损和记忆失调综合征条件下言语信息理解的损伤。该损伤具有语言–非特殊性质(лингвистически-неспецифический характер),如由于短时记忆缺损(дефекты кратковременной памяти)而造成的解码困难等就属此类。(5)大脑额部分大面积受损条件下言语信息理解的损伤。该损伤使言语指令规范中所激发的积极化过程急剧下降,心理活动无法掌控,对完成活动起始程序的控制遭到损伤,由意向驱动的联系流(течение связей)被无法控制而爆发的附带联系所取代。患者在此情形下很容易丧失起始意向,或用战地行动(полевые действия)或用"一次发生的定型"的惯性复制品来取代有目的的自觉行动。(Лурия 1975: 204–227)

应该承认,由于受传统影响,世界学界对言语信息解码过程的研究远不及对编码过程的研究那么深入。而卢利亚所作的对信息理解的现实过程分析,包括由表层句法结构向深层句法结构的转换,再由深层句法结构转换为信息普遍含义,应该说不仅在俄罗斯学界独树一帜并享有崇高的学术声誉,在世界学界也有广泛的影响。在他看来,当代科学解决言语信息传输和理解现实过程问题的客观方法还十分有限,而神经心理学对信息编码和解码现实过程的分析可以为之做出重要贡献,这就构成了如今被称为"神经语言学"这一新兴学科的基础。(Лирия 1975: 229)

在我们看来,卢利亚对心理语言学研究的最大贡献还不仅仅局限在对信息编码和解码现实过程所作的神经心理学分析方面,同时还集中体现在他为创建心理语言学或神经心理学的分支科学——神经语言学所做的基础性理论的构建方面,尤其是他对言语信息成像的心理学机制以及对言语交际过程的神经语言学方法的阐释和分析,具有很高的理论水准和学术价值,成为俄罗斯当代神经语言学研究的学理基础和经典参照。正如俄罗斯心理语言学家谢多夫在《神经心理语言学》(《Нейропсихолингвистика》)一书中所说,"神经语言学"这一术语是心理学家和神经生理学家卢利亚于20世纪60年代初最先引入使用的，从此，对言语活动大脑组织的研究就走出了医疗机构的围墙，拓展了研究视野和边界，并取得了重要成就。(Седов 2007: 3)卢利亚学派的继承人阿胡金娜也对卢利亚的学术成就给予极高的评价。她在《言语生成：句法的神经语言学分析》一书中指出，如果说维果茨基只是对心理失常的症状提出一种原则性解释的话，那么卢利亚就创造了神经心理学的系统研究方法。(Ахутина 1989:10-11)阿胡金娜甚至承认，她所做的学术研究只是卢利亚开创的有关研究的"继续"，或只是对维果茨基提出的区分句法组织层级提供了"些许补充论据"。(Ахутина 1989:67)而卢利亚对神经语言学的理论建构及对言语信息成像和理解所作的详细分析，都是建立在他所创立的神经心理学理论（теория нейропсихологии）基础之上的，从这个意义上讲，他的研究兼有普通心理学和心理语言学的性质。

1.4 阿胡金娜的句法生成机制思想

作为莫斯科心理语言学派的主要成员，阿胡金娜的研究领域主要集中在神经语言学方向，因此在卢利亚逝世后成为卢利亚学派的主要继承者和代表人物。

我们在本著作的第3章第2节中已经对阿胡金娜的言语生成思想和模式作过简要评述，这里仅就其从卢利亚神经语言学理论出发，对句法生成机制问题提出的重要思想作一番审视，以窥见其对卢利亚理论思想的继承和发展轨迹。

阿胡金娜的句法生成机制思想，主要见于其1989年出版的《言语生成：句法的神经语言学分析》著作中。该著作不仅是对先前研究成果的概括和总结，也是其博士论文的主要内容，因此不乏有许多新的内容，其中最引人注目的是关于失语症患者的句法生成机制的研究。

基于对维果茨基、卢利亚有关言语生成模式的全面审视和深入解读，阿胡金娜提出了3层级句法组织的重要假设，即含义组织（смысловая организация）、语义组织（семантическая организация）和形式–语法组织（формально-грамматическая организация）：前者负责对主位和述位进行区分，建立相应的命题；中者负责意义结构的建立并成为与下一句法建构形式联系的中介；后者通过对词汇单位填充相应的句法结构框架的沟槽（слот）来实现形式–语法的句法化。(Ахутина 1989: 30-78)据此，她提出可以通过下列思路来研究或验证这3种组织的句法形成机制：

(1)通过对正反词序的积极音节和消极音节的构造在语法上是否正确的实验,发现句子构造和理解之间的错乱程度是否相对应。评价语法是否正确,既取决于初期缺陷的表征,也取决于患者与运动语法化相关的补偿潜力。(2)通过对患者前期语法错乱(передний аграмматизм)的构形和构词分析,发现寻找正确词形和生产词的多种方法。(3)通过对患者动词使用情况的研究,发现动词的使用受到语法错乱和补偿潜力层级的制约,这使得患者在实动词和半实动词的使用上出现困难。这证明,在称名功能(номинативная функция)错乱的条件下,词汇单位也同时会丧失进行各种组合的信息和词汇-句法地址。以上实验清晰地表明,称名机制和句法机制相互作用,具有互补性和部分替代性。(Ахутина 1989:190–191)由此,阿胡金娜得出这样的结论:句法机制由3个不同层级的程序构成:

第一层级是句法含义。含义在起源上与定向反应相关联,并反映着关注焦点的变化情况。该层级的句法运作基础是述谓行为的递归式重复(рекурсивное повторение),因此会使用最简单的双位框架(двухместный фрейм),从而建构起二元结构或命题。可见,含义句法能够凸显说话人最重要的信息(一组命题),这是任何语句的生成基础。

第二层级是句法语义。基于含义的多位框架(命题),便可以建构起反映情景成素客观联系的句子语义结构。但经常会发生这样的情况,即当患者缺乏词语的形式-语法特征时,这时起作用的是内容-语法特征(содержательно-грамматические характеристики),框架的沟槽则由不同词位体现的语言意义来填充,此时,句法语义框架的建构是从寻找中介(агенс)开始的,并以选择行动的名称而结束。语义句法结构的特点有多成分性(многочленность)、间接表述性(опосредование)、语义派生性(семантическая мотивированность)和情景成素范畴化(категоризация компонентов ситуации)等,这使框架沟槽的语义特征在多数情况下可以找到其语言意义。

第三层级是形式-语法。这几乎是与句法语义同时建立起来的。它的建构使用的是句法结构框架,并由词汇单位填补框架的沟槽来实现。(Ахутина 1989:188–195)

阿胡金娜认为,只有上述3个句法层级建构起来后,才谈得上运动程序的建立。如果再加上每一个言语句的起端都必须要有动机的话,那么完整的句法生成过程图式就呈现为如下样式（Ахутина 1989: 195–196）：

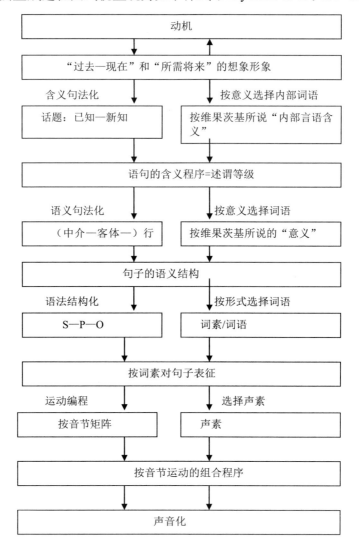

上图所示，左边展示的是对组合的选择工序及其生成过程，即句法生成框架的现实化，大脑左半球的运动部分对其实现起着鉴别作用；而右边展现的是对聚合的选择工序及其生成过程，即选择填充框架缝隙的成分，颅顶和太阳穴部分参与其实现。

应该指出的是，阿胡金娜对句法生成图式的建构，是建立在对句法机制中的前期语法错乱现象（失语症）进行大量具体分析和神经语言学实验基础之上的，内容包括前期语法错乱综合征的因素分析（факторный анализ)、前期语法错乱病人表现力言语的纵向研究（лонгитюдное исследование）、句法构造和理解及验证其正确性的实验研究（экспериментальное исследование）、言语区后部损伤病人的语法难度的比较分析（сравнительный анализ）等。（Ахутина 1989：110–187）这些分析和实验成果不仅将维果茨基、小列昂季耶夫、卢利亚等提出的有关言语生成理论的假设得以实证化，更为重要的是它对正常人的言语生成机制问题同样有着重要的指导作用：她提出的3种不同句法组织的思想，为交际者言语意义的生成和语言能力的形成提供了可借鉴的理论和实践依据。

第 2 节　语言意识研究

语言与意识或语言与思维的关系问题，不仅是理论语言学研究的永恒主题之一，更是俄罗斯当代心理语言学研究所关注的核心方向之一。从语言哲学发展的历史看，较之于西方而言，俄罗斯学界更加强调语言对意识或思维的影响和构建作用，因此，有关成果也相对较多。如，比较著名的有波捷布尼亚的"语言心理"论，福尔图纳托夫（Ф.Ф.Фортунатов）的"言语句"说，维果茨基的"内部言语"说，老列昂季耶夫的"世界形象"（образ мира）说，卡拉乌洛夫的"思维语言"（языки мышления）说等。[①]尤其是莫斯科心理语言学派的奠基人小列昂季耶夫，他对语言意识理论的形成做出了不可磨灭的贡献，以他为首而创立的俄罗斯心理语言学范式——言语活动论，本质上就是语言与意识或语言与思维关系的研究。当然，此处所谓的"语言意识"研究，主要指20世纪末期以来在俄罗斯心理语言学尤其是民族心理语言学和认知语言学（когнитивная лингвистика）领域内的相关研究，即把语言的民族文化特点上升到语言意识高度展开的研究活动，因此是心理学与语言学交叉的结果。该领域的主要成果被收录在俄罗斯科学院语言学研究所出版的下列文集中：由塔拉索夫任主编的《语言与意识：反常的理性》（«Язык и сознание: парадоксальная рациональность»）（1993），以及由乌费姆采娃任主编的《语言意识的民族文化特点》（«Этнокультурная специфика языкового сознания»）(1996)、《语言意识：形成和功用》（«Языковое сознание: формирование и функционирование»）(1998)、《语言意识与世界形象》（«Языковое сознание и образ мира»）(2000)等。在俄罗

[①] 关于上述学说，在本著作相关章节中都有论述。

斯当代心理语言学界，对语言意识研究作出突出成果的除上述小列昂季耶夫、塔拉索夫、乌费姆采娃外，还有克拉斯内赫、扎列夫斯卡娅等。下面，就让我们对上述学者的主要学说和思想作简要评述。

2.1 小列昂季耶夫的"世界形象"说

作为莫斯科心理语言学派的奠基人，小列昂季耶夫在许多领域都有卓越的建树，其中就包括语言意识研究领域。1993年，他发表《语言意识与世界形象》（«Языковое сознание и образ мира»）一文，集中阐释了他对语言意识的独特认识，并遵循其父老列昂季耶夫的有关活动论学说，提出了"世界形象"说，该文成为学界公认的经典之一。

1）对语言与意识的关系作出唯物主义界说。对于语言与意识的关系问题，尽管自古以来有数不清的界说，但小列昂季耶夫对此的认识与西方学界的认识有原则不同。他依据马克思、恩格斯的有关思想，从唯物主义视角进行了科学界说。他认为，马克思和恩格斯提出的"语言是实际的和真实的意识"这句话蕴含着这样的思想：作为哲学心理学现象的意识与作为社会系统以及民族和全人类社会经验组成部分的语言之间有密切关系。另一方面，心理学家和哲学家也完全明白，语言既不是造物主（демиург），也不是意识内容（содержание сознания），但正如老列昂季耶夫所诠释的那样，社会意识就存在于语言之中，也依赖于语言而存在。（Леонтьев 1993:16）在这里，小列昂季耶夫援引了其父老列昂季耶夫的相关论述，其实，后者在语言与意识关系问题上还有许多"名言警句"，如"意识具有语言和言语属性""有意识就是掌握语言""掌握语言就掌握意义""意义是意识单位"等。（Леонтьев 1994:35）显然，老列昂季耶夫在这里所说的意义，是指语言意义或言语意义。据此，小列昂季耶夫得出结论认为，所谓"意识"，就是符号的意识。（Леонтьев 1993:16）纵观西方的哲学、语言学以及心理语言学文献，对语言与意识的关系不外乎有两种不同的甚至相互排斥的界说：一种以新洪堡特主义为代表，包括语言相对论（теория лингвистической относительности）、语言哲学（лингвистическакя философия）以及新实证主义（неопозитивизм）等，认为意识的单位是言语意义或词汇意义系统，上文中老列昂季耶夫所说的"社会意识就存在于语言之中，也依赖于语言而存在"的思想，就属于这一类；另一种认为意识的单位是"事物意义"，而语言在这里被看作能够在言语形式中现实化的意义系统。显然，小列昂季耶夫所继承和秉持的主要是第一种观点。

2) 对"语言意识"的概念作出深刻诠释。基于小列昂季耶夫对语言与意识关系的认识,按理说,他对"语言意识"概念内涵的理解已经十分清楚。但实际上,由于语言意识本身的复杂性,他并没有停留在"意识等于意义"这一具体公式上,而是对"语言意识"这一概念进行了较为深入的辨析和论证。他认为,在"语言意识"这一词组中,"语言的"这一形容词不应该使我们产生迷惘,因为这一形容词跟作为传统语言学对象的语言并没有直接的关系。在传统语言学的解释中,语言被描绘为"间接表达着人与世界的关系",这就意味着其陷入了一种"循环论证"。(Леонтьев 1993:17) 他援引老列昂季耶夫的观点认为,(语言的)意义一方面进入社会经验或社会记忆,另一方面又构成每一位单独个性内部世界不可分割的组成部分。"意义"的这两个方面之间有各种起源联系和功能联系,且每一种联系都会以独特的路径被列入各自系统,并凸显着意义。当然,孤立的意义(无论是言语的还是事物的)是抽象的。(Леонтьев 1993:17) 在他看来,人所面对的并非单个事物,而是作为整体的事物世界;人所运用的并非单个意义,而是意义系统。无论在第一方面(认知方面)还是在第二方面(交际方面),都应该将意义之间的直接内容联系(如语言中的同义词、反义词意义等)与那些能使人有效运用意义的过渡结构(маргинальные структуры)区分开来。第一方面是认知图式(когнитивные схемы),它们是以某种方式固化的或完全转化为内部层面的解决任务的方式和手法;第二方面是传统语言学理解中的语言,即语言系统。这是一个从区分标志到超句统一体(сверхфразовые единства)的语言手段等级系统,也就是从意义到完整语篇的算子系统(система операторов)。如果将语言理解为交际和综合统一体(единство общения и обобщения) 和意义系统(无论是表现在事物存在形式中还是表现在言语存在形式中),那么语言意识和由意义间接表达的意识是近似的概念,现代苏联心理语言学将其归入"世界形象"的概念之中。需要强调的是,世界形象既不等同于"语言世界图景"的概念,也不等同于认知世界图景的概念。(Леонтьев 1993:17–18) 以上话语充分表明,小列昂季耶夫眼中的语言意识就等同于意识,它们在心理语言学研究中完全是同义词。这至少说明两点:一是"意识就是语言意识"的观点是西方理性主义和经验主义哲学一贯秉持的重要方法论之一。二是尽管小列昂季耶夫在语言与意识问题上主要继承了其父提出的相关思想,即"意识就是语言意义"或"意识就是符号意识"的语言哲学观,但他并没有否认第二种语言哲学观,即上文中所说的"思维的单位是由语言形式间接表达的事物意义"的观点,因为在他所推崇的"世界形象"说中就反映或包含着这一要素。

3)对"世界形象"的感知机制及特性作出论证。何为世界形象?对此,比较公认的解释是:世界形象是人的心理对事物世界的再现(отображение),这种再现是以事物意义以及相应的认知图式间接表达出来的,并受制于人的有意识反射(сознательная рефлексия)。(Леонтьев 1993:18)这应该是迄今为止俄罗斯心理语言学界对"世界形象"概念所作的最为经典的界说。对此界说,小列昂季耶夫就世界形象的基本学理进行了详细解释和论证。他认为,世界是由单个的人通过附加在感知该世界上的事物意义系统来表征的,人不会对感性形象提出称名,而事物意义就是该感性形象的成素,即为人加固感性形象的成素和间接表达感性形象存在本身的成素。人与世界相遇的最直接情景,是在现实地感知世界形象中意识的不间断运动。我们每一个人在通过世界形象来感知世界时,常常会将"光亮的注意力场"从一个事物移向另一个事物,这样一来,在我们的世界形象中,确切地说是在我们此刻所接触的世界形象情景片断中,发出光亮的始终是单个的事物,接下来,意识便会转换到另一个事物上,如此而不间断。然而,意识的这种从一个事物向另一个事物的不间断转换,同时是以事物(事物所表达的形象)从一个所意识到的层级向另一个层级转换的:在我的意识中,共存着作为现实意识客体的事物和处于有意识控制中的事物。因此,世界形象中的意识运动,并不是平面几何式的,而是具有三维的性质,意识具有深度。(Леонтьев 1993:18–19)但在小列昂季耶夫看来,世界形象可以不被列入对世界的感知,它完全可以是反射式的。如,世界形象可以是情景式的或片断式的,犹如记忆和想象做工时的那种状况;也可以是超情景式的或全球式的,这就是全世界形象,一种世界观图式。总之,世界形象是可以被意识到的和反射式的,但对其理解的深度以及反射的层次各不相同,极限的发射层次与对世界的科学和哲学理解相适应。(Леонтьев 1993:19)

需要特别指出的是,小列昂季耶夫对世界形象感知及特性的论证并没有仅仅停留在个体意识的层面,而是拓展到民族意识层面的恒量世界形象(инвариантные образы мира)系统,从而建构起具有社会共体性质的语言意识。他提出,社会共体的恒量世界形象是用以描写不同人群看待世界共同特点的抽象模式,它们直接与语言的意义和其他社会上制定的支撑物(如社会作用、社会准则等)相关联,而与个体意义构成物无关。从理论上讲,恒量世界形象的数量无限,它们主要取决于社会共体的"阶级和社会结构",取决于社会共体中的文化语言差异……与民族文化和民族心理有关的恒量世界形象具有特殊地位。应该明白,构成每一个民族看待世界和理解世界基础的,是该民族自己的事物意义、社会定型和认知图式系统,因此,人的意识(指日常意识)永远是有民族制约性的,一个民族看待世界的方式,无法用简单的重新编码(перекодирование)方法而翻译为另一个民族的"文化语言"。(Леонтьев 1993:20)在文章的最后,小列昂季耶夫还结合上述思想,提出了"教学过程首先就是恒量世界形象的形成过程"的重要观点,认为世界形象的概念对教育心理学有十分重要的现实意义。(Леонтьев 1993:21)

如上所说,小列昂季耶夫的"世界形象"说,是从心理语言学视角对语言意识进行研究而得出的最重要成果之一。从方法论层面看,该学说的基本学理无疑是建立在经验主义和理性主义相结合基础上的,从而可以得出"人们不仅可以通过现实感知而直接意识到世界,也可以不通过现实感知而通过某种理论思维来认识世界"的重要结论;从对世界形象的感知机制和认识特性看,该学说又融上文中提到的"语言意义"说和"事物意义"说为一体:在个体层面更多地强调人对世界的"有意识反射",即通过语言形式间接地来表达世界形象;而在社会共体层面,则强调由民族文化语言所决定的恒量世界形象。但总体上看,小列昂季耶夫的语言意识观,更多具有西方理性主义的性质,即将"意识"等同于"语言意识"。从这个意义上讲,所谓"恒量世界形象",就是被民族语言文化所表征的"世界形象"。

这无疑是"世界形象"说的最大特点,也是俄罗斯心理语言学界主流的语言意识观。

2.2 卡拉乌洛夫的"思维语言"说

当代认知心理学理论告诉我们,语言的意义与人的主观认识(关于世界的知识和对世界的认识等)密切相关。俄罗斯著名心理语言学家卡拉乌洛夫在对俄语语言个性的研究中进一步提出,在语义与人的认识之间,隔着一个中间层级,即"体现在主体或主体化词汇中的组织世界知识的层级"。(Караулов 1987:175)他将该层级命名为"思维语言"。该思维语言即为观念世界图景中的观念阈(концептуальная область)。

对思维语言进行研究,很大程度上将取决对该语言的构拟,即理论假设与推理。应该说,迄今学界对思维语言的界说并无定论,有"内部语言""混合代码""形象代码""普遍事物代码""主观语言""中介语言""中立语言"等多种假设。卡拉乌洛夫认为，思维语言"是心智活动及其言语化或言语思维活动过程中介于发音、外部言语与特殊大脑语言之间的现象……其实质是心智的语言"。（Караулов 1987: 184–185）任金在分析言语生成与理解过程中代码转换的相互作用时，也曾提出过通向大脑语言的4个等级的假设：语言→有声语言→内部言语→智力。（Жинкин 1982: 18）根据该假设，卡拉乌洛夫又进一步提出了思维语言有两个维面的设想，即朝向有声语言的一面叫"内部语言"，朝向智力的一面为"思维语言"。（Караулов 1987: 186）目前比较认同的观点是，思维语言在形式平面具有普遍性、无声性、形象性、主观性等本质属性，而内容平面则依据的不是意义，而是含义。的确，从形式和内容上看，思维语言不仅处在言语思维代码转换的"中间"地位，且履行着由语言通向智力的中介功能。但由于思维语言犹如传播中的网络语言一样，看不见、摸不着，且数量巨大（原则上讲与人的周围世界一样无穷尽），因此对其结构单位的研究只能建立在普遍化和类型化的基础上，即用中和（усреднение）和内省（интроспекция）等方法构拟出其基本特征。研究表明，言语思维中内部言语的思维列（мыслительный ряд）总是与有声言语的外部列（внешний ряд）并行运动的，前者略超前于后者。这种经过"内化"的思维列，包含着思维语言所有的成分类型。该成分就是观念世界图景中的基本单位——图片（картинки）。这些图片作为人对世界知识的形象化或模式化的认识，存在于人的大脑（意识）中。

2.3 克拉斯内赫的"框架结构"论

在莫斯科心理语言学派中，莫斯科大学的克拉斯内赫对语言与意识相互关系也有比较系统的研究。她先后出版了《虚拟的现实或现实的虚拟？》（«Виртуальная реальность или реальная виртуальность?»）（1998）、《心理语言学与交际理论原理》（«Основы психолингвистики и теории коммуникации»）（2001）、《民族心理语言学与语言文化学》（«Этнопсихолингвитика и лингвокультурология»）（2002）、《别人中的自己：神话或现实？》（«Свой среди чужих: Миф или реальность?»）（2003）、《语言文化的词汇与语法：心理语言文化学基础》（«Словарь и грамматика лингвокультуры: основы психолингвокультурологии»）（2016）等多部著作，从语言个性和世界形象视角出发，对语言意识的属性与结构、语言意识与认知空间、语言意识与言语交际等一系列问题进行了系统审视，并从语言哲学的高度对民族文化特点的形成机理和表现形

态进行了阐释和分析。其主要观点有:

1) 意识具有语言属性。她认为,心理语言学中所说的意识就等同于语言意识,因此,所谓语言与意识的命题是一种逻辑悖论,它们描写的实际上是同一种现象——"人的意识"。但如果在"意识"前冠以"语言"的修饰语,只是为了强调一点,那就是意识与个性的言语生成和理解具有直接的关联性,因为语言学家只有通过研究个性的言语活动才能够去研究民族心智语言体(национальный ментально-лингвальный комплекс)和民族观念阈(национальная концептосфера)问题。(Красных 1998: 21–22)可以看出,她的这一观点与俄罗斯心理学奠基人维果茨基、老列昂季耶夫的相关思想一致。如,后者就认为意识具有语言和言语属性;有意识就意味着掌握语言,掌握语言就意味着掌握意义;意义是意识的单位,意识具有符号性。(Леонтьев 1993: 16)

2) 语言意识近似于世界图景。克拉斯内赫认为,意识是现实世界在人脑中的反映,所以它近似于"世界图景"或"世界模式"的概念。而作为世界图景的意识就必然刻有民族文化的烙印。(Красных 1998: 22–23)但语言意识与语言世界图景并不等同,原因是意识或世界图景具有双重属性——客观的和非客观的:前者不以人的意志为转移,展现为客观世界图景;后者具有"第二性"的性质,展现为理念世界图景(идеальная картина мира)即语言世界图景。语言世界图景位于世界图景的深层,因为每一种自然语言反映着世界概念化的一定方式。总之,语言不是映照世界(отражение мира),而是再现世界(отображение мира)。(Красных 2001: 64–65)也就是说,在克拉斯内赫看来,语言意识中既包含着现实世界反映在人脑(心理)中的那部分客观世界图景,也包含着由民族语言建构起来的那部分理念世界图景,这两种世界图景都带有民族文化的痕迹。她的这一观点,与莫斯科心理语言学派的奠基人小列昂季耶夫的思想基本一致。后者曾指出,不能将世界形象等同于语言世界图景和认知世界图景,因为前者是"语言棱镜中的世界"(мир в зеркале языка),后者与世界形象相对立。(Леонтьев 1993: 18)

3) 语言意识具有自身的框架结构(фрейм-структуры)。由于语言意识近乎世界图景,因此其结构具有深层的性质。克拉斯内赫由此认为,语言意识是由处在深层的多层级观念块构成的。正是这些观念块,决定着我们如何看待世界,如何感知和切分现实世界。从心理语言学角度看,观念块实为人之思维赖以运作的信息块(информационные массивы)。与科学概念中的"信息"所不同的是,这些信息块具有内隐性、不易觉察性、不可知觉性等特征。(Красных 1998：116)从观念块的框架结构看,它们又是由心智图片构成的,如先例、定型、形象、格式塔/完形、图式、命题、公式等。(Красных 1998：54–76)基于以上认识,克拉斯内赫还对先例现象和定型现象作了深入的分析研究,并对这两种现象与民族心理、民族认知的关系等作出了颇有见地的阐释。①

2.4 扎列夫斯卡娅的"心智语汇"说

作为特维尔心理语言学派的奠基人②,扎列夫斯卡娅是俄罗斯心理语言学研究中"心智语汇"术语的首创者。③她及其学派成员从20世纪70年代起就开始研究心智语汇问题,迄今已发表了大量著述,如《人的内部语汇的组织问题》(«Проблемы внутреннего лексикона человека»)(1977)④、《人的语汇中的词：心理语言学研究》(«Слово в лексиконе человека：психолингвистическое исследование»)(1990)、《心理语言学导论》(«Введение в психолингвистику»)(1999)、《语篇及其理

---

① 有关先例和定型现象的研究,其理论学说在本著作第4章中有专门的评述。

② 目前学界对"特维尔心理语言学派"的提法仍有不同看法：不少学者都将该学派看作莫斯科学派的一个分支,认为扎列夫斯卡娅的学说是建构在莫斯科学派言语活动论学理基础之上的,但学界多数学者都认为扎列夫斯卡娅及其团队的研究别具一格,已经形成了自己的学派。俄罗斯科学院语言学研究所2021年出版的《俄罗斯心理语言学：总结和前景(1966–2021)》一书,也认可其为独立学派。(Стернин.,Уфимцева 2021：270–284)

③ 关于ментальный лексикон 的译法学界并不一致,国内学者将其译为"心理词典""心理词汇"等。(许高渝等 2008：90–110)我们认为译为"心智语汇"比较合适,这是因为：ментальный 一词源自英语 mental, 有多个含义,但在认知语言学和认知心理学界通常用作"心智的""心灵的""精神的"意思；лексикон 在语言学词典中被界说为"个体或群体使用的词汇总和",即语汇,意义接近于 тезаурус,属于语言个性的认知层级。因此,定名为"语汇"比较符合特维尔心理语言学派对词和语篇的认知心理研究特性。此外,也有俄罗斯学者用 словари 和 тезаурус 来替代 лексикон 一词,意为"词汇"或"语汇"。(Золотова 1989, 2003)

该文后来被收入扎列夫斯卡娅于2005年出版的文集《心理语言学研究：词与语篇研究文集》(«Психолингвистические исследовния.Слово,Текст：Избранные труды»)第31–85页中。

④ "言语组织"的概念是彼得堡语言学派的奠基人谢尔巴在其经典论文《论语言现象的三层面和语言学中的实验》中提出来的。他认为言语活动是受个体的心理生理的言语组织制约的、具有社会性质的说话和理解的过程,是一种复杂的、综合的活动。

解》(«Текст и его понимание»)(2001a)、《心理语言学研究：词与语篇研究文集》(«Психолингвистичесие исследования. Слово. Текст: Избранные труды»)(2005a)等，从言语组织角度对人的心智语汇的结构、功能、特点及其与言语思维过程的关系等一系列问题进行系统审视和阐释。①其学说思想已经在本著作的第3章中做过评述，我们在这里仅强调3点：

1）心智语汇的研究对象是言语机制。据此，扎列夫斯卡娅首先对"言语机制"作了科学界说。在她看来，首先，言语机制是用于实现一定过程并拥有物质基质（大脑）潜能，适合在不同层级上进行研究的"装置"，该装置不仅由专门的单位来运作，且内容丰富、有序（有组织）。其次，言语机制就是人的"言语组织"，它是由成素单位（единицы компонентов）相互作用形成的，并可以用于不同的目的。(Залевская 1999：51)在此基础上，扎列夫斯卡娅又对言语组织的特性作了系统考察，认为研究言语组织需要解决如下任务：(1)要解释人的言语组织与语言能力、语言个性之间的关系；(2)要确定人的言语组织的单位特点及其在言语活动中有序使用的基本原理；(3)要把言语生成和理解的过程看作是结构与过程、机制与使用特点的相互作用；(4)审视知识的类型及运作特点；(5)要对言语组织形成过程的掌握语言（包括掌握外语）作具体分析。(Залевкая 1999：51-52)不难看出，扎列夫斯卡娅对言语机制即言语组织的考察已经将谢尔巴的语言结构层面扩展到心理语言学的语言能力层面。在她看来，言语组织不仅是一个动态的功能系统，还是一个"自组织系统"。据此，她得出这样的结论：所谓言语活动，实际是一种"言语思维活动"。(Залевская 2005b：34)以上思想正是特维尔心理语言学派所有理论和学说的基本出发点。

2）提出个体"心智语汇核"（ядро ментального лексикона）的重要概念。扎列夫斯卡娅在系统审视心智语汇特性的基础上，提出了与语言意识密切相关的心智语汇核思想。在她看来，心智语汇核是指联想语汇实验中最具联系功能的词汇，它们对区分语汇组织中的普遍性和民族性成素具有决定性的作用。(Залевская 1999：168)对于词作为语汇单位所具有的功能机制问题，扎列夫斯卡娅从派生词、多义词、新词语、成语的识

---

① 在俄罗斯，语言意识问题主要属于心理语言学的研究范围，而在西方学界则属于语言知识（знание о языке）研究，即第三代心理语言学——认知心理语言学中的核心概念和内容之一。

别特点4个方面进行了系统的思考和论证,并得出结论认为:词在人的语汇中的功能机制是在知觉、认知和情感评价经验的加工产品的相互作用下,由不同层级认知的"多段式过程"完成的。因此,世界形象的获得,需要采用不同的策略和支撑成素,并在各种内外因素的作用下依靠对语言知识和百科知识的范畴化来实现。除此之外,为保证心智语汇运作程序的可信度,还应该采用多种实验手段对词汇单位的功能机制特点予以验证(Залевская 1999:199–200)。

3)对"语言意识"的内涵和特性作出解释。研究心智语汇,必然会涉及言语思维活动和言语交际的过程,也必然会对心理语言学界通用的术语"语言意识"的概念内涵及特性进行一番梳理和解释。对此,扎列夫斯卡娅在《心理语言学导论》及《语言意识:理论问题》(«Языковое сознание: вопросы теории»)等著述中有专门论述。在她看来,当代俄罗斯学界对语言意识的研究有不同的视阈和方向,因此也有不尽相同的认知和界说,如:克拉斯内赫认为语言意识是指与个性的言语活动相关的意识;波尔特诺夫区分了语言意识与言语意识(речевое сознание),认为语言意识与语言中意义的等级和操作有关,与语句的建构机制和理解有关,也与对作为三大符号学维度的语义、语构、语用的反射有关;斯捷岑科(А. П. Стеценко)认为应该将语言意识置于人的完整世界图景结构中的一个层级即"掌握世界图式"(схема освоения мира)视角加以审视;叶伊格尔认为语言意识是日常意识(обыденное сознание)中的一种,它是掌控言语活动的机制,负责对语言符号及其组合和使用的构成、储存和改造,也是对语言及其成分的观点和定势;博金、卡拉乌洛夫等则认为语言意识与语言个性、言语能力等紧密关联。(Залевская 1999:92–94)综合上述观点,扎列夫斯卡娅指出,个体记忆中所表征的不同知识类型保障着言语机制的功用化,也决定着所使用术语的侧重点不同,有的用"语言能力",有的用"交际能力",有的用"语言个性"或"语言意识"。(Залевская 1999:95)她认为,就概念本身而言,"语言意识"是约定俗成的,就如同"言语句"的概念一样。这里很容易陷入词语魔咒(магия слова)的圈套,即:"意识"既然是"语言的",那就必须用语言的手段来传递,也就可以用语言学的方法来分析和描写;而这里所讲的"意识",又完全是"意识不到的"或"非言语化了的";就其概念内涵而言,它与言语意识、语言思维等同义,而很少被看作元语言意识(метаязыковое сознание)。(Залевская 2003:30–31)那么,扎列夫斯卡娅是如何来解释语言意识特性的呢?她认为,此前世界学界对语言本质的认知存在着两种看法：一种将语言视为具有"自给自足本质"；另一种认为语言是寄生在人对世界表征的非言语手段之上的，语言如果不依赖人的知觉和认识过程以及个体的情感评价感受，其本身就毫无意义可言。然而，如果从当代科学研究转向人类中心论范式的视角看，无疑就应该将语言视为一种心理过程，该过程只有与其他心理过程相互协同才能运作。显然，语言作品（языковое произведение）是通向各种心理加工过程产品集的言语化的"钥匙"，而词就可以同时作为记录"为自己"和"为他人"产品的手段。（Залевская 2003：31–32）上述话语表明，扎列夫斯卡娅眼中的语言实际上有两种类型，一种是"为自己的语言"，另一种是"为他人的语言"，而这两种语言在参数上是有区别的：对个体而言，词起着一种独特的"锚"和"方位物"的作用，因此可以让人清楚地看到其先前经验（言语的和非言语的）片断，从而在一定的缩影中被现实化。从这一意义上讲，那种可以对操语言者意识中存在的语言单位进行描写的想法是天真的。事实上，我们只能对那些无法观察到的现象建构起某种假设或模式。当今"世界形象"和"语言世界图景"的概念就属于此类，它们之间的关系就可以用"为自己"和"为他人"的不同视角来定位。语言世界图景中通过词来记录的只是指示着证同潜能的某一个领域，它近似于多维世界形象的视角。据此，扎列夫斯卡娅提出，语言学、心理学、哲学等不同学科对语言意识的研究各有侧重，因此，只有采用整合性方法才能有效。（Залевская 2003：32–33）在我们看来，正是基于以上对语言意识特性的基本认识，扎列夫斯卡娅才将自己的研究限定在心智语汇的领域内，它在学理上构成了语言意识研究的一个重要方面。

　　总之，扎列夫斯卡娅对语言意识的研究与克拉斯内赫等学者走的不是同一条路径：她是借助对言语组织特性的基本认识，并从"语汇"这个成素入手来探索人的言语思维机制及语言意识问题的，以科学解答如下问题：人的心智是如何对世界作出能动反应的；人的语言能力是如何形成的；语言是如何习得和掌握的；心智语汇是如何构建起世界模式和语言个性的，等等。这不失为心理语言学研究的一种新视角，它对揭示语言能力的认知机制无疑具有重要的理论意义和实用价值。

2.5 乌费姆采娃的"语言意识核"说

　　作为俄罗斯著名心理语言学家，乌费姆采娃曾主编《俄语联想词典》（«Русский ассоциативный словарь»）和《斯拉夫语联想词典》

（«Славянский ассоциативный словарь»）等有世界影响的大型工具书，并在语言意识、语言意识的个体发育以及民族文化特点等研究方面取得重要成果。其中，她在1996发表的《俄罗斯人：又一种自我认识实验》（«Русские: опыт еще одного самопознания»）的文章中，从文化定型视角并采用联想实验的方法，提出了"语言意识核"（ядро языкового сознания）的重要概念。所谓"语言意识核"，是她借用的扎列夫斯卡娅的"语汇核"的概念，指语义网（семантическая сеть）中那些与其他语言单位联系最多的单位。该概念后被俄罗斯心理语言学界所普遍采用，专门用来对不同民族的语言意识作联想实验对比分析和研究。

乌费姆采娃对俄罗斯人和英国人的语言意识核进行了为期十年（1988–1998）的跟踪联想实验调查。她认为，对民族意识的形成起作用的既有先天的因素，也有后天在社会化过程中所形成的因素。如果我们认同把文化界说为"与某民族系统相关联的意识系统"，那么就自然会在该民族的语言形式中来审视其民族意识，因为语言形式可以揭示某民族代表人物所特有的世界形象的特点。（Уфимцева 1996: 144–145）为此，她提出，可以通过联想实验来揭示某文化携带者的世界形象的特点，即对现代俄语和英语的联想语汇材料进行对比分析，以展示两个民族意识中独特的世界形象。

乌费姆采娃联想实验成果表明，根据语义网中词语所引起的刺激的数量，俄语和英语的语言意识核心词不尽相同：俄语排在前几位的核心词分别是человек（人），дом（房子），жизнь（生活），друг（朋友），деньги（金钱）等；而英语排在前几位的核心词则是me（用作宾格的"我"），man（人），sex（情欲），money（金钱），work（工作）等。另外，两种语言意识中最常用的评价核心词也有别，俄语分别是нет（不/不是/没有），хорошо（好），плохо（坏），большой（大的），дурак（傻瓜）；而英语分别是good（好），no（没有），yes（是/是的），nothing（没有什么）等。（Уфимцева 1996: 147–149）最为重要的是，乌费姆采娃通过分析后发现，尽管十年间俄罗斯社会和俄罗斯人的生活发生了巨大变化，但俄罗斯人的基本语言意识核心词却并没有改变。这一发现充分证明，处在深层的语言意识的变化远远滞后于社会和文化的变化，它们作为民族文化定型中的恒量（инвариант），决定着该民族的世界形象。

在上述实验的基础上，乌费姆采娃又于1998年发表《俄罗斯人的民族性格、自我形象和语言意识》（«Этнический характер, образ себя и языковое сознание русских»）一文，进一步从民族性格与语言的关系角度阐释了俄语语言意识与英语语言意识的差异问题。她认为,语言对民族性格的形成具有关联性,但俄语民族意识并不等同于俄语,因为语言与意识之间的联系比较复杂,且有间接的性质。作为文化现象的语言(确切说是言语)只能以某种间接的方式记录并反映民族共体中现时的价值和评价系统,但在民间口头创作、谚语和俗语等中却能记录对该文化来说永恒的价值……尽管通过联想实验来建构具体文化代表的语义网相当复杂,但它却可以揭示某文化代表的世界形象的系统性,进而发现反映其民族性格特点的文化定型。(Уфимцева 1998:164-165)她在对比了俄罗斯人和英国人的语言意识核心词的自由联想实验结果后认为,在俄语语言意识中占首位的是"人"(человек),首先是好人(хороший человек)、善良的人(добрый человек),而英语语言意识中的"人"(man),首先是指女人(woman),其次指男孩(boy)、小孩(child)、父亲(father)等;另外,"朋友"(друг)的概念在俄语语言意识中占有特殊地位,因为俄语语言意识中具有一种独特的"人–朋友中心性"(человеко-другоцентричность)。俄罗斯人需要朋友,需要"人–朋友",随时准备接纳朋友作为好友和知己。这一切都源自古代俄罗斯文化的维系机制,因为俄罗斯人在少年时就形成了这一"文化原始意象"(культурный архетип)。联想实验表明,在俄罗斯文化中成长起来的10岁前儿童的世界形象中,"朋友"的概念占据着十分重要的位置。"朋友"一词是 *встретить*(迎接),*встреча*(会见),*дорогой*(亲爱的)三个刺激词(слово-стимул)中最常见的反应词(слово-реакция),如 *встретить-друга*(迎接/会见——朋友),*встреча-с другом*(与朋友——会面/会见),*дорогой-друг*(亲爱的——朋友)这样的组合。(Уфимцева 1998:168-169)不难看出,乌费姆采娃的"语言意识核"学说与扎列夫斯卡娅的"心智语汇核"思想有异曲同工之处。它采用心理语言学所特有的联想实验的方法来证实俄罗斯人世界形象有别于其他民族的特点,无疑为俄语语言意识的研究提供了实证依据,因此具有重要的理论价值和实践意义。她的研究充分证明,在俄语语言意识核中,"人"的概念占据着首要的地位,从而再一次佐证了"说话的人"是俄罗斯当代包括心理语言学在内的众多学科的核心概念之一。

2.6 塔拉索夫的语言意识"新本体"论

塔拉索夫曾长期担任俄罗斯科学院语言学研究所心理语言学部主任

和《心理语言学问题》杂志主编，他在语言意识研究领域颇有建树，先后发表了《论意识的存在形式》（«О формах существования сознания»）（1993a）、《跨文化交际：语言意识分析的新本体论》（«Межкультурное общение-новая онтология анализа языкового сознания»）（1996）、《语言意识及其认知地位》（«Языковое сознание и его познавательный статус»）（2001）、《语言意识理论绪论》（«Пролегомены к теории языкового сознания»）（2014）等重要论文。他擅长从交际尤其是跨文化交际意识的结构功能化视角，来界定和审视语言意识问题，因此其思想大多具有基础性、开拓性的性质。其中，语言意识"新本体论"无疑是他的主要学说之一。

塔拉索夫认为，意识的本体论可以分为两个范围：一是与意识的起源有关，这是一种形成意识形象（образ сознания）的感觉组织以及由该感觉组织表征的现实物体含义和意义的"活动"；二是与意识形象的功能化有关，这是一种活动及其内部派生物（внутренний дериват）——思维，以及感知和交际。（Тарасов 1993a：86）可见，在塔拉索夫眼中，传统的语言意识本体论研究属于理论心理语言学范畴，即意识的起源和形成机制研究，且该研究是通过外化的语言符号来实现的，因为意识作为科学分析的对象，它必须要用某种语言手段来加以外化和描写。也就是说，意识形象和心理等抽象成分的分析，不能脱离一定的描写语言来实现。（Тарасов 1993a：87）而语言意识的新本体论，即上述的意识形象的功能化研究，就是塔拉索夫眼中的跨文化交际。

跨文化交际可否成为语言意识研究的新本体论呢？对此，塔拉索夫从以下几个方面进行了论证：

1）对"跨文化交际"和"语言意识"的概念进行重新界说。他认为，至今学界尚无定论的所谓"跨文化交际"，应当理解为不同文化代表（和操不同语言者）之间的交际。通常情况下，可以借用民族文化代表（представитель национальной культуры）的隐喻来描写在一定文化中形成的人的意识特质（качество сознания）。而在当代认知心理学中，意识特质首先指知识，包括知觉知识（由感觉器官获得的并经过加工的知觉信息）、观念知识（在思维活动过程中形成的不直接依赖于知觉信息的知识）、程序知识（使用知觉和观念信息的描写方法和序列）等。而作为意识形象和表象的这些知识，与词（语言符号体）联想在一起，通过交际者对言语信息的编码和解码来构建思想。（Тарасов 1996：7）也就是说，当代认知心理学中关于"意识"的概念，等同于"世界知识"。那么，什么是语言意识呢？对此，塔拉索夫并不赞成用传统语言学的概念来予以界定（即语言意识是对语言及其存在模态的反射），而是推崇老列昂季耶夫的相关界说，也就是意识心理学（психология сознания）中的"意识形象"的概念①，即社会和个性心智所拥有的有关现实世界客体的知觉知识和观念知识的总和。但知觉知识和观念知识并不像语言知识那样外显，而是内隐的，它需要"外化"才能够被观察到，而作为意识形象存在的主体间形式（интерсубъектная форма）的外化，可以是事物、行为和词。由此，他给语言意识所下的定义是：语言意识是依靠词、自由固定词组、句子、语篇、联想场等语言手段形成并外化的意识形象的总和。（Тарасов 1996：9）可见，塔拉索夫眼中的语言意识，并不是传统的由语言符号形成的有关世界知识的总和（即语言世界图景），而是人对现实世界客体的一种认识活动。另外，分析语言意识最有效的方法是分析其外化形式，而语言符号又是世界形象外化形式中最便捷、最能被人理解的形式之一。

2）对跨文化交际的认知心理特点作出阐释。塔拉索夫认为，使用具体的民族语言进行交际的特点，不仅存在于按照语言语法规则实现的言语链（речевая цепь）的建构特点之中，也存在于反映具体民族文化事物（национально-культурные предметы）的意识形象的特点之中。要达成顺利交际，交际者必须具备语言知识和言语交际技能的一致性，以及意识形象中世界知识的一致性。（Тарасов 1997：7）在上述认识的基础上，塔拉索夫进一步对语言知识和世界知识的获得机制和作用进行了分析，并得出结论认为：导致跨文化交际失误的主因并不是语言的差异（因为说（写）听（读）的言语技能的形成相对较为简单），而是交际者民族意识的差异。因此，所谓不同民族文化代表之间的交际，实际上是不同民族意识代表（представитель национального сознания）之间的交际。（Тарасов 1996：8）在塔拉索夫看来，塔尔图-莫斯科符号学派（Тартуско-московская семиотическая школа）的领袖洛特曼的"文化对话"观只是一种隐喻，它既可以在交换文化事物和活动时生成，也可以在交换（与具体的词和语篇联想在一起）意识形象时生成。但无论是哪种形式的交换，所借入的事物和外族文化的活动都必须借助于本民族文化的事物形象和活动加以理解。换言之，任何一种文化对话只有在具体的文化代表的意识里才能现实地进行，该文化代表也只有在对各种本族文化和异族文化的准证同形象（квази-идентичные образы）的反射过程中，

---

① 这里所谓的"意识心理学"即西方学界所谓的"认知心理学"。

才能够理解异族文化代表的意识形象。

  基于以上认识，塔拉索夫对跨文化交际的性质作了进一步界说。在他看来，跨文化交际是一种偏离规范的病态交际（патологичное общение），原因是：跨文化交际中交际者的意识的一致性常常会因言语交际的自动化过程而遭到破坏。但是，如果对该性质的交际采用心理学意识形象的概念来替代传统的与词联想在一起的意义的概念加以研究，就可以取得额外的效果。这是因为：语言学家在研究操语言者言语交际中所使用的知识时，往往会超出其职业活动的界限，甚至会丢弃本职而像外行那样行事，为此，他们必须要与哲学家、逻辑学家和心理学家一起合作进行研究。而对言语内容面的意识形象分析，得心应手的首先是心理语言学家。（Тарасов 1996：8–9）塔拉索夫的上述观点表明，对实质为跨民族意识的交际进行研究，只有采用认知心理语言学的方法才最为合适，而传统的语言学方法则难以胜任。难怪俄罗斯学界将21世纪的心理语言学，称为"意识心理语言学"，且1997年召开的第12届全俄心理语言学研讨会的主题也被确定为"世界形象与语言意识"，这些都似乎印证着塔拉索夫这一观点的正确性。

  3）确定跨文化交际为新本体论的理据。为什么跨文化交际可以成为语言意识研究的新本体论呢？对此，塔拉索夫在对跨文化交际的特点和性质进行重新界定和阐释的基础上，又深入考察了世界范围内尤其是西方兴起的跨文化交际研究热潮的具体情况，为该"新本体论"学说找到了立论理据。他认为，学界对跨文化交际和语言意识研究的重视并非空穴来风，而是具有外部（实用主义）和内部（学科）成因。

  外部成因是：20世纪后半叶，在欧洲大陆西部地区形成了若干个多文化国家（мультикультурные государства），不同族群在那里共存并同化。在这样的共存中，经济利益显然高于文化，也高于民族利己主义和不可避免的对抗，于是，为了经济利益而需要寻求最佳的跨文化交际形式。在此大背景下，对跨文化交际进行研究的需求开始高涨。西欧国家尤其是德国和法国开始引进国外不同文化代表心理过程比较研究的成果，着手研究如何建立起多文化社会，其核心是如何建立起文化对话机制，而不是一味地让外来文化适应本国和本民族文化。应该说，文化对话不仅仅是局限在一个国家内部进行的，而是随着欧洲经济一体化进程的推进而扩展到整个西方国家，形成了不同国家、不同民族之间的文化对话，所谓"欧洲意识"（европейское сознание）就是在此背景下应运而生的。值得注意的是，这种主要靠经济向心力拉动而形成的欧洲意识，尽管可以使欧洲大陆的各种不同文化(如古希腊文化、古罗马文化和基督教文化等)走向大同,但同时也破坏了欧洲各国的多样性和文化个性。因此,维护文化自主性和多文化性又成为许多国家所追求的目标,跨文化交际也再一次成为学界聚焦的对象。(Тарасов 1996:13–15)

内部成因是:从时间节点上看,欧洲社会对跨文化交际问题的兴趣高涨恰好与世界心理学界由行为主义转向认知主义的过程相契合,作为独立学科的信息论、认知心理学和认知语言学等相继在西方问世。心理学家们开始把注意力转向人的心理认识过程研究,用交际行为模式作为方法论图式(методологические схемы)来分析交际,并广泛采用计算机技术来研究人的思维过程,这一切都标志着心理学开始实现认知转向(когнитивный поворот)。(Тарасов 1996:16)在此背景下,跨文化交际已经不再属于语言学一个学科研究的对象,而成为众多交叉学科的研究对象,如心理语言学、社会语言学、认知心理学、认知语言学等都会涉及该领域的研究,这极大地提升了对跨文化交际的解释力。由此,塔拉索夫得出结论认为,完全可以把跨文化交际研究视作传统语言学研究的崭新阶段,其标志是:分析的对象变得更加复杂,如跨文化接触的规模、强度和多样性等都有所扩大或增加;研究者所使用的工具也与以前的完全不同,如采用交际视角、神经生理功能方法、计算机隐喻方法以及人的记忆的深层知识以及言语加工、感知过程的新知识等。更为重要的是,心理学的这种认知转向,使得跨文化交际研究的"对象阈"发生了变化:如何使用知识来达成跨文化交际的相互理解成为首要目标。(Тарасов 1996:17)也就是说,在塔拉索夫看来,跨文化交际之所以能够成为语言意识分析的新本体论,其根本原因就在于当代跨文化交际研究是以知识研究为目标取向的,而知识研究就必然会首先涉及人的意识尤其是语言意识问题,也就是文化问题。

如上所说,可以这样概括来塔拉索夫的新本体论思想:传统的语言意识本体论是理论心理学视角的,属于心理学研究的语言学时期,它注重的是语言意识的生成以及意识对语言的反射问题,依托的是语言符号意义,凸显的是人的意识作用;而"新本体论"是认知心理学视角的,属于心理学研究的认知学时期,它注重的是意识形象机理对跨文化交际尤其对"交际中的人"的认知心理和行为的影响和作用问题,依托的是交际者心理所共有的"意识形象",凸显的是交际主体——"人"的作用。因此,新本体论在学理和指向上更加符合人类中心论范式的本质特征,即由语言的客体转向语言的主体。

除此之外，俄罗斯心理语言学界对语言意识的研究，还包括一些最新的实验和理论阐释成果，如斯捷尔宁开展的"社会性别语言意识"研究（见 Стернин 2019），古茨、布塔科娃的"年龄语言意识"研究（见 Гуц 2005, Бутакова 2015），叶罗费耶娃的"语言意识社会心理语言观"（见 Ерофеева 2012, 2015）等。由于上述几个方面的语言意识研究尚未形成有影响的理论或学说，我们在这里不作详细评述。

在语言意识的实验方面，目前最为流行的是联想实验和语篇含义实验。由于联想首先是言语联想，其语言意义会受到其联想意义的制约和影响。因此，用联想实验来研究语言的联想意义，可以发掘语言意识或世界形象的功能化特点和机制。而有关语篇含义实验问题，请参照本章第5节"语篇含义研究"中"语篇含义的实验分析"的有关内容。

总之，俄罗斯当代心理语言学研究中的语言意识研究，其核心概念是所谓的"世界形象"。该概念最先是由老列昂季耶夫于20世纪80年代引入心理学研究之中的，用来对人的意义系统或概念系统进行描写，以解释人对世界的感知问题。后来，小列昂季耶夫在创建莫斯科心理语言学派的言语活动论时，又将"世界形象"说发展成为语言意识理论。他认为，世界形象就是语言意识，因为后者是以事物意义和相应的认知图式为中介并得到有意识反射的人的心理对事物世界的反映。（Леонтьев 2005：268）在该理论的发展过程中，多位学者都作出了自己的贡献。如，卡拉乌洛夫将语言意识与思维语言联系起来，将思维语言视作语言与人之间的中间层级；克拉斯内赫将语言意识置于人的认知图式角度加以考察，提出了语言意识近似于"世界图景"并具有"框架结构"的思想，从而使语言意识的研究从虚拟走向现实；扎列夫斯卡娅从言语生成机制出发，认为语言意识为人脑中的"心智语汇"，该语汇不仅具有共性特征，还有自身的"内核"，它对构建人的世界图景起着决定性作用，从而把语言意识的研究从语言符号的意义层面提升到语汇认知层面；乌费姆采娃则在扎列夫斯卡娅的"语汇核"思想的基础上，采用联想实验方法证实了语汇核即"语言意识核"，从而使语言意识研究从对意识形成的起源机理的理论思辨和认知阐释进入更具说服力的联想实证研究；塔拉索夫的"新本体论"则标志着语言意识研究进入意识功能化研究的新阶段，即由注重语言符号意义的语言学阶段进入注重认知心理语言学或意识心理学的新阶段。归根到底，语言意识研究即"语言知识"的研究。

第 3 节　交际与跨文化交际研究

当代许多新兴人文学科的生成大多源自言语交际尤其是跨文化交际。这不仅是由语言的最重要功能——交际功能（коммуникативная функция）所决定的，更是由交际所涉及的主体与客体之间的关系以及交际的内容、方法等所决定的，这是因为：尽管我们已经进入所谓的"信息化"（информатизация）和"人工智能"（искусственный интеллект）时代，但迄今为止，交际一方依然无法将自己的思想直接从自己的大脑中传输到交际另一方的大脑中，而必须使用专门的符号尤其是语言符号作为工具，并借助于本民族文化内形成的知识代码来实现信息的传输。从这个意义上讲，交际本身就成为催化剂，成为催生一系列新兴学科的动力源泉。

俄罗斯心理语言学自诞生之日起就与交际研究密不可分，因此，几乎所有的理论学说都会涉及交际、言语交际、跨文化交际问题。而这里所说的交际和跨文化交际并非传统的概念，而是专属心理语言学的概念，即塔拉索夫所说的"意识心理学"（即西方的"认知心理学"）的研究范围。因此，我们在这里仅对俄罗斯当代具有代表性的心理语言学视角的交际和跨文化交际的理论学说进行审视。它们包括塔拉索夫对"言语交际理论"的建构、德里泽的"语言社会心理交际"说、克拉斯内赫的"交际行为模式"说以及普里瓦洛娃的"跨文化与言语符号"说等。

3.1 塔拉索夫对"言语交际理论"的建构

在本章第2节中，我们已经就塔拉索夫提出的语言意识"新本体论"思想作过简要评述。语言意识研究的"新本体论"即跨文化交际，它无疑是在言语交际理论（теория речевой коммуникации）的基础上逐渐形成的。早在1979年，塔拉索夫就与索罗金、沙赫纳罗维奇合著出版了《言语交际的理论与应用问题》（«Теоретические и прикладные проблемы речевого общения»）一书，首次提出了要"建构交际理论"的设想。1992年，他顺利通过了题为《言语交际理论问题》（«Проблемы теории речевого общения»）的博士论文答辩，该论文的主导思想依然围绕如何建构言语交际理论体系而展开。归纳起来，塔拉索夫对言语交际理论的建构主要包括以下几个方面的内容：

1) 关于言语交际在言语活动论结构中的地位问题。言语活动论作为俄罗斯心理语言学范式的晶核，其研究对象主要是言语生成和言语感知的内部或心理机制问题。在塔拉索夫看来，研究言语生成和言语感知的内部机制，是以人具有所谓的"语言能力"为前提的，而语言能力又是一种特殊的心理生理学机制（психофизиологический механизм），它是建立在一定的神经生理学前提（нейрофизиологические предпосылки）基础之上，在言语交际的影响下形成的。（Сорокин, Тарасов, Шахнарович 2009:15）这表明，塔拉索夫眼中的言语活动论，其基本学理认同人的内部活动或智力活动（умственная деятельность）与外部活动或言语活动在结构上具有同构性（изоморфность）。这既是言语活动论的本质所在，也是建构言语交际理论的学理基础所在。对此，塔拉索夫认为，这种内部和外部活动的结构同构性，是在言语生成和感知的统一模式中来审视言语的内部因素和外部因素问题的，这就使得通过对外部因素影响的规律性审视而引申至对内部因素的研究成为可能。（Сорокин, Тарасов, Шахнарович 2009:16）在这里，塔拉索夫所说的外部因素主要指社会因素，而内部因素即指心理因素。那么，主要有哪些内部心理因素呢？塔拉索夫认为，这首先要搞清楚言语活动论中有关言语和言语行为的基本概念：(1) 非言语活动（неречевая деятельность）结构中的言语具有"行动"的地位，它是为交际者服务的。交际双方相互说话，是为了协调各自的行动（有时也可以是言语行动），而改变或终止行动，是为了改变自己的状态以及有关交际的信息。(2) 协调未来言语行动（будущее речевое действие）可以成为言语行动的动机，但也不难发现，未来言语行动是在非言语活动中进行的，因为开展言语行动的动机是非言语行动的，因此，任何具体的行动都是由动机引发的。(3) 言语行动不仅要依赖于外在的动机，还取决于言语进行的条件和环境，确切说取决于环境模式（модель обстановки），即心理学说中所说的"环境导入"（обстановочная афферентация）作用。(4) 言语在其演化过程中不仅能产生非交际功能（некоммуникативные функции）（如思维功能（функции мышления）等），还具有活动的地位（即成为心理学上独立的言语并拥有自身的动机）。因此，当我们说"言语是由非言语动机所引发的"时，这里的"言语"是指一系列的言语行动，并不排除将言语行动转为言语活动的可能性。(5) 言语行动的选择取决于交际者所施行行动的结果。"未来模式"如何不仅取决于对"过去–现在模式"现实情境的评价[①]，还取决

[①] 该"未来模式"最早是由俄罗斯著名生理学家伯恩斯坦在其创立的运动和能动生理学中提出来的（详见本著作第2章中的有关内容）。

于交际者过去的经验及其言语行动所要解决的任务等。(6) 如果说行动的选择取决于所完成行动的结构的话,那么完成行动的方式即程序就完全依赖于其外部条件——对交际情景 (ситуация общения) 即情景模式 (модель ситуации) 的感知。情景模式是交际者在感知标尺 (эталон восприятия) 中形成的,它既包括人的过去经验或社会经验,也包括人所施行活动的任务和动机。这就是所谓的"社会制约性"(социальная обусловленность) 或"社会决定论"(социальная детерминация)。(Сорокин, Тарасов, Шахнарович 2009:17–19) 以上话语充分表明,言语交际与言语活动一样,它们在结构上具有同构性;言语交际和言语活动要受到内部和外部一系列因素的制约或影响,而其中外部因素(既包括交际者个人的经验以及社会经验,也包括交际动机和所要解决的任务等"情景模式")具有决定性作用。应该说,他的这一思想与俄罗斯心理学奠基人维果茨基所创立的文化–历史心理学理论可谓"一脉相承"。

至于言语交际理论在言语活动论中的地位问题,塔拉索夫在上述著作中也有较深入论述。他认为,言语交际理论可作为言语活动论的"片断",它们之间可建立起对应的概念系统来描写言语交际的社会方面,因此,言语活动论包含着心理语言学和言语交际理论两个方面;言语活动论对言语活动的内部坐标 (внутренние координаты) 和外部坐标 (внешние координаты) 作出解释:研究内部坐标就是研究心理语言学的语言能力,而言语交际理论是用来研究外部坐标的。(Сорокин, Тарасов, Шахнарович 2009:47) 不难看出,塔拉索夫眼中的言语交际理论是言语活动论的重要组成部分,它与心理语言学理论一起,构成了言语活动论中的两个"片断",它们分别负责对言语活动论的内部坐标——语言能力的生成机制,以及外部坐标——作为语言能力外化形式的言语行为作出解释。当然,正如上文中所说,由于言语交际要受到内部因素和外部因素的双重制约,且外部因素在认识论和起源上都决定着内部因素,因此,从言语活动论视角来研究言语交际,就应该包含两个彼此相关的概念系统,以对作为研究对象的言语交际的内外因素作出解释。对此,塔拉索夫认为必须用马克思主义哲学 (марксистская философия) 尤其是历史唯物主义学说才能作出合理解释。(Сорокин, Тарасов, Шахнарович 2009:48–49)

2) 关于言语交际理论建构的"若干前提"问题。 如何建构起作为言语活动论一个重要"片断"的言语交际理论体系,显然是塔拉索夫关注的核心问题之一。对此,他在《言语交际的理论与应用问题》一书中以及在名为《言语交际理论问题》的博士论文中都有相关论述。他主要是从实用主义前提（прагматические предпосылки）、认识论前提（гносеологические предпосылки）和本体论前提（онтологические предпосылки）等视角出发来建构该理论的。

关于"实用主义前提"问题，他认为，当代语言学更倾向于在广泛的社会语境中来审视语言，这就使得人们对认识语言在人的社会生活中的地位、拓宽语言学研究的经验主义基地（эмпирическая база）以及创立交际者言语行动模式等方面作出新的理解。在心理语言学中，建构起能反映交际者的言语交际，并考虑到言语交际内部的（心理学的和心理语言学的）和外部的（社会的和社会心理学的）决定成分（детерминанты）的趋势体现得更为明显。然而，要把研究更广泛的非语言语境中的语言仅仅归入当代语言学的研究范围是有失正确的。从60年代起，随着社会语言学、心理语言学、语用学、语篇语言学旗帜下的论文大量涌现，它们试图摆脱语言学所特有的简化主义（редукционизм），即将研究对象限定或简化到与语篇生成和感知条件无关、与人类交际活动无关的所谓"言语语篇"（речевой текст）。(Тарасов 1992：1) 上述话语表明，关注言语交际的内部和外部"决定成分"，关注语篇生成和感知的社会条件，关注人类交际活动已成为当代语言学研究中一种"趋势"，就为建构言语交际理论提供了必要的实用主义基础。那么，究竟是哪些原因使语言学家开始重视言语交际过程的经验研究和理论研究的呢？塔拉索夫认为，从语言学角度看，不外乎内因和外因两种。最突出的内因是认识到各种形式化语言研究方法的无理据性和极端性，认识到无法实现所希冀的既定目标。研究中广泛而不恰当地使用由现代语言学所创立的所谓"形式程序"（формальные процедуры），导致了语言学经验主义基地的缩小，一些问题或被排除在语言学研究范围之外，或失去了应有的吸引力。而外因主要有二：首先是社会科学尤其是社会学和社会心理学的发展，研究社会功能化、特殊群体功能化问题，以及研究群体内和跨群体交际中的个性行为等，不仅使语言学家获得了言语交际过程中交际者社会协同的规律性认识，也为语言学家研究影响言语和服务交际的社会因素提供了必要的概念装置（понятийный аппарат）。其次是心理学的发展，尤其是有关个性活动及人的高级心理机能分支学科，以及交际控制人的行为机制、大众传媒等分支学科的发展等。(Тарасов 1992：1-2) 以上就是塔拉索夫提出的语言学界开始关注言语交际问题的"实用主义前提"。它表明，当代语言学和社会科学的发展，拓展着语言学研究的既定视阈，使语言学家开始更多地关注起"语言外"的社会因素,而由此构建起的概念装置,不仅使言语交际研究成为可能,也使其呈现出一种实用主义的价值取向。

关于"认识论前提"问题,塔拉索夫主要是从语言学和心理语言学的发展进程视角来考察的。他认为,索绪尔用语言系统(система языка)限定了语言学的研究对象,将人的言语和言语交际排除在研究实践之外;而语言学家的研究实践却发现了依靠交际者的非言语协同(неречевое взаимодействие)来拓宽语言学研究对象的必要性。这对作为独立学科的心理语言学而言,首先要对其研究对象(分析言语生成和言语感知)进行改造,即拓宽其对象阈(предметная область)。其次,要创建起能等值反映研究对象"新片断"以及保障在心理语言学对象阈中进行理论建构的方法论分析图式。该图式不仅要考虑到其内部的心理生理学决定成分,还要顾及其外部的言语交际的社会心理决定成分。(Тарасов 1992: 2)在塔拉索夫看来,将相互协同的交际者导入心理语言学的对象阈,就为语言学研究建构起全新的认识情景(познавательная ситуация):此时,在言语交际理论中不仅要考虑到对分析对象作出"人的评述",还要对反映在研究者意识中的交际者的意识结构反射作出"人的评述";而"人的评述"内容,既包括交际者的社会特质(социальные качества),即制约交际者在言语交际中对社会关系的选择和实现方式因素;也包括社会准则(социальные нормы),即决定交际方式的指定性(заданность)因素;还包括交际者之间施行的协同活动(совместная деятельность),即提出交际目标和动机系统,以赋予言语句具体的或确定的意义。(Тарасов 1992: 2–3)以上不难看出,塔拉索夫提出的"认识论前提",主要指如何来认识心理语言学的研究对象问题,其核心是将交际者(确切说是交际者的意识)列入研究范围,以对言语交际作出"人的评述"。为达成此目标,就必须充分考虑到各种社会因素,包括交际者的社会特质、社会准则以及交际者之间的协同等。而在上述认识论前提下来建构言语交际理论,其关键是要建构起一套特殊的概念装置,以在宏观语言学语境中对言语句的功能化进行分析。

"本体论前提"问题,主要涉及言语交际理论在心理语言学论题中的地位问题,或者说主要涉及言语活动论与言语交际理论的相互关系问题。对此,我们在上文中已经作了比较详细的论述,这里毋庸赘述。仅就该论题强调几点:一是"本体论前提"的提出,是塔拉索夫本人为建构言语活动理论而对心理语言学研究中有关活动、言语活动、交际以及言语交际等"本体"概念进行思辨的结果,这是为创建某一新的理论学说而必须要作的基础性及理论性的铺垫。二是在塔拉索夫看来，无论是语言本体论还是言语活动本体论，从现象学（феноменология）角度看，缺少人的交际是无法想象的。而分析交际问题，有一个起始条件具有决定性意义，这就是是否承认社会对单独个性为第一性（первичность）的问题。如果承认社会的第一性，就必然会得出社会关系对人的形成具有决定性（детерминированность）的结论（Сорокин, Тарасов, Шахнарович 2009:58）。三是塔拉索夫眼中的交际尤其是交际过程具有多层级性质（многоуровневый характер），不仅需要在时间和空间维度上作多层面考证，更为复杂是对人与人之间关系的考察以及对参与交际的个性及其社会关系的考量等。四是按照塔拉索夫的观点，分析言语在社会互动中的地位和作用，势必要审视言语影响问题。（Сорокин, Тарасов, Шахнарович 2009:67）事实上，塔拉索夫本人在言语影响的研究方面也有多篇著述发表。

　　基于以上对言语交际理论若干前提的认识，塔拉索夫对该理论的研究对象和研究范围进行了概括。他提出，言语交际理论的研究对象具有综合性质（комплексный характер）：它既包括言语活动（确切说是言语行动），也包括非言语活动；言语活动是非言语活动系统中的组成部分，它在非言语活动结构中占据着特殊地位：一方面，它只是非言语活动结构中的成分；而另一方面，它在规划非言语活动的功能中扮演着"高于活动"的角色，因为它既是思维的手段，也在组织社会协同中起着主导作用。（Сорокин, Тарасов, Шахнарович 2009:49）关于研究范围，塔拉索夫将其归纳为两大问题综合体：一是个性社会化的言语方面，其中主要是语言能力的起源及其对活动和交际中的个性生存问题；二是言语交际本身的问题，包括言语交际在社会互动中的地位问题、研究言语交际的方法论问题、言语交际的模式化尤其是交际行动的模式化问题等。（Тарасов 1992: 5–7）

　　3）关于跨文化交际理论的建构问题。需要特别指出的是，塔拉索夫在上述建构言语交际理论的基础上，又于1998年发表了《论跨文化交际理论的建构》（«К построению теории межкультурного общения»）一文，该文被他本人称为对建构跨文化交际理论的"初步构想"。下面，就让我们简要审视一下塔拉索夫是如何来建构跨文化交际理论的。

　　一是跨文化交际是言语交际的组成部分。塔拉索夫在该论文中首先对跨文化交际的性质进行了定性，认为跨文化交际问题总体上与言语交际问题一样，直接与语言意识相关。在他看来，言语交际属于符号交际

(знаковое общение)之列，这是一个意识形象的运作过程，交际者借助于符号体（能指）来指称该意识形象；而语言意识的共性是言语交际的前提，交际冲突的基本成因就是其共性的不完全性。因此，跨文化交际是"病态条件"下的意识功能化，即交际者之间缺乏最佳的意识共性。（Тарасов 1998：30）以上话语表明，跨文化交际理论是言语交际理论的组成部分，塔拉索夫将其称为言语交际理论的"局部事件"（частный случай）。（Тарасов 1998：30）而他对跨文化交际的界说，也与其本人提出的关于语言意识"新本体论"的思想完全一致（详见本章第2节中的有关内容）。

二是跨文化交际理论建构的制约因素。与建构言语交际理论一样，跨文化交际理论的建构同样也要受到多种因素的制约。在塔拉索夫看来，其中最为重要的是本体论前提选择的制约。知识的真值问题已经超出所创建理论的范围，因此，在选择导入该理论的知识时不需要被证实。在分析言语交际时，通常选择两种本体论——交际本体论（коммуникативная онтология）和活动本体论（деятельностная онтология）：前者将交际表征为信号传递过程，信息发出者（информирующий）发出某种作为信息内容的"心智构成物"，成为建构信息接受者（информируемый）意识中相似构成物（аналогичное образование）的基础。这一本体论迫使人们将交际看作一种自给自足的、不受人的其他能动性制约的过程；后者赋予交际以协同活动结构中的成分地位，即将交际视为合作个性之间的符号能动性（знаковая активность），交际的最终目标是组织起协同活动。这样，交际就取决于活动，成为活动的成分，并隶属于活动的目标和动机。而获得目标和动机又赋予符号行动以意义。[①]（Тарасов 1998：30–31）

三是基于本体论的活动图式构想。既然跨文化交际理论的建构要受制于活动本体论，那么，该本体论中的活动又是如何来建构跨文化交际理论的呢？对此，塔拉索夫有比较深刻的论述。他认为，活动是决定交际目标的一个系统：它一方面组织活动，另一方面又间接地通过交际来决定言语的生成和感知，最后还决定着交际语言单位的筛选。这就促使研究者在科学分析中采用活动方法（деятельностный подход），即在分析活动过程中采用主体–客体（субъект-объект）活动图式。在该图式中，人通常借助于事物–手段（предметы-средства）对周围世界施加影响，从而拥有

---

① 塔拉索夫在这里所说的"符号能动性"和"符号行为"，是指"言语能动性"和"言语行为"。

主体地位；而与主体相对立的事物则被动地接受这一影响，从而拥有客体地位。这样，用来分析交际的主体–客体图式就能够让"交际者 1"获得主体地位，让"交际者2"获得客体地位，而言语交际中的语言和非语言符号就获得交际手段的地位，交际本身就变为主体对客体的影响，以调节客体的交际行动（在交际进行中）和后交际能动性（посткоммуникативная активность），即在交际进程中组织起来的协同活动行为。如此一来，与上述活动方法相适应的整个交际能动性，就可被理解为对事物和交际伙伴的影响。对于交际者1与交际者2之间的协同活动，塔拉索夫在论文中作了比较详尽的描写和论述。在他看来，交际者的言语行动本身，就是言语生成和再生成过程，这是一个能动（施加影响）的过程：交际者1表达自己的思想而生成言语链；交际者2感知言语链而构思言语内容。（Тарасов 1998：31–32）

四是对跨文化交际语境中的文化事物特质作出阐释。以上关于交际者1与交际者2之间的协同活动，都是在具有相同民族文化背景下所作的构想，而不同民族文化携带者之间的交际又会呈现怎样的情景呢？对此，塔拉索夫从"文化事物"视角进行了阐释。他认为，在跨文化交际中，不同文化携带者对文化事物的接受程度是不同的。文化事物的特质主要有自然特质（природные качества）、功能特质（функциональные качества）、系统特质（системные качества）3种。第一种为物质结构特质，第二种是物质的功能特质，第三种是集约特质。对于文化相近或同属一个文化通用区（культурный ареал）的交际者而言，他们对这两种特质的理解或认识并不存在障碍，而对于第三种文化事物的理解或认识却不尽然。这是因为：如果说第一和第二种特质是分别在事物实体（субстанция предмета）及其形式中体现的话，那么第三种特质则无法通过直接观察而企及，因为它并不在事物中体现。也就是说，事物的系统特质并非事物本身的，而是系统本身的特质，即转为文化事物后作为该系统组成部分的特质。因此，文化事物的系统特质通常具有"超感觉性""符号性""象征性"等特质。在塔拉索夫看来，符号性和象征性作为文化事物的系统特质，无法由事物本身所展现，它们只对那些拥有系统知识的人展示，因为具体的文化事物只有在系统中才具有这些特质。而"超感觉性"则表明，A民族文化事物要被B民族文化携带者所理解，只有在 A 和 B 两种文化中的事物系统相吻合或相似条件下才能实现。从这个意义上讲，跨文化交际中出现的交际冲突（коммуникативные конфликты）就是完全不了解或只是部分了解文化事物的超感觉特质所致。(Тарасов 1998: 32)对于以上观点，塔拉索夫在文章中专门举例来说明：一位德国人邀请一名俄罗斯人在 15 点以前来做客，并用咖啡和点心给予招待。咖啡和点心作为文化事物的自然特质和功能特质，它们在德国和俄罗斯文化中相吻合，两个民族对这些特质的理解也基本相同。然而，作为"招待"的这两种文化事物又具有超感觉性和符号性：对于德国人来说，在 15 点前给被邀请客人提供一杯咖啡及点心就完全等于"招待"了，因为这个时间正好介于午餐和晚餐之间；但对另一种文化携带者的俄罗斯人来说，会把用咖啡和点心来"招待"作为客人的自己看作一种"轻视/蔑视符号"。(Тарасов 1998: 33)以上例句证明，文化事物中的物质特质和功能特质在跨文化交际中通常不会造成交际障碍或冲突，但人们对系统特质的理解往往难以保持完全一致。从这点上讲，塔拉索夫对跨文化交际理论的建构，尤其是他对文化事物特质所作的解释，是有重要语言学价值的。

　　五是从语言学视角对文化事物的类型进行归纳。塔拉索夫在该篇论文的最后，从语言学视角对跨文化交际中的文化事物类别作了进一步论述。他认为，文化事物按其特质标准来分，至少可以分为两大类别：第一类由语言和非语言符号构成，它们都拥有实体[①]，而没有工具功能(орудийная функция)，但可以替代和表征其他事物和现象。第二类由实体化、功能化特性的文化事物构成，它们有时可以充当社会系统的替代符号(знаки-заместители)，即作为社会成分而进入社会系统。在该类别中，一端是所谓的"权威消费"(престижное потребление)的文化事物，如带有鲜明符号特征的时尚的服饰、名牌汽车、城市花园洋房等；另一端是那些潜在拥有符号特性的文化事物，它们的体现并无规律，但可有规律地展现在其功能特质之中。正是第二类文化事物是跨文化交际冲突的根源所在，因为它们的符号特性并非"正规指导性教学"的科目，但却会在交际过程中向文化携带者展示，因此，这些存在于无意识层级(бессознательный уровень)的符号特性知识，只有在习得文化的进程中方可获得。(Тарасов 1998: 34)以上可见，文化事物的符号特性问题，是塔拉索夫在建构跨文化交际理论中所关注的核心问题。他对文化事物类别所作的归纳性分类，为我们揭示了跨文化交际的障碍或冲突的根源所在，它们就是蕴涵在语言和非语言符号内部的有关符号特性的知识系

---

① 按照学界比较公认的界说，实体是语言外质料(внеязыковой материал)，即语言界限之外的一切都可理解为实体。

统。塔拉索夫在论文最后得出结论认为:当前跨文化交际理论的薄弱之处,是因为对下列问题研究不够,包括文化事物符号特性问题、跨文化(интеркультура)问题,以及不同民族文化携带者意识共性的形成路径问题等。(Тарасов 1998: 34)

综上所述,塔拉索夫对言语交际理论的建构,是在俄罗斯心理语言学范式的言语活动论学说诞生10周年之际完成的,因此,它对本国心理语言学的研究和发展无疑具有基础性、引领性作用。在该理论建构过程中,他不仅把言语交际视为言语活动不可或缺的重要组成部分,还将言语交际理论的建构延伸到对跨文化交际理论的建构方面,其成果标志着言语活动论中的言语交际理论正式向跨文化交际领域转向。联系到上文中该学者提出的关于语言意识"新本体论"的思想,可以肯定地说,跨文化交际研究已成为现阶段俄罗斯心理语言学的主攻方向之一。

3.2 德里泽的"语言社会心理交际"说

作为莫斯科心理语言学派的主要成员之一,德里泽以研究语篇以及社会心理学(социальная психология)而著称。1980年和1984年,她先后出版《语言与社会心理学》(«Язык и социальная психология»)、《社会交际结构中的语篇活动》(«Текстовая деятельность в структуре социальной коммуникации»)两部著作,标志着心理语言学研究中的一个重要分支学科——语言社会心理学(лингвосоциопсихология)的诞生。语言社会心理学亦称"符号社会心理学"(семиосоциопсихология),主要用以研究语篇在社会中的功用过程。[①] 它关注的并非交际行为(即语篇)的内容方面,而是语篇的动机-目的结构(мотивационно-целевая структура),从而使心理语言学研究深入人与环境相互作用(协同)的语境层面。用她自己的话说,语言社会心理学是语言学、普通心理学、社会心理学、社会学以及社会符号学(социальная семиотика)等学科交叉的结果。(Дридзе 2009: 6)

语言社会心理学的核心内容为"语言社会心理交际"说,其立论依据是:语言社会心理交际作为一种活动,它不仅要依靠人所积累的有关语言的科学知识,还要依靠作为活动主体的有关人的知识;语言社会心理交际活动主体在进入交际协同(взаимодействие общения)时,不仅要认识

---

① 学界对俄语中对 текст 这一术语的定名并不一致,有文本、篇章、语篇、话语等。我们在这里才采用 "语篇",以便保持在心理语言学领域对该术语使用的统一。

周围的世界，还要构建其周围的世界；语言社会心理交际活动不仅与人的其他活动相伴随，而且可以构成一种独立的和有针对性的"主题活动"，从而影响着人的生活方式及社会化过程。

总体看，德里泽"语言社会心理交际"说主要包含下列重要思想或观点：

1）作为活动的交际是语言社会心理学基础的思想。德里泽在《语言与社会心理学》一书中，首先对语言社会心理学的学理渊源、研究对象、研究方法及基本概念等问题进行了界定和分析。她认为，语言社会心理学的任务包括：研究语篇活动（текстовая деятельность）在其他社会活动中的地位问题；研究社会关系现实化过程中各种活动交换条件下的语篇的作用和地位；研究将智力的符号–思维活动产品（продукт знаково-мыслительной деятельности）转化为社会实践、文化和社会意识的路径和机制。（Дридзе 2009：20）在她看来，语言社会心理学所关注的焦点是语篇阐释者（текст-интерпретатор）的交际关系问题，因为语篇既是有关语篇外活动（затекстовая деятельность）的含义信息源泉，也可揭示语篇主体这一"能动阐释者"对语篇所施行的行为以及生成语篇时的行为之动机性、情景性和目的性。（Дридзе 2009：21）基于以上界说，德里泽进一步提出了交际是语言社会心理学基础的重要思想。具体内容包括：
（1）活动与行为不同。她认为，活动是一种有意识的能动性（осознанная активность），即自觉的、有动机的、直观的、有目的的和社会上有严格规定的能动性；而行为（поведение）则是非自觉的或少有自觉的能动性。因此，语篇活动和语言（言语）行为也有别，它们是两种不同的人的交际能动性。（Дридзе 2009：25）（2）尽管人类活动系统的分析单位较为复杂，但都可以加以揭示和研究，如活动的主体、主体的特征（参数）及功能、活动的客体（对象）、活动的动机和目的、活动的过程、活动的种类和范围、活动的工具（手段）、活动的产品和结果、活动的外在条件（尤其是自然的、技术–经济的和社会–文化环境的条件）、活动的内在条件，等等。总之，活动交换（обмен деятельностью）——人与人之间的协同是一切社会性的基础。（Дридзе 2009：26）（3）可以将作为活动的交际视为社会协同机制（механизм социального взаимодействия）的一个成素，而对该成素的研究可以观察到规范制定的路径以及人的活动和行为固定评价的生成、维持及变化情况。认识（познание）是在交际过程中实现的：交际中发生着知识和情感的交换；交际中建立、维持和改变着对人们生活方式有影响的习俗、仪式和传统等。（Дридзе 2009：30）（4）作为社会机制成素的交际体现在社会组织的各个层级上，它可以表示：（a）由语篇生成和阐释行动黏合而形成的交际–认识过程（коммуникативно-познавательный процесс）；（b）主要在语篇活动基础上体现的交际–认识活动（коммуникативно-познавательная деятельность），包括受交际目的和直接交际意向制约的伴随物质–实践活动（сопутствующая материально-практическая деятельность），以及带有自身动机、对象和产品的独立活动等；（c）交际–认识活动过程中由语篇的含义焦点（смысловые фокусы）所形成的含义接触（смысловой контакт）。（Дридзе 2009：33）以上可见，德里泽对交际的解释主要是依照社会–符号活动的基本类型所作出的，这与传统交际图式（即"信息来源——渠道——接受者"图式）不同，而与俄罗斯著名语言符号学家雅各布森所提出的交际图式（由信息、发出者、接受者、代码、语境、接触6个成素构成）有相似之处。（Якобсон 1975： 198）也就是说，它被德里泽视为语言社会心理学基础的交际，不仅是一种活动，而且是一种作为社会交际结构中的语篇活动（Дридзе 1984：54–71），这一活动构成了体现含义信息形式与交际意向的社会协同机制，而语言符号不仅对理解上述交际–认识过程起着关键作用，其交际行为——"符号交际"也是社会心理学的形成因素。（Дридзе 1984：14–16）

2) 作为含义信息源泉的语篇及语篇分析的思想。何谓"语篇"？对此，德里泽将语篇视为含义信息源泉（источник смысловой информации）。她对语篇作出的界说是：语篇是一个完整的交际单位，是交际成分的某一系统，功能上是由普遍观念或意图（交际意向）联合而成的统一的和封闭的等级语义–含义结构（иерархическая семантикосмысловая структура）。（Дридзе 2009：49）该界说表明，在德里泽眼里，正是语篇的含义信息流才构成了语篇的基本内容，但该语篇既是一个封闭的系统，也是一个等级系统。也就是说，所谓"语篇关系"（текстуальные отношения）[①]，首先指等级语义–含义关系（иерархические семантико-смысловые отношения）。该等级关系将语篇分为宏观结构（макроструктура）和微观结构（микроструктура）两类：前者可表征为不同等级含义块（разнопорядковые смысловые блоки）即不同等级的述谓关系（предикация）；后者表征为语篇内关系集成

[①] 在相关著作中，德里泽对用作形容词的"语篇"一词的使用并不一致，текстовой 和 текстуальный 互用。

(набор внутритекстовых связей)，由语篇的支撑含义点（опорные смысловые узлы）组成。(Дридзе 2009: 62–63) 至于语篇分析，她认为有两种基本方法：一种是纯语义分析视角，另一种是语用分析视角。前者的语篇由指称物（денотаторы）或所指物（десигнаторы）来运作，因此可称为"指称性语篇"（денотативные тексты）、"所指性语篇"（десигнативные тексты）以及混合型的"指称–所指性语篇"（денотативно-десигнативные тексты）3种；语用分析是从对语篇的阐释性界说视角出发，因此，她认为可以将语篇的含义信息视为有动机和有目的的交际–认识活动的不同阶段。(Дридзе 1984: 77–78) 显然，德里泽是采用语用分析方法对语篇的含义信息作出分析的。该方法表明，所谓语篇的"信息性"（информативность），首先指语用信息性；受话人对发话人所发出的信息意图、目的以及交际意向的阐释是否等同，就构成了对语篇语用信息的评价；而揭示语篇的真实信息性只有靠实验来检验，或靠导出某一语篇的假设信息性系数（гипотетический коэффициент информативности）来实现。(Дридзе 2009: 58–60) 根据以上对语篇特性及语篇分析方法的界说，德里泽尝试用假设信息性系数的方法对不同语篇作出语言社会心理学分析。她认为，一般的语篇分析可采用下列步骤：(1) 属于一级述谓关系的信息目的（цель сообщения）[①]；(2) 总内容成分（элементы общего содержания），包括属于二级述谓关系的主要成分（основные элементы）——基本论题、情景分析评价等，次要成分（второстепенные элементы）——三级述谓关系成分、四级述谓关系成分等。(Дридзе 2009: 66–67) 在语篇分析中，还有一个如何对大块语篇（текстовые массивы）进行信息分析的方法问题。对此，德里泽提出下列方法：(1) 内容分析方法（контент-анализ），以揭示显性和隐性的史料、意图及特点等。(2) 信息–目的分析方法（информационноцелевой анализ），主要用于对语篇的再生信息性（вторичная информативность）进行分析。(3) 关键词揭示方法（метод выявления ключевых слов），主要用于对文献信息进行检索。如，首先根据词频分析揭示出关键词和信息检索词，然后揭示出信息检索语汇（информационно-поисковый тезаурус）。(Дридзе 2009:

---

① 德里泽在相关著作中曾把 текст 与 сообщение 相等同。考虑到她推崇雅各布森提出的交际图式，我们把此处的 сообщение 定名为"信息"（即雅各布森所用的含义）。

96—97)关于上述"信息-目的分析方法"的术语,德里泽在1984年出版的《社会交际结构中的语篇活动》一书中又将其称为"动机-目的分析方法"(мотивационно-целевой анализ),由此可见,这里所说的"含义信息""信息性"等概念,主要是针对交际动机或交际意向而言的,也就是说,德里泽提出的语篇和语篇分析的思想是完全建立在"交际"这一基础之上的。

3) 作为语篇活动功能基础的个体意识的思想。在《语言与社会心理学》和《社会交际结构中的语篇活动》两部著作中,德里泽都对个体意识(индивидуальное/личностное сознание)问题作了语言社会心理学的阐释。[①]对此,她主要从不同的功能场(функциональное поле)或功能阈(функциональная сфера)视角出发,来探索个体言语思维活动或智力-思维活动(интеллектуально-мыслительная деятельность)的特点。她认为,人的言语思维活动是在一级符号系统(первичная сигнальная система)和二级符号系统(вторичная сигнальная система)统一体的基础上实现的,一级符号系统通过言语功能基础(функциональный базис речи)这一"中间层级"(промежуточный уровень)间接地表示着二级符号系统的活动。[②](Дридзе 2009:111)据此,她得出如下两点结论:(1)言语功能基础存在于人的心理器官中,这是一个作为语言能力基础和解决对客观现实前言语领悟(довербальное осмысление)之任务基础的系统。该基础可以形成概念雏形(протопонятие),并保障从前言语符号活动(довербальная знаковая деятельность)向言语符号活动(вербальная знаковая деятельность)的过渡。(2)言语功能基础的存在,在人的心理器官中又以更为宽泛的功能基础——智力-思维活动的存在为前提,该基础不仅可以生成概念雏形,还可以形成"感性形象",而动机就生成于该感性形象。(Дридзе 2009:112)那么,如何对作为言语功能基础的个体意识进行模式化呢?德里泽认为,可以从意识框架内的3个抽象层级即3个不同"场"的角度来审视个体意识,它们分别是:(1)意识感觉场(сенсорное поле сознания),其功能是对感觉代码(сенсорный код)进行校读,并从感觉器官机体内外的能量流(поток энергии)中通过抽取其常量(инвариант)而将其转化为"形象"。换句

[①] 在这两部著作中,德里泽分别用 индивидуальное сознание 和 личностное сознание 来标注术语"个体意识",因此,它们应该属于同义。

[②] "言语功能基础"亦称"语篇活动功能基础"。(Дридзе 1984:106)

话说，意识感觉场不仅对通过感觉器官进入的信息进行加工，还对情感过程的形象表征物（образные представления）作出展示。意识感觉场的内容是感性形象，以及与感性形象有关的结果表征。而感觉–直觉思维活动属于意识的一级知觉活动，它与由直接外部或内部成素所生成的感觉加工有关；意识感觉场的内容是非自由的，它直接依赖于沿着内外感受器（экстро-интерорецептор）而进入的信息。（Дридзе 1984：106–107，2009：113–114）（2）意识联想场（идеаторное поле сознания），其功能是对概念雏形和联想结构中的形象表征物进行展示，并在言语思维交际活动结构中对联想结构作出第二次展示；言语思维交际活动结构即语言符号和象征符号。这两种符号作为联想结构的替代工具，它们的智力工序（интеллектуальные операции）并非在物体和情景的直观形象上进行的，而是在物体和情景的含义替代物上实施的。也就是说，智力工序是在意识联想场基础上实现的。从这个意义上讲，现有的关于形象思维与抽象逻辑思维有别的说法是有条件的，它多半是对言语–语言结构（рече-языковые структуры）即符号–象征结构（знаково-символические структуры）进行形式语言学和形式逻辑学分析的结果；意识联想场的内容可以在两个抽象层级上进行审视，它们对应于智力–思维活动的两个层级：一是作为言语外智力–思维活动（внеречевая интеллектуально-мыслительная деятельность）的结果，意识感觉场的表征和形象在意识联想场的"含义层级"上被列入概念雏形和联想结构之中；二是作为言语智力–思维活动（речевая интеллектуально-мыслительная деятельность）的结果，意识感觉场的表征和形象在联想意识场的语言层级"（языковой уровень）上被列入具体的范畴、概念和言语–联想结构（рече-идеаторные структуры）之中。（Дридзе 1984：107–109，2009：114–115）（3）意识动机场（мотивационное поле сознания），其功能是在智力–思维活动和交际–认识活动中刺激、组织和调整意识感觉场和意识联想场之间的协同，并通过定向机理（механизм установки）负责对形象–联想活动（образно-идеаторная деятельность）和言语–交际活动（рече-коммуникативная деятельность）进行掌控。换句话说，有目的的言语思维活动是以对其进行组织的动机为前提的，而动机及其性质和强度则是由心理过程的内容筛选和动态面所决定的；动机阈（мотивационная сфера）的性质和结构受制于情境因素，包括客观情景及其主观形象。在每一个具体的情景中，占主导的自觉的活动动机，会对自身进行校正和现实化。（Дридзе 1984：109–111，2009：115–116）以上不难看出，德里泽对个体意识的阐释是建立在维果茨基、卢利亚、小列昂季耶夫等人相关学术思想基础之上的，有所不同的是她的语言社会心理学视角，因此，她并没有像其他心理语言学家那样将"动机"作为言语生成和言语感知的起点，而是作为语言社会心理交际中的智力–思维活动或言语–交际活动的"第三层级"予以审视，这在一定意义上深化了对语言意识的认识。这是因为：德里泽眼中的个体意识不仅是智力–思维活动的基础，也是交际–认识活动的基础。

如上所述，德里泽对语言社会心理学的基本学理进行了全面的理论和实践建构，并由此生成出"语言社会心理交际"说。该学说与莫斯科心理语言学派所倡导的言语活动论理论思想可谓"一脉相承"，其聚焦的是作为各种活动基础的交际。所不同的是，德里泽将言语活动的概念进一步具体化到了"语篇活动"的范围内进行审视，因此就涉及了包括"言语思维活动""言语–交际活动""智力–思维活动""交际–认识活动"等在内的所有意识活动的层面。她对上述活动形式和内容所作的深入阐释，是语言学（符号学）、心理学、社会学三门科学相互交叉的结果，因此就成为俄罗斯当代心理语言学领域的一个独特方向，对此，莫斯科心理语言学派的奠基人小列昂季耶夫给予很高的评价。他认为，德里泽的语言社会心理学在理论和方法上都有其独创性和成效性：它认为言语交际中语篇功能并非言语的形式结构，而是语篇构成的内容结构即信息–含义结构；它所聚焦的并非具体个体之间的言语交际过程，而是语篇这一信息–含义单位的功用问题。（Леонтьев 2009：3–4）当然，由于语篇是一个十分复杂的形式和意义系统，因此，语篇分析可以有不同的视角和方法，且这些视角和方法也都有各自的优长和不足。从这个意义上讲，德里泽所作的语篇分析（主要是"信息–目的分析"）也只能解决语篇的某一个问题，而不是全部问题。尽管如此，在我们看来，她所提出的学术思想及其分析方法起码对语篇的含义感知（无论是读者的还是听者的），是有重要的理论和实践意义的。

3.3 克拉斯内赫的"交际行为模式"说

我们在上文的"语言意识研究"中，已经对克拉斯内赫的有关学术思想作了评述。这里主要对她的另一个学说——"交际行为模式"说（модель коммуникативного акта）进行审视。

2001年，她在原系列讲座稿的基础上出版了《心理语言学基础与交际理论》（«Основы психолингвистики и теория коммуникации»）一书，从心理语言学的语篇生成和感知视角出发,系统阐发了对言语交际中的交际行为模式的基本认识,从而形成了比较完整的"交际行为模式"学说。

1) 关于语篇生成问题。克拉斯内赫认为,语篇生成的起点是观念,该观念预先决定着语篇的含义/语义构造(смысловое/семантическое строение),并通过该含义结构确定着语篇的逻辑构造(логическое строение)。此外,观念在反映语篇作者的意向并通过意向间接地反映语篇生成的动机时,会向逻辑构造提出交际针对性(коммуникативная целенаправленность)——交际或美学方面的影响作用。逻辑构造和交际针对性再对语篇生成时实际使用的全部语言手段(языковые средства)进行选择。(Красных 2001: 225)这样,上述关系就可以用下图来表示:

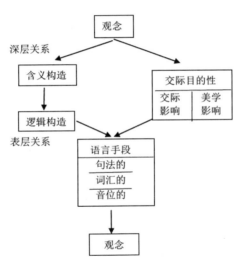

2) 关于语篇感知问题。克拉斯内赫认为,语篇接受者在感知语篇时是反向的,即从语篇到观念。这时,下列因素对观念的等值感知至关重要:在表层,是广义的语境,包括微观语境(микроконтекст)、宏观语境(макроконтекст)和影子语境(контекст-тень)等[①];在深层,是语篇的作者和接受者的全部知识储备或预设(пресуппозиция)。(Красных 2001: 225–226)可见,在克拉斯内赫看来,语篇的等值感知和理解主要取决于语篇的作者和接受者阐释之间的对应性,这在理论上是成立的。但实际上,每一个语篇可能有"多种预设",在这种情形下如何做到阐释的

---

① 此处的"语境"即"上下文语境",是相对于另一个概念相近的术语"大语境"而言的。

对应性呢？克拉斯内赫认为，操同一种语言的人所具有的相同的"认知基体"是相同的，它作为预设常量（пресуппозиционные инварианты）可以保障其对语篇内容感知和理解的完全对应。（Красных 2001: 232–233）

但问题是，每一位交际者（无论是语篇的作者还是接受者）都有自己的"个体认知空间"，只有在个体认知空间的交叉点上才有可能形成共同知识和认识的某区域，克拉斯内赫将该区域称作"预设"。她认为，预设在语篇生成时，可以在一定程度上预先确定语篇的含义构造和交际针对性；在语篇感知时，预设对语篇的理解起着极其重要的作用。而引发语篇生成和个体认知空间生成的"情景"可以作为预设的基础，它与语篇的观念属于同一层级现象，它们之间形成相互制约的关系，即：情景建立起某种动机，并确定着语篇生成的某种意向，以适应各种认知空间；认知空间一方面制约着对情景本身的感知，另一方面又预先确定着动机和意向的性质。这样，语篇观念的形成受到两种因素的制约：情景和语篇作者的个体认知空间（或者说"作者的知识储备"）。此外，语篇作者的个体认知空间也会通过预设影响到语篇的含义构造（смысловое строение）和交际针对性。（Красных 2001: 238）上述关系可用下图来表示：

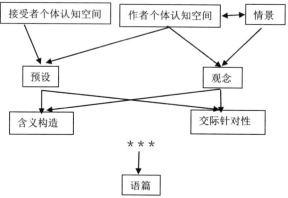

以上图示表明，情景对语篇生成的各个阶段——观念形成阶段、语言手段的选择阶段以及对选择进行检查或校正的阶段等，都起着十分重要的作用。但情景除语境外，还有所谓的"大语境"（конситуация）。克拉斯内赫认为，它们都可以激发言语活动（语篇生成）的动机和意向。意向需要靠语篇深层的、展开的含义构造——观念来实现。在语篇生成过程中，意向会对观念进行扫描（сканирование），扫描的结果就是将观念展开为表层的含义构造（非线性的），并确定语篇或语句的交际针对性。（Красных 2001: 240）最终，语篇感知的图式如下：

第 5 章　俄罗斯心理语言学范式中的若干热点方向　281

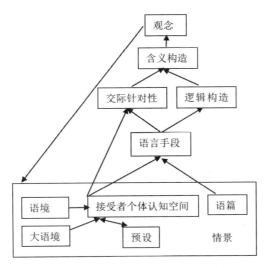

这样一来,克拉斯内赫提出,实际上在语篇感知过程中有3个意义层级,即语篇理解的3个层级:(1)表层——形式感知,直义理解(感知);(2)深层——非直义理解,补充的意义模态和言外之意的理解;(3)意义——意义的理解,观念的感知(阐释)。(Красных 2001:243–245)

以上不难看出,克拉斯内赫对上述语篇生成和感知的认识与其他学者有很大不同。她是从语言认知视角对语言感知和理解作出阐释的,而其他学者则大多为心理认知视角的审视。因此,克拉斯内赫学说的理论起点并不是心理语言学的"动机",而是语言意识或思维的单位"观念"。为什么观念可以作为语篇感知和理解的起点呢?这是因为:动机与语篇的联系并不是直接或直线的。动机作为创建言语作品(语篇)的"脉冲",就体现为所生成语篇的观念。克拉斯内赫认为,语篇的观念是一种思维块(мыслительный сгусток),即一种最大限度紧缩的深层含义构造,该结构只有在语篇生成过程中才能展开。因此,观念是语篇直接生成的起点。(Красных 2001:233)从观念出发来审视语篇的生成和感知(理解),这正是该学说的意义所在:它更加直接地与人的思维或意识关联在一起,并与人的认知特性和规律相关联,因此它是以"说话的人"为中心的。

关于交际行为模式问题。克拉斯内赫正是在对语篇生成和感知的独特认识基础上推导出交际行为模式的。她认为,交际行为的核心是独白语篇(текст-монолог),而在对话情形下,当语篇由多位交际者生成时,交际的角色就会时常发生变换,从而形成循环图式(схема цикла),即语篇片断的接受者充当语篇片断的作者。(Красных 2001:245)这样,就可以展示出交际行为模式的下列图式（Красных 2001: 246）：

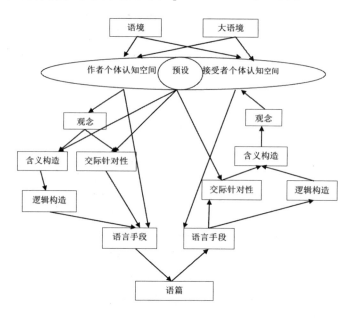

可以看出，克拉斯内赫对交际行为模式的建构充分考虑到了制约交际的一系列因素，其中主要是"作者-语篇-接受者"之间的三位一体关系因素。此外，该模式的交际行为结构由4种成素构成：大语境、语境、预设和言语，它们预先决定着任何一个交际行为的两个构素——情景和话语。

总之，克拉斯内赫"交际行为模式"说是建立在语篇生成和语篇感知模式基础上的，因此，该模式最大的特点就是3种模式的"一体化"，即语篇生成、语篇感知、交际行为模式构成一个整体。从心理语言学角度看，该模式的运行具有双向性，即从作者认知空间出发到语篇，再从语篇出发到接受者的认知空间；前者是从虚拟到现实，后者从现实到虚拟。这种双向的运行机理以及在虚拟和现实之间的转换，不仅揭示着语篇生成和语篇感知的规律，同时也揭示着作为符号的交际行为规律。

3.4 普里瓦洛娃的"跨文化与言语符号"说

作为俄罗斯当代认知心理语言学家，普里瓦洛娃长期从事语言意识相关问题的研究，并结合心理语言学研究中无法回避的交际尤其是跨文化交际的主题，从当代认知心理视角对跨文化交际的基本特性进行全面的审视，提出了具有符号学性质的"跨文化和言语符号"说。该学说集中体现在她于2005年出版的同名专著《跨文化与言语符号：跨文化交际的语言认知基础》(«Интеркультура и вербальный знак: лингвокогнитивные основы межкультурной коммуникации»)中。主要内容包括：

1) 对跨文化交际的对象作出界说。跨文化交际作为一门独立的学科①，既有自己的理论基础，也有自己的研究对象和方法，但对于研究对象中的具体单位却始终存有争议。对此，普里瓦洛娃也提出了自己的见解。她认为，当代心理语言学尤其是民族心理语言学的研究对象是语言意识，而语言意识研究具有跨文化本体论（межкультурная онтология）的性质，这是因为：要揭示和研究民族标记性语言单位（национально-маркированные языковые единицы）即语言意识的言语构素（вербализаторы），只有在对语言和文化进行对比描写的情形下才有可能，也就是只有将其置入跨文化交际理论的范围内才能进行。(Привалова 2005：11)因此，通过跨文化交际现象来研究语言意识现象就成为当代心理语言学的重要方法之一，其理据主要是：(1)既然客观现实现象缤纷多样，而人在感知中所获得的知识又包含着观念标尺（концептуальные эталоны）②，那么，这一反映的结果（即所形成的意识形象）也就包含着民族文化特点的成分；(2)跨文化交际是操不同语言和文化者之间的交际，也就是非认同民族意识（неидентичные национальные сознания）之间的交际，其基础是语言与文化主体的等同性；(3)跨文化交际的过程是在语言意识交际的形式中进行的，因此，跨文化交际中出现的"不理解"的主要成因并非语言的差异，而是交际者民族意识的差异；(4)参与跨文化交际行为的人，是能够对本国文化和他国文化的形象差异进行反射运算（операции рефлексии）的；(5)语言符号体（тела языковых знаков）是虚拟本质（意识形象）的现实（言语）形式。语言符号在跨文化交际过程中充当着功能单位的角色，同时也是语言意识的"外化形式"，它无论对跨文化交际机制还是对语言意识都是统一的"信息基体"。(Привалова 2005：21)据此，在普里瓦洛娃看来，跨文化交际会同时受到"语言-意识-文化"三位一体成素的制约，其本质

---

① 在俄罗斯学界尤其是心理语言学界，术语"跨文化交际"的俄语表述既用 межкультурная коммуникация，也用 межкультурное общение，两者是同义词，意义上并没有区别，且年长一些的学者更习惯使用后者。

② 此处的"观念标尺"意为"受文化制约的标尺"（культурнообусловленные эталоны）。

是交际者的民族意识问题。因此，跨文化交际的对象不是别的，而是民族语言文化意识（этнолингвокультурное сознание），也就是与民族文化和民族心理有关并存在于社会意识和个体意识形式之中的恒常世界形象（инвариантный образ мира）。恒常世界形象的基本功能与"世界图景"的功能一样，是阐释功能（интерпретативная функция）和调节功能（регулятивная функция），但它大于"语言世界图景"，因为民族语言文化意识中不仅包含着意识到的、结构化的和言语化的知识，还包含着意识不到的知识。(Привалова 2005：90) 这表明，民族语言文化意识对跨文化交际过程中的世界感知和世界理解行为是以间接的方式表征的，并采用特别的功能单位对客观世界的主体形象进行着建构。

2) 对民族语言文化意识的结构作出阐释。既然跨文化交际的研究对象是民族语言文化意识，那么，我们是否可以对该意识作出语言学的分析呢？这就涉及该意识的结构问题。也就是说，要对具有虚拟性质的民族语言文化意识进行研究，就必须要将虚拟变为现实，因此，构拟出该意识的结构组织就显得格外重要。普里瓦洛娃在系统分析了语言与意识、语言与文化、语言与民族的相互关系，以及世界形象、语言世界图景、语言个性等的概念内涵和理论学说后，对民族语言文化意识的结构组织进行了阐释。她认为，民族语言文化意识具有复杂的结构，它由3种空间——语言空间（лингвистическое пространство）、认知空间、文化空间构成，且每一个空间又都有各自的操作性单位（операциональные единицы）。如，语言空间的操作性单位是那些民族标记性语言手段（национально-маркированные языковые средства），如语言共性（языковые универсалии）、语义雏形（семантические примитивы）、民族文化意识语言标记（языковые маркеры национально-культурного сознания）等；认知空间的操作性单位是参与实施对现实范畴化程序的"心智构成物"，如认知原型（когнитивные прототипы）、观念隐喻（концептуальные метафоры）、观念和观念阈、框架结构等；文化空间的操作性单位有文化单位（культуремы）、神话题材成分（мифологемы）、仪式（ритуалы）以及文化定型、标尺、象征等。(Привалова 2005：21–55) 普里瓦洛娃对上述这些结构组织进行构拟，在理论与实践的结合上对跨文化交际的对象作了进一步的细化，成为该跨文化交际研究对象即民族语言文化意识所涵盖的具体科目。

3) 对跨文化交际的单位进行建构。理论上讲，确立跨文化交际的对象及其结构，还无法对该对象进行有效的心理语言学或认知语言学的研究，原因是：还缺乏对跨文化交际的基本单位的界说。那么跨文化交际的单位究竟是什么呢？对此，普里瓦洛娃作出了明确回答，它就是上文中提到的属于语言空间操作性单位的民族文化意识语言标记。她认为，语言所具有的人类中心性（антропоцентричность）和民族中心性（этноцентричность）这一公理，生成了另一个公理，那就是语言符号以及由语言符号组成的语言系统的民族和文化标记性。（Привалова 2005：56）据此，她将民族文化意识语言标记界说为：该概念审视的不是一个或单个具有民族文化特点的语言符号，而是某民族语言文化共同体（этнолингвокультурное сообщество）的代表——语言个性的言语活动成果。民族文化意识语言标记是民族文化意识形象的言语表征者（вербальные репрезентанты），是受文化制约的作为参与跨文化交际者民族认知基础的知识量子物化者（объективаторы квантов знаний）。（Привалова 2005：62）以上不难看出，将民族文化意识语言标记作为跨文化交际的单位，不仅可以使其归入当代心理语言学或认知语言学的研究范围，同时也可以对言语实质的分析更进一步——深入对周围现实的感知、理解和认识过程之中加以解析。因此，普里瓦洛娃将民族文化意识语言标记视为民族文化意识形象（семиотические экспликаторы），认为语言与文化在解释者看来都是社会意识存在形式（формы существования общественного сознания）。（Привалова 2005：62）

4）对跨文化交际的单位作出分类。将民族文化意识语言标记确定为跨文化交际的单位，并从理论（心理语言学、认知语言学、语言符号学）高度对该单位的概念内涵作出界说，只是完成了构建"跨文化与言语符号"说的第一步。在此基础上，普里瓦洛娃又进一步提出了对民族文化意识语言标记进行分类的思想。她指出，语言、意识和文化在决定论上是相互依存的关系：它们在符号学代码中反映着具有自身特性及相互作用的文化世界事物的存在形式。作为文化事物的所处阈（сфера нахождения），语言生态环境是一个动态的、变化无常的构成物。语言意识形象就如同语言个性活动的空间特权一样，对主体在言语交际过程中所形成的事物意义和知觉意义作出解释。语言意识形象的民族文化特点受到实际现实的制约，因为语言意识形象是借助于反映语言个性有关现实世界文化事物的知觉知识和观念知识的语言手段建构起来的。（Привалова 2005：69）依据以上认识，并根据俄罗斯学者克拉斯内赫等提出的将语言个性分别界说为"交际个性""言语个性"的思想，普里瓦洛娃提出这样的假设：语言结构、文化事物和语言生态（лингвистическая экология）三者之间的存在–构成物（существование-образование）及其相互关系，就构成了跨文化交际单位——民族文化意识语言标记的不同类型，即：（1）语言结构型语言标记（ЯМНКС лингвоструктурного типа）。该类型审视的主要是语言符号代码的结构和组织方式中所反映的事物世界（包括事物特性及其相互关系等）的存在形式问题，它由若干个亚型组成，包括语言系统对比中所呈现观念的语言形式；语法上的性范畴的语言结构成分（лингвистические конструкты）；语法上的确定性/不确定性的语言结构成分；语法上的人称/无人称语言结构成分；语法上的构词过程语言结构成分等。（2）语言文化型民族文化意识语言标记（ЯМНКС лингвокультурного типа）。该类型所列举的语言现象最具民族语言文化共体代表语言意识中的民族文化特色，属于翻译中"不可译"部分。它由下列7个亚型组成：言语接触和语言公式手段；民族语言文化知觉模型的构素，包括表距离义素（проксемы）、动作义素（кинемы）、时间义素（темпоремы）、数量义素（нумерологемы）、颜色义素（колоремы）等的语言手段①；特色词语、文化象征词语和先例语言现象（地名、人名和文学典故）的言语及言语化形式；公理性的观念表达词语（вербализаторы концепта）②；成语性和箴言性单位；言语及言语化的先例现象；完整的语篇片断。（3）语言生态型民族文化意识语言标记（ЯМНКС лингвоэкологического типа）。该类型主要对语言物质所反映的、发生在语言外部的种种变化作出分析，因此，对民族文化意识进行表征的语言现象都可以归入此类型，如作为新词化（неологизация）跨民族过程表征者的新词、观念借词（концептуальные заимствования）、伴随观念借词（параконцептуальные заимствования）、非观念借词。（Привалова 2005：69–77）以上几大类型几乎囊括了跨文化交际中所有的民族文化意识语言标记，且每一种亚型都有单独的语言单位予以表征，从而构建起"跨文化与言语符号"说研究的具体范围。应该说，上述分类涉及面之广、内容之丰富、表述之独特，都是当代俄罗斯心理语言学跨文化交际研究领域所不多见的。更为重要的是，该分类是分别建立在语言意识的存在–构成物——语言结构、文化事物和语言生态的基础之上的，因此，不仅学术

---

① 上述"义素"多为心理学领域与知觉有关的专有术语。
② "观念表达词语"的概念相当于观念分析中的"观念称名词"（номинирующий концепт），简称"观念词"。

性强,也极具操作性。

在我们看来,普里瓦洛娃提出的"跨文化和言语符号"说,有以下3点值得关注:(1)该学说的研究对象具有虚拟性(即上文中所说的"民族语言文化意识"),但由于采用了"从意义到形式"的研究方法,其落脚点是民族语言文化意识的语言表征手段或方法问题,即言语符号。因此,该学说实际上具有"虚拟现实"的性质,这也是当代心理语言学和认知语言学对语言意识研究普遍采取的方法之一。(2)就该学说的基本学理而言,它是以跨文化交际为前提的。在普里瓦洛娃看来,跨文化交际与其他形式的交际之间的最大区别就在于:它是在"双语-双文化-双意识"驱动下进行的,实际上是操不同语言的人、带着本民族文化代码并受到本民族、本社会意识制约的交际,因此,它本质上是一种"跨意识交际",这也是为什么跨文化交际要将语言意识尤其是民族语言文化意识作为其研究对象。也正是基于以上原因,当代俄罗斯著名心理语言学家塔拉索夫将跨文化交际界说为"语言意识分析的新本体论"。(Тарасов 1996: 7-12)(3)"跨文化和言语符号"说具有重要的心理符号学价值,这是因为:从跨文化交际的单位看,它是建立在语言结构、文化事物、语言生态三大"存在-构成物"基础之上的,这实际上就是把语言(言语)、文化和生态都视为现实存在的心理符号,而跨文化交际的研究对象——民族语言文化意识,又是一种虚拟存在的心理符号;从对民族语言文化意识的结构建构看,也是心理符号学视角的:尽管语言空间、文化空间和认知空间所包含的具体内容不同,但它们都属于符号空间,分别是由语言符号、文化符号、认知符号所建构起来的虚拟形态;从该学说所使用的大量术语看,其大多与当代心理语言学、认知语言学和语言文化学的相一致。以上3点足以表明,"跨文化和言语符号"说属于心理认知和文化认知方面的一种符号学说。

综上所述,俄罗斯当代心理语言学研究中的交际与跨文化交际学说具有以下主要特点:(1)交际尤其是跨文化交际已成为心理语言学研究的"新本体论"。如果说俄罗斯心理语言学在其诞生之日起就将交际、言语交际作为该学科研究的学术考量参数或不可或缺的重要方面的话,那么如今跨文化交际就成为推动该学科发展的主要动力源泉。原因很简单:由于俄罗斯当代心理语言学的研究对象集中在语言意识的形成机理问题上,因此,要对该机理作出科学解释,就只有将虚拟的语言意识通过跨文化交际这一平台实现言语化或现实化;(2)当代许多新兴人文学科的生成都源于跨文化交际。这不仅是由语言的最重要功能——交际功能所决定的，更是由跨文化交际所涉及的主体与客体之间的关系以及交际的内容、形式、手段等决定的，原因很简单：尽管我们已经进入了所谓的"人工智能"时代，但到目前为止，交际一方依然无法将自己的思想直接从自己的脑海里传输到交际另一方的脑海里，而必须使用专门的符号即语言符号作为基本工具，并借助于本民族文化内形成的知识代码来实现信息的传输。因此，从这个意义上讲，跨文化交际本身就是催化剂，它是催生一系列新兴学科的源泉所在，而专门研究语篇生成、语篇感知（理解）机理的俄罗斯当代心理语言学，就必然会将跨文化交际作为其本体论。(3) 跨文化交际学说的盛行，标志着俄罗斯当代心理语言学研究实现了认知学转向。这一转向使得跨文化交际研究的对象阈发生了变化：使用"知识"来达成跨文化交际的相互理解成为首要目标。也就是说，当代跨文化交际研究是以知识的形成机理为价值取向的，而知识研究就必然会首先涉及"交际中的人"的意识问题。意识问题的本质是文化问题。(4) 上述几位学者的相关理论学说都以语篇或语篇片断作为基本研究单位，这昭示着俄罗斯当代心理语言学研究已经进入语篇中心论（текстоцентризм）时代。这不仅是交际和跨文化交际得以成功运作的客观要求，也是当代心理语言学的研究单位更趋于综合化和复杂化的重要标志。

第 4 节　观念研究

观念研究本属于俄罗斯心理语言学范式中民族心理语言学的研究范围，确切说是语言意识研究的组成部分。由于近年来发展比较迅速，它已逐渐发展成为一门独立的学科——观念学（концептология）。

在当代俄罗斯心理语言学及认知语义学研究中，观念分析（концептуальный анализ）被认为是最为有效的方法之一。某种意义上讲，甚至可以说当代俄罗斯认知心理或认知语义研究就是围绕"观念"这一关键词展开的多视角、多层面的研究。我们在本著作第4章中评述的若干理论（语言个性理论、定型理论、先例理论等），基本上也都与观念研究密切相关。

但由于观念是多学科研究的对象，因此，观念研究所涉及的领域很广，有心理语言学（或民族心理语言学）的，有认知语义学的，也有语言文化学的和逻辑语义学的等。我们在这里仅对心理语言学或认知语义学所展开的观念研究及其学术成果作出审视和评述。①

4.1 观念的概念内涵及类型

作为认知心理或认知语义研究中的关键词，"观念"这一术语目前在俄罗斯学界并没有形成一致的界说，不同学科甚至同一学科的不同学者对其也有不同的理解和表述。但总体看，研究视阈大致可分为两大类：一是把观念视作文化结构（культурная структура）或文化单位（единица культуры），因此又称文化观念（культурный концепт），这主要是具有文化认知性质的语言文化学研究的对象。二是把观念看作思维结构（мыслительная структура）或思维单位（единица мышления），这主要是具有语言认知性质的心理语言学或认知语义学研究的对象。但无论是文化认知视角还是语言认知视角，似乎有一点是共同的，那就是其都认为观念与概念、意义、含义、表象等既有区别，又有内在联系。

我们在这里主要审视作为思维结构的观念研究。该视阈的学者主要有库布里亚科娃、巴布什金（А.П. Бабушкин）、波尔德列夫（Н.А. Болдырев）、波波娃（З.Д. Попова）、斯捷尔宁，以及上文提到的扎列夫斯卡娅、克拉斯内赫等。有影响的主要著述有：巴布什金的《语言成语词汇语义中的观念类型》（«Типы концептов в лексико-фразеологической семантике языка»）（1996），波尔德列夫的《认知语义学》（«Когнитивная семантика»）（2001）、《认知语言学的观念空间》（«Концептуальные пространства когнитивной лингвистики»）（2004），波波娃、斯捷尔宁的《语言学研究中的"观念"概念》（«Понятие "концепт" в лингвистических исследованиях»）（1999）、《语言与民族世界图景》（«Язык и национальная картина мира»）（2002）、《认知语言学》（«Когнитивная лингвистика»）（2007），斯捷尔宁的《认知语言学研究中的认知阐释》（«Когнитивная интерпретация в лингвокогнитивных исследованиях»）（2004）、《语言的认知语义分析》（«Семантико-когнитивный анализ языка»）（2006），扎列夫斯卡娅的《观念问题研究的心理语言学视角》（«Психолингвистический подход к проблеме концепта»）（2001）、

---

① 我们之所以要把认知语义学对观念的研究也包括在内，是因为俄罗斯学界的认知语义研究，主要是由原心理语言学基本原理发展而来的，两者之间很难作出区分，且从事该领域研究的学者，也大多是原心理语言学的研究者。

《作为个体财富的观念》（«Концепт как достояние индивида»）（2005），克拉斯内赫的《语言意识构成：框架—结构》（«Строение языкового сознания: фрейм-структуры»）（2000）、《别人中的自己：神话还是现实？》（«Свой среди чужих:миф или реальность?»）（2003）等。

  该视阈中的观念被看成是在具体生活经验基础上总结出来的抽象的科学概念。它与人的思维过程有关，被称作"思维基本单位"或"思维语言"。如，库布里亚科娃就提出，观念是记忆、心智语汇、观念系统、大脑语言以及所有世界图景的操作单位，是"知识量子"。最为重要的观念都是在语言中表达的。（Кубрякова 1996: 90–92）扎列夫斯卡娅把观念界说为"人的意识中客观存在的、动态性质的知觉–认知激情构成，它与科学描写产物的概念和意义有别"；"是一个多层级的同时结构"和"个体财富"。（Залевская 2001b: 39, 2005b: 234–244）克拉斯内赫认为，观念是文化事物最为抽象化的思想，该文化事物尽管可以进行可目视的形象联想，但却没有可目视的原型形象。民族观念是最为抽象化的、由语言意识具体表征并得到认知加工和贴有民族文化标签的"事物"思想。（Красных 2003: 286–272）波波娃、斯捷尔宁对观念所下的定义较为复杂。他们认为，作为心智构成物的观念是人的心智代码的基本单位，它有相对有序的内部结构，是个性和社会认识活动的结果；它不仅承载着所反映事物或现象的综合的、百科知识的信息，也承载着社会意识对上述信息所进行的阐释以及社会意识对事物或现象的态度。（Попова，Стернин 2007: 34）。依照上述学者的观点，观念是以个体的知觉形象为基础的，它在人的意识中以普通事物的代码单位进行编码；而知觉形象是具体的，但又可被抽象并转变为思维形象。

  应该说，该视阈的观念研究与作为文化结构的观念研究有很大不同。归纳起来，作为思维结构的观念可分为下列类型进行具体分析：（1）表象，语言中主要靠具体语义词汇单位的客体化所形成的概念，如"颤抖"的感知表象；（2）图式，一种抽象出来的并用于类似经验的概念结构，如由树干、树叶组成的"树"的图式或"带状的"河流图式等；（3）框架，一种多成素的概念，如"体育场"或"集市"的多成素概念及其包含的多种联想；（4）脚本，指事件情节发展和片断连续性的知识，如旅游、旅行事件的脚本等；（5）原型，用于区分一定范畴中某一成员的概念，以确定其在社会意识中的地位和等级；（6）命题，一种有关逻辑关系的意象，体现在深层语法中的范本；（7）格式塔/完形，一种完整的、不可拆解的思维现实，一种由知觉和理性成素构成的观念性结构。（Попова, Стернин 2007：115–121）上述这些观念类型都属于人的心智图片。如果将这些图片言语化，就形成所谓的"文化语言"。

4.2 观念研究的学理取向及特点

如果说将观念视为"文化单位"的观念研究具有明显的文化认知取向的话，那么将观念视为"思维单位"的观念研究则凸显为与语言认知取向（即与语言的认知语义或心理语义研究）相关联，凸显的是语言对人的认知所起的作用。具体说，该取向的观念研究，一方面将观念视作解释人的意识中的心智单位，认为观念是反映人的知识和经验的一种信息结构，它不仅是人的心理所反映的记忆、心智语汇、观念系统和大脑语言的操作单位，也是思维运作单位或结构化的知识单位。也就是说，人意识中的观念是从人的直接感觉经验中、从人与事物的直接接触中、从人与其他观念的思维运作中，以及"语言交际"中形成的[①]，因此，观念的最大特性是理念性（идеальность）；另一方面，将观念解释为意识的基本单位或心智构成，是对语言符号可能意义的"暗示"，是有别于词典中所确定的群体意义（коллективный смысл）的个体意义（индивидуальный смысл）的。

在我们看来，就语言认知取向的观念研究特点而言，它主要是通向社会共体或群体的"观念阈"，并最终通向民族文化的。也就是说，它与文化取向的表征路径不同：如果说文化认知取向的观念研究是由文化走向个体意识的话，那么语言认知取向的观念研究就是由个体意识走向文化；或者说，前者"由一般走向个别"，而后者"由个别走向一般"。

需要指出的是，俄罗斯学界语言认知取向的观念研究，与西方的同类研究有明显不同，其学理基础有两大来源：一是心理语言学（主要是言语活动论）研究所凝练出的有关学术思想；二是传统的语言结构研究、词汇语义研究中形成的语言学传统。而西方的认知语言学或认知语义学主要是语言学研究的时代产物，其学理渊源是西方的理性主义（рационализм）传统。也就是说，就俄罗斯语言认知取向的观念研究而言，其更多带有俄罗斯语言学和心理学的研究传统，因此它主要是心理语言学性质的。

[①] 此处的"语言交际"是广义的概念，包括接受教育的过程以及独立学习和掌握语言单位意义的过程等。

4.3 观念的结构及特点

观念具有复杂的结构，这几乎是所有从事观念研究的学者们得出的一致结论。但是，由于视阈不同或取向不同，学界对观念结构的有关看法也不尽相同，所形成的研究视阈也有别。就将观念视为思维结构、具有语言认知取向的观念研究而言，多数学者比较倾向于将观念分为形象、信息内容（информационное содержание）、阐释场（интерпретационное поле）3个方面进行阐释。（Попова, Стернин 2007: 106）

1）形象。形象在观念研究中被视为具有独特情感色彩的观念内核。波波娃认为，观念中具有形象成素，这是由普遍事物代码自身的神经语言学性质决定的。也就是说，人的感性/知觉形象（чувственный/перцептивный образ）在建构普遍事物代码的单位时，会对观念进行编码；感性/知觉形象既可以在许多词的词典意义中体现，如 красный（美丽的/红色的）, кислый（酸的）, теплый（温暖的）, прямоугольный（直角的/长方形的）等元语言单位就进入许多词的词典释义中；也可以在心理语言学意义（即便是纯认知性质的、非言语化的观念构素）的实验过程中反映出来。实验表明，操俄语者最为鲜明的直观形象都与天文物体、交通工具、日常生活用品、一年四季、昼夜、植物、仪器、出版物的名称有关，也与对人和动物的身体部位的命名以及亲属的命名有关。（Попова, Стернин 2007: 106）更为有趣的是，感性/知觉形象不仅体现在上述表达具体概念的词汇中，也用于表达抽象概念，只是带有更多的主观性。因此，某种意义上讲，观念与概念的区别之一就是具有更多的主观成素。

观念结构中包含有形象成素的命题，可以用所谓的"原型语义"（прототипная семантика）予以证实。原型是最为准确和鲜明的形象，能够整体上展示观念的类别。人依据原型最重要的特征来从事分类活动并对知识进行范畴化。（Кубрякова 1996: 54–56）如，卡拉西克（В.И. Карасик）指出，对于许多人来说，фрукт（水果）是苹果的原型，而экзамен（考试）的原型是教师与学生坐在课桌旁的交谈图景。（Карасик 2004: 127）另外，俄罗斯心理语言学的大量联想反应实验也表明原型形象的存在。如，俄罗斯伟大诗人→普希金，俄罗斯大河→伏尔加河，家禽→鸡，等等。联想实验还表明，观念结构中的感性/知觉形象可以是个体的，也可以是民族的。但无论哪一种，它都是由知觉认知特征（перцптивные когнитивные признаки）和形象特征（образные признаки）两部分构成的：前者是操语言者依靠感觉器官对现实反应所形成的感性/知觉形象；而后者是操语言者依靠对事物或现象进行隐喻思维（认知隐喻或观念隐喻）所形成的隐喻形象（метафорический образ）或认知形象（когнитивный образ）。感性/知觉形象包括视觉的、触觉的、味觉的、听觉的和嗅觉的形象，而认知形象则可以将抽象观念引向物质世界。

需要指出的是，尽管观念结构中的上述两种形象构素都可以反映观念化的事物或现象，但它们对观念的阐释力是不同的。就对观念内容的描写而言，认知形象显然更具有阐释力，这是因为：感性/知觉形象在描写观念内容时需要靠进入观念结构的认知特征来解释。此外，认知形象的数量较之感性/知觉形象也更多。因此，作为观念内核的形象研究也会更多地关注认知形象问题，这也是隐喻受到众多俄罗斯学者关注的重要原因之一。

2）信息内容。信息内容即观念内容（содержание концепта），指观念结构中所包含的最基本的认知特征，这些特征决定着观念化的事物或现象最重要的区别性特点。也就是说，这些特征对事物本身及其使用来说是最为本质的，它们可以对该事物的区别性特点、功能等进行必要的描述。应该说，这种信息认知特征在观念结构中的数量并不多，只有那些能够确定观念本质最为基本的释义性特征才能被视作认知特征。许多观念的信息内容与词典对观念关键词的释义内容相近，但进入观念信息内容的，只是那些能够区分观念所指事物的特征，而非偶然的、非必需的或评价性质的特征。波波娃认为，确定反映人工制品和科学概念的观念信息内容相对比较容易，但确定反映自然事实或观念化的抽象本质的基本信息就较为困难。许多个别的、评价性的或百科知识性质的特征是不进入观念信息内容的，它们只属于观念阐释场范围，尽管许多情形下观念信息内容与阐释内容之间很难有清晰的界限。（Попова, Стернин 2007: 110）如，квадрат（方形）一词的信息内容只有прямоугольник（直角形）和равные стороны（等边形），самолет（飞机）的信息内容为 летательный аппарат（飞行器）, тяжелее воздуха（比空气中）, с крыльями（有翅膀），而其他的释义就都属于阐释性的内容了。

3）阐释场。观念阐释场包括能够对观念基本信息内容作出某种阐释的认知特征，它源自信息内容或对信息内容作出评价，并呈现为某种结论性的知识。阐释场并不是均质的，它可以切分为若干个区域，这些区域都拥有内在的内容统一性，并根据其内容将近似的认知特征联合成一体。在波波娃看来，观念阐释场至少由以下区域组成：(1) 评价区域（оценочная зона）——将表达一般评价（好/坏）、美学评价（美/不美)、情感评价(愉快/不愉快)、智力评价(聪敏/愚蠢)、道德评价(善/恶、合法/不合法、正义/非正义)的认知特征联合成一体。(2)百科知识区域(энциклопедическая зона)——将观念特征的描述以及在经验、教育和与观念所指事物相互作用基础上的对观念特征的了解等认知特征联合成一体。如，*вода*(水)的百科知识认知特征就可以有：*в воде можно утонуть，вода бывает голубая，без воды и ни туды и ни сюды，в воде приятно купаться，зимой вода холодная*(水里会淹死人，水通常是浅蓝色的，没有水哪儿也去不了，在水里游泳很愉快，冬天的水冷)等。(3)实用区域(утилитарная зона)——将表达实惠的、实用的人对观念所指事物、知识态度的认知特征联合成一体。如，关于*автомобиль*(汽车)的实用认知特征就有：*много хлопот，дорого эксплуатировать，удобно ездить на дачу，зимой не нужен*(麻烦多，费用高，开车去别墅方便，冬天用不着)等。(4)秩序维系区域(регулятивная зона)——将观念所涉及的"什么是应该做的""什么是不应该做的"等认知特征联合成一体。如，关于*русский язык*(俄语)，就有*надо учить，надо говорить культурно*(需要学习，要说得规范)等认知特征。(5)社会文化区域(социально-культурная зона)——将那些反映观念与民族的日常生活和文化联系的那些认知特征联合成一体，包括传统、习俗、文艺家、文学作品和先例文本等。再以*русский язык*(俄语)为例，与该区域有关的认知特征有：*Пушкин, Лермонтов, Есенин, Ленин, частушки, песни*(普希金，莱蒙托夫，叶赛宁，列宁，四句头顺口溜，歌曲)等。(6)格言区域(паремиологическая зона)，将谚语、俗语和箴言等客体化的认知特征的总和(即民族格言中由观念所反映的所有认识和论点的总和)联合成一体。如，由*не следует доверять внешнему впечатлению*(不要轻信外在的印象)认识，得出*внешность обманчива*(外表具有欺骗性)的格言；再如，由*любому человеку приятно услышать ласковые слова*(任何人都喜欢听亲切的话)，得出*доброе слово и кошке приятно*(连猫都爱听好话)的格言。(Попова, Стернин 2007：110-113)

从上述观念结构的论述中，似可窥视出观念结构的如下特点：(1)观念的形象和信息内容展现的是观念的信息框架，它具有相对结构化的性质；而阐释场的功能是将观念贯穿，并将观念结构成素之间的位置填满，其本身少有结构化的观念成素，因此对它的描写就是列举出观念的相关特征。(2)阐释场中所呈现的许多认知特征可能是相互矛盾的,这也是阐释场的特点之一。究其原因,主要是它包含着不同时期、不同人群以及从不同认知角度得出的各种结论。这也是阐释场的阐释内容与观念本身的信息内容有别的重要缘由所在。(3)观念中基本的结构成素——形象、信息内容和阐释场,分布在不同的观念场段(полевой участок концепта)中。通常情况下,形象处在观念结构中的内核场段(ядерный полевой участок);内核场段的外围(периферия)是观念的基本认知特征场段,即观念内容;处在认知特征场段之外、构成观念内容外延的是观念阐释场段,即阐释场。但这并不是说上述场段就是固定不变的,应该说观念的结构成素并不会固化在某一区域中。如,信息内容和阐释场也可以属于内核,也可以属于内核附近的外围或外围的其他区域,判断的标准不是别的,而是认知特征的鲜明度(степень яркости)。也就是说,只要观念信息内容或阐释的认知特征的鲜明度高于形象,它们就有可能进入观念的内核场段。(4)格言区域所反映的观念并不是现代的,而多半是历史的。有学者认为,格言区域通常位于观念内容的最外围,原因是该区域所包含的认知特征是在不同历史时期、不同人群和不同条件下作出的。(Попова, Стернин 2007: 114)但问题是,格言区域同时又是某群体或民族对观念内容作出的一种评价和解释,它所反映的大多是经过实践检验并得到广泛认同的观念和思想,它们已经成为民族意识的重要组成部分而保留至今,因此,它们在一定条件下就可能构成某观念的核心内容。(5)在观念研究中,区分观念内容和观念结构具有重要意义。也就是说,观念研究既要描写其内容,也要分析其结构;既要观察其核心,也要审视其外围。人的思维的复杂性,决定着对作为思维单位的观念描写的多视角性。

总之,观念的复杂性体现在多个方面,如民族性(相对于"概念"的跨民族性)、多变性(相对于"概念"的相对稳定性)、多层级性或多维性等。这是因为:从决定观念本质的文化和思维的属性看,就无不具有上述所有的特点;再从观念本身的结构和特点看,观念中不仅包含着理性成素,也包含着情感成素,因此不仅可以从观念中抽取出抽象成素,也可以从观念中抽取出具体成素。正如斯捷潘诺夫(Ю.С.Степанов)所说,作为心智世界的基础单位,观念不仅会思想,还能表达感受。(Степанов 1997: 41)从一定意义上讲,人的思想和感受的复杂性决定着观念的复杂性。

4.4 观念阈

审视俄罗斯心理语言学领域的观念研究，不涉及观念阈问题是不全面的，因为观念研究之所以能够成为一种理论甚至一门独立的学科[①]，肯定不会只局限在对观念的概念内涵作出界说和对观念结构进行分析的方面，而必然会涉及其研究范围和任务等重大问题，这就是观念阈需要解决的问题。或者说，观念研究只有在特定的观念阈范围内才能得以系统地进行，它规定着观念研究的界限和任务目标。

在俄罗斯学界，最早引入"观念阈"这一术语的是著名文化学家、语文学家利哈乔夫（Д.С.Лихачёв）院士。早在20世纪初期，他就在《论俄语的观念阈》（«Концептосфера русского языка»）一文中对作为术语的"观念阈"作了比较详尽的解释。他认为，观念阈是由操语言者的全部观念潜能构成的，是民族观念的总和；一个民族的观念阈比语言词汇所表征的语义阈（семантическая сфера）要宽广；一个民族的文化（民俗、文学、科学、造型艺术、历史经验、宗教等）越丰富，其观念阈就越丰富。（Лихачев 1993: 5）克拉斯内赫在自己的研究中并没有直接使用"观念阈"这一术语，而是用"认知基体"的术语取而代之。所谓"认知基体"，指某民族文化共体按照一定方式建构起来的、必备的关于世界知识和认识的总和，它为携带某民族文化心智结构和说某一种语言的所有成员所拥有。（Красных 1998: 45）波波娃认为，观念阈是有序的民族观念的总和，是思维的信息基体。（Попова, Стернин 2007: 36）显然，波波娃对观念阈的界说综合了利哈乔夫和克拉斯内赫的观点，并加上"有序的"这一重要的限定语，因此显得更为严谨和科学。这是因为：构成观念阈的观念是依据各自的个别特征进入与其他观念或相似或有差异或有不同等级的系统关系中去的，相似、差异和等级本身就是一种有序性的划分。此外，再从观念的形成过程看，它是对客观事物或现象范畴化的结果，而范畴化是以对客体的有序化为前提的。

以上不难看出，所谓"观念阈"，说来并不复杂，就是某民族的思维阈或知识阈。具体说，观念阈是由观念及其单位（思维图片、图式、概念、脚本、完形等）构成的一种纯思维空间，它在人的心智中既是复杂的外部世

[①] 事实上，俄罗斯学界的观念研究已经不单单作为一种理论样式出现了，其研究范围、对象和方法等已经构成比较完整的科学体系，从而成为一门独立的学科——观念学，如政治观念学（политическая концептология）、文化观念学（культурная концептология）、语言观念学（лингвоконцептология）等。

界的综合形象,又是对外部世界各种特征进行概括的抽象本质。

如此看来,观念阈的概念内涵本身并不复杂,它在本质上与观念一样,都属于人的心智范畴。然而,要正确理解观念阈的内涵和特点,还必须厘清它与意识和思维、心智体(менталитет)①、语义空间(семантическое пространство)等的关系。

1)观念阈与意识和思维的关系。对于什么是意识和思维,不同的学科甚至不同的学者都有各自的界说。但从心理语言学看,意识被视作"由人的活动运动所生成的一种特殊内部运动,是主体对现实、主体活动及主体本人的反射"。(Леонтьев 1975: 13, 97)也就是说,意识是人的心理活动的总和,它包含着人的智力、知觉、情感和意志,是对现实无意识的反映。而思维则被视作是对现实有意识的反映,它首先与有目的性的逻辑认知以及知觉所感知不到的客体和现象的理性反映有关。克拉斯内赫认为,意识是一种现象,是反映现实的高级形式;思维是有意识地反映现实的过程。(Красных 2003: 22)那么,作为民族思维阈或知识阈的观念阈与意识和思维到底是怎样的关系呢?波波娃认为,观念阈作为反映主体所认知的现实的心智单位,既是意识的也是思维的信息基体。(Попова, Стернин 2007: 42)联系到该学者对观念结构中的"信息内容"的论述,可以把此处的"信息"理解为"认知特征"。也就是说,观念阈是人的意识或思维中最为本质的、起着区别性作用的认知特征。它在人的认知空间结构中,并不位于"个体认知空间"或"群体认知空间",而是位于"认知基体"。而认知基体是由世界的知识和认识的总和构成的,它具有超个体和群体的性质。从这个意义上讲,观念阈与"定型""先例现象"(прецедентные феномены)等一样,都是反映在人意识里的关于世界知识的心智图片,它对民族意识的形成起着关键的作用。

需要特别指出的是,关于意识问题,俄罗斯学界的认识并不一致。有学者认为,所谓"意识",就等同于语言意识。如,1993年俄罗斯科学院语言学研究所出版《语言与意识:反常的理性》(«Язык и сознание: парадоксальная рациональность»)一书,作为责编的塔拉索夫就在该书的"导论"中指出,语言意识或意识都是用来描写同一种现象——人的意识的。(Тарасов 1993b: 7)克拉斯内赫也在相关著作中也认为,意识

---

① 在当代俄罗斯语言学术语中,ментальность 和 менталитет 的使用频率很高,不少学者将它们视为"指同术语"。但它们还是有区别的,也有人将它们分别定名为"心智"和"心智体"。

与个性的言语活动有关，因此心理语言学中所说的意识就等同于语言意识。(Красных 1998: 21) 但也有不同的观点。如，波波娃就认为，不是所有的意识都具有语言属性，意识也可以用非言语手段和文艺手段予以体现。在她看来，语言意识只是保障语言 (言语) 活动机制的一部分，即言语生成、言语理解以及将意识储存在意识中的那些部分。带有不同意义的语言单位系统储存在人的意识里，具有语言意识的属性，而如果将语言系统视作意识现象来研究，那么研究的就是语言意识。(Попова, Стернин 2007: 45-46) 意识即语言意识的思想，是西方理性主义语言观的集中体现。从语言认知视角看，语言意识只是人的认知意识中由言语活动机制主导的一种成素，因此，意识与语言意识之间不能一概而论。而俄罗斯学界有关意识与语言意识的不同认识也属正常现象，可以视其为18世纪盛行的欧洲主义 (европеизм) 和19世纪占主导地位的斯拉夫主义 (славянофильство) 两种不同思潮在当今学界的延续或反映。

2) 观念阈与心智体的关系。所谓 "心智体"，它被视为感知和理解现实的一种特殊方式，它是由某个性、社会共体或民族群体典型的意识认知定型所决定的。(Попова, Стернин 2007: 57) 它亦被界说为 "思维方式以及个体和群体总的精神意向"。(ФЭС 1998: 263) 也就是说，心智体就是某语言文化共体的心理–语言–智力体 (психо-лингво-интеллекты)，它属于受到文化、语言、地理等因素制约的人的意识的深层结构。在波波娃看来，心智体可分为个性心智体 (менталитет личности)、群体心智体 (групповой менталитет)、民族心智体 (национальный менталитет) 3 种类型。个性心智体受到群体和民族心智体的制约；群体心智体即某社会的、年龄的、职业的和社会性别的人群感知和理解现实的特点；民族心智体即由民族认知定型的总和决定的某民族感知和理解现实的方式。(Попова, Стернин 2007: 58-59) 上述界说表明，心智体实际上制约着某个体、群体或民族感知和理解世界，或者说，不同的民族在认知世界时，其心智体会 "强迫" 某个性去以不同的方式去感知和理解同一个事物或情景。如，俄罗斯人认为做客迟到一点时间是对主人尊敬的表现，而德国人则认为这是失敬的表现；再如，俄罗斯学生把教师在课堂上重复所讲的内容看作是让自己更好掌握所学内容的方式，而芬兰学生则常常会认为这是教师把学生当傻瓜看待。以上可见，观念阈与心智体有着密切的关联度，它们在人的思维过程中相互作用。一方面，作为民族知识阈的观念阈会在一定程度上决定着民族心智体感知和理解现实的方式；构成民族观念阈的心智单位，是构成民族认知定型——有关现实判断的基础。

如，俄语观念阈中的"或许"（авось）观念，就决定着解决"意想不到的行为"的一系列心智定型；另一方面，民族心智体也会给观念的形成和发展增添活力：已有的心智定型会对观念内容产生影响，迫使其接受记录在观念里的对事物或现象的某种评价。

总之，观念阈和心智体本质有别，因此对其研究的方法和视角也不同。一方面，民族心智体首先体现在民族的性格、行动和交际行为方面，它受到政治、经济、社会、自然现象以及与其他民族接触的一系列因素的影响，因此，对心智体的研究，主要用民族文化学和民族心理学的方法；而观念阈属于思维范畴，是民族意识和单个个性的信息基体。观念形成的主要源泉是个性的认识活动（包括个性的交际、学习、阅读等的交际活动在内），因此，对它的研究主要采用心理学、文化学和认知语言学的方法。另一方面，民族心智体的特点只体现在语言世界图景层面，而不是观念世界图景层面；而观念阈却是观念世界图景的信息基地，因此，它只体现在观念或认知世界图景层面，但同时又可以在语言世界图景中得到表征。

3）观念阈与语义空间的关系。所谓"语义空间"，主要指由语言符号及其意义总和所表达的内容，因此，俄罗斯学界有许多学者将语义空间指向于语言世界图景。应该说，作为纯思维阈的民族观念阈，其主要内容是靠该民族语言的语义空间来表征的，并由此将语义空间的研究纳入认知语言学的审视对象。可见，语义空间与观念阈有着不可分的密切联系。按照波波娃的观点，这种密切联系主要体现在以下几个方面：（1）认知语义学认为，语言的语义（即语言的语义空间）并不是义素的集成，而是一个复杂的系统。该系统是由大量不同结构的组群交织而成的，它们被纳入某"意义链"和"意义群"，从而形成观念的核心场和外围场。因此，根据意义在语义空间中的关系，就可以对观念在民族观念阈中的关系作出判断。（2）语言学家在构建不同语言的语义空间时，可以获得人的认识活动些许特点的信息，原因是语义分析可以将观念阈中的知识内容和结构具体化。（3）从观念特征看，作为思维活动单位的各种观念之间存在着一定的联系，这些联系都由词素、韵律音位、音段的共性所标记，因此可以通过语言意义对观念客体化的单位来进行研究。（4）不同语言的语义空间研究表明，不同民族的观念阈无论在其观念成素方面还是在观念的结构化方面都有差异性。语言学家可以通过转换理论、类型学理论，用外语教学中的双语对比研究来确定这些差异性。（5）语言学中有一个公认定律，即不能依据一种语言的构造来研究另一种语言的构造，但观念阈的民族特点则同样可以在语义空间的民族特点中得到反映。这表明，不同民族的相同观念可以按照不同的特征予以分类。(6) 无论是语义空间还是观念阈，究其本质属性而言都具有思维的本质。它们之间的区别只在于：语言意义是语义空间的量子，它依附在语言符号中，而观念作为观念阈的成分则与具体的语言符号不相关联。也就是说，观念既可以用许多语言符号或语言符号的总和来表达，也可以在语言系统中没有表征，还可以依靠身势语、表情、音乐、绘画、雕塑、舞蹈等符号系统将其外化。(Попова, Стернин 2007: 61–63)

当然，上述论据只是建立在语言的认知语义研究基础上的，而不适用于对传统的结构语义的解释。因此，有必要特别强调的是，认知语义视角的语义空间研究，描写的并不是语言世界图景本身，而是由语言世界图景转向观念世界图景的研究，即对观念阈的描写。只是从这个意义上讲，观念阈与语义空间有着本质的、密不可分的联系。

总之，观念阈是思维形象阈和普遍事物代码单位阈，它是人们心智中结构化的知识系统或信息基体；而语义空间只是靠语言符号系统的客体化（объективация）或言语化获得的观念阈的组成部分。

4.5 观念分析方法

观念研究的方法有多种，但最受俄罗斯学界欢迎的是"观念分析方法"。法国著名语言学家班维尼斯特（E.Benveniste）应该是观念分析法的最早倡导者和推动者之一，他撰写的具有广泛影响的《普通语言学》（«Общая лингвистика»）一书就采用此种方法对语言现象进行分析。他认为，该方法的核心是语义重构（семантическая реконструкция），实质在于语言形式的意义"是由语言的使用和分布以及由此生成的相互联系的类型总和决定的"，因此，语义重构"要建立在特别关注语境的基础上"。（Бенвенист 1974: 332）克柳奇科娃（Н.В.Крючкова）认为，要对观念进行共时分析，就必须对词汇-语义系统中的观念作共时的阐释，并用联想实验的结果和对词的话语功用研究（即观念的词汇表征）予以补充。采取这样的方法，就可以发现操某种语言者是将什么内容导入某概念中去的，就可以揭示出操语言者的观念系统中所存在的各种联系（所分析观念与其他观念之间的联系）。（Крычкова 2005: 23）可见，观念分析方法是以观念的语言表征为手段的，对体现为某种观念的词汇语义或语篇语义进行分析，以对词汇或语篇使用过程中的语义差别作出阐释。应该说，观念的语言表征手段多种多样，它可以在语言的各个层面上实现，如词位、成语性搭配、词的自由搭配、句子（句法观念）、语篇等；对语言进行观念分析的目的，是要确立个体或群体语言意识中词汇或语篇深层次的或潜意识的联系（这种联系不是结构的或成分的，而是文化认知和语言认知的，并通过联想获得的），以揭示存在于人脑潜意识中的抽象实质是如何来投射于物质世界（现实）的。通过对语言的观念分析，我们可以了解词汇或语篇在使用中的群体无意识结构，得到词汇或语篇的隐性形象（имплицитный образ），从而构拟起该词汇或语篇的语义完形（семантический гештальт）。

观念分析方法可以分为文化认知、语言认知两个方向，这是由观念研究中体现出的不同认知取向决定的。

语言认知取向的观念分析主要关注的是对观念的认知语义特征作出阐释，因此，该方法可分为实验论证和理论阐释两个方面，常用的主要有以下3种方法：

1）联想分析法（методика ассоциативного анализа）。联想分析法属于观念研究的实验论证。该方法与文化认知取向的关键词分析方法（анализ ключевого слова）最大的不同在于：它需要在相应的观念联想场（ассоциативное поле концепта）内进行，而关键词分析方法是在观念称名场内进行的。观念联想场由观念的关键表征词位即"刺激词"引起的所有"反应词"即联想词（ассоциаты）构成。联想实验通常分为两种：自由联想实验方法（свободный ассоциативный эксперимент）和定向联想实验方法（направленный ассоциативный эксперимент），该两种方法都可以形成相应的联想场。

自由联想实验方法，是以受实验者（испытуемые）用任何词语来回答刺激词为前提的实验；而定向联想实验方法则是以受实验者受到一定限制的回答为条件的实验，如词类限制、结构限制等。联想实验的具体步骤为：第一步，用某一词语（如关键词或观念称名词）作为刺激词，在一定范围内由联想受实验者对该刺激词进行联想回答；第二步，将构成联想场的上述反应词作为语言手段，对由刺激词所引发的观念认知特征的客体化情况进行阐释。

应该说，无论是自由联想实验方法还是定向联想实验方法，都可以区分出使反应词客体化的大量认知特征。但就两种步骤而言，它们的目标指向还是有所不同的。如果实验的目标是为了揭示语言意识和确定词的心理语言学意义，那么采用第一个步骤就可以达到了，即获得由刺激词产生的联想场；而如果实验的目标是为了分析认知结构，则需要在第一个步骤的基础上采取第二个步骤,即进一步分析反应词的认知特征,因为只有这样,才能够既获得结论性的知识,也能够获得由反应词揭示的间接性认知特征。

2) 认知阐释法(методика когнитивной интерпретации)。认知语义学的研究对象是观念客体化的语言单位(即语言意识)的意义,其最终目标是依据语言材料来构拟作为思维单位的观念,即将观念(认知意识)模式化。因此,对认知语义研究来说,其最为重要的是对语言单位语义的描写结果进行阐释,只有这样,才能将语言材料转化为相应的认知程序,进而对观念进行模式化研究。也就是说,对观念称名场的语言学描写进行阐释,是语言认知取向观念分析必不可少的阶段和最为重要的方法。或者说,观念分析如果不经过"认知阐释"这一阶段,那么构建观念模型就成为不可能。认知阐释法在观念分析中的意义和功用由此可见一斑。

所谓"认知阐释",就是在较为抽象的层面上对观念称名的语言单位意义的描写结果进行思考性概括,以揭示和解释由这些语言单位的意义或语义成素所表征的认知特征,其最终目标是使观念的内容模式化。(Попова, Стернин 2007: 200) 由此可得出这样的结论:所有在认知阐释之前所获得的语义描写都还不是对观念内容和结构的描写,而只是对称名单位意义的一种解释,即对称名单位的个别认知特征进行称名,并用某种语言手段对这些语言单位进行言语化。

通常情况下,认知阐释法可以采取以下具体的"操作方法"来实现对观念的模式化:(1)认知特征的揭示,即对观念称名场各语言单位的语义描写结果进行阐释。(2)义素的认知阐释。如果说第一个步骤是对语言单位意义的完整描写的话,那么通过对意义构成义素的分析就可以获得对意义的词典学或心理语言学的描写,因为每一个意义都是由一组义素所展现的。构成不同观念称名语言单位意义的义素,可以组成观念称名场的语义空间,从而可以反映出观念的认知特征。如,对观念的同义词列(синонимический ряд)进行分析,就可以揭示出一系列表征认知特征的语义成素。再如,对друг(朋友)观念的认知义素分析,通过该词与同义词приятель(朋友/友人)、товарищ(同志)语义的对比,可以分别从 *Приятелей у нее много, а настоящих друзей всего один–Петя*(她的朋友很多,但真正的朋友只有一个——别佳)和*друг и товарищ*的语句和词的组合中得出两个语义成素——"挑选出来的"和"亲密关系"。这两个成素就可以阐释为*друг*观念的认知特征;然后,再对*друг*观念称名场语言单位内分离出来的义素按照意义上的相同或相近程度进行概括(即将其归入一种特征),并将其作为 *друг* 观念具有整体性的认知特征进行阐释。如果义素具有鲜明度标志(根据语篇现实化的数量或相应反应词的频率得出),那么,被认知阐释过程概括为整体性认知标志的义素就可以从该特征现实化的数量中得到总频率;接下来是按照鲜明度对认知特征进行由高到低的排列,以便从中区分出观念的内核、近外围、远外围和阐释场等。(3)对格言进行认知阐释。格言需要在其意义的概括形式中(即将所有的近义纳入一个较为概括的意义中)进行认知阐释,以确定所搜集的格言材料中意义表达的相对频率。其方法是:在分析格言意义的基础上,将相关的认知特征解释为观念的论点形式。如果认知特征不能解释为论点,那么该格言对现代操语言者来说就不具有单义的信息,该格言就应该被排除在进一步阐释之外;而如果该格言有几种阐释,那么就应该进行问卷调查,以便确定哪一种是主导性的阐释。(4)对联想实验结果进行认知阐释。联想实验结果的认知阐释既可以直接通过对心理语言学意义的描写来实现,也可以通过间接的即反应词的认知阐释来实现。第一种情形区分出可以使词的单独意义客体化的反应词;在第二种情形下,反应词可以直接概括为认知特征,而不需要按照单独意义对语义成素进行分类。上述两个步骤有各自不同的目标:如果是要提出词典学和心理语言学的意义和观念,那么就采取第一个步骤;而如果是为了对观念内容进行实验性描写,那么就采取第二个步骤。以第二个步骤为例:反应词被阐释为构成观念内容的某认知特征的语言表征,语义上相近的反应词被概括为具有整体性的认知特征,该特征由词语来作出详细解释。而为了对所解释的认知特征进行命名,通常要选择那些频率最高或修辞色彩上最具中性的词语来完成。(5)隐喻的认知阐释。认知隐喻在认知阐释过程中应该被解释为进入观念结构的某内容特征。这些特征是从隐喻内容中抽象出来的,其中绝大部分是来自于作为隐喻基础的比喻。如,*огонь острый*(火很旺)的认知隐喻可以阐释为"引起疼痛、遭受伤害";而 *огонь живой*(火焰如生)和 *огонь жидкий*(火光阑珊)的认知隐喻则可以分别阐释为"活跃"和"经常运动和变化"等。应该说,认识隐喻的阐释是比较复杂的,很多情况下远不是一种单义的解题,这是因为:隐喻所依据的可能是被隐喻化客体的几种认知特征,而不是一种。另外,对事物或现象的主观感知也常常被作为隐喻化的手段。因此,在许多情形下对隐喻进行认知阐释是很困难的。(6)对词位频率作认知阐释。观念阈中的某观念可以被现实化,从而成为讨论的对象,即获得交际相关性。观念的交际相关性定律表明,如果观念在观念阈中被现实化,其称名词汇单位的频率会提高;

而如果观念的现实化程度降低,那么其将语言手段客体化的频率也会下降。因此,词汇单位频率的认知阐释就可以揭示出民族阈中某一时期现实的和非现实的观念。(7)对称名词位意义内部形式的认知阐释。观念研究中,有时需要对作为观念结构信息来源的词的内部形式进行分析。斯捷潘诺夫于1997年出版的《恒量:俄罗斯文化词典》(《Константы:словарь русской культуры》)一书就是依据词的内部形式来分析观念结构的。(见 Степанов 1997)卡拉西克也认为,观念分析显然也可以利用词的内部形式来作为辅助手段。(Карасик 2004:171)例如,有学者在分析 быт(日常生活)这一关键词在俄语意识中的观念时就认为,该观念的内核最初时是具体的概念,即可以被界说为属于某人的"财产"。在古俄语中,быт 的观念是由中性名词 быто 来表征的,意为"家什""零碎用品"等;后来,该观念的内核渐渐被新的观念特征所包裹,观念的容量扩大,由原来的单义发展为多义,原有内核中生成了新的具体意义——生活资料、生活用品等。(Попова, Стернин 2007:208)经过若干世纪的发展和演化,现代俄语中 быт 观念有"单调""墨守成规""忙忙碌碌""洗洗涮涮"等成素。正是这些成素决定着俄罗斯人对日常生活的态度。以上可见,观念称名词的词源分析可以提供观念的内容信息,尽管这些词源信息对操语言者的语言意识来说并不总有现实的意义,也不能对观念内容产生多少实质性的影响。(8)对认知分类特征的揭示。观念描写结果认知阐释的第二阶段是对单个的认知特征进行概括,并以此为基础,揭示出用于对某事物或某现象进行观念化的认知分类的特征。相近的认知特征被阐释为对观念的单独认知分类特征的表征,它们在语篇实验或分析过程中建立的频率被用来确定观念结构中的鲜明度和现实性。如,хороший(好)和плохой(坏)的认知特征,是由一般评价的分类特征概括出来的;сложный(复杂)和простой(简单)的认知特征,是由"掌握的难易度"的分类特征概括出来的;而красивый(美)和некрасивый(不美)的认知特征,则是由"美学评价"的分类特征概括出来的,等等。总之,所有揭示出的认知特征都可以阐释为对某认知分类特征的客体化和表征,而通过对认知分类特征的揭示,则可以发现观念所指事物观念化的些许特点。

应该说,以上8种操作方法实际上都有各自的专门用途或阐释力,因此,可以结合起来一并使用,从而构成观念分析中较为完整的阐释法。但需要说明的是,并不是对每一种观念的阐释都必须同时在这8个方面"面面俱到",而应该"有的放矢",即按照观念分析的具体目标来确定采取其中的哪几种步骤。总之，在我们看来，认知阐释法所得出的结论是传统语言学原有方法所无法实现的，通过对词汇语义或语篇语义的认知阐释，得到的是一种全新的和比较充分包括语言内涵意义和外延意义的语义完形，这正是观念分析所要达成的目标。（赵爱国 2016：56）

3) 观念模式化法（методика моделирования концепта）。如果说认知阐释法是从观念的本质属性视角对观念作出阐释（而非描写）从而实现观念模式化的话，那么观念模式化法则是从观念的结构和系统视角对观念进行描写（而非阐释）从而使观念模式化的。两种方法各有侧重，各有所长，构成观念研究理论体系中缺一不可的两个方面。

理论上讲，观念模式化有3个描写程序。（1）对观念宏观结构的描写——将观念中揭示出的认知特征分别归入形象、信息内容、阐释场3个方面进行描写，以确立它们在观念结构和系统中的相互关系。也就是说，观念宏观结构的描写工序，主要分析认知特征在观念宏观结构中的分布情况，以直观性地展示观念中什么类型的信息占主导地位、不同类型信息之间有怎样的关系。如，定向联想实验表明，在俄语意识中，*английский язык*（英语）观念的宏观结构比率（按总数为690个反应的百分比计算），分别占20%、35%和45%。有学者对上述占比作了具体分析后得出这样的结论：该观念在形象方面比较单调，占比不高；阐释场的评价区域较为矛盾。实用区域和秩序维系区域彼此紧密关联，被同时观念化为"普遍可以掌握的"和"复杂的"，但又是"必需的"语言；而信息内容由于它（英语）具有全世界的认知特征，所以比较充实，在观念结构中起着重要的作用。（Попова, Стернин 2007：211–212）（2）观念范畴结构的描写——揭示事物或现象观念化的认知分类的等级，或按照观念所指事物的现实性程度来对观念的认知分类等级进行描写。如，对долг（义务）观念的联想实验以及对该实验结果的认知阐释表明（按300个反应的百分比计算），该观念内核认知分类特征是"构素特征"，占总反应的73.8%；近外围是"体现范围特征"，占总反应的17.2%；远外围是"后果特征"，占总反应的5.9%；最外围的是"出现原因""体的变体""观念携带者"等特征，各占总反应的1%。从上述分类特征可以得出这样的结论：долг这一观念在俄语意识中占主导的是理性的、通过区分观念构素的成分，其他成素都位于认知意识中的外围。（Попова, Стернин 2007：213）（3）观念场组织的描写——揭示和描写构成观念的内核、近外围、远外围、最外围的分类特征，展示观念内容的场结构。这种描写需要依托观念结构中认知特征的鲜明度和现实性来完成。如果不做联想实验，而仅依据词典和语篇材料，那么认知特征的鲜明度就要按照观念称名语言单位的使用频率来确定（即依据语篇分析和频率词典的材料），或者按照对认知特征客体化的单位的数量来确定，因为客体化的单位越多，其特征鲜明度就越高，对揭示意识的作用也就越重要。因此有学者建议，场组织研究最好把传统的语言学分析（语篇的选取）与联想实验方法结合起来进行，因为这样可以得到最佳的描写结果并获得最具说服力的特征鲜明度。(Попова, Стернин 2007: 214–215) 观念场组织的模式化，可以展现场结构的词汇模型（словесная модель）和图解模型（графическая модель）：前者用词语来描写观念，展现出观念的内核、外围、层级、音段以及单独的阐释场；后者则将场结构用图表来展示，即用具体的认知特征来建构包括某观念的内核形象构素、信息构素、价值构素（阐释场）等内容在内的图表。

人脑中的观念世界图景是由观念组成的，它是人的大脑中关于世界形象或世界知识的总和。有研究表明，该观念系统不仅具有多维性或集成性，而且还是多层级性——由不同的观念块所构成的系统，对此，我们在上文"语言意识研究"中已有论及，在这里不再赘述。总之，在俄罗斯当代心理语言学和认知语义学研究中，观念研究相较于其他研究显得尤为突出和重要。究其原因，这主要是由观念形成的基本学理所决定的：它以"说话的人"为内核，因此势必要将语言与意识、语言与思维的关系摆在空前重要的位置，而观念作为意识单位也就自然成为学界普遍关注的焦点。俄罗斯学界对观念的研究有其值得称道的方面，那就是它并不是西方相关理论的复制或克隆，而是西方理论与俄罗斯语言学传统（尤其是心理学和心理语言学传统）相结合的产物。因此，有关观念内涵、观念阈、观念分析方法的思想，大多贴有俄罗斯民族心理语言学研究对象——语言意识的标签。

第 5 节　语篇含义研究

俄罗斯心理语言学在语篇研究方面有相当丰厚的成果：莫斯科心理语言学派的奠基人小列昂季耶夫对语篇感知（包括语篇理解）的完整语义进行了理论建构；特维尔心理语言学派的奠基人扎列夫斯卡娅对语篇的功能机制问题作了较深入阐释，并进行了相关的实验分析；彼得堡心理语言学派的奠基人萨哈尔内依对初始语篇的生成机制以及扩展语篇的主位-述位结构层级进行了建构和分析。

上述三大学派代表人物对语篇研究的理论成果,大多由本学派的其他成员或弟子所做的大量实验分析来论证和完成,由此构成了语篇研究的三大传统方向——语篇感知研究、语篇理解研究、语篇结构分析。除此之外,在俄罗斯心理语言学范式中,语篇含义研究也颇具特色,形成了若干个方向,它们的成果在一定程度上是对传统研究方向的拓展和深化。

5.1 认知语义方向

小列昂季耶夫曾对语篇的整体性作过深入阐释,提出了整体性就是语篇的"含义统一体"特征的思想,认为该特征"具有心理语言学属性",它集中体现在"接受者用来感知语篇的言语句计划(程序)的等级组织之中"。(Леонтьев 2005:136)这表明,语篇之所以具有整体性,主要是由其含义统一体来体现的,而如何理解和解释语篇的"含义",学界有不同的理解和界说,除了小列昂季耶夫所定义的"感知语篇的言语句的计划(程序)的等级组织"外,还有与人的心理认知特性密切相关的语篇认知语义问题。在这一方向上,俄罗斯心理语言学家索罗金和克拉斯内赫已取得初步研究成果。

1)索罗金的认知语义思想。本著作第3章第1节,曾对俄罗斯著名心理语言学家索罗金提出的"空缺论"思想作过评述和分析。其实,该空缺论思想是建立在对语篇认知语义所作的系统阐释基础之上的。

早在1976年,索罗金就开始系统研究语篇问题。他在当年发表的《作为语义对象的书籍》(«Книга как семантический объект»)一文中,曾引用当时最流行的信息论学说,提出了"书籍中最重要的是要凸显出语篇阐释和读者对语篇的主观认识问题"的思想。(Сорокин 1976a: 141–142)"如何阐释语篇""读者对语篇有哪些主观认识"这两个问题的提出,就蕴含着对语篇的阐释可以有不同的视角,不同的读者对语篇的理解也不会相同。同年,他又在教育学会举办的"大众传播中的儿童和青少年观众问题研究"研习班(семинар «Проблемы изучения детской и молодежной аудитории массовой коммуникации»)上做了科普语篇特点的学术报告,题目为"科普文献与大众传播"(«Научно-популярная литература и массовая коммуникация»),认为科普语篇的功能化基础有两种模式:一是科学知识模式(即对科学事实的阐释);二是作者和读者的情感状态模式。(Сорокин 1976b:59)。第二种模式中所说的"情感状态",显然是指儿童和青少年对大众传播的文化心理认同。

20世纪80年代，随着语言学研究中人类中心论以及心理学研究中认知主义（包括机器模式化、人工智能等）的兴起，俄罗斯心理语言学界对语篇的研究不再局限于语篇内部心理学方面的描写和分析，而是突破语言学的框框，进入语言外知识领域，去探索与人的知识表征、知识的组织及其储存、提取等直接相关的心理过程。在此大背景下，索罗金与其他学者一道，倡导将语篇作为言语活动中的含义感知过程进行分析。也正是在这个时期，他提出了语篇的连贯性、完整性、情感性等基本原理，以及"空缺"作为语言文化共性特点的重要思想。(Сорокин 1982a: 23–24, 1982b: 61–71, 1982c: 22–28)此外，他还在1985年提出将"定型"作为言语交际或行为过程和结果来审视的观点，认为定型是某社会共体普遍采用的隐蔽行为模式。(Сорокин 1985a: 3–15)不仅如此，他还在另一篇论文中审视了"先例"问题，将先例文本/语篇视作某民族语言意识特有的记录方式。(Сорокин 1993: 98–117)与其他学者有所不同的是，他特别关注含义感知的情感性特征，以及定型、先例现象的认知功能。这也从一个侧面证明，定型和先例现象的研究（以及由此而形成相关的理论学说）属于俄罗斯心理语言学的研究对象和范围。

值得一提的是，1989年索罗金与另一位学者合作，发表《语篇及其民族文化特点》(«Текст и его национально-культурная специфика»)一文。该文从语篇翻译视角阐释了语篇所蕴含的民族文化语义问题。他认为，语篇作为跨文化交际过程中的工具，必须要将其列入"新范式"中进行审视[①]：语篇同时属于两个系统——起始文化系统和接受者文化系统。语篇不仅影响着接受者，语篇本身也受到异文化的影响，因此，揭示语篇的这一机制及其特性对优化跨文化交际过程十分重要。为此，他从翻译视角出发，对这两种语篇之间的同态(гомоморфизм)和同构(изоморфизм)关系进行了系统分析，并采用"空缺"的概念来分析这两种不同语篇的认知语义。(Сорокин 1989: 76–84)

以上可见，索罗金对语篇的理解和审视主要是从其认知语义视角出发的，这与当代民族心理语言学研究的范围和主题相一致。然而，较之其他视角的学者，他更看重跨文化交际语境中语篇的民族意识特点，并试图来解答"语篇对民族文化成素的表征是否具有一定的规律性""语篇是否可以对掌握文化知识起主导作用"等问题。对此，如果我们将跨文化交际的

---

① 索罗金在这里所说的"新范式"，就是上文中提到的语言学研究中的人类中心主义和心理学研究中的认知主义。

言语行动视作含义生成的成分，就不难理解索罗金的上述思想了。直至今日，他的这一思想对全面认识言语行动、语言和语言主体之间的关系仍然具有现实意义，因为言语行动的方式，要受到活动条件以及固化在语言内部形式中的人的认知特点所制约。

2）克拉斯内赫的认知语义思想。如果说有关索罗金所论述的语篇认知语义思想，主要是从语言文化共性视角对语篇的连贯性、完整性、情感性作出分析的话，那么克拉斯内赫则是从语篇的界说、语篇的研究内容以及语篇与观念的关系等视角来表达类似思想的。她在2021年发表的《文化中的语篇心理语言学研究》（«Психолингвистическое исследование текста в культуре»）论文中，就从上述视角对语篇生成和感知中的认知语义问题进行了系统和新颖的阐释。

一是多视角界定语篇。克拉斯内赫认为，迄今为止心理语言学对语篇的界说，最核心的有以下几种界说：（1）语篇不仅是语言内现象（лингвистическое явление），也是语言外现象（экстралингвистическое явление）；（2）语篇不仅是由交际需求决定的交际的基本单位，也是源于句子和大于句子的最高层级单位；（3）语篇是高等级的复杂交际单位，是交际认知活动的产物；（4）语篇在很大程度上是由低层级单位形成的自主、自足单位；（5）语篇是实在现实的现象，是利用语言系统成分来反映现实的方式。正是鉴于此，语篇的生成不仅取决于交际的条件和目的，还取决于语篇所反映的情景；作为交际单位的任何语篇，其目的都是对信息接受者施加影响。在克拉斯内赫看来，以上从不同视角对语篇所作的种种界说，是基于以下语篇的基本特性：（1）语篇是用符号记录下来的含义结构法（архитектоника смысла）；（2）语篇具有含义上的完成性、连贯性和完整性；（3）语篇是间接反映情景（包括报道情景、交际情景以及宽泛的历史社会文化语境）的结果；（4）语篇以自身存在的事实来改变现实。当然，如果对语篇进行综合审视，它又有以下重要特征：（1）语篇是言语化/被言语化（创建过程中或潜在地）并用符号记录（以口头或书面形式）的言语思维活动产物；（2）语篇是言语化/被言语化并用符号记录的情景反映；（3）语篇是间接的和言语化/被言语化的情景反映；（4）语篇是拥有内容完成性（содержательная завершённость）和信息自足性（информационная самодостаточность）的言语思维产物；（5）语篇是拥有主题、结构和交际统一体的言语化/被言语化的言语思维活动产物；（6）语篇是客观存在的、物质的和依靠语言外手段（如书信、文稿、电子设备、音频/视频胶片、数字录音工具等）记录的东西；（7）语篇是一种特殊的述谓单位（如果将述谓理解为言语行为，语篇作者用该言语行为将反映在其意识里的世界图景"记入"周围现实，其结果就会改变客观存在的现实世界）；（8）语篇是改变周围世界并用自身存在的事实来改变语言外现实的东西；（9）从语篇的形式–内容结构及其在话语中分解的视角看，语篇是言语作品。该作品起始于言语思维流（речемыслительный поток）的言语化单位，终结于最后用言语表达的对刺激（言语的或非言语的）的反应。（Красных 2021: 477–479）以上对语篇概念、特征和综合性特征的全方位界说，不仅是对俄罗斯心理语言学范式中语篇研究（即语篇心理语言学研究）的全面梳理和概括，更有该学者特有的最新思考和理解。比如，语篇与交际认知活动的关系、语篇存在于周围现实互动、语篇的言语化/被言语化的诸多特征、语篇作为特殊的述谓单位、语篇靠语言外手段来记录等，都超出了"三大学派"奠基人对语篇理解和解释的传统范围，不仅彰显着当代语篇研究的新视域或新方向，更为阐释其认知语义思想做了很好的铺垫。

二是多维度审视语篇研究内容。鉴于以上对语篇所作的多视角界说，克拉斯内赫进一步提出，语篇研究应该考虑到以下4个方面的内容：（1）语言外方面。语篇是对情景的反映，该情景的成素之一就是大语境①，即语言外现实本身。大语境能激发语篇的生成，并在任何情形下都可以在该生成中反映出来（通过理念中的进入预设的表象来间接反映）。（2）认知方面。广泛预设的存在（个体认知空间/个体世界形象的交叉区域），预先决定着交际的顺利进行，即预先决定着语篇生成时选择等同手段并作出等同理解。（3）语义方面。语境与预设一道，一方面会对语言手段的选择、语篇的建构产生影响，另一方面又会制约对语篇的感知。（4）语言内方面。这里包括形成语篇的言语、言语活动产品、语言和非语言手段的总和。（Красных 2021: 479–480）理论上讲，语篇的研究内容是由语篇本质特性和特征所决定的。由于语篇在客观上展现为某种常量，且该常量又可以有数量不等的变体。因此，上述4个方面的研究内容会因研究视角不同而出现变体，如可以从语篇作者视角出发研究意图成像和语篇生成，也可以从语篇读者视角出发分析接受者对语篇及其含义的感知等。（Красных 2021:480）以上不难看出，克拉斯内赫对语篇内容的概括性

---

① 系统功能语言学的理论学说中，有"小语境"和"大语境"之说：前者为"上下文语境"，后者为"文化语境"。克拉斯内赫此处使用"大语境"这一术语，预示着她对语篇研究中"文化语境"的倚重。

论述颇有新意：(1) 语言外方面排在第一位，而语言内方面则排在最后。传统的语篇研究内容是语言内的（当然也包括语义的方面），这表明该学者更看重语言外的诸多方面，尤其强调"大语境"即"文化语境"的研究。(2) 认知方面的内容也优先于语义方面的内容，她采用语用学的"预设"概念对语篇生成机制和理解过程作出解释，使语用预设与传统的语义语境结合在一起，这样就拓宽了语篇生成研究的路径和语篇感知研究的宽度，同时也为进一步拓展到语篇认知语义的研究奠定了基础。

三是提出"语篇观念"新概念。克拉斯内赫在文章中还对语篇区别性特征与语篇构成范畴进行了对比分析。她认为，相对于语篇区别性特征中的主题统一体（тематическое единство）而言，语篇构成范畴中处在首位的是"语篇观念"（концепт текста），其次才是含义（语义）构造和逻辑构造。那么，究竟何为语篇观念呢？她给出的界说是：语篇观念作为一个不可再切分的整体，可理解为"语篇的深层含义，它是语篇固有的最大化和绝对紧缩的结构，是导致语篇生成的作者的动机、意向体现"。在她看来，语篇观念作为引发语篇生命的爆发点（точка взрыва），一方面是语篇生成的起点，另一方面又是语言感知的最终目标。（Красных 2021:481）应该说，"语篇观念"在俄罗斯心理语言学范式中是一个崭新的概念。按照克拉斯内赫的观点，该术语的概念内涵源自维果茨基文化–历史心理学中的"意图"，接近于德里泽在《言语交际活动中的语篇生成和阐释的社会心理观》(«Социально-психологические аспекты порождения и интерпретации текстов в деятельности речевого общения»)一文中提到的构成语篇等级语义–含义结构思维的"普遍观念"或"意图"（交际意向）。（Дридзе 1982:129–136）这也与任金提出的"事物–造型代码"的概念相一致，因为在任金看来，"思想生成是在事物–造型代码之中实现的"。（Жинкин 1964: 31）这里的"思想生成"就是观念的生成，而观念可以有无数的言语表达形式，尤其是语篇表达。（Красных 2021:482）克拉斯内赫在对语篇观念作出上述界说后，又进一步用图式展示了基于情景的语篇观念的生成过程（Красных 2021:483）：

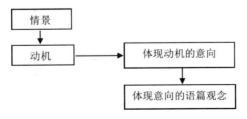

上述图式是否具有合理性呢？显然，语篇观念产生于语篇生成之前，或者说是在语篇生成过程中才得以展现的。也就是说，它主要是从语篇作者视角来阐释语篇生成机制的。这对于艺术语篇/文本（художественный текст）的作者而言具有现实的意义，因为大凡艺术作品的创作，在很大程度上要取决于作者的意向性。此外，我们从本章第3节中也看到，克拉斯内赫在论述"交际行为模式"时，同样认为语篇生成的起点是观念，该观念预先决定着语篇的含义/语义构造，因此，这里所说的语篇观念，同样也是制约交际行为模式不可忽视的重要成因。如果考虑到克拉斯内赫曾对定型、先例等现象有比较深入的研究（见本著作第4章的有关内容），并在2016年又提出了"心理语言文化学"的新学科样式，我们似可以将上述的"语篇观念"看作语篇生成过程中的认知语义，因为观念作为意识或思维的单位，本身就具有鲜明的民族性和认知性，只不过这里的认知语义是内隐的、无意识的。

综上所说，语篇的认知语义方向，呈现为"作者与读者互动"的趋势：如果说索罗金的认知语义主要从读者视角出发，来揭示作为语篇的交际或翻译行为在认知语义方面存在的"空缺"的话，那么克拉斯内赫则从作者视角出发，关注的主要是语篇生成的深层次动因。他们的观点形成"内外互补"，构成了当代俄罗斯心理语言学语篇研究中的一个重要方向。

当然，这里的语篇认知语义方向，与本著作第1章"总论"中所说的"语言认知心理研究"的总方向相一致，它们都是围绕"语言–意识–文化–交际"主题而展开的，是由传统的"三项式"的言语活动论上升到新型的"四项式"的思维活动论的集中体现。

5.2 心理诗学方向

诗学作为研究文学作品中表达系统的一门科学，历来是文学理论中最重要的组成部分。俄罗斯心理语言学研究中关注心理诗学，起始于20世纪70年代中期之后的"发展"阶段，并在90年代起形成一定的规模。

在俄罗斯心理语言学研究中，心理诗学的概念首先与诗歌艺术语言（стихотворная художественная речь）的生成和感知过程联系在一起，这与小列昂季耶夫最先作出的界说有关。他在《心理语言学基础》中对心理诗学所下的定义是："我们并不把所有的艺术语言视为心理语言学，而只将诗歌艺术语言看作心理语言学。换言之，我们理解的心理诗学所研究的是诗的心理语言学特点。"（Леонтьев 2005：199）当然，学界对心理诗学的研究对象也有不同看法。如，就有学者指出："如果我们认定艺术语言具有某种确定的规律性，而不在逻辑上将艺术散文和诗歌进行区分的话，心理诗学总体上就可视作艺术语言心理语言学（психолингвистика художественной речи）。况且，还存在有艺术散文和诗歌的过渡形式，如打油诗、散文诗等。"（Пищальникова 2021: 455）

目前，俄罗斯学界对心理诗学的概念及研究对象的界说已大致趋同：一是都认同心理诗学是心理学、语言学、文学研究相交叉的科学；二是都认同从心理语言学或心理学视角研究艺术语篇的学科就是心理诗学。基于这两点共识，我们将对在该领域有影响的皮夏利尼科娃（В.А.Пищальникова）的艺术语篇"主导个性含义论"（теория доминантных личностных смыслов）和别梁宁的艺术语篇"情感含义主导论"（теория эмоционально-смысловой доминанты）思想作一番简要审视。

1) 皮夏利尼科娃的艺术语篇"主导个性含义论"思想。作为俄罗斯著名语言学家和心理语言学家，皮夏利尼科娃于2010年出版了《心理语言学历史和理论》（«История и теория психолингвистики»）丛书的第三部《心理诗学》（«Психопоэтика»），对心理诗学所涉及的理论基础、研究对象、内容、方法等作了较全面系统的审视，并就有关设想进行了实验分析。在她看来，心理诗学的理论基础是维果茨基在《艺术心理学》著作中提出的有关思想，即感知艺术语篇的特有形式可以生成一种特殊的形式——美学形式。小列昂季耶夫在建构心理美学的研究对象时，也提出了"艺术是一种特殊的活动，它同时包括艺术作品、艺术认知（художественное познание）和艺术交际（художественное общение）的思想，并强调了在心理语言学中研究艺术的第三种成素——艺术交际的重要性，而艺术交际的手段就是作为艺术准对象（квазиобъект искусства）的艺术形象。（Пищальникова 2010: 4）至于心理诗学的研究内容，她认为是建构艺术语篇成分的方式，即研究艺术语篇的成分和结构，以揭示语篇作者言语活动的特征，确定接受者的美学反应特点。（Пищальникова 2010: 11）

在确立上述论点的基础上，皮夏利尼科娃提出了艺术语篇"主导个性含义论"思想。该思想主要包括以下观点：(1) 艺术交际的实质。她提出，艺术语篇的作者与接受者之间的艺术交际，实质是一种美学言语活动（эстетическая речевая деятельность）。该活动的目的是展示艺术语篇的个性含义（личностные смыслы），即展现作者观念系统中的某些内容；而对接受者而言，美学言语活动的内容是在理解言语作品的含义结构过程中揭示的，因为正是言语作品的含义结构体现着作者个性含义。也就是说，个性含义只是对接受者而存在的，并作为接受者思维中被语篇现实化的含义系统而与艺术语篇里展示的含义联系在一起。因此，艺术语篇分析的一个现实问题，是作者个性含义的语言形式有哪些理据性特征和达到了何种程度，因为接受者正是据此来生成个性含义的。(Пищальникова 2010：12–13) (2) 美学言语活动的特点。她认为，美学言语活动具有以下特点：它生成于接受者对活动过程的需求；其目的是展示个性含义；其内容并非作者含义的总和，也不是与语言单位（由艺术语篇提供）相关的约定意义的总和；艺术语篇结构中语言成分之间的相互制约性是美学上有意义的形式，它展示着美学言语活动的动机系统；在对艺术语篇的理解过程中，实现着作者与接受者之间观念系统的互动，因此，作者与接受者观念系统的部分吻合就成为艺术语篇理解的基础。(Пищальникова 2010：14–15) (3) 个性含义分析模式。皮夏利尼科娃对艺术语篇的分析，采用的是小列昂季耶夫提出的心理意义和个性含义的观点，但她认为分析言语作品最好采用"意义–个性含义–含义"（значение-личностный смысл-смысл）三位一体分析模式，理据是：个性含义的建立取决于对某意识成素的功能现实化，因为意识成素总是与该个体活动联系在一起。(Пищальникова 2010：17) 该模式的运作机制在于：对艺术语篇中展示的个性含义的等同感知，可以构成言语感知和生成的相同机制（该机制是建立在统一的人的神经生理过程之上的）；可以构成统一的等值含义替换机制；可以构成联想层级的自我调节机制，构成包括修辞在内的语言常规（языковые конвенции）；可以构成统一的形成和表现情感（冲动和感觉）的心理生理机制；可以形成客观世界主题与主观个体思维的一致性。(Пищальникова 2010：20) (4) 艺术语篇的理解和特性。她认为，从活动视角来审视语篇理解的模式化，不是分析其语言成分，而是分析含义单位（言语行动和言语操作程序）。艺术语篇的理解基础是理解过程中所生成的个性含义；艺术语篇作为言语作品和间接交际形式，对它的理解与言语交际问题直接相关。由此可以得出艺术语篇的下列特性：一是交际指向性，体现在每一位艺术语篇的创造者都要以接受者（读者）为前提，因此，任何一个艺术语篇都是在常规语言单位（конвенциональные языковые единицы）中现实化的，而作者在自身的美学活动中总是要依靠该常规语言单位；二是艺术语篇的美学价值是作者在语篇中展示的美学言语活动的结果，因此，它在一定程度上可以被模式化；三是美学言语活动与言语活动论完全吻合，但前者强调艺术语篇的

个性含义只有在其理解过程中才能生成。(Пищальникова 2010：31–32)

(5) 主导个性含义 (доминантные личностные смыслы)。在对上述心理美学、艺术交际、美学言语活动、艺术语篇及其个性含义等作出系统界说和实验分析的基础上，皮夏利尼科娃着手对"主导个性含义论"进行建构。她首先引入含义主导 (смысловая доминанта) 的概念作为语篇语义空间组成 (конституента семантического пространства)，认为对同一作者的一系列艺术语篇内容进行对比，可以从中抽取出个性含义的常量——展现该作者对某现实及其美学评价的知识和观点。这种个性含义常量，可以被视为某观念系统的含义共性 (смысловые универсалии)，因为正是这些含义共性，整合了作家或诗人全部创作生涯中所展现的有关同一种现实的各种内容成素，这就是主导含义。由于个性含义的整合只能在言语行动的对比 (某作者的同一个语篇或不同语篇) 中才能实现，因此，在揭示艺术语篇主导含义时，还可以同时凸显出个体 (语篇作者) 观念系统 (意识) 的主导含义。当然，皮夏利尼科娃还强调指出，无论是个性含义还是主导个性含义，它们作为科学构式 (научные конструкты)，与作为个体思维现实过程成素含义的心理现实关联性不同：个性含义是在经验客体即言语作品的内容基础上模式化的，而主导个性含义则是在整合作为一级抽象物的个性含义的内容特征基础上模式化的；个性含义要依据展现言语行动内容特征的语篇单位的结构关系来呈现，因此，语篇理解要建立在揭示含义支点 (смысловые опоры) 的基础之上。通常情况下，这些含义支点在语义上具有紧缩性 (компрессивность)；而主导个性含义是将作者的意识作为起源上和功能上不同的个性含义系统来展现的。含义连续空间 (含义场) 提供给接受者的是该空间的一系列语言代表 (языковые репрезентанты)，对这些语言代表的感知，就使联想–言语网的某个地段得以现实化，并在接受者意识中生成出新的个性含义。因此，接受者对语言表达的解释，既是作为记录在言语代码中的作者个性含义的思维过程来实现的，也是作为言语代码本身的美学思维过程来实现的。(Пищальникова 2010：32–34)

以上不难看出，皮夏利尼科娃建构的艺术语篇"主导个性含义论"思想，是建立在对艺术语篇的理解基础上的，即是针对语篇接受者的观念系统形成机制而言的。由于对语篇尤其艺术语篇的理解是一个十分复杂的心理过程，因此，对它的研究就具有特殊的心理美学乃至心理语言学的意义。这里有一点显得格外重要，那就是她的研究超出了语言意义的范畴，因为语言符号本身不能对艺术语篇中所包含的作者的共性含义作出解释，而只是记录了发生在该言语活动中的个性含义。通常，与某常量内容相关联的语言单位意义，只担负着展现个性含义支点的作用。这样一来，小列昂季耶夫所说心理美学要同时研究语篇的心理意义和含义的设想，就在皮夏利尼科娃的艺术语篇"主导个性含义论"思想中得到有效证实。据此她得出结论认为：艺术语篇中实现的并非为常规意义的"个体展示"，而是在常规语言单位中的个性含义的展示，语言是作者美学意义系统中常规定向的手段。(Пищальникова 2021: 461) 值得一提的是皮夏利尼科娃对艺术语篇"主导个性含义论"思想的建构，她本人及其领导的团队进行了多项实验，证实了主导个性含义的生成和运作机制，其成果的科学性和现实性得到学界的认同。如，她本人就以古米廖夫和阿赫玛托娃的艺术语篇分析，展示了具有美学意义的主导个性含义的存在。(Пищальникова 2010: 38–52) 相关实验成果，还可以参见斯塔罗谢列茨 (О.А.Староселец) 和乌特罗比娜 (Т.Г.Утробина) 的副博士论文《语篇隐喻理解的实验研究》(«Экспериментальное исследование понимания метафоры текста»)、《滑稽含义语言表征的实验研究》(«Экспериментальное исследование языковых репрезентаций комического смысла») 等。

2) 别梁宁的"情感含义主导论"思想。在俄罗斯心理语言学界，别梁宁对言语活动论的学理构建曾作出过重要贡献（见本著作第2章的有关内容）。其实，作为语文学博士和心理学副博士，他在许多研究领域都颇有建树，其中，对艺术语篇的感知和理解研究是一大亮点。如，他继承和发展了鲁巴金 (Н.А.Рубакин) 的图书心理学 (библиопсихология) 学说，创立了精神病学文学研究 (психиатрическое литературоведение) 和心理学文学研究 (психологическое литературоведение) 两大新领域，其标志性成果为出版的两部专著《精神病学文学研究导论》(«Введение в психиатрическое литературоведение») 和《心理学文学研究：作为作者和读者内心世界反映的语篇》(«Психологическое литературоведение. Текст как отражение внутренних миров автора и читателя»)，它们都成为俄罗斯心理学和心理语言学研究的新方向。(见 Белянин 1996, 2006) 他在《精神病学文学研究导论》著作中，系统阐述了"情感含义主导艺术语篇的心理语言学类型学"(Психолингвистическая типология художественных текстов по эмоционально-смысловой

доминанте)思想①,被学界称为"情感含义主导论"。此外,他在艺术语篇研究领域的成果还有《艺术语篇的心理语言学诸方面》(«Психолингвистические аспекты художественного текста»)(1988)、《心理语言学诊断学基础(文学中的世界模式)》(«Основы психолингвистической диагностики: (Модели мира в литературе)»)(2000)、《功能语汇与艺术语篇分析》(«Функциональный тезаурус и анализ художественного текста»)(2019)、《语篇音调的计算机分析》(«Компьютерный анализ тональности текста»)(2021a)等。我们在这里仅就该学者提出的心理语言学类型学视角的"情感含义主导论"思想作一番审视。

其一,别梁宁对"情感含义主导论"的建构,首先是建立在对艺术语篇类型学历史渊源的审视基础上的。他提出的核心观点是:按照作家在其作品中反映的处世之道(мироощущение)将作家分成不同类型,应该是对艺术语篇作出分类的最适用方法,因为这样的分类可以将许多文学家、文学批评家、哲学家和心理学家等都囊括进来。当然,学界也有其他的分类。如,奥夫夏尼科-库利科夫斯基(Д. Н. Овсянико-Куликовский)按照创作类型将作家分为"主观型和客观型"两类;德国诗人席勒(F.Schille)按照艺术方法将诗歌分为"朴素型和多愁善感型"两类;法国美学家古尔蒙特(R.Gourmond)按照创作风格将作家分为"视觉型和情感型"两类;瑞士精神病学家荣格(C.Jung)按照作品类型将艺术家分为"心理型和远见型"两类,并用心理学术语称其为"内向型和外向型";西班牙作家普列托(A.Prieto)将所有小说分为"开放型和封闭型"两类;德国心理学家穆勒-弗雷恩费尔斯(P.Muller Freienfels)则按照话语类型将诗人分为"体现型和表现型"等。(Белянин 1996:58–62)显然,别梁宁并不完全认同上述的分类方法或分类视角,认为上述所有的类型学特征都可用内向(интроверсия)和外向(экстраверсия)来概括。(Белянин 1996:63)在他看来,艺术语篇类型学的建构,会受到以下一系列因素的制约:艺术的最大特点是作家主观地看待世界,即将现实服从于自己的态度、世界观和情感;艺术不是对现实的复制,也不是对现实的映照;作家是将现实植入了自己的世界图景之中;艺术语篇作者的世界图景丰富多彩,因为作者在描写该图景时会多次改变自己的风格,变换自己对世界图景不同方面的态度;此外,作者本人同样也在改变(变得

---

① 1992年,别梁宁以相同题目完成了博士论文答辩,被授予语文学博士学位。

成熟、变老），而反映作者成熟语言经验和知识的语篇也随之会发生变化。(Белянин 1996：63–64)面对如此复杂而多变的因素，如何分类缕析，从中抽取出艺术语篇本质上所具有的普遍性特征，就成为理论建构的关键所在。为此，他提出，对艺术语篇的分析不仅存在着某种系统形成因素(системообразующий фактор)，还存在着反映现实的某种定型性(стереотипность)。尽管人们都认同"每一个艺术语篇背后都站着一位作者"的公设（因为每一位作者都是独一无二的个性），但所有的作者也都有共性之处。因此，在艺术语篇分析时应该导入某种符号、某种标记、某种关键概念，这就是心理学概念"主导"(доминанта)。(Белянин 1996：65–66)以上可见，别梁宁从对艺术语篇类型到作者的世界图景，再从艺术语篇特性到作者个性的系统论述，推导出一个主题——艺术语篇中存在着某种核心概念或共性成素，这就是作家的个性，别梁宁用心理学术语"主导"来概括该个性。显然，术语"主导"作为建构艺术语篇类型学的工作概念(рабочее понятие)，为该学者创立艺术语篇"情感含义主导论"奠定了学理基础。

其二，别梁宁从心理学视角对术语"主导"及其与此有关的紧缩(компрессия)作了进一步界说。根据他的解释，源自拉丁语的"主导"一词，在心理学中表示暂时占优势的系统，它制约着机体神经中枢在该时间段上的做工，从而赋予行为以一定的方向性。在俄罗斯心理学界，最早引入并使用该术语的是著名心理生理学家乌赫托姆斯基。他发展了自己的导师韦坚斯基(Н. Е. Введенский)以及谢切诺夫关于神经心理行为的生物特性和系统特性的思想，提出了"主导"是有关神经中枢做工和组织行为总原理的学说。这一学说与"大脑是反射弧线复合体"的观点相对抗。在乌赫托姆斯基看来，"主导"是兴奋策源地，它汇聚并积累着流动在枢神经系统中的脉冲，同时对其他中枢的活动进行压制，机体行为的系统特性和目的性的成因就在于此。尽管机体行为按照类型看是反射的，但却是能动的反射，而不是反应的反射。因此，"主导"不仅是兴奋策源地，还预先决定着行为矢量(вектор поведения)。(Белянин 1996：67–68)别梁宁从乌赫托姆斯基有关"主导"的学说中，看到了运用该学说来解释艺术语篇主导个性含义的可能性。不过他同时也认为，仅仅看到"主导"决定着机体行为这一点，还不足以构建其艺术语篇主导个性含义理论，还必须看到"主导"决定着机体感知世界的特性，因为"给我们描绘的世界和人的全部色彩都取决于"主导"。(Белянин 1996：68)也就是说，在别梁宁看来，人的行为以及思维进程，会受到各种因素的制约，其中最大的制约因素是中枢神经中兴奋的策源地——"主导",它会对人的生理和心理认知产生决定性影响。正是从这一基本原理出发,别梁宁得出结论认为:在作为人的本质之一的言语中,不可能不体现出人所具有的"主导"。如果在分析人的行为时,谈论的是生理和心理(包括行为)特性的"主导"的话,那么在分析言语和语篇(首先是艺术语篇)时,就应该指的是"主导"的情感含义特性。(Белянин 1996:69)上述表明,言语和语篇分析中的"主导"与人的行为分析中的"主导"在性质上完全不同:人的机体的"主导"是生理和心理的,它影响并决定着人的行为,而言语尤其是艺术语篇的"主导",带有作者主观主义色彩的情感含义特性。由此,人的行为分析中的生理和心理"主导",就与言语和语篇分析中的情感含义主导有机结合在了一起。关于与心理学术语"主导"密切相关的概念"紧缩",别梁宁认为主要是针对艺术语篇的含义言的,即将整个语篇紧缩为一些不大的语句或表述。学界对"紧缩"问题有两种截然相反的观点:一种认为紧缩具有非合理性和非必要性,而另一种认为紧缩具有合理性和必要性。对此,别梁宁赞同后一种观点,即按照著名苏联语文学家、民俗学家普罗普(В.Я.Пропп)把童话故事情节紧缩为某种简单图式的做法那样,将语篇含义压缩为一个语句或表述。他认为,将艺术语篇的内容进行紧缩的必要性是毋庸置疑的,但问题在于如何使语篇含义和美学影响的损失最小。有多少种语言,就有多少种个性,艺术语篇有多少读者,也就有多少种解释。因此,问题在于这样或那样的解释在多大程度上能与作者的语篇含义相等值,又如何重构起真实的语篇含义。(Белянин 1996:71)

其三,对艺术语篇的"情感含义主导论"进行建构。别梁宁在援引了乌赫托姆斯基的话语("我们的主导、我们的行为总是处在思想与现实之间。我们可能只会接纳由我们的主导准备好的人和事")之后,得出以下几点重要结论:艺术语篇是对现实的阐释;作家所描写的是其熟知的现实片断;作家所发挥的想法是其感兴趣和明了的想法;作家所使用的语言成分,其含义也是合乎其心意的;艺术语篇中再现的世界图景,是作为个性(拥有类型学特征)的作者之世界图景的结构化(структурация)、有序化(упорядочение)和言语化(вербализация)。(Белянин 1996:72)在他看来,尽管艺术语篇含义主导可以根据不同的理据得出,如思想的、形象结构的、体裁的和语言的等,但受作者个性结构(структура личности автора)制约的主导,无疑是艺术语篇的根基。无论是情节上还是形象上以及言语上的意图展开,都要根据作者在语篇情感含义主导中现实化的这一心理主导(психологическая доминанта)来进行。那么,究竟何为"情感含义主导"呢？别梁宁认为，所谓"情感含义主导"，是指某类个性特有的、能使语篇中的语言图景隐喻化和言语化的认知和情感标尺系统。如，采用普罗普的形态分析方法来审视艺术语篇，就可建构起语篇模式，揭示出语篇的类别，其中的每一个类别都可以搭建起完全确定的理念世界。换言之，语篇类型化不仅要靠揭示语篇中的情感含义主导来呈现，还要靠知晓语篇的精神病理学属性来呈现。（Белянин 1996：74-76）在上述界说的基础上，别梁宁还进一步分析了"情感含义主导"概念与语篇研究中其他相关概念的关系问题。他认为，读者在建构主题场（тематическое поле）时，会显现出一定的语篇模态性（текстовая модальность），它是由一个主导串联起来的一组修饰语、比喻语、描写短语和间接评语等。这里所说的"修饰语"，语言学分析中称其为功能言语同义现象（функционально-речевой синонимия），在艺术语篇分析中可称其为心理同义词（психологические синонимы）。分析表明，每一类语篇都有其对应的描写对象的某主题组合和某情节构造组合；每一类语篇框架内都可以区分出语义上十分有限的对人的物质的、社会的、心智的和情感的世界客体作出评价的谓词列表。对应于这些谓词的是一类语篇中最常见的词汇成分组合，而在另一类语篇中，当这些组合进入其语义空间后，就具有了另外的含义。（Белянин 1996：76）总之，类型学视角的每一个情感含义主导类别，既有自己的结构系统，也有自己的语义系统，还有自己的语言系统。其中，作者个性的结构系统是构建情感含义主导的基础或来源；语义系统呈现为一定的语篇模式或模态性，是情感含义主导的核心；而语言系统是建构语义系统表达形式，构成语义系统的物质基础。这就是别梁宁所建构的艺术语篇类型学"情感含义主导论"学说的精髓所在。

其四，对"情感含义主导"语篇作出分类和分析。基于以上溯源、界说和建构，别梁宁依据精神病学的基本原理，对艺术语篇的"情感含义主导"进行了类型学分类。分类的步骤包括：（1）首先列出该类型中最典型的语篇，并对该语篇的特征作出简要描写；（2）其次描写该类型语篇的语篇外基础——对建构情感含义主导的心理病态（психопатия）进行精神病学描写；（3）列出作为艺术语篇极性结构单位的象征列表；（4）列出语篇类型总汇表及其情感含义主导的精神病学基础；（5）辨析语篇特征，对语篇类型进行语言认知和心理文体分析；（6）最后指出艺术语篇的接受情况。（Белянин 1996：79）依照以上步骤，别梁宁从俄罗斯文学乃至世界文学的视角出发，将"情感含义主导"艺术语篇分为6大类——光明型语篇、积极型语篇、黑暗型语篇、欢快型语篇、悲伤型语篇、漂亮型语篇，并用表格形式列出了每一类语篇的情感含义主导特征。见下表（Белянин 1996：80）：

语篇类型名称	强调（主导特征）
光明型语篇（светлые）	偏执性（паранойяльность）
积极型语篇（активные）	偏执性（паранойяльность）
黑暗型语篇（тёмные）	癫痫性（эпилептоидность）
欢快型语篇（весёлые）	狂躁性（маниакальность）
悲伤型语篇（печальные）	抑郁性（депрессивность）
漂亮型语篇（красивые）	歇斯底里性（истероидность）

接下来，别梁宁对每一种语篇类型及其情感含义主导特征逐一进行了详细分析和阐释。如，他在对第一种类型"光明语篇"及其主导特征的分析中提出，俄罗斯未来派诗人卡缅斯基（В.В.Каменский）的诗作《快活》（«Развесенье»）就是该类型的典型语篇。从该语篇中可以区分出下列语义成素：я（我）、сердце（内心）、чистота（洁净）、пространство（空间）、природа（自然）、идея（想法）等，语篇的主要内容可归纳为"天使将音信带给抒情的主人公——作者"；而从光明型语篇过渡到积极型语篇，典型的是苏联作家特里丰诺夫（Ю.В. Трифонов）的小说《交换》（«Обмен»），从该部小说强调的词语中，可以分出下列组群：я（我）、близкие люди（亲近的人）、единство（统一）、вражда（敌视）、идея（想法）、обман（欺骗）等。围绕"统一"和"争斗"主题的词汇含义组群，成为积极型语篇情感含义主导的核心，该核心集中展示为偏执性。（Белянин 1996：81–83）别梁宁提出，偏执型个性行为有两大特征：（1）领导力，主要体现在善于组织活动和引导他人来实现某具有社会意义的目标。偏执型个性通常善于克服障碍和以身作则，以其明确的目的性而与歇斯底里个性相区别；（2）利己主义，主要体现在围绕自己来组织活动，认为自己是最关键人物，把所有的功劳都归属于自己，狂妄自大是这类偏执型个性的典型特征。（Белянин 1996：84）关于偏执型个性的认知定势（когнитивная установка）问题，别梁宁认为不是单维的：如果说非偏执型个性的主要动机是挣钱的话，那么他会明白，别人也想挣钱，由此会妨碍他挣钱；而偏执型个性首先想到的是"别人会妨碍他挣钱"，于是，与别人争斗被赋予了超价值（сверхценность）的个人独立行为。因此，偏执型个性的认知定势看上去具有冲突性或双重性：一方面认为自己"把真

理之光带给了别人";另一方面又给别人灌输自己对现实和事物的看法。(Белянин 1996: 88)另外,从活动类型看,偏执型个性偏爱的活动是政治、宗教和督学等;从外表看,偏执型个性通常都身材高大、风度翩翩和大嗓门;从言语看,偏执型个性占主导的有3个语义量词(семантический квантор):(1)"赞成–反对"——如句子 *Кто не с нами, тот против нас*(谁不和我们在一起,就是反对我们);(2)"真–假"——如口号 *Партия –ум, честь и совесть нашей эпохи*(党是我们时代的智慧、荣誉和良知),此处的智慧、荣誉和良知就是认知定势;(3)"信赖–怀疑"——如俗语 *Доверяй, но проверяй*(用人不疑)等。(Белянин 1996: 88-90)除上之外,别梁宁还结合具体语篇,对光明型语篇的心理语言学特点进行了深入分析。在他看来,该类型语篇内容可以归结为两大思想:(1)凡活着的,都是独一无二、不可复制和具有自我价值的;(2)"我"知道真理,我把我对生命的理解带给他人。因此,光明型语篇世界图景的基础,是对个性世界以及对该个性周围的自然世界的描写:"我"是生命活动的主体,"我"拥有"诚实""纯粹""不可复制""独一无二"等谓词。(Белянин 1996: 90)

综合以上所说不难发现,别梁宁从精神病学文学研究视角对艺术语篇"情感含义主导论"的建构,在俄罗斯心理语言学范式中可谓"独树一帜",这不仅表明俄罗斯心理语言学对语篇含义的研究进入了俄罗斯文学乃至世界文学领域,更表明他的研究具有当代认知心理学的特性。在该理论中,别梁宁是按照下列步骤来确定主导成分的:首先区分出主导标记,即作为语篇含义成分的关键词;其次,揭示语篇中用以展示心智和现实世界客体占优势的谓词(相当于普罗普形态分析学说中的功能)。语篇中呈现的世界模式不仅决定着语篇的风格和句法,同时也建构起语篇的情感含义主导,该主导被界说为作为个性的语篇、作者所特有的认知和情感标尺系统,是语篇中隐喻化和言语化的心理基础。在此基础上,别梁宁以语篇含义分析的"抓手",将纷繁多样的艺术语篇分为6大类,并对每一类语篇的情感主导含义进行了高度概括和具体分析,并从艺术语篇的结构系统、语义系统和语言系统等不同层面,深入解析了每一类语篇情感含义主导的种种表现形式,归纳出情感含义主导的语义成素、行为特征、认知定势、思想特质,从而勾勒出以彰显作家个性为主旨的精神病学主导特征。显然,别梁宁对艺术语篇类型学的建构,不仅有助于深化对语篇结构及语义的认知,还有助于深化对作者和读者心理的认识;他所提出的"情感含义主导论"思想,对提升大众交流中的言语影响效果以及外语读者对语篇翻译的适应能力，也都具有重要的心理语言学意义。

需要特别指出的是，别梁宁的"情感含义主导论"思想，不仅可用作对艺术语篇的分析，同样也适用于对政论语篇（包括政治话语）、科学语篇（包括科普话语）、宗教语篇的分析。相关研究成果可参见索罗金的《语篇研究的心理语言学诸方面》（«Психолингвистические аспекты изучения текста»）（1985）、萨拉卡耶娃（Э.А.Саракаева）的《传教士语篇的心理语言学分析》（«Психолингвистический анализ миссионерских текстов»）（2000）、列宾娜（Е.А.Репина）的《政治语篇：对选民影响的心理语言学分析》（«Политический текст: психолингвистический анализ воздействия на электорат»）（2012）等。当然，还应该看到的是，在社会实践或特定的文化语境中，某一类型艺术语篇的"情感含义主导"不可能是"一维"的，应该有其变体形式或过渡类型。对此，别梁宁显然给予了足够的重视。

5.3 内容和含义方向

在当代俄罗斯心理语言学语篇研究中，著名心理语言学家诺维科夫（А.И.Новиков）在理论上对语篇内容和含义的建构受到学界的一致推崇，甚至形成了特色鲜明的学派——诺维科夫学派（Школа А.И.Новикова）。由俄罗斯科学院语言学研究所主办的《心理语言学问题》杂志，曾不定期地开辟"诺维科夫学派"专栏，用以专门研讨该学派的语篇含义理论及其实验研究的成果。此外，在2019年召开的第十九届心理语言学与交际理论国际研讨会上，也曾举办该学派的"圆桌会议"（Круглый стол）。因此，在此有必要对诺维科夫的相关理论作一番专门审视。

1) 语篇语义形式化思想。早在1983年，诺维科夫在其博士论文《语篇内容结构及其形式化潜能》（«Структура содержания текста и возможности ее формилизации»）基础上，出版了《语篇语义及其形式化》（«Семантика текста и ее формилизация»）一书，引起学界热烈反响。该著作主要在理论上对语篇语义（语言和逻辑成素）进行了建构，即将语篇置入跨个性交际（межличное общение）、人机交际（человеко-машинная коммуникация）语境之中，对其在自动化信息系统和机器翻译系统中的信息加工情况（包括语篇结构和内容的分类、紧缩、改造及其储存、搜索等）进行分析，研制出一套用于语篇语义分析的形式化方法。

如上研究，使他提出如下重要结论：（1）语篇是复杂的构成物，它同时包括语言的、逻辑的、言语的、思维的、修辞的、表现力的成素；（2）由于以往对语篇语义的研究只涉及语言和逻辑成素，忽视了人机交际中起重要作用的语篇含义和内容方面，因此，有必要将形式化研究拓展到语篇语义阈（семантическая сфера текста）。对此，他对该语义阈进行了具体建构，包括语篇内容、内容的基本单位及其与语言系统各成分间的关系、它和语篇形式特性的关系等。（见 Новиков 1983）应该说，该著作可以被视作语篇心理语言学开山之作，但它在一定程度上还带有语篇语言学的性质。

上述专著出版后，诺维科夫开始招收语篇研究方向上的研究生，先后发表了《语篇、含义与问题情境》（«Текст, смысл и проблемная ситуация»）（1999）、《语篇领悟过程中的主导性和易位》（«Доминантность и транспозиция в процессе осмысления текста»）（2001）、《语篇与"回应语篇"：理解过程的两个方面》（«Текст и «контртекст»: две стороны процесса понимания»）（2003а）等论文。这些论文为语篇内容和含义学说的建构提出了初步框架。

2) 建构语篇内容和含义框架。2007年，俄罗斯科学院语言学研究所推出诺维科夫的另一部力作——《语篇及其含义主导》（«Текст и его смысловые доминанты»）。①该著作被认为是在上一部著作基本学理的基础上，从心理语言学视角对语篇内容和含义生成机制及其功能化所进行的系统研究，它构建起语篇内容和含义研究的基本框架，主要内容包括：（1）从语篇语言学转向语篇心理语言学研究。他在回溯总结了70年代以后语言学尤其是语篇语言学研究成果后指出，当代语篇语言学研究有两种不同的视角：一是将语篇视为语言单位总和所组成的构成物以及将语篇本身也视作语言单位（即言语活动的产物和结果）。二是将语篇视作言语思维过程。前者是语篇语言学，后者为语篇心理语言学。他认为，如果要将语篇作为一个整体来审视，那么需要关注的并不是其结构内容部分和语法连贯性标志，而是语篇的整合性（интегративность）或完成

---

① 该著作在诺维科夫生前并未全部完成，因此，出版的仅仅是那些"不完整手稿片段"，是由其研究生同同事收集整理而成的。正因为如此，由于作者对书中提出的一些问题并未予以论证或解答（只是提出了一些纲要），由此引发了学界对这些"未解之题"的持续关注，以至于在 2019 年召开的第十九届心理语言学和交际理论国际研讨会上，还专门设立了一个"语篇心理语言学—意义心理语言学？——诺维科夫语言观的发展"的圆桌会议，来讨论其学术思想的价值和发展问题。

性，构成其基础的并非语言形式，而是内容含义，因为语篇整合性的特征本身就是心理的，即建立在联想、预设和伴随意义基础上的。(2)对语篇的基本特性作出心理语言学阐释。他依据小列昂季耶夫提出的"语篇是具有完整结构的含义单位"的相关思想，认为心理语言学视阈的语篇具有以下显著特性：一是完整性，即有统一的含义结构，它是在接受者与语篇之间相互作用过程中生成的；二是信息性，即语篇完整内容的形成不仅要靠语篇组织自身来保障，还要靠意识的认知结构和交际-含义结构（коммуникативно-смысловая структура）来保障，而这些结构是在构成语篇外部形式所有语言手段的相互作用下被激活的。因此，语篇内容的完整性，就是语篇内部含义连贯性或语篇内容成素的连贯性；三是紧缩性，即在语篇感知过程中，语篇内容具有紧缩和扩展的潜能，但只有那些紧缩过的基本内容才能被理解或认识。诺维科夫由此强调指出，如上的完整性、信息性和紧缩性，就构成了语篇作为独立言语思维构成物的基本特性，而含义则具有整合功能（интегративная функция）——将语篇的上述所有特性整合在一起，使语篇又具有了另一种基本特性——领悟性（осмысленность）。(3)对语篇主导作出具体分析。他认为，要理解含义的整合功能，就必然会产生语篇的主导问题。对此，他区分了语篇的两种形式——外部形式和内部形式：前者为语言手段的总和，包括依据语篇意图（замысел текста）而提出的内容方面。只有在整体上认识了语言单位和理解了语篇，才能对意图作出判断；后者为交际对象智力中形成的思维构成物，它与语篇的外部形式并非在每一个成分上都相对应，而只是总体上对应于这些语言手段。这表明，心理语言学分析所研究的并不是语言成分，而是其含义单位；内部形式具有自身的结构，因为其成分之间处在一定的关系之中；内部形式的最重要成分（包括主要对象）的总和，就构成了语篇的主题（тема）；主题是紧缩内容（свёрнутое содержание），它既可对应于意图，也可与意图不完全吻合。因此，借助于语篇理解过程，交际对象智力中生成的内容完整形象，就将语篇显现为交际过程的离散性单位（дискретная единица）。(4)语篇还具有其他一些补充性特征，如深层透视性（глубинная перспектива），即从内部形式向外部形式的转换，以及静态性（статичность）和动态性等。(Новиков 2007：10–33)

3) 提出含义即关键词的思想。除上之外，诺维科夫还在该著作中分别对语篇含义的概念及其载体进行了界说和分析，尤其对"关键词"这一载体在语篇含义形成过程中的作用予以了重点阐释。他提出，语篇主导在语言单位的所有层级上都有体现，而关键词就是该主导的典型体现；关键词作为潜在主题成素（компонент потенциальной темы），它可以激活语篇接受者意识中认知-主题上组织起来的相应知识成分，但同时又限制着主题列（тематический ряд），从而对语言手段的选择和所生成语篇的组织等产生影响；关键词主导是由语篇标记系统（система текстовых маркеров）决定的，但主要基于人对关键词所表示的事物相互关系之本质的认识，因此，它所展示的不仅是系统的语言意义，还有关键词所替代的语篇片断含义（смысл фрагмента текста）。(Новиков 2007: 58) 总之，在诺维科夫看来，语篇的完整性体现在其主题中，而该主题又可区分出由关键词所表示的若干个子主题（подтема），它们构成了语篇的二级主导性（доминантность вторичного порядка）。(Новиков 2007: 59) 值得强调的是，诺维科夫并没有仅仅停留在对语篇含义形成机制的理论建构方面，而是试图用心理语言学实验来论证其论点的正确性。(Новиков 2007: 59–80) 对此，他不仅提出"主题在建构再生语篇（вторичный текст）过程中具有掌控功能（управляющая функция）"的观点，还亲自用系列实验证明，人的意识中已经存在着生成同义语篇的形成机制，这就是含义；含义生成机制是某种心智组织（ментальное устройство），它可以将某单位的线性序列改造为等级结构（иерархическая структура），犹如将内容陈述的代数式变为在意识心智空间中展示该内容的几何式一样。(Новиков 2007: 123)

　　纵观诺维科夫的语篇内容和含义理论，似可以归纳出以下几个特点：(1) 它主要依据的是莫斯科心理语言学派的言语活动论学说，尤其是小列昂季耶夫提出的有关语篇内容和含义的思想，并与特维尔心理语言学派的语言理解学说基本相一致。(2) 它强调了语篇本身并没有含义结构的思想，即含义结构并非为语篇的固有属性，而是感知和理解语篇的个性的含义阈（смысловая сфера）所特有的属性，从而将语篇语言学与语篇心理语言学区分开来。(3) 它将语篇属性视为一种内容结构，该结构是在形成语篇的所有语言手段直接作用下，在人的意识里形成的构成物，而含义结构所依据的正是该内容结构，或者反过来说，内容结构在功能化中所依据的是含义，从而彰显出心理语言学含义本体论（онтология смысла）的性质。(4) 它深刻阐释了语篇内容的完整性、信息性、紧缩性与语篇含义之间的关系，并从含义整合功能出发，对含义主导的内部和外部形式之间的关系进行了深刻解析。用学者自己的话说：语篇的特点就在于"它是语言、言语和认知成素的完整复合体，这些成素的不间断统一和相互作用，就决定了语篇内部的含义本质"。(Новиков 2003b：95)(5)它强调了对语篇内容和含义进行心理语言学实验的重要性,使语篇内容和含义学说具有了鲜明的实验性。语言内容和含义实验分析的本质,是运用心理语言学的方法,对语篇含义的生成和理解机制作出解释,从而揭示出交际信息接受者语言意识的某些特点。

综上所述,语篇含义研究的"认知语义方向""认知诗学方向""内容和含义方向",构成了当代俄罗斯心理语言学范式研究的热点之一。它们将语篇研究与认知学、交际学、文化学等紧密结合在一起,为传统的三大研究方向——语篇感知研究、语篇理解研究、语篇结构分析注入了新的活力。当然,俄罗斯心理语言学界对语篇含义的研究并非仅局限于上述方向。有资料显示,仅艺术语篇含义的研究就还有语篇联想分析(ассоциативный анализ текста)、语言协同学(лингвосинергетика)研究等方向。(Беляев 2021b:491–503)

5.4 语篇含义的实验分析

心理语言学研究的最大特点之一,是在理论或学说建构的基础上进行相关的实验,并以其实验结果一方面来论证理论假设的有效性和科学性,另一方面用以解决与心理语言学研究主题相关的众多实际问题。显然,语篇研究也不例外。客观地说,俄罗斯心理语言学界对语篇含义的实验分析成果相当丰富:除理论建构人亲自做实验外,其领导的团队或所带的研究生也都会在既定方向上做相关的实验分析。限于篇幅,我们在这里仅简要审视诺维科夫学派成员所做的语篇含义实验分析。

需要说明的是,由于诺维科夫生前并没有完成《语篇及其含义主导》这部著作的撰写,因此,他对语篇内容和含义的理论建构并不完善,而只是勾画出"纲要式"的大致轮廓。因此,相关思想的实验论证工作就成为其门下多位研究生的主攻方向。鉴于其研究生大多来自于乌法和彼尔姆,因此在两地高校中就形成了上文中所说的"诺维科夫学派"。

1) 别什科娃的实验分析。别什科娃在《冲突是信息感知条件下"对抗语篇"中个性内在矛盾的发展》(«Конфликт как развитие внутренних противоречий личности в "контртексте" при восприятии информации»)一文中证实,从语篇信息感知视角看,原则上并不存在所谓的"中立交际"(нейтральная коммуникация):如果信息的发出者哪怕是最低限度地试图实现对信息接受者个体意识范畴化结构的改造,后者都会最低限度地抵制该信息的干涉，并最大限度地发起向对方的进攻。这一矛盾足以引发一些小的冲突，它们集中反映在回应语篇（встречный текст）或对抗语篇（контртекст）的生成过程之中。但实验表明：(1) 并非所有的对抗语篇的反应都具有明显的冲突性质；(2) 外在冲突（внешний конфликт）常常受到个性的内在冲突（внутренний конфликт）的制约，后者可以通过当代认知心理学中的"认知不和谐"（когнитивный диссонанс）概念予以审视；(3) 冲突基因潜能（конфликтогенный потенциал）植根于一些语言单位的自身属性中，其结果随后会在言语中得以现实化。如此一来，作为言语单位的书面语篇（письменный текст）及其片断，就会催生出交际双方在感知、理解和阐释语篇内容和含义过程中的虚拟冲突情景。(Пешкова 2015а: 35–36) 此外，别什科娃还在《语篇含义与内容呈现的方式和手段》（«О способах и средствах воплощения смысла и содержания теста»）一文中证实，可以用诺维科夫提出的两种方法——指称分析法（метод денотативного анализа）和回应语篇法（метод встречного текста）来研究语篇含义和内容的呈现问题：前者通过指称图（денотатный граф）来分析再生语篇；后者用以分析受实验者对信息反应的言语形式——回应语篇。实验表明，无论是作为传递原生语篇含义和内容的再生语篇，还是作为对刺激语篇（текст-стимул）作出回答的反应语篇（текст-реакция）或回应语篇，它们都会在言语上记录着理解和领悟所阅读语篇中的某些普遍的规律性行为，以及转化为个体含义代码（смысловой код）的行为，以保障研究者有可能来研究如含义领悟（постижение смысла）等不能直接观察的现象。而回应语篇的实验分析证明，受实验者在该语篇的生成过程中会使用提取战略（стратегия извлечения）和添写战略（стратегия приписывания），这两个战略在不同属性的词汇手段上都有物质呈现。其中，提取机制总是与原生语篇的内容有关，而添写机制则与原生语篇的含义有关。也就是说，受实验者从原生语篇的信息发出者（语篇作者）方面去使用提取战略，而添写战略则更多与信息接受者本人有关。(Пешкова 2019: 259–260) 以上可见，别什科娃采用诺维科夫的相关学说，注重的是对语篇的信息性（包括内容和含义）特性进行实验分析，这在一定程度上实证了语篇内容和含义学说的有效性和科学性。

2) 玛特维耶娃的实验分析。玛特维耶娃（Н.В Матвеева）在2009年发表的《语篇理解过程中的内容和含义机制实验研究》（«Экспериментальное исследование механизмов содержания и смысла в

процессе его понимания»）一文中，用实验方法论证了语篇理解过程中内容和含义的机制特点问题。她在该文中首先提出这样的设想：语篇内容的形成机制主要由两种战略来体现：一是使用包含在原生语篇中的词语战略（即提取战略）；二是使用保存在作为理解结果的再生语篇内容结构中的那些成素（它们可以在原生语篇中观察得到）的战略。而含义形成机制则由下列战略来体现：一是体现在使用针对原生语篇词汇的概括性词语中（即添写战略）；二是体现在改变再生语篇内容的结构等级中，即对语篇的子主题、亚子主题（субподтемы）、微观主题（микротемы）层级进行改造；三是体现在信息接受者对语篇作者未明确表达的各种关系中。（Матвеева 2009：262）该实验分析分为4个阶段进行：第一阶段，让50位受实验者（12–13岁的7–8年级学生）在阅读原文后再现其内容，以测试学生积极生成（активное порождение）再生语篇的能力。第二阶段，让另外的50位学生按照指定的计划再现原文内容，以测试学生消极生成（пассивное порождение）原生语篇的能力。[①]第三阶段，对上述两种实验生成的再生语篇进行分析，以论证或证实语篇内容和含义具有不同的形成机制的设想。分析结果显示，在消极生成的再生语篇中，受实验者使用原生语篇内容所传递的关键词的百分比较高，达62%–91%不等，这表明受实验者在消极生成原生语篇时能积极使用提取战略。而积极生成再生语篇则呈现出另一幅图景：一些关键词可以出现在90%的再生语篇中，如*книга*（书）等；而另一些关键词仅出现在5%–9%的再生语篇中，如*вера*（信仰）、*путаница*（混乱）等。第四个阶段，对替代原生语篇关键词的词汇即含义言语化战略中的添写战略进行分析，因为正是这些替代词汇展示着含义生成机制——受实验者对原生语篇的感知和理解的个性特点。结果显示，对*знание*（知识）这一关键词概念的替代词汇，有*учит жизни*（教会生活）、*отвечает на вопросы*（回答问题）、*учит думать*（教会思考）、*учит мыслить*（教会思想）等；而对*чувства*（感情）这一关键词概念的替代词汇，有*эмоции*（情感/情绪）、*переживания*（心情）、*страдания*（受折磨）、*изумления*（惊讶）等。（Матвеева 2009：263–264）第五阶段，采用指称分析方法对指称图中的主题、子主题、亚子主题的等级变化（改造）情况作进一步分析：从由消极生成的再生语篇的指称图看，在原生语篇中出现的基本主题，在任何一个再生语篇中都未发

[①] 该两组受实验者都使用同一个原生语篇，目的是对两种不同生成模式（积极生成和消极生成）的结果作出客观评价。

现有任何的变化,这表明受实验者在语篇的消极生成中对原生语篇的主题理解达到100%。但是,在子主题和亚子主题层级上可以发现一些变化,这主要与不能完全展现原生语篇的主题有关;从由积极生成的再生语篇的指称图看,就呈现为完全不同的机制作用,由此可发现在语篇内容内部结构的层级上有较大的变化:许多亚子主题被改造为子主题,也有许多子主题下移到亚子主题层级,还有微观主题在个别再生语篇中被展开的情形。(Матвеева 2009:264–265)如上分阶段实验分析的结果,使玛特维耶娃得出以下几点结论:(1)可以将再生语篇的消极生成和积极生成,视作一种用以间接促进对语篇内容和含义进行区分的机制;(2)提取战略对再现原生语篇的内容最为典型;(3)添写战略可以用来呈现含义形成机制;(4)由指称分析方法构建起来的指称图,可以反映原生语篇和再生语篇的内容结构,也可以比较和解释其内容和含义的些许特点;(5)对再生语篇进行指称图分析,可以发现语篇内容层级上的差异,它们主要体现在子主题、亚子主题和微观主体的结构等级中;(6)再生语篇的消极生成较之积极生成而言,其变化较小,但并不能由此断定观察不到含义形成的机制作用;(7)再生语篇的积极生成可以展示含义生成的机制作用,该作用无论在再生语篇的外部形式(通过分析所使用的词汇)方面,还是在其内部形式(利用指称图)方面都可以观察得到。(Матвеева 2009:265–266)以上可见,玛特维耶娃所作的实验分析,是完全依据诺维科夫提出的相关思想和方法进行的,不仅内容完整,步骤环环紧扣,得出的结论也令人信服,从而成为语篇内容和含义实验分析的一个范本。除上之外,她还是采用同样的视角和方法,对语篇感知过程中的内容和含义机制进行了实验分析,并于2017年发表了《语篇感知过程中的内容和含义形成机制:心理语言学视角》(«Механизмы формирования содержания и смысла в процессе его восприятия: психолингвистический подход»)一文。(Матвеева 2017:82–92)这两篇文章作为"姊妹篇",形成了该学者在语篇含义理解和感知领域实验分析的重要文献。

3)涅斯捷罗娃的实验分析。涅斯捷罗娃(Н.М.Нестерова)及其同事于2017年合作发表的论文《外语语篇感知过程中作为受实验者主导言语化方法的"回应语篇"》(«"Встречный текст" как метод вербализации доминанты реципиента в процессе восприятия иностранного текста»),同样是对诺维科夫相关思想的实验分析,所不同的是其研究对象是外语语篇的主导问题。他们认为,采用回应语篇法和对抗语篇法(методика контртекста)可以揭示语篇接受者意识中影响含义构成过程（процесс смыслообразования）的主导因素①，并使其言语化。(Нестерова 2017: 50) 为此，他们选择两则英语语篇——《一日知夏》(*All Summer in a Day*)、《长寿者中哪位活得最好？长寿秘籍》(*Who's Best at Living Longest? The Secrets of Longevity*)的片断，对受实验的20名学生（分别为中学第11年级毕业班学生、翻译专业本科生和工科专业本科生）的感知情况进行实验，并给受实验者设计了要完成的下列4项任务：(1) 记录下句子号码（为方便起见，一些句子已经合并）；(2) 记录下阐释该句子的信息（意识中出现的问题、联想等）；(3) 如果相邻的几个句子构成含义统一体，可以对句子群进行阐释（此时，句子号码用逗号记录）；(4) 在写出回应语篇后对所读语篇的整个含义作出解释。(Нестерова 2017: 55) 实验表明，3组学生对《一日知夏》语篇片断的反应有很大不同，呈现出较明显的差异性。在实验分析的第一阶段，他们首先对反应结果进行了分类；在第二阶段，他们又对其中的对抗语篇作了进一步详细分析，以揭示出3组学生的典型反应语句（типичные реакции）。结果显示：第11年级学生组中的优等生都可以用英文对《一日知夏》语篇片断内容进行转述，转述时多使用自己的语言，达到了准备英语"国家统考"（ЕГЭ）的感知水准。而该组其他学生则大多使用原生语篇的词汇或整个句子。总体看，该组学生只是完成了内容的转述，并未转进到含义层级；翻译专业本科生对该英语语篇片断的感知过程，显现出能够激活以往经验的特点，从而对语篇的阐释显得更加积极和自由。如，在反应解释中，多使用一些陌生化的词汇来表达一些概念，表明该组学生的反应语句已经转到含义层级；工科专业学生组对另一则语篇片断《长寿者中哪位活得最好？长寿秘籍》的反应，同样显现出对语篇有意识的投射（即转为含义层级）。但与翻译专业学生组的回应语篇有所不同的是，他们的对抗语篇具有内容简短、解释精准、多使用简单句法结构以及从科学视角阐释等的特点，这与其工科专业人员的思想习性有关——科学知识在语篇感知中起着重要作用，但对理解非母语语篇过程中的复杂性和提问缺乏应有的兴趣。(Нестерова 2017: 58–60) 通过以上3组实验分析，涅斯捷罗娃得出结论认为，语篇感知过程以及与该过程有关的含义构成，在不同的情形下是完全不同的，其中个人经验、活动范畴以及见识多寡、视野等主导因素，都

---

① 关于回应语篇法和对抗语篇法中的"法"的俄语表达，有的学者用 метод，有的学者用 методика，其意义相同。它们都是参照诺维科夫提出来的对语篇进行心理分析的方法。(Новиков 2003:64-76)

可对其产生影响。(Нестерова 2017：60)

　　以上3位学者的实验分析结果，似可证明以下几点：(1)由于语篇内容和含义的构成无法直接观察，而只能通过语篇感知或理解过程才能使其言语化，因此，言语化过程中所呈现的主导可以作为心理语篇实验分析的主要对象；(2)语篇主导对语言的感知和理解产生着重要影响，从这一角度出发，它们在一定程度上同样也影响着人们对整个世界的感知和理解，由此就形成了不同的世界图景；(3)受实验者在感知语篇信息时，实际上是在与语篇进行着某种"对话"——有时是与语篇作者的对话，有时是与自己的对话，由此就生成出主导。这一过程都被记录在回应语篇或对抗语篇之中。因此，采用回应语篇法或对抗语篇法，可以在一定程度上解释意识对语篇的反射过程，即受实验者是如何将含义嵌入语篇理解过程的。上述实验分析，首先是建立在对语篇内容、含义、意义(语义)进行区分基础上的。在该学派理论中，语篇内容即语篇意义或语义，它是思维构成物（мыслительные образования），在整体上对应于语篇的外部形式——语篇的表达手段。然而，言语单位的语篇意义并非像词一样记录在词典中，而是语篇接受者在感知语篇过程中生成的，且每一次的感知都有新的理解。(Пешкова 2015b：7)语篇含义相较于语篇内容而言，它是一个更为宽泛的构成物：除内容成素（содержательный компонент）外，它还包含情感成素（эмоциональный компонент）、主观评价成素（субъективно-оценочный компонент）、语用成素（прагматический компонент）等。正如有学者指出的那样，语篇含义本质上是信息列（информационный ряд）：它可以被改造为同义可替代词列（ряд синонимически заменяемых слов），但其本身并不是词列，而是用某种框架来限制信息，并在这些框架内使开启列（начатый ряд）可以继续的信息列。(Жинкин 1964：28)由此可见，语篇含义是一种语言外现象，它可以有不同的表达形式，包括非言语表达形式。因此，语篇含义的存在阈比语言宽泛得多（因为含义不等同于语言）。自然语言仅在"任何一个语言表达都应该是可以被领悟的"这一点上等同于含义。含义在建构言语作品时，对语言手段的选择和配置等进行掌控，因此，含义是理解言语作品的目的、工具和结果。(Новиков 1999：45)如上所说，语篇含义属于交际参与者的意识，因此，要使语篇含义结构形式化和模式化，既要研究语篇内容，也要研究语篇的含义结构。这种对语篇内容、含义和意义的区分，具有一定方法论意义：它凸显着俄罗斯心理语言学范式所特有的对语篇结构(包括内容结构和含义结构)的认知维度和分析构架。

第 6 章　对俄罗斯心理语言学范式的总体评价

通过上述对半个世纪以来俄罗斯心理语言学范式发展阶段、学理基础、不同学派的学术思想以及若干理论和若干热点问题的全面审视,我们似可以对其科学范式的基本特点及方法论意义得出些许客观认识。

本章对俄罗斯心理语言学范式所作的总体评价,就方法和原则而言,是基于本著作第1章总论中所确定的"范式审视"方法论以及聚焦"意义原则"和"批评原则"而进行的:它既不是对某学派理论思想的具体评析或批评(在本著作第3章中已经对各学派作了比较具体的评析或批评),也不是对某理论学说或热点方向的回顾性述评,而是基于科学范式的整体性评价,即聚焦于俄罗斯心理语言学范式所特有的方法论意义,包括对其学理内涵、学术价值、思想特质等所作的总体评价。

第 1 节　总体评价的参照

理论上讲,要对某事物尤其是某现象的发展状况作出总体评价,不能仅"自圆其说"或"自画自说",而必须将其置于某特定的空间和时间中加以具体考察:历时考察——纵向上对该事物或现象的发展演化过程进行梳理;共时考察——横向上与同类事物或现象的发展状况进行比照。对于前一种历时考察,本著作已经在第1章中作了大致的梳理和概括。本章的总体评价,作为与第1章的"总论"相呼应,主要进行共时层面的考察。该层面的考察主要以两个语境为参照系:一是微观语境参照,主要参照俄罗斯学界对本国心理语言学发展状况所作出的基本评价;二是宏观语境参照,主要参照西方学界和中国学界的研究状况。

1.1 微观语境参照

在这一方面,我们能够参照的代表性著作只有两部:塔拉索夫的《心理语言学发展趋势》(见 Тарасов 1987);由斯捷尔宁、乌费姆采娃主编的《俄罗斯心理语言学:总结和前景(1966–2021)》(2021)(见 Стернин,

Уфимцева 2021）。①两部著作（后一部为集体著作）都是由俄罗斯科学院语言学研究所出版的，不仅具有一定的权威性，还是俄罗斯心理语言学研究发展进程中的阶段性成果。

1）第一部著作系统回顾了世界第一代、第二代言语活动论的发展历程，全面分析和总结了言语活动论从学科式创建到1987年近20年的发展轨迹（从本著作提出的观点看，1987年标志着俄罗斯心理语言学完成"创建""定型"阶段后，进入了全面"发展"阶段）。内容包括以下章节："心理语言学前史""奥斯古特心理语言学""米勒–乔姆斯基心理语言学""米勒–乔姆斯基心理语言学的侵蚀""言语活动论""言语活动论的研究对象和主题"等。该著作的最大特点，是对俄罗斯心理语言学范式的言语活动论作出全面的界说和评价。应该说，塔拉索夫作为当代俄罗斯心理语言学的领军人物之一，他推出的这部总结性著作的学术含量很高，对本著作作出总体评价有不可或缺的重要参考价值。对此，本章的总体评价将对他的观点或援引或评述或批评。

2）第二部著作是对俄罗斯心理语言学半个多世纪发展历程的全面回顾和总结。它有以下特点：（1）从时间跨度看，较之前一部著作更加完整，是对言语活动论学科式创建至今全过程的完整书写；（2）从主编及主要参编者的身份看，他们在学术上的权威性毋庸置疑；（3）从内容覆盖面看，涉及俄罗斯心理语言学历史研究、语言意识研究、心智语汇研究、联想词典学研究、语言与语篇的生成和感知研究、语言能力个体发育研究6个方面，基本涵盖了当代俄罗斯心理语言学的研究内容和范围。但从研究深度和广度看，该著作并没有对言语活动论的基本原理作出系统而深入的发掘和阐释，也没有对三大学派的基本思想作出详细论述，更没有对相关理论以及焦点、热点问题予以重点关注和评析，因此，该部著作总体上属于"史学"性质的回顾、归纳、总结和展望，并没有真实呈现出半个世纪以来俄罗斯心理语言学范式所走过的全部历程以及所取得的主要学术成就。

1.2 宏观语境参照

"俄罗斯心理语言学范式有何特点？""俄罗斯心理语言学范式有哪些思想特质值得借鉴？""俄罗斯心理语言学研究还存在哪些不足或缺

---

① 该著作将作为独立学科的俄罗斯心理语言学的起始时间确定为"1966年"，所依据的标志是在该年召开了第一届心理语言学研习班。对此"形成时间"以及"形成标志"，本著作并不认同（见本著作第1章的有关内容）。

陷?"显然,要对上述问题作出比较客观的回答,只有将俄罗斯心理语言学置入世界心理语言学发展格局中加以考察和比照才能得出。在这一方面,又有两个参照系最为重要:

1)西方心理语言学的发展状况参照。心理语言学最早诞生于西方(美国),学界公认的第一代、第二代心理语言学也都生成于西方学界,因此,就理论样式及其前沿性而言,以美国为代表的西方学界的发展水平应该是最好的参照标准。

与西方心理语言学发展状况进行比照,首先要审视世界范围内心理语言学的发展阶段,即考察自作为独立学科的心理语言学诞生以来,该学科经历了哪几代的发展历程。对此,我们将在本章下一节中予以具体审视。其次,还要选择一个具有标志性意义的时间节点,具体考察一下西方学界在该时间节点上的研究方向和研究内容,从中窥探出该学科的发展进程和学术水平。

为此,我们确定选用"世纪之交"(20世纪末–21世纪初)这一重要时间节点作为参照,原因是:学科发展水平很难用具体的"哪一年"来衡量,而一般用"某个时期"更加科学;"世纪之交"通常是学界评价某学科发展状况及水平的重要时间节点,古往今来以及国内外学界概是如此。

资料表明,世纪之交的西方心理语言学研究,主要关注以下几个方面的内容:掌握母语的规律性和双语发展研究;语义过程的实验研究(包括阅读过程的期待问题、形态特征在词识别过程中的作用问题等,以确定言语活动生成和感知过程中不同模态的信息参与情况);语义语境(上下文)对词汇语料加工的影响研究(以展示神经网络中语言成分的表征模式);词义识别研究;人类言语的个体发育研究;认知诗学研究;联想网络认知研究等。(Pallier 1997: 9–17, Posner 1998: 899–905, Lavigne 2000: 3–31, Giraudo 2001: 127–131, Ramus 2002: 85–115, Zevin 2002: 779–793, Longtin 2003: 313–334, Tsur 2003: 279–318; Ziegler 2003:779–793, Lemaire 2004: 660–665)对于上述研究内容以及援引学者著述所表达的观点,本章将在下文的有关评价中加以比照。

2)我国心理语言学的发展状况参照。我们同样以上文中所确定的"世纪之交"作为时间节点参照。总体看,我国的心理语言学研究起步较晚:从20世纪70年代末桂诗春发表第一篇引介西方心理语言学的论文《心理语言学的研究与应用》算起,至今只有40余年的时间。从研究领域看,基础性研究主要集中心理词汇(本著作定名为"心智语汇")、句子理解、篇章/语篇理解、语码转换等方面,应用性研究大多聚焦于言语失误、口语习得、阅读理解、听写理解能等方面。对此，有学者指出，我国的心理语言学研究还存在以下缺陷：一是研究广度失衡，偏重语言理解，而对语言产生和语言习得少有问津；二是研究深度不够，理论研究原创性不足；三是实证性研究比重低，以重复性实验为主；四是研究方法单一，受到硬件和软件条件的制约。(李绍山，李志雪 2007：27–33)

以上可以看出，在上述宏观语境参照中，西方国家的研究方向和内容可为我们客观评价俄罗斯心理语言学的发展状况提供一定的参照标准，而我国的研究状况，无论在研究方向和范围、研究深度和广度以及理论原创性等方面，都无法与俄罗斯心理语言学的发展状况相提并论。因此，本章在对俄罗斯心理语言学范式作出总体评价时，主要以西方尤其是美国的相关理论思想为参照。

鉴于以上参照，本章的总体评价主要包括以下几个方面内容：既包括对俄罗斯心理语言学范式发展进程中的基本特点进行概括性审视，也包括对俄罗斯心理语言学范式在学源、学派和学说方面所体现的若干思想方法特质作出客观评析，还涉及对俄罗斯心理语言学范式存在的主要问题及发展前景进行前瞻性预测等。

第 2 节　发展的基本特点

纵观半个世纪以来俄罗斯心理语言学范式所经历的"创建""定型""发展"3个不同阶段，概览上述3个阶段中俄罗斯心理语言学范式的主要学派在各个研究领域或方向上所取得的重要学术成果，我们可以对其发展状况及学术水平的基本特点作出整体评价。

2.1 第三代心理语言学的代表

众所周知，从世界心理语言学的发展阶段而言，第一代为"奥斯古特心理语言学"阶段，亦称反应心理语言学或新行为主义心理语言学；第二代为"乔姆斯基–米勒心理语言学"或"米勒–乔姆斯基心理语言学"阶段，或称语言学心理语言学；第三代是威尔奇心理语言学阶段，亦称新心理语言学或认知心理学。(Леонтьев 2005：26–48)第一代心理语言学的不足在于：它被完全纳入"刺激–反应"行为主义图式，是典型的"言语适应环境论"(теория речевого приспособления к среде)；它所推行的原子论仅与一些单词、语法关系或语法形式有关；它所标榜的个体主义学说主要是从说者到听者之间传递信息的简单图式。第二代心理语言学的不足也较为明显：一是忽视了各种语言层级在生成和感知交际单位中的现实关系，生成感知的基本单位是句子，而不是语句；二是句子被视为与现实交际情境无关；三是忽视了言语及其感知的地位，它们在人的心理活动系统中被视作自主和自价值过程；四是忽视了言语生成和感知过程中个体的尤其是受个体制约的特点，将语言操作的个体策略思想拒之门外。

至于第三代心理语言学，至今仍没有像第一代和第二代那样有学界公认的学科样式和学术形态。但按照小列昂季耶夫的说法，它或者定位于法国社会学心理学，或者定位于德国的马克思主义心理学，或者定位于俄罗斯的维果茨基心理学派。(Леонтьев 2005：47–48)由于后两种心理学都被视为马克思主义心理学，因此，实际上只有两种选项——要么定位于社会学心理学，要么定位于马克思主义心理学。而俄罗斯心理语言学范式，就是马克思主义心理语言学中的杰出代表。

法国社会心理学脱胎于创立于19世纪末的法国社会学派(французская социологическая школа)，创始人为著名社会学家涂尔干(E.Durkheim)。在该学派基础上，20世纪初派生出法国社会心理学派和法国社会语言学派等分支。前者奉行的基本原理是：人具有生物社会属性，人的生物部分是其机体的根，而人的社会部分源自社会、文化、教育等；人的意识受到社会的制约；作为社会结构的集体表象固化在语言中，并因此世代相传给个体意识。因此，集体表象并不具备所谓高级的意识和理解，而更多具有情感特性；思维不是通过活动形成的，而是通过个体和社会意识机械的相互作用形成的，因此，思维呈现为无意识；意识会随着社会的变化而变化；人的智力活动与其意识一样具有双极性——既有理性的一面，反映着思维的逻辑规律；也有非理性的一面，包括现代人所具有的宗教、心灵的概念以及其他信仰等。

以上不难看出，在法国社会心理学中有两点与马克思主义心理学截然不同：一是人的生物性优先于社会性；二是意识的形成不是源自社会(言语)活动，而是源自无意识性质的个体与集体的机械互动。在上述两点上，马克思主义心理学原理强调：人是文化–历史发展的产物；意识是人脑对客观现实的反映，即存在(客观现实)决定人的意识(集体表象)。这些已经十分清楚地彰显出以维果茨基为代表的马克思主义心理学与以涂尔干为代表的法国社会心理学的分野所在。

更为重要的是，尽管法国社会心理学曾对西方国家的心理学产生了重大而深远的影响，但在西方国家中至今并没有形成如第一代和第二代心理语言学那样的得到世界学界公认的重要流派或学派。这也在很大程度上凸显出俄罗斯心理语言学范式在世界心理语言学发展格局中的代表性或别具一格性：一方面，它的学科样式和学术形态在整体上归属于世界第三代心理语言学范畴，并保持着与其同步发展的态势；另一方面，它又以人社会现实（人的活动）为根基，并在研究人的言语活动的许多方面（如语言功能、言语生成机理、言语交际、语言意识等诸多方面）处于较为领先的地位。

基于以上梳理，本著作将俄罗斯心理语言学范式界说为"第三代心理语言学代表"的理据如下：

1）从时间上看，尽管作为范式的俄罗斯心理语言学的"定型"较之西方（尤其是美国）晚了约15年时间，而且，它既没有经历过50年代以奥斯古特为代表的所谓"反应心理语言学"或"新行为主义心理语言学"的第一代阶段，也没有经历过60年中期以乔姆斯基和米勒为代表的所谓"语言学心理语言学"的第二代阶段，而是直接进入第三代即认知心理学阶段。[①] 对此，我们赞同当代俄罗斯著名心理语言学家塔拉索夫提出的基本观点，即将言语活动论视为第三代心理语言学范式的代表。这里需要指出的是，第三代心理语言学形成于20世纪70年代中期，通常认为其奠基人为美国学者威尔奇、法国学者米勒尔和诺阿泽、挪威学者鲁梅特菲尔特等。而作为俄罗斯心理语言学范式的言语活动论，其"定型"阶段也正好是20世纪60年代末至70年代中（详见本著作第1章"总论"中对俄罗斯人心理语言学范式发展阶段的有关考证），这在时间上是大致吻合的。

2）从学科定位看，第三代心理语言学被称为"语言的认知心理研究"，即认知心理学的重要组成部分。如果说第一代心理语言学所倚重的主要是结构主义、行为主义方法，而第二代心理语言学所关注的主要是语言学和心理语言学中的转换生成语法，并注重对人的语言能力的生成机制作出解释的话，那么第三代心理语言学则在承认语言与其他认知和行为系统之间的相互作用基础上，试图从语言的社会性和历史性方面对人的心理活动特性作出解释。[②] 从语言的结构性到语言的生成性，再到语言的功能性或认知性，心理语言学的发展在不到70年的时间内实现了两次重

[①] 认知心理学是小列昂季耶夫对第三代西方心理语言学即所谓的"新心理语言学"学科样式的称谓。

[②] 此处的"社会性"即指语言的"功能性"，而"历史性"强调的是"文化性""民族性"和"传承性"，它们都是当代认知心理学的主要特征。

大跨越。而俄罗斯心理语言学无论从其学理渊源看,还是从现实的研究对象、方法和内容看,都属于对语言的认知心理研究范围。这是本著作对俄罗斯心理语言学范式之科学性质所作出的基本定位,对此,我们在第1章"总论"中曾有较详细的描述和论证。

3)从方法论看,言语活动论与西方第三代心理语言学的最大不同,就在于它在学科层面所遵循的方法论有别:作为独立学科言语活动论,所依据的方法论主要源自俄罗斯科学传统中所特有的心理学、语言学和生理学的活动论学说。该方法论被解释为"活动解释原则",它与西方第一代和第二代心理语言学的方法论原则构成了对立:(1)以事物性原则和能动性原则分别对立于第一代心理语言学的刺激性原则和反应性原则。事物性原则是言语活动论中的核心原则之一。这里所说的"事物"有别于哲学领域所指的作为自然客体的事物(вещи),而是指活动事物(предмет деятельности),它具有双重性:一是作为隶属于自身的、改造主体活动的事物;二是作为事物形象,即由主体活动而实现的事物特性心理反映的产物。(Леонтьев 1975:84)而能动性主要指人的认知活动具有选择性(избирательность)和指向性(направленность),人的活动价值、目的、定势(установки)、情感需求(эмоциональные потребности)和过往经验等不同,选择性和指向性也就有异。(Асмолов 1983:121)而所有这些认知活动都是反应性原则所无法解释的。(2)以非适应性原则和间接性原则对立于第二代心理语言学的适应性原则和直接联想联系原则。①有实验表明,并无理据可以将人的能动性描写为适应能动性(адаптивная активность)和内环境稳定能动性(гомеостатическая активность)。(Петровский 1975:26–39)间接性原则表明,人与动物不同,人可以通过语言符号来认识事物,而人的心理对事物的反映也主要是通过语言符号这一中介来实现的。这就充分表明,人的主题活动是一个间接的心理反应过程。(Тарасов:1987:166)(3)以内化–外化原则和单位分析原则对立于第二代心理语言学的社会化原则和成分分析原则。内化–外化原则旨在揭示人掌握社会历史经验的机制、将共同的外部行为转化为主体内部行为的机制,因此,它在人的主题活动系统中是一种相互转换(взаимопереходы)。而西方心理学中的社会化学说,主要指外部事物

---

① 这里的"非适应性"主要指人的主题活动的非适应性,因为活动论认为作为事物的动机处在不断变化之中,社会也会给人提出新的事物(新的动机),因此,人是为了满足自身的需要而开展活动的,从而使主题活动具有非适应性。

会强迫人（尤其是儿童）来接受陌生的思维图式。（Асмолов 1983：128）而单位分析原则的最大特点是：单位不是操语言者心理某语言单位的静态对应物，而是基础言语行动和言语程序。用俄罗斯心理学的奠基人维果茨基的话说，单位分析最为本质的特征，是其分析的产品具有整体所固有的特性。（Выготский 1956：46）以上原则，都是活动解释原则的具体体现。它们不仅为言语活动论提供了方法论遵循，也在哲学层面上为言语活动论区别于世界其他心理语言学范式奠定了思想基础。正如乌费姆采娃等学者总结的那样，"言语活动论形成了作为基本言语行动和言语演算的心理语言学分析单位。该单位具有活动的所有特征：事物性、目的性、活动的等级组织、活动的阶段组织等；并设定了组织言语活动的启发性原则：对言语行为战略实施选择的环节；灵活性。组织言语活动的原则之一是概率预测"。（Уфимцева, Стернин, Мягкова）2021：8）

4）从研究内容看，学界通常把第三代心理语言学即认知心理学界称为"没有语言学的心理语言学"，认为它已经偏离了以语言为中心的轨道，转向了对信息的获得、信息的结构化、信息的使用以及信息的再生等过程的研究，内容包括注意、记忆、想象、感知、言语、逻辑思维等过程。简言之，认知心理学是专门用以研究信息加工过程的一门科学，如工程心理语言学、刑事侦查心理语言学（криминалистическая психолингвистика）、审判心理语言学（судебная психолингвистика）等就是其分支学科。[①]而言语活动论的基本学理与之有很大不同：作为俄罗斯心理语言学范式的"晶核"，言语活动论的运作机理自始至终是围绕人说的言语活动（包括言语本身的活动，以及作为心理的活动）这一轴心展开的，言语既是活动的组成部分，也是研究活动的出发点和归结点。研究表明，无论是莫斯科心理语言学派还是特维尔心理语言学派、彼得堡心理语言学派，它们的研究重心始终紧扣言语生成、研究感知、言语理解、言语影响、言语机制以及心智语汇、世界形象等主题，这较之西方第三代心理语言学的研究对象和方法更具理性，也更具有阐释力。由此可以看出，如果说言语活动论在方法论原则上与第一代和第二代心理语言学构成"对立"的话，那么它与西方的第三代心理语言学（即认知心理学）在方法论上也有很大不同：它是作为活动的言语和作为心理的活动相结合的产物，其中尤其凸显了言语本身的作用和功能；而西方的认知心理学显然没有将言语本身置

---

① 莫斯科心理语言学派奠基人小列昂季耶夫在1997年出版的《心理语言学基础》一书中，就专门辟出3个章节来探讨上述心理语言学问题。

于如此重要的地位。更值得一提的是，从本著作第3章中所论述的言语活动论的方法论原则看，它所依循的"心理反映取决于活动结构中所反映的客体地位的原则"就表明，对"语言相对论"假说这样的跨世纪难题，也可以借助于言语活动论的基本原理作出相对合理的解释，这充分证明了言语活动论学说的认知学价值。据此，在我们看来，俄罗斯心理语言学范式更多属于活动论的分支学科，即将人的言语活动视为活动论的组成部分，而言语活动本身就被视为人的心理活动的组成部分。从这个意义上讲，言语活动论的学科本质就是活动心理语言学（деятельностная психолингвистика）。

5）从科学范式看，20世纪世界语言学发展大致经历了结构主义、生成主义、功能主义、认知主义等基本范式，而心理语言学作为语言学的一个分支学科，其研究范式不可能不受到语言学范式的制约和影响。在我们看来，尽管作为俄罗斯心理语言学的言语活动，在基本学理尤其是运作机理上与世界第一代和第二代心理语言学有一定的关联性，如对生理反射机理、语言结构功能、言语生成机制、世界形象成像机制的阐释等方面，都无法与结构主义和生成主义学说完全割裂，但究其本质而言已经有重大区别：它主要是基于语言的功能主义和认知主义方法构建起来的新范式：心理学中的功能主义认为，事物的本体观优先于对事物的结构或发展问题的认识，因此，在不了解何为事物以及事物在周围世界中的功能之前，就不可能深入事物的本质中去。据此，言语活动论中的一条重要原理，就是将言语活动或跨文化交际作为"文化事物"来审视，将语篇内容作为"事物形象"来看待，将语言系统作为"对象的语言"来对待，这是功能主义的集中体现；而心理学中的认知主义学说则表明，个体对外部事物或内部因素的反应并非机械的，而是依靠语言个性的智力来实现的。这就是言语活动论强调个体的主观能动性，以及社会、历史和文化对个体的言语活动（包括言语生成、言语感知、言语理解等）具有决定性影响的缘由所在。以上这些都佐证了俄罗斯心理语言学范式具有认知主义性质，用塔拉索夫的话说，它是属于"言语活动社会决定论"的崭新范式。（Тарасов 1987: 85）。

最后需要补充说明的是，言语活动论所具有的认知主义性质，并非在其"成型"阶段彰显出来的，而是早在20世纪20–30年代起就开始孕育，那就是奠定俄罗斯心理语言学理论基础之一的维果茨基的文化–历史心理学理论，该理论又被称为"人的发展心理学"。这表明，俄罗斯心理学从诞生之日起就具有认知主义的性质，它比第三代心理语言学即认知心理学的生成早了近40年的时间。维果茨基的文化–历史心理学理论奠定了言语活动论的心理学基础,并在学理不同于西方第三代心理语言学,从而使俄罗斯心理语言学范式具有了崭新的"言语活动社会决定论"性质:作为心理的活动和言语本身,本质上是由文化传统和民族历史铸就的语言个性,而语言个性又是由操该语言的个体和群体言语活动的必然产物。此外,还应该看到,言语活动论的形成在一定意义上顺应了当代语言学的发展趋势:随着语言学研究中人类中心论范式的兴起,认知心理主义和文化认知主义开始大行其道,不断助推着俄罗斯心理语言学研究向更为宽广的领域发展,其范式内涵得到进一步丰富,先后生成了本著作中所审视的语言个性理论、先例理论、定型理论等,这使得言语活动论的研究视阈由原先仅限于言语生成、言语感知、言语理解、言语影响等范围,拓展到诸如神经语言学研究、语言意识研究、跨文化交际研究、观念研究、语篇含义研究等若干方向;在此基础上,研究单位也呈现为由微观到宏观的转进过程,即音位→词→语句→语篇→话语的演进,这一过程与世界心理语言学研究结构主义→生成主义→功能主义→认知主义的发展脉络,保持着大致的一致性或同步性。

如上所说,作为世界第三代心理语言学代表的俄罗斯心理语言学范式,究其学术形态的发展进程看,集中展现为从"定型"阶段的"二项式"和"发展"阶段的"三项式"言语活动论,拓展到新世纪之交时期的"四项式"的思维活动论。这是本著作对俄罗斯心理语言学范式50年发展状况所做的基本评价。

2.2 完备的学术思想体系

理论上讲,在世界心理语言学的理论体系中,作为范式的俄罗斯心理语言学理应有其一套较为完备的学术思想体系,事实也是如此。总体上,其完备的学术思想体系,由研究范围的"宽广性"、研究队伍的"整齐性"、学科运作的"科学性"和学术重心"多维性"来呈现。

1)从研究范围看,建立在活动论统一学理基础之上的俄罗斯心理语言学,其研究范围涵盖了言语活动的各个方面,其学术思想体系不可谓不完备。我们从具有俄罗斯心理语言学"代名词"之称的莫斯科心理语言学派的学术研究中可以清晰地看出,其研究范围就涉及言语生成研究、言语感知研究、民族心理语言学研究、言语影响研究、语言能力研究5个不同方向,其中前3个方向属于理论心理语言学范围,后2个方向属于应用心理语言学范围。①再来看特维尔心理语言学派和彼得堡心理语言学派的研究范围，它们又在莫斯科心理语言学派的研究范围基础上，增加了心智语汇研究、语篇理解研究、掌握语言研究、词义研究、人脑作用研究、言语知觉研究、神经科学7个新方向；如果再加上本著作第4、5章中所列出的若干理论和若干热点方向，则可以添加语言个性研究、先例研究、定型研究、神经语言学研究、语言意识研究、交际与跨文化交际研究、观念研究、语篇含义研究8个方向。这样一来，如果我们将言语活动论作为俄罗斯心理语言学范式的一级学科的话，那么在该一级学科下至少可衍生出20个二级学科，如果再算上新近出现的语言社会心理学等②，其二级学科总数可达21个以上。且有些二级学科还可以继续细分，派生出若干个三级学科。如，交际与跨文化交际研究作为二级学科，就可细分为交际研究、言语交际研究、跨文化交际研究等若干三级学科；而语言个性研究又可细分为个体语言个性、群体语言个性、民族语言个性以及言语语言个性、交际语言个性等众多三级学科。从学术方向的性质上看，每个二级学科就是一个"流派"，它们构成了当代俄罗斯心理语言学范式较为完整的学术思想体系。可以毫不夸张地说，这在世界心理语言学研究格局中并不多见，即便在美国、英国等西方发达国家，它们在该科学领域所涵盖的研究范围也不如俄罗斯多样和宽广。

2）从研究机构和队伍看，俄罗斯心理语言学范式形成了"研究基地+学术中心"的平台格局：前者为俄罗斯科学院语言学研究所和俄语研究所，后者以莫斯科大学、圣彼得堡大学、特维尔大学、莫斯科语言大学、莫斯科市立师范大学、彼尔姆大学、乌法大学、沃罗涅日大学等为代表。③1969年，俄罗斯（苏联）科学院语言学研究所成立了以小列昂季耶夫为首的心理语言学和交际理论研究小组，后改名为心理语言学学部；2012年，为适应学科发展的需要，该学部内成立了两个分支机构——普通心理语言学分部（Сектор общей психолингвистики）和民族心理语言学分部（Сектор этнопсихолингвистики）。在言语活动论研究领域，该学

---

① 该学派的应用心理语言学研究还包括上文中所说的工程心理语言学、刑事侦查心理语言学、审判心理语言学以及病理心理语言学等。（Леонтьев 2005：218–267）
② 语言社会心理学即由德里泽创立的新学科（见 Дридзе 2009）。本著作第5章对此有专门评析。
③ 从俄罗斯心理语言学的研究方向和学术队伍看，应该不只有莫斯科、特维尔、彼得堡3个学派，有学者估计有10个学派以上。详情请见本著作第3章的有关内容。

部的研究实力一流，研究范围主要集中在传统的对象如言语生成、言语感知、言语交际、语言个体发育（онтогенез языка）等若干方向，20世纪80年代中期起他们开启新主题研究——言语过程中的知识功能化研究，即人的语言意识问题研究。从学术中心看，除莫斯科大学、特维尔大学、圣彼得堡大学形成了自己的学派外，上述其他综合性大学大多建有心理语言学研究中心。其中，莫斯科语言大学在普通和比较语言学教研室内建有专门的心理语言学实验室，专职研究人员和研究生达数十人（包括该校心理教研室、教育人类学教研室的研究人员）。该教研室从2002年起每年一次召开心理语言学国际学术研讨会，名称为"人与民族共体的语言本体"（Языковое бытие человека и этноса），并每年出版同名文集，在国内外学界有一定影响。可以认为，俄罗斯心理语言学研究队伍的"整体性"，无论是包括美国在内的西方学界还是我国学界，都是无法比拟的。

3）从学科运作看，俄罗斯心理语言学范式有一套比较完整的科学术语体系予以支撑，以保障其在各研究领域得以成功运作，这是其有别于其他心理语言学范式的重要标志之一。该术语系统大致可分为3类（详见本著作附录2"汉俄术语对照表"）：

一是与活动和言语活动相关的术语系统，如：高级心理机能、外部活动、内部活动、单个活动、精神活动、高级神经活动、主题活动、言语外智力-思维活动、言语行动、有意识行动、言语运动、任意运动；未来模式、过去-现在模式、将来模式、世界形象、心理形象、意识形象、内部形象、词的形象、事物形象、事物意义、民族文化事物、事物性；含义本体论、含义统一体、自我调节系统、内部编程、内部言说；事件交际、事物-图式代码。

二是与心理语言学研究相关的术语系统，如：内部言语、扩展言语、言语机制、言语组织；主观语言、中介语、语言的内部形式、作为对象的语言、作为过程的语言；言语句、语句内部图式。

三是与心理语言学理论建构和阐释相关的术语系统，如：语言个性、言语个性、交际个性、说话的人、交际中的人；世界图景、观念世界图景、科学世界图景；社会定型、民族定型、语言定型、思维定型、定型情景、词语定型；先例文本、先例语句、先例名、先例情景；心智语汇、心智构成物、心智体、语言阈、思维阈、观念阈、思维语言、文化语言。

学界普遍认为，术语系统的创建，是每一个学科得以成立的必备条件；而有特色的术语系统，更是保障该学科屹立于世界之林的重要标志。从上述这些术语看，它们大多贴有"俄罗斯标签"，是俄罗斯心理语言学范式所特有的概念运作系统，也成为世界心理语言学研究中不可多得的宝贵学术财富。如果将它们逐一进行描写和阐释，就可以构建起俄罗斯心理语言学范式的完整科学图景。

4）从学术重心看，俄罗斯心理语言学范式并非对当代心理语言学的所有领域"面面俱到"，而是基于活动论思想遗产基础上，重点对言语活动的心理学属性、功能、方法、特性等作出系统描写和阐释，其价值取向是活动本体论。正是在该本体论基础上，形成了具有广泛影响的"三大学派""三大理论"和"五大热点方向"。另外，从学术重心的阶段转进看，研究表明，它在不同的历史阶段也"各有侧重"。正如上文中提到的，言语活动论在"定型"阶段研究重心是"二项式"的，即"语言能力–语言"研究；到了"发展"阶段，就拓展为"三项式"，即"语言能力–言语活动–语言"研究；再到世纪之交，又增加了语言意识或个性心理等民族文化成分，变为了"四项式"，即紧紧围绕本著作第1章"总论"中所讲的"语言–意识–文化–交际"主题展开，拓展为"意识活动论"。本著作列出的"五大热点"——神经语言学研究、语言意识研究、交际与跨文化交际研究、观念研究、语篇含义研究，就是该"四项式"研究的集中体现，它们的成果不仅标志着俄罗斯心理语言学范式在原有言语活动论基础上又有了新的重大拓展，一定程度上也代表着世界心理语言学发展格局中的前沿水平。再从作为俄罗斯心理语言学的重要研究基地——科学院语言学研究所的研究重心看，上文已经提到，它从20世纪80年代中期起已经开始转向"语言意识"重大专项课题的系列研究。如，2000–2004年，该学部在"21世纪之交的俄罗斯与世界"（Россия и мир на рубеже 21 века）、"欧亚民族文化互动"（Этнокультурное взаимодействие в Евразии）等国家级重大专项课题下，由塔拉索夫领衔完成了"民族互动视域中的欧亚各民族语言意识研究"（Языковое сознание народов Евразии в аспекте их этнокультурного взаимодействия）、"人的语言意识研究"（Языковое сознание человека）两项重大课题。其子项目包括：(1) 语言意识研究的方法论和理论（методология и теория исследования языкового сознания）；(2) 言语生成和感知中的语言意识功能化（функционирование языкового сознания в процессах производства и восприятия речи）；(3) 跨文化交际中的语言意识功能化（функционирование языкового сознания в межкультурном общении）；(4) 俄语语言意识的民族文化特色（этнокультурная специфика русского языкового сознания）；(5) 俄语联想词典（русский ассоциативный словарь）；（6）俄罗斯各民族的民族文化特色（этнокультурная специфика языкового сознания народов России）；（7）文化对话理论（теория диалога культур）；（8）意识的交际空间（коммуникативное пространство сознания）；（9）神经分裂症条件下意识的结构和动态描述（структурные и динамические характеристики сознания при шизофрении）；（10）独特个性的语言意识（языковое сознание уникальной личности）；（11）当代语言学与人文科学的学科危机（современная лингвистика и дисциплинарный кризис гуманитарных наук）等。正如当代俄罗斯心理语言学领军人物塔拉索夫所说，当代俄罗斯心理语言学开始把注意力转向人的心理认识过程研究，用交际行为模式作为"方法论图式"来分析交际，并广泛采用计算机技术来研究人的思维过程等，这一切都标志着心理学开始实现认知转向。(Тарасов 1996：16）而在这一认知转向中，研究的核心是语言意识即世界形象的形成机制或功能化问题，也就是西方学界所声称的语言知识研究。以上不难看出，目前俄罗斯心理语言学范式的学术重心，已经呈现为"语言–意识–文化–交际"四项式的多维性特征。在该四项式中，语言与交际（活动）为两级，是心理语言学研究的本体；而意识与文化居中，预示着语言与交际的内核是意识与文化：意识等同于语言意识，文化离不开言语交际。

2.3 领先的若干学术领域

与西方心理语言学发展格局相比，俄罗斯心理语言学范式在长达半个世纪的发展进程中，已经在一些学术领域处于世界前沿地位或领先水平。

1）民族心理语言学研究领域。这是俄罗斯心理语言学范式研究中学术成色最高、成果也最为丰硕的一个领域。通常认为，学术的发展，主要依靠有先进的理论和学说的引领。从俄罗斯民族心理语言学的发展进程看，它植根于维果茨基的"人的发展心理学"理论，又得益于言语活动论的基本原理的指引，先后生成了有重要学术价值的三大理论——语言个性理论、先例理论、定型理论。该理论体系又辐射到语言意识研究、跨文化交际研究、观念研究、语篇含义研究等多个方向，形成了特色鲜明、规模宏大的学术思想体系，使俄罗斯民族心理语言学研究总体上跻身世界前沿水平。其中，最为突出的是语言意识研究[①]，其已取得一系列标志性的重大成果：（1）在由卡拉乌洛夫领衔的"俄语语言个性学派"所完成的两项重大项目"语言个性"和"世界形象"研究中，其核心内容就是语言意识的形成机制、演化和发展研究；（2）由塔拉索夫主持并完成了语言意识研究两项重大专项"民族互动视域中的欧亚各民族语言意识研究"和"人的语言意识研究"；（3）继1977年和2000年分别出版《俄语联想规范词典》（«Словарь ассоциативных норм русского языка»）和《俄语联想词典》（«Русский ассоциативный словарь»）之后，本世纪以来还先后出版了其他一系列语种的联想词典，如《布里亚特语联想词典》（«Бурятский ассоциативный словарь»）、《哈卡斯语联想词典》（«Хакасский ассоциативный словарь»）、《雅库特语联想词典》（«Якутский ассоциативный словарь»）、《白俄罗斯语联想词典》（«Белорусский ассоциативный словарь»）、《保加利亚语联想词典》（«Болгарский ассоциативный словарь»）、《乌克兰语联想词典》（«Украинский ассоциативный словарь»）、《波兰语联想词典》（«Польский ассоциативный словарь»）、《德语联想词典》（«Немецкий ассоциативный словарь»）、《法语联想词典》（«Французский ассоциативный словарь»）、《美式英语联想词典》（«Английский(американский вариант)ассоциативный словарь»）等。这些词典的出版，为语言意识研究（当然，联想词典还可用于其他领域研究，如语言能力研究、跨文化交际研究、语篇含义研究等）提供了坚实基础。相形之下，西方学界更偏重实证或心理实验研究，对语言与文化、语言与意识、语言与心智等关系研究，以及对概念图式、文化知识的研究并不多见。（Lavigne 2000：3–31, Пищальникова 2018:93）这表明，俄罗斯最具特色的民族心理语言学研究及其成果，在西方学界反而少有涉及，甚至根本难以理解（见本章第4节的有关内容）。

[①] 学界之所以如此重视语言意识研究，原因是多方面的，其中包括：（1）受传统影响，俄罗斯历来重视语言与意识或思维的关系研究，其心理学奠基人维果茨基也早在20世纪30年代就将语言意识视为世界形象；（2）学科内在要求，因为言语活动论本质上是"含义本体论"，这里的含义就与意识尤其是语言意识密切相关；（3）有新理论支撑，卡拉乌洛夫提出的语言个性理论，将个性与语言意识的形成机制直接联系在一起，此外，塔拉索夫也提出心理语言学研究"新本体论"，将跨文化交际视为跨意识交际；（4）未来发展需要，语言意识研究与人工智能等未来科技发展有内在的联系。

2）语篇研究领域。言语活动论遵循含义本体论原则，该原则使本国学者在该领域取得一系列重要成果，如本著作在第3章所展示的三大学派对语篇感知研究、语篇理解研究、语篇结构分析方向上取得的丰硕成果，以及在第5章中所审视的语篇含义研究方向上的认知语义研究、认知诗学研究、内容和含义研究方面取得最新进展等，都表明了其语篇研究有世界一流的水平。相比较而言，西方学界对语篇的研究成果并不十分突出，很多学者关注的焦点依然集中在"掌握母语""词汇加工""词汇语义"的研究层面；也有学者在本世纪初才开始关注认知诗学（Cognitive Poetics）研究，但其内容与俄罗斯学界早已开始的"心理诗学"研究基本相同。（Tsur 2003：279–318）

3）言语感知研究领域。小列昂季耶夫、扎列夫斯卡娅、齐姆尼亚娅等知名学者的相关研究，已经相当成熟和领先，而西方学界目前却依然停留在关注语篇阅读和听力问题方面，以及词义的识别方式、词与语篇的相互关系等。（Posner 1998：899–905）

4）神经语言学研究领域。卢利亚学派的神经心理学学说至今在世界学界有重要影响；彼得堡心理语言学派的当代领军人物切尔尼戈夫斯卡娅在心理生理学、神经生理学、神经生物学等领域的成果也处在世界学术前沿。虽然西方学界对神经语言学的研究也取得一些重要成果，如电生理、脑成像最新技术的运用等。但也有一些学者的研究主题，依然停留在小列昂季耶夫于20世纪70年代提出的对大脑机制问题的阐释方面。（Diependael 2009：895–908）

5）言语机制研究领域，任金的言语机制学说曾被誉为该领域的"珠穆朗玛峰"，它成就了一代俄罗斯学者，至今仍被世界学界所引用；在心智活动的跨模态整合研究方面，卢利亚在20世纪70年代就取得重要成果（见Лурия 1975），但该主题在21世纪初仍然受到西方学者的青睐。（Ziegler 2003：779–793）

以上领先的学术领域，证明着俄罗斯心理语言范式不仅在一些传统领域（言语感知、言语机制语篇理解）有一流的成果产出，而且在一些前沿领域（民族心理语言学、神经语言学）也有出色表现，尤其是在跨文化交际和语言意识研究方面取得了突出成果。正如当代俄罗斯著名心理语言学家皮夏利尼科娃指出的那样，相较于西方而言，"大多数俄罗斯心理语言学家关注跨文化交际的研究和不同文化携带者语言意识的对比研究，从而使心理语言学的发展总趋势更加接近于心理学"。（Пищальникова 2018:98）这里所谓的心理学，即作为第三代世界心理语言学的认知心理学。该科学中提出的许多认知程序,对当代俄罗斯心理语言学的发展产生了重大影响。

第3节 科学范式的些许特质

通过以上总览性和思辨性的审视,我们似可以对半个世纪以来俄罗斯心理语言学范式的"意义"即学术和思想价值,提出几点基本的看法或认识,我们将其归纳为"特质"。

所谓"特质",主要指相较于其他西方国家而言俄罗斯在心理语言学研究领域所"特有的思想和方法"。本质上讲,这些特有的思想和方法是由上文中所说的科学范式的基本特点所决定的,或者说是上文中提到的"基本特点"在思想和方法等层面上,形成了俄罗斯心理语言学有别于西方其他心理语言学的若干特色。对此,我们在这里仅从宏观视角,重点就其文脉传承、思想方法、对象内涵、运作机理等若干方面的特质,进行提炼和概括。

3.1 "文脉传承"的厚重性

本质上讲,俄罗斯心理语言学之所以能够成为世界第三代心理语言学的代表,主要得益于其深厚的学术底蕴和文脉传承。该学术底蕴主要源自两个方面:一是源自厚重的心理学思想遗产;二是源自历史悠久的语言学思想传统。

1)在心理学思想遗产方面,从本著作第2章"俄罗斯心理语言学的学理基础"中可以比较清晰地看出,其言语活动论基本学理主要是建立在以下4个思想文脉基础之上的:一是维果茨基所创立的文化–历史心理学,其学理内核是对立于西方的心理分析、行为主义、经验主义、主观主义心理学的活动论构架,并用"意识–文化–行为"的三位一体心理学模式来替代传统的"意识–行为"的二位一体反射学理论,其核心概念是所谓的"内部言语"。二是老列昂季耶夫对活动论构架的科学体系探索,他将活动论构架上升为心理学的一门独立学科——活动心理学,从而构建起"主体–活动–客体"的三位一体学科体系。这就如同当年德国学者施坦塔尔将洪堡特的"民族心灵论"构想上升为民族心理学一样(Алпатов 1999:84–86)。三是卢利亚提出的言语促进思维和发展心理的思想,以及交际和言语生成模式的思想,即对活动的调节机能的详细研究成果。(Леонтьев

2010：211）这就为言语活动论学科体系的完善作出了重要贡献。四是任金的"言语机制"说，它为言语活动论提供了对言语机制的规律性认识（包括其特性、成分、环节等）。从活动论的框架建构到学科的成型，再从活动调节机能的完善到言语机制的规律性认识，这些无论在学理上还是在科学体系上，都为言语活动论的定型提供了肥沃的土壤和厚实的思想基础。这也是俄罗斯心理语言学范式能够"自成一脉"并有别于西方其他范式的根本缘由所在。

2）在语言学思想传统方面，相较于心理学思想遗产而言，俄罗斯的语言学思想传统不仅历史更为悠久，规模更为宏大，其对世界学界的影响力以及对本国语言学和其他学科研究的渗透力也更强。如果从18世纪下半叶真正具有科学意义的罗蒙诺索夫（М.В.Ломоносов）的《俄语语法》（«Российская грамматика»）算起[1]，俄罗斯语言学思想发展已经走过了150多年的历程。其间，最为世界瞩目的是19世纪下半叶形成的"三大语言学派"——哈尔科夫语言学派、喀山语言学派、莫斯科语言学派。其中，前两个学派的奠基人波捷布尼亚、博杜恩·德·库尔德内以及谢尔巴的相关学术思想对俄罗斯心理语言学范式的形成影响最大。也就是说，俄罗斯心理语言学的语言学思想文脉主要有3个重要源头：一是波捷布尼亚关于语言与思维、语言与民族精神以及有关词的内部形式的思想，它成为俄罗斯心理语言学奠基人小列昂季耶夫构建言语活动论原理的基本遵循；二是博杜恩·德·库尔德内提出的关于语言的社会属性和交际性、语言具有心理社会本质以及音位的心理特征等思想，它为言语活动论的语言学理论构建提供了重要源泉；三是谢尔巴的语言现象"三层面"说，它成为小列昂季耶夫建构言语活动论时最重要和最直接的思想来源。

需要补充指出的是，为何语言学渊源对建构俄罗斯心理语言学如此重要呢？原因主要有二：一是尽管俄罗斯心理学的历史不如语言学那样悠久，但经过维果茨基的创建和老列昂季耶夫的完善后，已形成了比较成熟的活动论方法体系，因此，小列昂季耶夫在建构对言语活动论时，并不需要对该理论作任何的改变，而只要进行一番适用于心理语言学建构的解释或论证。二是在言语活动论建构过程中，缺少的主要是语言学理论的支

---

[1] 关于罗蒙诺索夫的 «Российская грамматика» 一书，以往国内学界大多将其翻译为《俄罗斯语法》，实际上，定名为《俄语语法》更为科学和贴切，罗蒙诺索夫所处的时代，"俄语"这一术语并不是用现当代通用的 русский язык 来表示的，用的是российский язык，российская грамматика 理应翻译为"俄语语法"。

撑，即如何基于心理学的活动论方法，对心理语言学的研究对象和内容作出科学解释。心理语言学的研究方法是由心理学提供的，而研究对象和内容则要由语言学提供，这就必须要从现有的语言学理论学说中寻找到相关的科学理据。正是基于此，小列昂季耶夫在几本奠基性学术著作中对言语活动论的理论建构，主要集中在对语言学渊源的发掘和论证方面。由于他出道于普通语言学研究，深谙俄罗斯语言学思想传统之精要，加上活动论方法体系主要是由其父亲老列昂季耶夫完成的，这就为他凭"一己之力"创建一门新兴学科提供了可能。

总之，俄罗斯心理语言学的生成，得益于厚重的文脉传承，这一点在该学科的"创建"和"定型"阶段体现得尤为明显：心理学渊源表现为它并非舶来品，而主要是根基于俄罗斯心理学的思想遗产和学术传统而形成的独立脉系。正是这种脉系相承，才使得俄罗斯心理语言学各学派之间具有很强的互补性、连续性和关联性，才使得其心理语言学具有科学范式的基本特征；语言学渊源体现为其心理语言学的理论学说大多具有俄罗斯特色，如语言个性理论、先例理论、定型理论等，它们的形成尽管不乏有许多国外学者的思想烙印或成素，但主要还是基于俄罗斯语言学思想传统构建起来的。

上述特质充分表明：如果说具有150余年历史的俄罗斯语言学思想传统具有"东西并举"即两面神雅努斯（Янус）之基本特质的话（赵爱国 2016：80–110），那么只有50余年历史的俄罗斯心理语言学，凭借其厚重的民族文化和思想传统，是在对西方心理语言学范式的批判和对立中创建和发展起来的。因此，其文脉传承的厚重性很大程度上决定了它有别于西方其他范式。正如著名心理语言学家塔拉索夫所言，虽然言语活动论在学理上与世界三代心理语言学都有一定的关联性，"但在本质上又有重大区别，它属于言语活动社会决定论的崭新范式"。（Тарасов 1987：85）

3.2 "思想方法"的原创性

这里所说的"思想方法"主要基于科学范式所特有的3层内涵：一是指哲学层面的意识形态（идеология）；二是指学科层面的方法论（методология）；三是指学术层面的方法（метод）和研究法（методика）。应该说，俄罗斯心理语言学范式在上述3个层面上，相较于西方尤其是美国心理语言学而言都有程度不同的原创性。

1)从哲学层面看,由于俄罗斯在相当长的一段时期内(苏联时期)由辩证唯物主义和历史唯物主义的意识形态占主导,从而使包括心理语言学在内的所有社会和人文科学都无一例外地被印刻上了马克思主义意识形态的标签。尽管苏联解体后的俄罗斯心理语言学不再贴有该标签,但总体上仍可将俄罗斯心理语言学称为"马克思主义心理语言学"。甚至可说,俄罗斯心理语言学是世界心理语言学界唯一的马克思主义心理语言学真正的代表。它独树一帜,不仅极大地丰富了世界心理语言学研究的方法论,更在哲学层面上决定了俄罗斯心理语言学范式的科学内涵:它不仅善于用辩证唯物主义的方法看待和研究言语活动的一切问题(包括对心理语言学实验方法的建构),更善于用历史唯物主义的方法来审视和解释言语生成、言语感知、言语影响、语篇理解的心理过程。具体说,它更加注重言语活动的社会价值和文化功能;更加关注语言符号(言语)与思维、意识之间的内在同一性;更加重视对语言符号(主要是音位、词、语句和语篇)进行系统的过程描写和心理阐释;更加倾向于言语活动的民族意识(精神)维度的发掘和把握等。这是俄罗斯心理语言学区别于西方其他范式的一条重要标志,对此,我们从俄罗斯心理学的奠基人维果茨基,以及俄罗斯心理语言学的奠基人小列昂季耶夫的相关学说中都可以十分清晰地看到这一点。而且,在俄罗斯心理学界,维果茨基的文化-历史心理学理论被公认为"唯物主义心理学",而小列昂季耶夫也因此将维果茨基称为"心理学中的唯物主义者和马克思主义者"。(Леонтьев 2005:48)以上可见,马克思主义心理语言学的最大特点,是凸显民族心理和民族语言的个性特征,并力图对该个性的形成过程作出历史唯物主义的描写和解释。

2)从学科层面看,我们已经在上文中对作为独立学科的言语活动论的方法论意义作了较为详细的评述和分析。俄罗斯心理语言学之所以与西方国家的心理语言学范式有诸多不同,其根本原因就在于它的方法论即科学范式的不同,即形成了具有原创性意义的活动解释原则。该原则与西方的行为主义原则最大的区别就是强调活动的事物性、能动性、非适应性、间接性、一体性(内化-外化)以及单位分析而不是成分分析等,从而成为世界第三代心理语言学的杰出代表——具有认知心理语言学性质和活动论特质的俄罗斯心理语言学范式。

3)从学术层面看,上述唯物主义方法论和活动解释原则体现在具体的科研活动中,也生成了些许较为独特的方法和研究法。比如,以历史唯物主义方法论生成了先例理论和定型理论;以活动解释原则生成了语言个性理论、跨文化交际学说和观念学说等。这些理论学说,不仅具有鲜明的时代性,还有较强的思想力和阐释力。尽管从学理渊源看,并非上述所有的理论学说都源自俄罗斯本土,如定型理论就源自美国学者利普曼的"社会定型"说,跨文化交际学说更是源自西方学界。但就其整体而言,完全有理据将这些理论学说划归为俄罗斯心理语言学所特有的方法和研究法,这是因为:西方国家并非在心理语言学领域中研究上述现象的,更多的是集中在传统的语言学、民族学、社会学或交际学领域,只有俄罗斯学界将这些现象与心理语言学研究紧密结合在一起进行系统研究,并取得一系列有影响的重要成果。当然,研究表明,就具体研究方法而言,俄罗斯心理语言学范式中的三大学派也不尽相同:莫斯科心理语言学派主要基于心理学的活动论学说对言语活动的机制进行心理语言学的构建和阐释;特维尔心理语言学派主要采用隐喻理论对言语的生成和理解进行认知心理阐释;彼得堡心理语言学派则更多从功能主义视角通过关键词的心理实验和神经大脑作用,对紧缩和扩展语篇的结构及人的语言能力的形成机制等进行心理语言学分析。该三大学派所展示的研究方法各有侧重,并相互借鉴和渗透,构成了当代俄罗斯心理语言学范式的基本方法。

以上3个层面,构成了俄罗斯心理语言学在思想方法上的原创性。理论上讲,无论是本著作审视的"三大学派"还是"三大理论"或"五大热点方向",它们在整体上都是原创性思想方法的产物。当然,在俄罗斯心理语言学的发展进程中,以及在具体的科研活动中,该思想方法的显示度并不均衡——有强也有弱。如,在"创建"和"定型"阶段,唯物主义方法论和活动解释原则起着主导作用,因此其显示度较强;而在"发展"阶段,视角和研究方法就成为其原创性思想方法的主要因素。本著作所审视的数十种理论、学说、思想、模式等,其中绝大多数都是以辩证统一或对立统一为基本方法论来描写和解释言语活动的本质、结构、特性和功能的;在此基础上,活动解释原则又将形象和过程对立起来,紧紧围绕形象与活动(过程)的关系来构建言语活动论,研究由语言符号间接表达的世界形象与言语活动的关系;最后,沿着唯物主义方法论和活动解释原则这条主线延伸下去,一直渗透到每一个方法和研究法的微观层级,就铸就了别具一格的俄罗斯心理语言学范式。当然,由于心理学和心理语言学研究所涉及的对象和因素十分复杂,因此,不可能仅靠唯物主义方法论和活动解释原则等就能得到所谓的"全部真理"。我们在这里只是强调和论述了它们在思想方法上的原创性意义,以凸显其对世界心理语言学发展在"方法论""方法""研究法"3个层面上应有的学术价值。

3.3 "概念内涵"的独特性

众所周知,心理语言学的研究对象是言语活动的心理过程,这在世界各国都基本相同或大体一致。而俄罗斯心理语言学范式与西方其他范式的重要区别,并不是研究对象的不同,而是其对言语活动的本体论、对象阈以及主题阈的解释有本质的区别,即对言语活动的概念内涵有独特的理解和认识,从而在认识论层面为其科学范式的建构和运作提供了思想基础。

具体说,言语活动论概念内涵的独特性主要体现在以下3个方面:

1)对言语活动属性的独特解释。上文已经说到,俄罗斯心理语言学范式的学理基础分别源自俄罗斯心理学思想遗产和语言学思想传统,以及本国生理学中关于"活动"的相关学说(详见本著作第2章"俄罗斯心理语言学的学理基础"中的相关论述)。这表明,它分析言语活动的过程并不是从语言学视角出发的,即并不是基于语言学中关于"活动"的有关思想,而是从心理学视角出发,即由维果茨基创建、由老列昂季耶夫完成、再由卢利亚和任金等完善补充的活动论。在言语活动论的奠基人小列昂季耶夫看来,言语活动论只是普通心理学活动论的一个方面,而语言学又只是人的言语活动论的一个方面(Леонтьев 2003: 25–28, 2010:27),用图式来表示,展现为"活动论→言语活动论→语言学"图式。这与被誉为现代语言学奠基人的索绪尔所提出的相关概念有很大不同。索绪尔认为,语言与语言能力相对立,构成言语活动,言语活动又与言语相对立;而小列昂季耶夫则认为言语活动包含了所有的3个方面,即言语活动的概念内涵包含了 "语言""语言能力""言语"3 方面内容。再从交际学视角看,小列昂季耶夫把交际心理学界定为"心理学的一个分支",并把心理语言学视作交际心理学的组成部分,这就展示为"心理学→交际心理学→心理语言学"的图式。这表明,作为俄罗斯心理语言学范式的言语活动论,只是交际心理学的分支学科之一。因此,探索言语活动综合的、多层级的模式化之规律性,就是言语活动论所特有的概念内涵。显然,它与语言学和心理学的研究方向完全不同,也与西方心理语言学对活动和言语活动的概念界说有重大区别。

2)对语言符号特性的独特理解。如何看待语言符号的特性问题,在世界语言学史上有众多的不同界说和理解,对此,从普通语言学研究起步的小列昂季耶夫十分清楚。在他看来,就言语活动与语言符号的关系而言,现代科学只有3种不同视角:(1)以德国现象学哲学家胡塞尔为代表,将世界万物视为符号;(2)以索绪尔为代表的经验主义符号学,将语言符号视为一种独立的符号系统加以单独研究;(3)以维果茨基为代表,研究的并不是语言符号或语言符号系统本身,而是符号活动,即语言符号或语言符号系统"内部的和心理学的方面"。(Леонтьев 2010:43–45)显然,俄罗斯心理语言学范式是从维果茨基心理学视角来解释语言符号特性的,认为只有那些"对人的心理形成有制约作用的语言符号及其替代物",才是心理语言学的研究对象。该符号并不是现实的事物或现象本身,而是由现实事物或现象概括和抽象出来的"符号模式"。也就是说,如果不同事物和现象可以用同一种程序予以体现的话,那么它们就属于同一种符号模式。不难看出,俄罗斯心理语言学范式对语言符号特性的理解,是建立在对言语活动属性的理解基础之上的,它比胡塞尔、索绪尔所理解的语言符号的概念要狭窄得多,因为在他们看来,符号活动本质上只是言语活动论学说中言语活动的一个方面。

3)对言语活动结构及关系的独特认识。本著作第3章中已经讲到,莫斯科心理语言学派的创始人小列昂季耶夫早在1965年就依据谢尔巴的语言现象"三层面"说构建起"三位一体"的语言观,并在此基础上用心理学的方法将"作为对象的语言"(语言系统)与"作为能力的语言"(言语机制)对接起来,使俄罗斯心理语言学范式在学理上真正成为一门既有别于语言学又不同于心理学的综合性学科。这是因为:语言学研究是将"作为对象的语言"与"作为过程的语言"(言语)对接,即索绪尔所区分出的"语言"和"言语"系统;而心理学研究则将"作为能力的语言"与"作为过程的语言"相对接,它在分析"作为能力的语言"时,并不对与交际过程相关的内容进行描写,也不对言语生成过程中表达的相关成分进行区分,因此它只属于心理学的研究范围,而不适用于心理语言学。由此可以看出,小列昂季耶夫在构建俄罗斯心理语言学范式时,从"三位一体"语言观中甄别出的将"作为对象的语言"与"作为能力的语言"对接的思想,不能不说是一种独特的视角和认识。它规定了作为心理语言学的言语活动论的学科性质:它不是纯语言学科,也不是纯心理学科,而是一门心理学与语言学交叉的综合性学科。对此,俄罗斯心理语言学范式的发展进程就是最有力佐证:它在短短半个世纪的时间内,已经由最初的主要研究语言能力生成模式的学科,向民族心理语言学、心理语义学、篇章心理语言学、神经语言学、认知心理语言学等迅速扩张,发展成为一门真正意义上的综合性学科。

总之,我们从上述言语活动论对言语活动概念内涵的独特理解中,似可以得出以下3点结论：(1)从本体论视角看，这里的活动主要指"心理过程"，活动的主体指"施行共同活动的交际者"，而言语是指"以组织交际者进行合作交际为目的的言语生成和感知过程"，其单位是"言语句"。可见，言语活动论在本体论视角与第一代和第二代心理语言学所构建的本体论图式有很大不同：前者将言语融入交际系统，与交际理论所规定的意义相对应；后者则将言语视为生成语法上正确并能符合转换规则的句子。(2)从对象阈视角看，言语活动论既包括个体实现言语生成、言语感知的过程，还包括跨个体交际即跨文化交际过程。(3)从主题阈视角看，言语活动论不仅将言语生成和言语感知的过程诉诸说者的心理描述，还将其诉诸交际的社会条件以及听者的社会心理描述。(Тарасов 1987: 128–129, 157)

3.4 "运作机理"的过程性

运作机理指某学科研究对象中的运作单位及在研究中依据的运作模式。从俄罗斯心理语言学范式看，言语活动论的运作机理尤其强调言语活动的"过程性"。

1)从运作单位看，俄罗斯心理语言学范式与西方心理语言学的最大区别是以单位分析来取代成分分析。这个"单位"是作为"心理学工序"来运作的。这种特定的运作机理，显示出以下特点：(1)强调"过程观"。对俄罗斯心理语言学范式来说，研究的对象并不是词、句子、语句或篇章等作为言语生成过程的产物或言语感知过程的材料，而是上述言语生成和言语感知的过程本身。也就是说，过程的形成，并不是直接来自言语单位，而是来自活动中的这些语言单位的相互联系和组织。由于言语活动与其他任何活动一样，是根据目的或任务组织起来的，因此，这里所谓的"过程"，首先是由语言符号间接表达的世界形象与言语活动之间相互作用的过程。(2)强调"动态工序"。它提出的观点是：整体不是由单个成分组合而成的，而是由构成较为复杂的行动以至整个活动的动态工序组织起来的。因此，单位分析的范畴又具有言语工序而不是言语产品的地位。(3)强调"针对性"。心理语言学的单位具有活动的一般特征，即针对性、理据性等。这就意味着：实施言语活动的目的是完成某种非言语任务，这就需要靠各种语言手段来实现。(Леонтьев 2005: 65–71)从这个意义上讲，词、语句或篇章就是实现该非言语任务的过程或手段。

2)从运作模式看，由于言语活动论遵循的是活动解释原则，因此其分析对象是言语生成、言语感知、掌握语言等过程，这就决定了言语活论的基本运作模式：活动论视人的心理为活动，而言语活动论则把人的言语视作一种活动，这就表明实际上存在着两种不同的活动：一是作为研究对象的活动——人的言语；二是作为分析图式的活动——人的心理。研究作为人的言语的活动，要依靠作为人的心理的活动概念（图式）来进行，而不需要借助于其他别的概念系统，因为作为人的心理的活动概念本身，就是一套自主的抽象系统。如，解释"作为过程的语言"，用原有俄罗斯心理学和生理学中有关"活动"的概念就足以实现，如活动、行动、工序、动机、需求、意象、意义、个性等；而解释"作为对象的语言"，一般使用语言学原有的文化、社会、历史过程、静态、动态、共时、历时等概念就能完成。这充分证明，俄罗斯心理语言学范式是采用活动论的概念系统，来分析主要是由语言符号间接表达出来的言语思维过程的。正如塔拉索夫所说：把活动置于非言语活动（人的心理）结构中，并用一种特殊的最大限度接近于人类认知现实的方式来描写非言语语境（неречевой контекст），这在心理语言学历史上还是第一次。（Тарасов 1987: 98）比如，在对语言能力生成机制的认识方面，俄罗斯心理语言学范式的研究是建立在维果茨基等学者提出的活动观基础上的，即主要通过所学习材料组织以及教学过程组织来积极影响人的心理生理机能的形成，因此，它具有"主动掌握语言"和"积极影响现实"的性质，即人可以提前预见并有意识计划自己的行动。而以美国为代表的西方学界对言语活动（行为）的研究，大多是基于人的肌体所积累的经验，教学的成败主要取决于人天生的神经生理结构以及所受到的刺激数量，教学方法和内容主要以机体的先验性参数来决定。因此，其言语活动观难以有效形成人的心理生理机制。（Леонтьев 2010：137–139）

最后需要指出的是，我们在这里总结和归纳出的以上几个方面特质，主要是针对作为俄罗斯心理语言学范式的言语活动论的基本学理而言的。在我们看来，由于言语活动论是俄罗斯心理语言学范式的思想晶核，因此，对它所体现的些许特质进行提炼和总结，本质上就是对整个范式之思想精华和学说精要的归纳。当然，正如我们在上文中所提到的那样，由于该范式的发展经历了"活动论→言语活动论→思维活动论"的不同形态或样式，因此，上述几个方面的特质可能还不能很好地涵盖或彰显"思维活动论"即"语言意识"研究方面的特质。尽管本著作在第5章中已专门辟出"语言意识研究"进行了初步审视，尽管俄罗斯心理语言学界对语篇内容和含义的分析颇具特色，并取得一定的理论和实践成果，但他们对思维活动论的研究仍处在初级阶段，因此，我们对其发展走向和学术成果的评定，尚需要有一定时间的观察才能作出。

第 4 节　存在问题及发展趋势

本章主旨既然是"对俄罗斯心理语言学范式的总体评价"，那就不能仅仅局限于正面评价方面，还必须看到其现实存在的问题，并对该范式在可预见的将来的发展趋势问题提出我们的一些思考和见解。这是本著作在第 1 章"总论"中确定的"意义原则"和"批评原则"缺一不可的两个方面。

4.1 存在的主要问题

审视俄罗斯心理语言学范式的发展状况并对其作出总体评价，不能只看到其闪光的一面，还应该从批评原则出发，理性地看到隐藏在"含金量"背后的些许"含沙量"，即客观存在的问题或不足。当然，这些问题或不足主要是在与西方学界同类研究的比照中得出的，也有个别是根据当代人文科学的发展趋势而呈现的。大致可归纳为以下几个方面：

1）发展潜力受到一定制约。西方心理语言学自诞生以来，已经历了行为主义（第一代）、生成主义（第二代）、认知主义（第三代）的基本范式，而俄罗斯心理语言学却始终奉行"以不变而应万变"的基本路线，研究路径很难突破活动本体论的既定框框，使得其发展潜力受到一定制约。尽管从20世纪70年代中期起，俄罗斯心理语言学研究展现出迅速向外扩张的态势，与交际学、文化学、民族学、教育学等联姻；世纪之交，又拓展到语篇含义、语言个性、语言意识甚至心理诗学等研究领域，但就其学科整体而言并没有发生质的重大变化：第一，言语活动论所遵循的活动解释原则，至今依然停留在"世界形象"和"言语过程"的对立即形象层面的"过程观"方面，而并没有真正拓展到当代人类学、认知学、生物学、神经心理学、计算机科学等新领域。第二，即便是如今盛行的语言意识研究，它依然是在活动本体论框架内作为"世界形象"学说被加以审视的，即更多地聚焦于视语言为人类意识存在之"形式"的语言意识论方面，以揭示世界形象的语言学形成机制，并没有彰显出西方学界"知识研究"应有的广度和深度。第三，以语言意识研究的新本体论——跨文化交际为例，目前的成果仍显得单薄，尤其对跨语系、跨语种的对比研究还没有形成统一的理论体系。第四，对语言能力生成机制的研究，同样受限于活动本体论基本学理的制约，总体上并没有将语篇能力纳入语言能力层级的审视范围，因为言语活动论本身更多地偏重对言语生成和感知作出心理语言学的解释，而这里所谓的"言语"的基本单位并不是语篇，而是言语句。而且，目前俄罗斯学界对语言能力的研究，依然没有超越第二代心理语言学（即乔姆斯基-米勒心理语言学）所划定的范围或所审定的范畴。

2）文理交叉不够。从当代世界人文学科的发展趋势看，学科交叉无疑是取得突破性成果的有效路径或方法。但从近半个世纪以来的俄罗斯心理语言学发展状况看，除了与语言学、交际学、民族学、历史学、教育学（包括普通教学论）等人文和社会学科相互交叉外，与理工科尤其是生物学、计算机科学、数理逻辑学、认知学等科学的交叉还远远不够。当然，我们已经看到，俄罗斯心理语言学界从世纪之交起就开始意识到本学科所面临的种种危机（如，卡拉乌洛夫所主持完成的重大专项中，就设立了"当代语言学与人文科学的学科危机"子项目），并在加强与互联网、认知学、大数据、新媒体技术等进行交叉性研究方面取得一些进展，但就总体而言，近半个世纪以来成果，绝大部分都集中于传统领域，即便是当下最时兴的语言意识研究，也大多局限于心理认知的构建和阐释层面，尚未真正与自然科学结合起来，所以难以有科学化或规模化的重大成果出现，这一状况与已经到来的人工智能时代的现实要求还有较大差距。

3）研究技术有待提升。尽管俄罗斯喀山语言学派的主要成员博戈罗季茨基（В.Г.Богородицкий）早在1884年就建立了世界上第一个语音学实验室，用以对语言感知系统进行科学研究；也尽管当代俄罗斯心理语言学研究有上文中所说的三大学派和十余个研究中心，其研究规模和研究队伍堪称世界一流，但毋庸讳言的是，其在研究技术方面与西方还有明显的差距。如，以卢利亚为代表的俄罗斯神经语言学研究，曾代表着该领域的世界最高学术成就，但至今其继承人的研究大多还停留在"病理学"层面，即言语障碍的大脑机制及其心理学干预的"病理取向"方面，重点依然是语言习得、语言掌握、言语生成、言语理解的神经机制和心理机制问题等。究其成因，不是其没有先进的理念，而是缺乏先进的技术手段。而以美国为代表的西方学界，已经普遍采用现代科技手段，将神经语言学研究由"病理学"转向了"生物学"领域，即在对言语活动的心理和神经机制作出假设的基础上，用自然科学的技术手段加以实验并使其模型化，以探索语言的不同结构在人脑中的呈现方式和语言处理过程。因此应该说，在俄罗斯在人文学科研究领域中采用新技术的并不多见：它往往可以提出一些先进的理念和方法，但却又常常受制于有限的高科技发展水平。

4）实验研究比重不高。尽管俄罗斯心理语言学研究也重视科学实验，但与西方国家相比，其科学实验的比重并不高，有影响的实验成果也鲜见。正如有学者在对比世纪之交的西方国家与俄罗斯心理语言学发展状况时指出的那样:"前者聚焦于实验论证语言教学和语言使用的重要方面,从而始终保持着对言语活动特性的实验研究的兴趣和对识别言语生成和感知过程规律性的兴趣;后者同样也研究上述问题,但实验研究要少得多,只有极少数例外。"(Пищальникова 2018:103)的确,西方心理语言学研究中奉行的是"实验至上"的原则,几乎所有研究成果都要有相应的实证材料支撑。也正因为如此,其学术成果大多以论文的形式发表,因为每一篇论文的实验方式不尽相同,因此可以推动学术的不断创新。这与俄罗斯学界更看重著作或专著的风尚形成了鲜明的对比。当然,俄罗斯学界实验成果偏低,也有其客观原因:一是可能与其实验方法较为单一或上文中所说的"研究技术不够先进"相关。从莫斯科心理语言学派所倡导的实验方法看,主要集中在传统的直接实验、间接实验和联想实验3个方面,且最后一种实验最为多见,致使大量实验结果呈现出同质化或雷同化趋向。其他学派的实验研究也大多效仿莫斯科心理语言学派的方法(诺维科夫学派对语篇含义的实验除外)。而目前西方国家已经很少采用传统的联想实验方法,更多的是高科技性质的行为实验(поведенческий эксперимент)、电生理实验(электрофизиологический эксперимент)和脑成像技术实验(технологический эксперимент визуализации головного мозга)等。①二是与俄罗斯心理语言学的研究传统有关。上文已经讲到,小列昂季耶夫对心理语言学的理论构建主要是从普通语言学视角出发的,而传统的语言学研究方法是理性主义与经验主义相结合的描写和阐释,鲜见用科学实验的方法(语音学、音位学研究除外)。必须看到的是,尽管心理语言学的研究主题来自于语言学,但其研究方法却主要取自心理学,后者作为一门实验性学科,规定着心理语言学研究的基本方法是实验。这就造成了俄罗斯心理语言学研究中"重理论建构和阐释、轻方法创新和实验分析"的局面。

---

① 从现有资料看,俄罗斯学界对行为实验、电生理学、脑成像技术等都有所研究,但主要集中在心理学领域。其中,行为实验研究较多地集中在认知学视角的行为控制(конторолъ поведения)领域;电生理学研究在俄罗斯有较悠久的历史,萨莫依洛夫(А.Ф.Самойлов)被公认为俄罗斯电生理研究方法的奠基人;而脑成像技术研究在俄罗斯起步虽然较晚,但小列昂季耶夫曾对"形象成像"机制问题有过较深入阐释,卢利亚也曾对神经语言学中的"言语信息成像"问题有开拓性研究(见本著作第1、3、5章的相关论述),只是在近二十年鲜见有新的进展。

5）学科界限有模糊的趋势。应该说，小列昂季耶夫在创建言语活动论时，俄罗斯心理语言学的研究对象、研究内容和范围等学术边界是十分清晰的。但从20世纪70年代中期起，随着世界心理语言学开始进入"后乔姆斯基"时代，俄罗斯心理语言学尤其是莫斯科心理语言学派的学术研究开始向交际学、民族学、文化学、认知心理学等方向扩张，其研究样式由"定型"阶段的"三项式"拓展为"四项式"。这一方面使得言语活动论的学科样式开始具有了跨学科、综合性的特征，但同时也模糊了心理语言学的学术边界。尤其从世纪之交时期起，一批新的研究主题受到学界推崇，如语言意识研究、言语意向研究、心理诗学研究、心理学文学研究、语言个性研究、先例研究、定型研究等，使言语活动论的学科边界快速膨胀。有学者就此指出，该局面的形成，使西方学界对俄罗斯心理语言学的学科性质深感不解，以至于"没有一位外国心理语言学家搞清楚究竟何为音义学（фоносемантика）、民族心理语言学、语言意识、交际意识、心理诗学、作为个体财富的词、言语意向分析（интент-анализ речи）、心理学文学研究、新心理语言学（неопсихолингвистика）等"。(Федорова 2020: 122) 尽管该学者的上述话语有些偏激，但至少表明这样一个事实：俄罗斯心理语言学研究的确存在学科边界不清晰的问题，它与西方心理语言学的研究视阈有很大不同，这也是其在研究方法上实验研究比重不高的原因之一。当然，从另一个视角看，"模糊性"在一定程度上又是当代科学发展的一种趋势，学科"交叉"过程本身就意味着抹去原有边界，关键要看其边界模糊后能否在交叉点上生长出有生命力的新学科。如果从这一视角出发，当前俄罗斯心理语言学研究中出现的学科边界不清晰问题，只是在生长出新学科前的暂时"阵痛"。

6）语言意识研究缺乏新的方法论理据。从世纪之交起，莫斯科心理语言学派的研究方向开始聚焦于语言意识研究，由此带动该学派的众多学者参与，大有取代言语活动论之势（见上文中有关俄罗斯科学院语言学研究所由卡拉乌洛夫、塔拉索夫分别领衔实施的4个重大项目），甚至给世界学界造成了"俄罗斯心理语言学的研究对象就是研究语言意识"这样的假象。事实上，尽管语言意识研究在俄罗斯学界有悠久的传统，也有"语言个性理论""先例理论"和"定型理论"的支撑，但至今仍缺乏新的哲学或方法论理据。正如有学者尖锐指出的那样："莫斯科心理语言学派所推行的语言意识研究，严格意义上讲并不科学：一是在所有的研究成果中都缺少当代科学研究通常所称的方法论，即集研究目标、任务、假设、模式、理论和论证于一体的方法论；二是从目前对语言意识的界说看，还很难以将其界定为现象（феномен）的科学。"①（Федорова 2020：123）的确，语言意识研究如何与传统的言语活动论基本原理融合在一起，或与其他具有哲学方法论性质的科学结合起来，使其获得新的方法论支撑而成为称得上"现象"的科学，是摆在俄罗斯心理语言学界面前的一道难题；此外，由于语言意识研究不仅仅局限于心理语言学领域，其他学科如认知语言学、语言文化学等也都涉及该领域，因此，如何划定彼此间的学术边界的问题，已成为当务之急。

应该说，上述存在的问题或不足，将在一定意义上决定或制约着俄罗斯心理语言学范式的未来走向。

4.2 发展趋势展望

理论上讲，对某一学科的未来发展趋势进行预测或展望是有一定难度的，这是因为：一方面，宏观上需要将该学科置于社会发展和科技发展的大背景下进行具体考察；另一方面，中观上需要对当代世界心理语言学发展格局的整体趋势有比较准确的把握；再一方面，微观上还需要对该学科发展的基本特点、思想特质和存在的问题等有比较深入的认识，并对其近年来的学术活动走向有比较系统的了解。当然，如果依照当代莫斯科心理语言学派的代表人物之一塔拉索夫的观点，要预测世界心理语言学的发展趋势是不可能的，因为"根本不存在任何世界范围内的心理语言学发展趋势……如果说过去大家都在验证乔姆斯基转换语法的心理现实的话，那么现在每一位研究者都在创建自己的研究对象理论。从乔姆斯基的继承者视角看，理论开始发散起来，但大多数学者认为科学是自然前行的"。（Тарасов 2010:18）按照塔拉索夫的说法，未来世界心理语言学的发展不仅不可预测，也没有必要预先设定其走向（因为"科学会自然前行"）。尽管如此，基于本章的既定研究目标，作为本章"总体评价"不可或缺的组成部分，并遵循学界普遍认同的"科学是需要和可以预测的"原则，我们认为依然有必要也有可能对俄罗斯心理语言学的未来发展趋势作出展望。

1）从社会和科技发展大势看，互联网、人工智能、大数据时代会影响甚至颠覆人类现有的认知，因此，无论是自然科学研究还是工程技术科学研究，无论是社会学研究还是人文科学研究，现在和将来都要无一例外地顺应时代特征，朝两个不同的方向发展：一是朝虚拟化、智能化方向

---

① 在科学术语中，феномен 一词指心理知觉能领悟或可认知的事物。

前行。心理语言学研究也与语言学等其他人文学科一样,其走向也会呈现上述特点,即由现实走向虚拟,由传统的能力研究转向未来的智力研究,显现出"虚拟的现实"特征。如,当下俄罗斯学界所倚重的语言意识研究,就是由现实的言语活动论转向了虚拟的思维活动论,即由语言能力研究转向了知识或智力研究。这在一定程度上印证着第三代心理语言学是"没有语言学心理语言学"的论断,也就是由"看得见的言语活动"转向了"看不见的思维活动"。二是朝计算机化和数字化方向拓展。语言学研究的逻辑数理化,在20世纪初就开始显出端倪,数理语言学、计算机语言学等应用性新型学科的诞生就是例证。但心理语言学研究能否朝计算机化和数字化方向发展呢?答案也是肯定的。我国著名语言学家陆俭明认为,语言研究走上数字化之路是顺应科技发展的大趋势,因此必须按照"语言学+"的模式走与其他学科交叉融合之路。(陆俭明 2020:2–11)俄罗斯心理语言学家别梁宁也提出,"将来语篇的自动化分析(автоматический анализ текста)需要依靠心理语言学中积累的知识才能解决",因为"心理语言学可以研究电子语篇和文件的改句程序(процедуры перефразирования),以为解决人工智能问题提供服务"。(Беляни 2003:208)实际上,上述两个发展方向之间并不矛盾,而是一个统一整体:正是因为由现实转向虚拟,才更需要采用计算机技术和数字化技术对"虚拟的现实"进行模式化和影像化。

2)从学科发展态势看,学科间的交叉已经成为发展和创新的直接动力,呈现出文理交叉、文工交叉、文文交叉的新态势。心理语言学发展也不例外:它会在原心理学与语言学交叉的基础上,进一步向自然科学、工程技术科学等方向靠拢,不断生成出新的分支学科。从目前俄罗斯心理语言学研究存在的些许问题或不足看,其发展走向会在学科交叉方面取得新的成果。如,就本著作所列出的俄罗斯心理语言学研究"五大热点方向"而论,其可能的发展趋势是:

(1)神经语言学研究与认知学、信息科学、生物学、民族学等联姻。对此,由切尔尼戈夫斯卡娅领衔的彼得堡大学认知研究实验室,正在探索将心理生理学、神经生理学、神经生物学、生物医学的研究与认知学、信息科学等方法结合起来的实验方法,以解答困扰学界的不同的民族语言及其结构在不同民族人脑中的呈现方式和语言处理过程问题。(Черниговская 2015:489-494)可以预见的是,他们的研究将会在一定程度助推民族心理语言学研究向多学科交叉的方向发展。

（2）交际和跨文化交际研究与计算机科学联姻。研究表明，将心理语言学研究与计算机科学结合起来，在俄罗斯学界并不乏先例。如，彼得堡心理语言学派的奠基人萨哈尔内依就曾于1989年发表了《作为扩展语篇的紧缩及其计算机模式化的物象化》（«Предметизация как компрессия развернутого текста и её компьютерное моделирование»）一文，对语篇紧缩与计算机模式化问题进行了探索。(Сахарный 1989: 7–24)；塔拉索夫也于1996年在论述跨文化交际的"新本体论"时，积极倡导采用计算机技术来研究人的思维过程。(Тарасов 1996: 7–12)；别梁宁于2021年也发表了论文《语篇音调的计算机分析》。当然，也有反对之声，认为对心智语汇的研究，用计算机隐喻作为形成"活人"语汇（лексикон «живого» человека）的认识是有局限性的。(Золотова 2003: 35–36)尽管如此，心理语言学研究尤其是交际和跨文化交际研究与计算机科学的联姻是必然趋势。

（3）语言意识研究与认知学、语言文化学等联姻。现阶段，俄罗斯学界尤其是莫斯科心理语言学派对语言意识的研究已经上升到所谓的"意识心理学"的高度。但究竟何为"意识心理学"，其概念内涵、学理构成、研究内容和范围以及运作机制等，都有待在科学方法论上加以论证和阐释，因此，其很可能会在当代认知学中找到相应的方法论理据；此外，由于心理语言学中所说的意识即指语言意识[①]，因此，对它的研究不可能脱离开民族的语言和文化，这就为它与语言文化学的联姻提供了学理保障。事实上，当代俄罗斯心理语言学家克拉斯内赫也正是沿着这一思路对语言意识问题进行研究的，她不仅提出了"心理语言文化学"这一新概念，还就该新型交叉学科的研究对象、任务、内容、词汇等进行了具体的论证和阐释。(Красных 2016: 129–136)这尤其会与语言世界图景理论的基本学理相交相融。对此，目前已经有学者开始从事此类研究并发表了相关研究论文，如著名心理语言学家乌费姆采娃的《语言意识–世界形象–语言世界图景》（«Языковое сознание–образ мира–языковая картина мира»）(2015)、《语言世界图景：模式化问题》（«Языковая картина мира: проблемы моделирования»）(2016)，以及青年学者叶梅利扬诺娃（Е.В.Емельянова）的《语言意识与语言世界图景》（«Языковое сознание и языковая картина мира»）(2015)、雅科夫列夫（А.А.Яковлев）的《语言意识与语言世界图景：概念的相容

[①] 就如同第三代心理语言学也被称作"认知心理学"一样，其性质就是认知心理语言学。

性》(«Языковое сознание и языковая картина мира: совместимость понятий»)(2019)等。语言意识与语言世界图景研究可以融合,原因是它们不仅在学理上同源——都源自洪堡特的语言世界观学说和施坦塔尔的民族心理学思想,学理上也相通——语言世界图景作为某语言群体日常意识中形成的、反映在语言中的世界表象的总和,集中体现着该群体感知世界、组织世界和对现实观念化的某种方式,这就在学理上与语言意识的形成机制和特性有密切的相关联。当然,语言意识在概念内涵上并不等同于语言世界图景,而等同于心理学研究中的世界形象或世界图景。

(4)观念研究和语篇含义研究与认知语义学联姻。本著作所评述的"观念研究"内容,本质上就是认知心理学与认知语义学联姻的结果;此外,用认知语义的相关概念也可以对语篇语义的生成和理解机制作出科学的阐释。

以上4个方面,既是半个世纪以来俄罗斯心理语言学研究中的"热点"方向,也在一定程度上预示着其未来一个时期的发展走向。

需要指出的是,当代俄罗斯心理语言学研究的领军人物塔拉索夫在本学科发展态势方面也曾提出自己的观点。他在《心理语言学发展趋势》一书的"结语"中指出,"心理语言学发展的趋势之一,是心理语言学中的反实证主义情绪(антипозитивистские настроения)的增长以及对方法论分析(методологический анализ)的追求,这在言语活动论中体现得最为明显"。(Тарасов 1987: 157)他的话语表明,俄罗斯心理语言学范式的发展,在一定时期内依然会以方法论分析(即理论建构和实验分析)为主,并会呈现出某种反实证主义的倾向。如果塔拉索夫所说的这一观点成立,那么可以推测,本著作第5章所述的"五大热点方向"的研究,将继续与现象学、阐释学、认知学等具有哲学方法论性质的学科联姻,使俄罗斯心理语言学范式朝着更加具有理论心理学或意识心理学性质的方向发展,即在学理上更加偏向于理论语言学维度,而不是保持心理学原本所具有的实验科学的性质。值得一提的是,俄罗斯学者克拉斯内赫预测,包括心理语言学在内的21世纪的科学研究,将出现一种崭新的科学范式——新后实证主义(неопостпозитивизм),其主要特征是研究对象超越了所谓的"原子态",而呈现出整体性(холистический характер)、多元性(плюралистичность)、多集性(множественность)和多视角性(многоаспектность)等。(Красных 2019: 22–23)而上述范式的呈现,显然与当今信息化时代需要多学科交叉的客观要求密不可分。对此,特维尔心理语言学派的奠基人扎列夫斯卡娅也表达了相同的观点。她认为,"21世纪信息技术的发展以及人脑研究和人工智能研究领域取得重大突破,可能会使人们对先前提出的论点产生怀疑,还促使新术语系统的生成,从而形成新的方法论"。(Залевская 2019:20–21)如果从作为独立学科的心理学诞生至今的200年发展历程看,它的确经历了实证主义(позитивизм)、新实证主义(неопозитивизм)和后实证主义(постпозитивизм)等发展阶段,似乎正孕育着"新后实证主义"时代的来临。但心理语言学作为心理学和语言学交叉的学科,并不是只受到心理学一门学科发展的影响和制约,很大程度上还要受到语言学(包括理论语言学和应用语言学)的影响和制约。从这个意义上讲,心理语言学研究的下一个阶段是否为后实证主义,尚有待进一步观察。

3)从学术发展动态看,俄罗斯心理语言学界自世纪之交起就开始对本学科的发展前景进行规划、探讨和预测,从中多少能窥探出其未来发展的大致走向。如,1997年,小列昂季耶夫在第一版《心理语言学基础》一书中,就专门辟出"当代心理语言学的趋势"(«Тенденция в современной психолингвистике»)一章节,将世界形象和个性研究确立为心理语言学未来发展的方向。(Леонтьев 2005:268–283)从上文中也可以看出,俄罗斯科学院语言学研究所心理语言学部于 2000–2004年间所完成的两个重大专项课题,就是集中对世界形象(即语言意识)和语言个性的研究;再如,2009年和2019年俄罗斯召开的第十六届、第十九届心理语言学和交际理论国际研讨会,就分别对心理语言学的发展前景问题进行了前瞻性的探讨和预测。其中,前者的主题是"21世纪的心理语言学:成果、问题与前景"(Психолингвистика в XXI веке:результаты, проблемы, перспективы);后者的主题为"言语活动论:当代的挑战"(Теория речевой деятельности: вызовы современности)。上述主题就表明俄罗斯学界对该学科未来发展的高度重视。再来具体看一看第十六届心理语言学和交际理论国际研讨会的分论坛栏目,它们分别是:(1)"作为心理语言学方法论的言语活动论"(Теория речевой деятельности как психолингвистическая методология);(2)"言语生成与言语感知"(Речепроизводство и речевосприятие);(3)"含义–意义问题:现代理解"(Проблема «смысл-значение»: современное понимание);(4)"联想实验与其运用范围"(Ассоциативный эксперимент и сферы его применения);(5)"语言意识的个体发育"(Онтогенез языкового сознания);(6)"民族心理语言学"(Этнопсихолингвистика);(7)"交际理论:心理语言学视角"(Теория общения: психолингвистический подход）；（8）"语言与非语言意识"（Языковое и неязыковое сознание）；（9）"言语与非言语情绪"（Речевая и неречевая эмотивика）；（10）"互联网交际"（Интернет-общение）；（11）"神经语言学"（Нейролингвистика）；（12）"多语制与多文化性"（Мультилингвизм и мультикультурность）；（13）"心理语言学与认知科学"（Психолингвистика и когнитивные науки）。以上栏目至少表明以下几点：一是学界对21世纪心理语言学发展的展望，既包括传统的内容审视，也不乏有新的视阈；二是对传统内容的审视将导入新的视角，如"现代理解""认知科学"等；三是由言语领域向非言语领域拓展，如"非语言意识""非言语情绪"等；四是增加了"互联网交际""多语制和多文化性"的研究视阈。尤其令人感到新颖的是，在2019年召开的第十九届心理语言学和交际理论国际研讨会的主题中，还设置了诸如"新的言语实践分析方法：数字现实"（Новые методы анализа речевых практик: цифровая реальность）、"数据的联想基地"（Ассоциативные базы данных）等栏目，以及"数字时代语篇信息的再生性现实"（Вторичная реальность текстовой информации в цифровую эпоху）等专题圆桌会议，用以专门研讨心理语言学在数字化时代的发展问题。特别是在上述第一个栏目中，还辟出了"现代交际的多模态性"（Мультимодальность современной коммуникации）、"新信息环境中的媒体语篇"（Медиатекст в новой информационной среде）、"语篇分析的现代工艺"（Современные технологии анализа текста）、"大数据的心理语言学分析"（Психолингвистический анализ больших данных）、"作为心理语言学分析材料的新媒体技术"（Новые медиа как материал для психолингвистического анализа）等分栏目，集中探索与数字化、大数据以及现代科技发展有关的心理语言学问题。这些栏目的设置，一定程度上甚至可以颠覆学界对俄罗斯心理语言学传统的认知，无不使人大开眼界。在该届研讨会后出版的文集中，塔拉索夫对该届国际研讨会取得的学术成果给予充分肯定。他提出，当代心理语言学研究面临着两大挑战：一是由思维转向话语（переход от мысли к слову），具有了语言意识和非语言意识两种形式；二是经验基地的拓展前所未有。第一种挑战在于：思维言语化（оречевление мысли）的本体论描写，将由思维向话语的路径视为言语生成的中心环节，以实现从"内在同时事物图式代码"（внутренний симультанный предметно-схемный код）向"外在抽象语言代码"（внешний абстрактный лингвистический код）的转换，从而切断了交际者通向完全相互理解之路。第二种挑战主要是由互联网交际潜能的不断增长所引发的，它改变了交际渠道，弱化了依赖于协同活动的交际，从而使得现代社会的大众意识渐渐疏远。（Тарасов 2019：17–18）总之，可以预见的是，下列问题将成为今后一个时期俄罗斯心理语言学研究的侧重点：（1）互联网交际的发展问题；（2）科学话语中的全球化问题；（3）如何用新的理论对交际者的言语活动结构进行描写的问题；（4）转变原有方法用以解决一些新任务的问题；（5）新条件、新材料和新背景下的语言意识及其民族文化特点的问题。

显然，俄罗斯心理语言学界不仅已经清醒地认识到心理语言学与其他学科交叉的必要性和可能性，而且已经取得初步的成果（如第十九届心理语言学和交际理论国际研讨会的成果就是例证）。这也从一个侧面印证了本著作在上文中对俄罗斯心理语言学未来发展趋势或前景的基本预测。

最后需要强调指出的是，以上对俄罗斯心理语言学发展趋势的展望或预测，并不表明俄罗斯心理语言学研究会背离基于言语活动论一般原理的发展轨迹，即便在将来出现如克拉内赫所预测的那样转向"新后实证主义"后，也不可能。这是因为：无论从世界范围看还是从俄罗斯实际情况看，尽管新的科技革命（信息技术、人工智能、生物技术等）的号角已经吹响，多学科交叉、多视阈交汇也越来越成为学界的共识和努力的方向，但包括心理语言学在内的人文社会科学领域的革命尚未到来。虽然塔拉索夫早在1987年前就曾预测，言语活动论作为新的心理语言学范式，只能决定着心理语言学的"近期发展方向"。（Тарасов1987:157）然而，该预测在经历了30余年的发展后，至今仍看不到有终结的迹象。可以预见的是，言语活动论作为俄罗斯心理语言学所特有的思想方法和学术遗产，将在新的历史时期加速走向整体性和多元化的发展之路，极有可能在基于互联网技术的交际形式研究、基于多语制和多文化的语言意识研究、基于生物技术的人脑活动机制研究等诸多方面，取得一批有别于传统言语活动论原理的新成果，但即便如此，它所固有的活动心理语言学的学科性质，以及言语活动社会决定论的学理内涵，很难在近期内有实质性的改变。这是本著作在展望俄罗斯心理语言学未来发展走向时得出的基本结论。

附录1　汉俄(外)人名对照表

A

阿尔婕缅娃（А.Ю.Артемьева）
阿赫玛诺娃（О.С.Ахманова）
阿胡金娜/梁波娃（Т.В.Ахутина/Рябова）
阿列克谢耶夫娜（Н.Г.Алексеевна）
阿鲁久诺夫（С.А.Арутюнов）
阿鲁玖诺娃（Н.Д.Арутюнова）
阿诺欣（П.К.Анохин）
阿普列相（Ю.Д.Апресян）
阿斯莫洛夫（А.Г.Асмолов）
奥夫夏尼科–库利科夫斯基（Д. Н. Овсянико-Куликовский）
奥弗奇尼科娃（И.Г.Овчинникова）
奥斯古特（Ch.E.Osgood）

B

巴布什金（А.П. Бабушкин）
巴尔特明斯基（J.Bartmiński）
巴甫洛夫（И.П.Павлов）
巴赫金（М.М.Бахтин）
巴利娜娃（И.А.Баринова）
巴洛诺夫（Л.Я.Балонов）
班维尼斯特（E.Benveniste）
邦达尔科（А. В. Бондарко）
彼得罗娃（Т.Е.Петрова）
别赫捷列夫（В.М.Бехтерев）
别梁宁（В.П.Белянин）
别列金（Ф.М.Березин）
别什科娃（Н.П.Пешкова）
别特连科（В.Ф.Петренко）
波波娃（З.Д.Попова）
波尔德列夫（Н.А. Болдырев）
波尔特诺夫（А.Н.Портнов）
波捷布尼亚（А.А. Потебня）
波利万诺夫（Е.Д.Поливанов）
波伊苗诺娃（А.А. Поймёнова）
伯恩斯坦（И.Я.Бернштейн）
柏拉图（Plato）
勃列夫多（И.В.Бревдо）
勃鲁德内依（А.А.Брудный）
勃鲁内（J.Brune）
博杜恩·德·库尔德内（И.А.Бодуэн де Куртенэ）
博戈罗季茨基（В.Г.Богородицкий）
博金（Г.И.Богин）
布尔维科娃（Н.Д.Бурвикова）
布雷金娜（Т.В.Булыгина）
布龙菲尔德（L.Bloomfield）
布鲁什林斯基（А.В.Брушлинский）
布鲁图（D.J.Brutus）
布塔科娃（Л.О. Бутакова）

D

达尔文（C.R.Darwin）
德里泽（Т.М.Дридзе）
狄更斯（C. Dickens）
多岑科（Т.И.Доценко）

E

恩格斯（F.Engels）

F

冯特（W.M.Wundt）
弗鲁姆金娜（Р.М.Фрумкина）
福尔图纳托夫（Ф.Ф.Фортунатов）

G

戈连洛夫（И.Н.Горелов）
戈利季（В.Е. Гольди）
哥伦布（C.Colombo）
格林伯格（J.H.Greenberg）
格沃兹杰娃（О.Л.Гвоздева）
古茨（Е.Н. Гуц）
古德科夫（Д.Б.Гудков）

H

哈拉什（А.У.Хараш）
哈里斯（Z.S.Harris）
哈列耶娃（И.И.Халеева）
赫尔德（И.Г.Herder）
赫兹（H.R.Hertz）
洪堡特（F.Humboldt）
胡塞尔（E.Husserl）

J

基谢列娃（Л.А.Киселева）
加尔别林（П.Я.Гальперин）
加利通（F.Galton）
杰格林（В.Л.Деглин）
捷–米娜索娃（С.Г.Тер-Минасова）
津捷尔（Л.Р.Зиндер）

K

卡茨涅尔松（С.Д.Кацнельсон）
卡尔林斯基（А.Е. Карлинский）
卡拉乌洛夫（Ю.Н.Караулов）
卡拉西克（В.И. Карасик）
卡缅斯基（В.В.Каменский）
卡明斯卡娅（Э.Е.Каминская）
卡瓦尔塔科娃（Е.Л.Кавардакова）
坎托尔（J.R.Kantor）
科尔尼洛夫（К.Н.Корнилов）
科斯托马罗夫（В.Г.Костомаров）
克拉斯内赫（В.В.Красных）
克利缅科（А.П.Клименко）
克柳奇科娃（Н.В.Крючкова）
克鲁舍夫斯基（Н.В.Крушевский）
克洛布科娃（Л.П. Клобукова）
克斯（J.F.Kess）
库布里亚科娃（Е.С.Кубрякова）
库恩（T.S.Kuhn）

L

拉菲科娃（Н.В.Рафикова）
拉辛（С.Т.Разин）
莱考夫（G.Lakoff）
（老）列昂季耶夫（А.Н.Леонтьев）
（小）列昂季耶夫（А.А.Леонтьев）
利哈乔夫（Д.С.Лихачёв）
利普曼（W.Lippmann）
列别捷娃（С.В.Лебедева）
列宾娜（Е.А.Репина）
卢利亚（А.Р.Лурия）
鲁巴金（Н.А.Рубакин）
鲁梅特威特（R.Rommetveit）
鲁萨科娃（М.В. Русакова）
罗戈日尼科娃（Т.М.Рогожникова）
罗曼诺夫斯卡娅（Л.Б.Романовская）

罗蒙诺索夫（М.В.Ломоносов）
洛特曼（Ю.М.Лотман）
洛佐夫斯卡娅（Н.В.Лозовская）

M

马丁内（A.Martinet）
马克思（K.H.Marx）
马斯洛夫（Ю.С.Маслов）
玛斯洛娃（В.А.Маслова）
玛特维耶娃（Н.В.Матвеева）
梅德维捷娃（И.Л.Медведева）
梅里丘克（И.А.Мельчук）
米哈列娃（И.М.Михалева）
米哈依洛娃（Т.В.Михайлова）
米勒（G.A.Miller）
米勒尔（J-A. Miller）
米雅赫科娃（И.Л.Мягкова）
姆尔金（Л.Н.Мурзин）

N

尼科拉耶娃（Т.М.Николаева）
涅斯捷罗娃（Н.М.Нестерова）
诺阿泽（G. Noizet）
诺维科夫（А.И.Новиков）
诺沃德沃尔斯卡娅
　　（В.А.Новодворская）

P

帕杜切娃（Е.В.Падучева）
皮尔斯（C.S.Peirce）
皮库列娃（Ю.Б.Пикулева）
皮夏利尼科娃（В.А.Пищальникова）
普里瓦洛娃（И.В.Привалова）
普隆科（N.H.Pronko）
普洛霍罗夫（Ю.Е.Прохоров）

Q

齐姆尼亚娅（И.А.Зимняя）
乔姆斯基（A.N.Chomsky）
切尔卡索娃（Г.А.Черкасова）
切尔尼戈夫斯卡娅
　　（Т.В.Черниговская）
琼森（M.Johnson）

R

任金（Н.И.Жинкин）
若尔科夫斯基（А.К.Жолковский）

S

萨尔基索娃（Э.В.Саркисова）
萨哈尔内依（Л.В.Сахарный）
萨拉卡耶娃（Э.А.Саракаева）
萨莫依洛夫（А.Ф.Самойлов）
萨佐诺娃（Т.Ю.Сазонова）
沙赫纳罗维奇（А.М.Шахнарович）
沙普金娜（О.О.Шапкина）
申农（C.E.Shannon）
施本格勒尔（O.A.Spengler）
施坦塔尔（H.Steinthal）
什捷尔恩（А.С.Штерн）
什科尔尼克（Л.С.Школьник）
什梅廖夫（Д.Н.Шмелёв）
什缅廖夫（А.Г.Шмелёв）
斯多布诺娃（А.П.Сдобнова）
斯捷岑科（А.П.Стеценко）
斯捷尔宁（И.А.Стернин）
斯捷潘诺夫（Ю.С.Степанов）
斯雷什金（Г.Г.Слышкин）
斯柳萨里（Н.А. Слюсарь）
斯特列卡洛夫斯卡娅（С.И.Стре-
　　каловская）

索科洛夫（А.Н.Соколов）
索罗金（Ю.А.Сорокин）
索绪尔（F.Saussure）

T

塔拉索夫（Е.Ф.Тарасов）
特里丰诺夫（Ю.В. Трифонов）
涂尔干（E.Durkheim）
托戈耶娃（С.И.Тогоева）

W

威尔奇（J.V.Wertsch）
韦坚斯基（Н. Е. Введенский）
韦尔比茨卡娅（Л.А.Вербицкая）
维果茨基（Л.С.Выготский）
维诺格拉多夫（В.В.Виноградов）
维特根斯坦（L.Wittgenstein）
维威尔（W.Weaver）
魏格斯贝尔（J.L. Weisgerber）
文措夫（А.В. Венцов）
沃尔科娃（Л.Б.Волкова）
沃洛希诺夫（В.Н.Волошинов）
沃特松（J. D.Watson）
乌费姆采娃（Н.В.Уфимцева）
乌赫托姆斯基（А.А.Ухтомский）

X

西罗特科–西比尔斯基（С.А.Сиротко-Сибирский）

谢德罗维茨基（Г.П.Щедровицкий）
谢多夫（К.Ф.Седов）
谢尔巴（Л.В.Щерба）
谢切诺夫（И.М.Сеченов）

Y

雅各布森（Р.О.Якобсон）
雅科夫列夫（А.А.Яковлев）
雅科夫列娃（Е.С.Яковлева）
雅库宾斯基（Л.П.Якубинский）
雅库申（Б.В.Якушин）
亚里士多德（Aristoteles）
叶芙久金娜（А.А.Евтюгина）
叶列姆斯列夫（L.Hjelmslev）
叶罗费耶娃（Е.В. Ерофеева）
叶伊格尔（Г.В.Ейгер）
伊谢尼娜（Е.И.Есенина）
依梅达泽（Н.В.Имедадзе）

Z

泽恩杰尔（Л.Р.Зиндер）
泽姆斯卡娅（Е.А.Земская）
扎波罗热茨（А.В.Запорожец）
扎哈连科（И.В.Захаренко）
扎列夫斯卡娅（А.А.Залевская）
佐洛托娃（Н.О.Золотова）

附录2 汉俄术语对照表

A

阿尔茨海默病（болезнь Альцгеймера）
暗示（намёк）

B

巴赫金主义（бахтинство）
百科知识区域（энциклопедическая зона）
半成人言语（полувзрослая речь）
半球结构（гемисферные структуры）
伴随观念借词（параконцептуальные заимствования）
伴随物质–实践活动（сопутствующая материально-практическая деятельность）
伴随意义（коннотация）
爆发点（точка взрыва）
背景层（фоновые уровни）
背景知识（фоновые знания）
被调查者（информант）
被动性质（пассивный характер）
被研究者（исследуемые）
被言语化物（вербализованное）
本体论前提（онтологические предпосылки）
比较分析（сравнительный анализ）
比较分析方法（контрастивный анализ）
彼得堡心理语言学派（Петербургская психолингвистическая школа）
彼得堡语言学派（Петербургская школа в языкознании）
彼尔姆社会心理语言学派（Пермская социопсихолингвистическая школа）
编程、调节和控制模块（блок программирования, регуляции и контроля）
变量部分（переменная часть）
变体（вариант）
变音成分共性（общность диакритических элементов）
标尺（эталон）
标记–存在性对偶（маркирующе-бытийная пара）
标题词（заглавное слово）
表层句法结构（поверхностно-синтаксические структуры）
表层语法结构（поверхностные грамматические структуры）
表达层面（план выражения）
表达阶段（формулирующая фаза）
表面层级（поверхностный уровень）
表情功能（эмотивная функция）
表象（представление）
表象层级（уровень представлений）
表象定型（стереотипы-представления）

表征层级（уровень репрезентации）
并行性（параллельность）
病理心理语言学
　　（патопсихолингвистика）
病理学（патология）
病态交际（патологичное общение）
波捷布尼亚主义（потебнианство）
博杜恩学派（бодуэнизм）
补偿战略（компенсаторные
　　стратегии）
不间断性（непрерывность）
不同等级含义块（разнопорядковые
　　смысловые блоки）
不完全概括（неполное обобщение）
布拉格语言学派（Пражская
　　лингвистическая школа）

C

猜想战略（стратегии догадки）
参数方法（параметрический подход）
参与者观察法（наблюдение участ-
　　ника）
参阅（отсылка）
操语汇者（носитель лексикона）
操语言者（носитель языка）
操作性单位（операциональные
　　единицы）
层级性（уровневость）
阐释场（интерпретационное поле）
阐释功能（интерпретативная
　　функция）
长时记忆模式（модель долгов-
　　ременной памяти）
常量（инвариант）

场景（сцена）
超级纵坐标（суперордината）
超价值（сверхценность）
超句统一体（сверхфразовые
　　единства）
超能力（сверх-способности）
超时（вневременное）
称名层级（уровень называния）
称名场（поле номинации）
称名功能（номинативная функция）
成分（элемент）
成分分析（анализ по элементам）
成分分析原则（принцип анализа по
　　элементам）
成见（предрассудки）
成人形式（взрослая форма）
成素（компонент）
成素单位（единицы компонентов）
成素分析（компонентный анализ）
成语化（идиоматизация）
层次性（стратификация）
程序阶段（этап программы）
程序性（процессуальность）
程序性记忆（процедурная память）
程序性障碍（затруднения
　　процедурного характера）
程序性知识（процедурное знание）
程序组合（комбинация процедур）
冲突基因潜能（конфликтогенный
　　потенциал）
充分交际（полноценное общение）
重叠（повтор）
重新编码（перекодирование）
抽象客观主义（абстрактный

初步理解（предварительное понимание）
初生语言个性（первичная языковая личность）
初始观念（концепты-примитивы）
初始语篇（тексты-примитивы）
处世之道（мироощущение）
传出形式（эфферентная форма）
传出运动失语症（эфферентная моторная афазия）
传导性运动失语症（транскортикальная моторная афазия）
传入形式（афферентная форма）
传入运动失语症（афферентная моторная афазия）
创造性语句（творческие высказывания）
创造者（творцы）
纯对立集成（чистый набор оппозиций）
纯语法成分（чисто грамматические элементы）
纯语言参数（чисто языковые параметры）
纯语言规则（чисто языковые правила）
词的内部形式（внутренняя форма слова）
词的书写形式亚层级（подъярус графических форм слова）
词的心理语言学理论（психолингвистическая теория слова）
词的形象（образ слова）
词的语音形式亚层级（подъярус звуковых форм слова）
词汇背景理论（теория лексических фонов）
词汇成素单位（единица лексического компонента）
词汇错误（лексические ошибки）
词汇化（лексикализация）
词汇化系数（коэффициент лексикализации）
词汇决策法（методика принятия лексического решения）
词汇模型（словесная модель）
词汇搜索（лексический поиск）
词列（ряд слов）
词素（морфема）
词素格栅（решётка морфем）
词位因素（лексемный фактор）
词形（словоформа）
词序（порядок слов）
词语定型（словесный стереотип）
词语魔咒（магия слова）
词语识别（опознание слов）
词语中心论（словоцентризм）
词证同战略（стратегии идентификации слов）
次要成分（второстепенные элементы）
刺激词（слово-стимул）
刺激–反应（стимул–реакция）
刺激性原则（принцип стимульности）
刺激语篇（текст-стимул）
存在（бытие）
存在–存在性对偶（бытийно-бытийная объективизм）

пара）

存在-构成物（существование-образование）

错觉（ложные антиципации）

错误分析方法（анализ ошибок）

D

大块语篇（текстовые массивы）

大面积受损（массивные поражения）

大脑成像技术（мозговое картирование）

大脑非对称性（церебральная асимметрия）

大脑机能成像技术（функциональное картирование мозга）

大脑机制（механизмы мозга）

大脑计算能力（вычислительная способность мозга）

大脑损伤系统（система мозгового нарушения）

大脑隐喻（мозговая метафора）

大群体（макрогруппа）

大学生先例文本（студенческий прецедентный текст）

大语境（конситуация）

大众传播（массовая коммуникация）

代码（код）

代码混合（смешение кодов）

代码切换（переключение кодов）

单个含义表征（отдельные смысловые представления）

单个活动（отдельные деятельности）

单个交际行为（единичный акт коммуникации）

单个语句感知（восприятие отдельного высказывания）

单位（единица）

单位分析（анализ по единицам）

单位分析原则（принцип анализа по единицам）

单文化/单语（монокультурализм/монолингвизм）

单文化/双语（монокультурализм/билингвизм）

单语他定型（чужое для своих）

单语自定型（своё для своих）

当前认知科学阶段（текущий период когнитивной науки）

导出知识（выводное знание）

倒刺（заусеницы）

等第（градация）

等级对立（иерархическое противопоставление）

等级结构（иерархическая структура）

等级语义-含义关系（иерархические семантико-смысловые отношения）

等级语义-含义结构（иерархическая семантико-смысловая структура）

等级组织（иерархическая организация）

低声言语（шёпотная речь）

抵达词（доступ к слову）

递归式重复（рекурсивное повторение）

第二层级（второй уровень）

第二语言（второй язык）

第一性（первичность）
癫痫性（эпилептоидность）
典型反应语句（типичные реакции）
电报文体（телеграфный стиль）
电生理实验（электрофизиологический эксперимент）
定势（установки）
定位环节（ориентировочное звено）
定向机理（механизм установки）
定向联想（направленная ассоциация）
定向联想实验（направленный ассоциативный эксперимент）
定型（стереотип）
定型场（стереотипное поле）
定型理论（теория стереотипа）
定型情景（стереотипная ситуация）
定型形象（стереотипный образ）
定型性（стереотипность）
定型语言外情景（стереотипные внеязыковые ситуации）
动词配价程序（процедуры с глогольными валентностями）
动机（мотив/мотивация）
动机层级（мотивационный уровень）
动机机制（мотивационные механизмы）
动机-激励层级（мотивационно-побуждающий уровень）
动机阶段（этап мотивации）
动机-目的分析方法（мотивационно-целевой анализ）
动机-目的结构（мотивационно-целевая структура）
动机阈（мотивационная сфера）
动态（динамика）
动态成素（динамический компонент）
动态性（динамичность）
动态指数列（ряд динамических индексов）
动作义素（кинемы）
独白语篇（текст-монолог）
独词语句（однословное высказывание）
独词语句链（цепочка однословных высказываний）
短时记忆模式（модель кратковременной памяти）
短时记忆缺损（дефекты кратковременной памяти）
对比分析方法（контрастивный анализ）
对比阶段（этап сопоставления）
对抗语篇（контртекст）
对抗语篇法（метод/методика контртекста）
对象阈（предметная область）
多层级构造（многоуровневое строение）
多层级性质（многоуровневый характер）
多成分性（многочленность）
多段式过程（многоступенчатые процессы）
多功能符号（полифункциональные знаки）
多集性（множественность）
多视角性（многоаспектность）
多通道性（мультиканальность）

多维含义网（сеть многомерных смыслов）
多维同时发生结构（многомерная симультанная структура）
多文化国家（мультикультурные государства）
多元性（плюралистичность）

E

俄罗斯心理语言学（русская психолингвистика）
俄语语言思维（русское языковое мышление）
鄂木斯克心理语言学派（Омская писхолингвистическая школа）
儿童言语（детская речь）
二级伴随意义（вторичная коннотация）
二级成分选择（вторая степень отбора элементов）
二级符号系统（вторичная сигнальная система）
二级主导性（доминантность вторичного порядка）
二进制整体（двоичное целое）
二期失调（вторичные расстройства）
二项式（двучлен）

F

发射（запуск）
发生学分析（генетический анализ）
发生学模式（генетическая модель）
发育错误（ошибки развития）
发展心理语言学（психолингвистика развития）

法国社会学派（французская социологическая школа）
繁化存在-存在性对偶（осложненная бытийно-бытийная пара）
反射（рефлексия）
反射心理语言学（рефлексивная психолингвистика）
反射学（рефлексология）
反射运算（операции рефлексии）
反实证主义情绪（антипозитивистские настроения）
反向联系（обратные связи）
反向联系机制（механизмы обратной связи）
反省法（интроспекция）
反应词（слово-реакция）
反应论（реактивизм）
反应心理语言学（реактивная психолингвистика）
反应性原则（принцип реактивности）
反应语篇（текст-реакция）
反映物（отражаемое）
泛化（генерализация）
范畴化（категоризация）
范畴情景（категориальная ситуация）
方法（метод）
方法论（методология）
方法论分析（методологический анализ）
方法论图式（методологические схемы）
非被言语化物（невербализованное）
非标准诗歌语篇（нестандартный поэтический текст）

非单义性（неоднозначность）
非对应词汇（безэквивалентная лексика）
非交际功能（некоммуникативные функции）
非能力切换（некомпетентное переключение）
非能力性（некомпетентность）
非认同民族意识（неидентичные национальные сознания）
非任意放射（непроизвольная эманация）
非任意系统（непроизвольная система）
非适应性原则（принцип неадаптивной природы）
非所意识物（неосознанное）
非完全词（неполное слово）
非言语活动（неречевая деятельность）
非言语协同（неречевое взаимодействие）
非言语行动（неречевое действие）
非言语语境（неречевой контекст）
分阶段掌握（поэтапное освоение）
分类/分类方法（классификация）
分析器（анализаторы）
分析性单位（аналитическая единица）
分析–综合过程（аналитико-синтетический процесс）
分子态（молекулярность）
否定实验法（отрицательный эксперимент）
夫妻先例文本（супружеский прецедентный текст）

弗洛伊德主义（фрейдизм）
符号（знак/сигнал）
符号等同性（семиотическая тождественность）
符号工序（знаковая операция）
符号功能共性（общность функции знаков）
符号活动（знаковая деятельность）
符号交际（знаковое общение）
符号两面性（двусторонность знака）
符号模式（знаковая модель）
符号能动性（знаковая активность）
符号社会心理学（семиосоциопсихология）
符号–思维活动产品（продукт знаково-мыслительной деятельности）
符号体（тело знаков）
符号系统（знаковая система）
符号–象征结构（знаково-символические структуры）
符号行动（знаковое действие）
符号学（семиотика）
符号学方式（семиотический способ）
符号学解释者（семиотические экспликаторы）
符号学原则（семиотический принцип）
符号/意义原则（принцип знака/значения）
符号域（круг знаков）
负迁移（отрицательный перенос）
附带关键词集成（побочные наборы ключевых слов）
复杂句法单位（сложные

синтаксические единицы)

G

改革（перестройка）
改句程序（процедуры перефразирования）
概括和交际统一体（единство обобщения и общения）
概率标准（вероятностный критерий）
概率修正（вероятностная коррекция）
概率预测（вероятностное прогнозирование）
概率预测机制（механизм вероятностного прогнозирования）
概率组织（вероятностная организация）
概念雏形（протопонятие）
概念结构图式（конструктивная схема понятий）
概念思维层级（уровень понятийного мышления）
概念装置（понятийный аппарат）
感觉（сенсор）
感觉代码（сенсорный код）
感觉矛盾性（сенсорная противоречивость）
感觉失语症（сенсорная афазия）
感觉信号（сенсорные сигналы）
感觉原则（сенсорный принцип）
感觉–知觉过程层级（уровень сенсорно-перцептивных процессов）
感性形象（чувственные образы）
感性/知觉形象（чувственный/ перцептивный образ）
感知标尺（эталон восприятия）
感知恒量（инвариант восприятия）
感知战略（стратегии восприятия）
高度概括战略（стратегии сверхобобщения）
高级本原（высшее начало）
高级层级（высший уровень）
高级内部统一体（высшее внутреннее единство）
高级神经活动论（учения о высшей нервной деятельности）
高级神经活动生理学（физиология высшей нервной деятельности）
高级心理机能（высшие психические функции）
哥本哈根语言学派（Копенгагенская лингвистическая школа）
格式塔/完形（гештальт）
格言区域（паремиологическая зона）
个别统计模式（частная статистическая модель）
个人主义（индивидуализм）
个体表现形式（индивидуальные проявления）
个体财富（достояние индивида）
个体观念和战略系统（индивидуальная система концептов и стратегий）
个体化界面（грань индивидуализации）
个体认知空间（индивидуальное когнитивное пространство）
个体设计者理论（теория личностных

个体世界图景（индивидуальная картина мира）
个体先例文本（индивидуальный прецедентный текст）
个体心理主义（индивидуальный психологизм）
个性心智体（менталитет личности）
个体心智语汇核（ядро ментального лексикона）
个体意识（индивидуальное/личностное сознание）
个体意义（индивидуальный смысл）
个体语言（индивидуальный язык）
个性（личность）
个性含义（смысл личности/личностный смысл）
个性间交际（межличностное общение）
个性指向性交际（личностно ориентированное общение）
工程心理学（инженерная психология）
工具功能（орудийная функция）
工序/程序（операция）
工作概念（рабочее понятие）
公开性（гласность）
公理化规则（постулированное правило）
公理性质（аксиоматический характер）
公式（формулы）
功能场（функциональное поле）
功能等级化系统（функциональная иерархизированная система）
功能机制（функциональные механизмы）
功能块（функциональный блок）
功能类别（функциональный класс）
功能模式（функциональные модели）
功能特质（функциональные качества）
功能系统论（теория функциональных систем）
功能性（функциональность）
功能亚语言（функциональные подъязыки）
功能言语同义现象（функционально-речевой синонимия）
功能语法理论（теория функциональной грамматики）
功能语言学（функциональная лингвистика）
功能语义场（функционально-семантическое поле）
功能阈（функциональная сфера）
共相态（всеобщность）
共性（универсалия）
沟槽（слот）
构成连贯性（последовательность строения）
构式/结构（конструкция）
构素（составляющие）
构素单位（составляющие единицы）
关键词（ключевые слова）
关键词分析方法（анализ ключевого слова）
关键词集成（набор ключевых слов）

关键词揭示方法（метод выявления ключевых слов）

关联方法（коннекционистский подход）

关系交际（коммуникация отношений）

观察法（наблюдение）

观念（концепт）

观念标尺（концептуальные эталоны）

观念表达词（вербализаторы концепта）

观念场段（полевой участок концепта）

观念称名词（номинирующий концепт）

观念分析/观念分析方法（концептуальный анализ）

观念化（концептуализация）

观念借词（концептуальные заимствования）

观念块（концептуальные блоки）

观念联想场（ассоциативное поле концепта）

观念模式化法（методика моделирования концепта）

观念内容（содержание концепта）

观念世界图景（концептуальная картина мира）

观念系统（концептуальная система）

观念心理语言学（психолингвистика концепта）

观念学（концептология）

观念隐喻（концептуальные метафоры）

观念阈（концептосфера/концептуальная область）

惯用近似（узуальная близость）

归纳方法（индуктивный метод）

规定性质（прескрипторный/прескриптивный характер）

规律列（закономерный ряд）

过程（процесс）

过程及其产品的协同性（взаимодействие процессов и их продуктов）

过渡程序（процедура перехода）

过渡结构（маргинальные структуры）

过去–现在模式（модель прошедше-настоящего）

H

哈尔科夫语言学派（Харьковская лингвистическая школа）

含混语篇点（тёмные текстовые места）

含义本体论（онтология смысла）

含义编程（смысловое программирование）

含义层级（смысловой уровень）

含义场（смысловое поле）

含义代码（смысловой код）

含义感知（смысловое восприятие）

含义共性（смысловые универсалии）

含义构成过程（процесс смыслообразования）

含义构造（смысловое строение）

含义核（смысловое ядро）

含义环（смысловое звено）

含义焦点（смысловые фокусы）
含义接触（смысловой контакт）
含义结构（смысловая структура）
含义结构法（смысловая архитектоника）
含义句法化（смысловое синтаксирование）
含义扩展（развертывание смысла）
含义连续言语层级（уровень смысловой связанной речи）
含义领悟（постижение смысла）
含义生成功能心理学图式（функционально-психологическая схема смыслопорождения）
含义替代机制（механизм смысловой замены）
含义替代原则（принцип смысловой замены）
含义统一体（смысловое единство）
含义图式（смысловая схема）
含义信息源泉（источник смысловой информации）
含义形成阶段（смыслообразующая фаза）
含义紧缩（компрессия смысла）
含义/意思（смысл）
含义/语义构造（смысловое/семантическое строение）
含义阈（смысловая сфера）
含义支点（смысловые опоры）
含义组织（смысловая организация）
核心成素（стержневой компонент）
核心述谓形式（ядерная предикативная форма）
黑匣子（чёрный ящик）
恒常世界形象（инвариантный образ мира）
恒定噪声（белый шум）
恒量（инвариант）
恒量部分（инвариантная часть）
恒量环（инвариантное звено）
恒量世界形象（инвариантные образы мира）
宏观结构（макроструктура）
宏观语境（макроконтекст）
洪堡特主义（гумбольдтианство）
后交际能动性（посткоммуникативная активность）
后实证主义（постпозитивизм）
呼语（вокативы）
互补机制（комплементарный механизм）
互补性（комплементарность）
话语器官（органы слова）
环节（звено）
环境导入（обстановочная афферентация）
环境导入因素（фактор обстановочной афферентации）
环境模式（модель обстановки）
回溯（ретроспекция）
回想文本（реминисценции）
回应能动性（встречная активность）
回应语篇（встречный текст）
回应语篇法（метод/методика встречного текста）
混合性代码（смешанный код）

混合性言语（смешанная речь）
混合语义网（смешанная семантическая сеть）
混乱时期（Смутное время）
混语性（креолизованность）
活动本体论（онтология деятельности/ деятельностная онтология）
活动范式（деятельностная парадигма）
活动方法（деятельностный подход）
活动观（концепция деятельности）
活动交换（обмен деятельностью）
活动阶段（фазы деятельности）
活动解释原则（деятельностный объяснительный принцип）
活动框架（деятельностные фреймы）
活动论（теория деятельности）
活动事物（предмет деятельности）
活动图式（деятельностная схема）
活动心理学（психология деятельности）
活动心理语言学（деятельностная психолингвистика）
活动行为（акт деятельности）

J

机械论/机械主义（механизм）
机制（механизм）
积极生成（активное порождение）
积极语法（активная грамматика）
基本关键词（основное ключевое слово）
基本机能模块（основные функциональные блоки）
基础语言（базовый язык）
基体/基地（база）
集成/组合（набор）
集成知识（интегральные знания）
计划阶段（этап плана）
计划实现阶段（этап осуществления плана）
计算机隐喻（компьютерная метафора）
记忆（память）
记忆战略（стратегии запоминания）
家庭先例文本（семейный прецедентный текст）
假（ложность）
假设信息性系数（гипотетический коэффициент информативности）
假说式描写（гипотетическое описание）
价值维护功能（ценностно-защитная функция）
监测战略（стратегии мониторинга）
检查假设（проверка гипотез）
简单句法单位（простые синтаксические единицы）
简化战略（стратегии упрощения）
简化主义（редукционизм）
间断（сбой）
间接表述性（опосредование）
间接实验方法（косвенный эксперимент）
间接原则（принцип опосредствования）
鉴定评价（экспертная оценка）

将来模式（модель предстоящего）
交叉学科（стыковая дисциплина）
交际（общение/коммуникация）
交际本体论（коммуникативная онтология）
交际冲突（коммуникативные конфликты）
交际的民族心理学限定关系（этнопсихолингвистическая детерминация общения）
交际定型（стереотип общения）
交际定型行为（стереотипный акт общения）
交际个性（коммуникативная личность）
交际功能（коммуникативная функция）
交际过程组织（организация процессов общения）
交际–含义结构（коммуникативно-смысловая структура）
交际和综合统一体（единство общения и обобщения）
交际活动空缺（деятельностно-коммуникативные лакуны）
交际能力（коммуникативная способность/компетенция）
交际普遍行为（универсальный акт общения）
交际情景（ситуация общения）
交际–认识过程（коммуникативно-познавательный процесс）
交际–认识活动（коммуникативно-познавательная деятельность）
交际协同（взаимодействие общения）
交际行动（коммуникативные действия）
交际意向（коммуникативное намерение）
交际战略（коммуникативные стратегии）
交际针对性（коммуникативная целенаправленность）
交际中的人（человек в общении/коммуникации）
交际中的语言（язык в общении）
脚本（сценарий）
教育学派（научно-педагогическая школа）
阶段划分（периодизация）
阶段组织（фазная организация）
阶梯式（ступенчатость）
接触功能（фатическая функция）
接触性对偶（контактная пара）
接口（интерфейс）
接收条件（условие приёма）
节点（узлы）
节律生物电过程（ритмические биоэлектрические процессы）
结构化（структурация）
结构范式（структурная парадигма）
结构距离（структурное расстояние）
结构–系统范式（системно-структурная парадигма）
结构性（структурность）
结构–语言层级（структурно-языковой уровень）
结构支撑（структурная опора）

结构主义（структурализм）
结果形象（образ результата）
解释图式（объяснительная схема）
界面（грань）
紧缩（свёртывание/компрессия）
紧缩内容（свёрнутое содержание）
紧缩行动（свёрнутые действия）
紧缩性（компрессивность）
近义（ближайшее значение）
经验不足（недостаточность опыта）
经验冗余（избыточность опыта）
经验主义符号学（эмпирическая семиотика）
经验主义基地（эмпирическая база）
精力充沛紧张度调节模块（блок регуляции тонуса бодрствования）
精神病学文学研究（психиатрическое литературоведение）
精神分裂症（шизофрения）
精神活动（душевная деятельность）
精神科学（наука о духе）
精神能力（душевные способности）
精神生活（душевная жизнь）
精神行为（духовный акт）
精练意义（выработанные значения）
静态（статика）
静态成素（статический компонент）
静态系统（статическая система）
静态性（статичность）
居中者（центристы）
局部模式（локализиционистская модель）
句法分析法（методика парсинга）
句法规则（синтаксические правила）
句法控制子阶段（подэтап синтаксического контроля）
句法生成（порождение синтаксиса）
句法预测子阶段（подэтап синтаксического прогнозирования）
句法组织（синтаксическая организация）
距离义素（проксемы）
聚合（парадигма）
聚合关系（парадигматические отношения）
聚合关系系统（система парадигматических отношений）
聚合器官（парадигматический аппарат）
聚合系统（парадигматика）
聚集现象（явление суммации）
决策单位（единица принятия решения）
决定成分（детерминанты）
决定论（детерминация）
决定性（детерминированность）
角色层级（ролевой уровень）

K

喀山语言学派（Казанская лингвистическая школа）
科学范式（научная парадигма）
科学构式（научные конструкты）
科学世界图景（научная картина мира）
可比性结果（сопоставимые результаты）

可控言语行为（контролируемое речевое поведение）
可领悟言语片断（осмысленный речевой отрезок）
克分子单位（молярная единица）
客观世界图景（объективная картина мира）
客观心理学（объективная психология）
客体化（объективация）
客体-主体（объект-субъект）
肯定实验法（положительный эксперимент）
空白点（белые пятна）
空间概念图式（пространственно-понятийная схема）
空缺（лакуны）
空缺补偿法（способ компенсации лакуны）
空缺化（лакунизация）
空缺论（теория лакун）
空缺填充法（способ заполнения лакуны）
空缺性（лакунарность）
空缺注释法（способ комментария к лакуне）
控制机制（механизм контроля）
跨个性交际（межличное общение）
跨文化本体论（межкультурная онтология）
跨文化干扰型（тип межкультурной интерференции）
跨文化交际（межкультурная коммуникация/межкультурное общение）
跨文化交际心理语言学（психолингвистика межкультурной коммуникации）
跨文化趋同型（тип межкультурной конвергенции）
跨文化趋异型（тип межкультурной дивергенции）
跨文化融合型（тип межкультурной конгруэнции）
跨学科方法（междисциплинарный подход）
跨语言错误（межъязыковые ошибки）
跨语言对比（межъязыковое сопоставление）
跨语言干扰错误（ошибки межъязыковой интерференции）
快速内省（немедленная ретроспекция）
宽综合体及其聚合性联合层级（уровень широких комплексов и их парадигматических соединений）
宽综合体组合性联合层级（уровень синтагматических соединений широких комплексов）
框架（фрейм）
框架结构（фрейм-структуры）
狂躁性（маниакальность）
扩展言语（развернутая речь）
扩展言语句（развернутое речевое высказывание）
扩展语篇（развернутый текст）

L

朗读障碍（дислексия）
劳动工具系统（система орудия труда）
类属窄综合体（родовой узкий комплекс）
离散性代码（дискретный код）
离散性单位（дискретная единица）
离心趋向（центробежная тенденция）
离心语法（центробежная грамматика）
礼仪（ритуал）
理据性/派生性（мотивированность）
理念方面（идеальная сторона）
理念世界图景（идеальная картина мира）
理念性（идеальность）
理想化客体（идеализированный объект）
理性（разум）
理性主义（рационализм）
理智行为（интеллектуальное поведение）
力指数（силовые индексы）
历时-共时方法（диахронно-синхронный метод）
历史-比较范式（сравнительно-историческая парадигма）
历史范式（историческая парадигма）
历史性（историчность）
历史主义（историзм）
连贯层级（уровень последовательностей）
连贯成分（последовательные элементы）
连贯性（последовательность）
连续过程（непрерывный процесс）
连续性代码（непрерывный код）
连续语篇（связнный текст）
联合（комбинация）
联系环节（связующее звено）
联系集（множество связей）
联系流（течение связей）
联想场（ассоциативное поле）
联想词（ассоциаты）
联想方法（ассоциативный метод/подход）
联想分析法（методика ассоциативного анализа）
联想化原则（принцип ассоциирования）
联想链（ассоциативные цепи）
联想实验方法（ассоциативный эксперимент）
联想双词（ассоциативная пара）
联想-言语网（ассоциативно-вербальная сеть）
联想语汇（ассоциативный тезаурус）
联想阈（область ассоциации）
两极刻度（двухполюсные шкалы）
两性异形（половой диморфизм）
量子（квант）
量子力学（квантовая механика）
列宁格勒音位学派（Ленинградская фонологическая школа）
领悟性（осмысленность）
零成分（нулевые элементы）
逻辑构造（логическое строение）
逻辑规则（логические правила）

M

马克思主义心理学（марксистская психология）

马克思主义哲学（марксистская философия）

美学言语活动（эстетическая речевая деятельность）

密语功能（парольная функция）

描写语言学（дескриптивизм / дескриптивная лингвистика）

民族标记性语言单位（национально-маркированные языковые единицы）

民族标记性语言手段（национально-маркированные языковые средства）

民族创造物（создание народов）

民族定型（национальный стереотип）

民族共体（этнос）

民族共体先例文本（этнический прецедентный текст）

民族观念阈（национальная концептосфера）

民族精神（дух народа）

民族偏见（этническое предубеждение）

民族文化储备（национально-культурный фонд）

民族文化代表（представитель национальной культуры）

民族文化定型（национально-культурный стереотип）

民族文化共体（национально-культурное сообщество）

民族文化空间（национально-культурное пространство）

民族文化事物（национально-культурные предметы）

民族文化意识语言标记（языковые маркеры национально-культурного сознания）

民族先例文本（национальный прецедентный текст）

民族心理语言学（этнопсихолингвистика）

民族心理语言学分部（Сектор этнопсихолингвистики）

民族心智体（национальный менталитет）

民族心智语言体（национальный ментально-лингвальный комплекс）

民族性（народность/национальность）

民族意识代表（представитель национального сознания）

民族语言文化共体（этнолингвокультурное сообщество）

民族语言文化意识（этнолингвокультурное сознание）

民族中心性（этноцентричность）

民族主体空缺（субъективно-национальные лакуны）

命题（пропозиция）

命题规则（пропозиционные правила）

命题内容（пропозициональное

содержание)
命题网（пропозициональная сеть）
模仿（подражание）
模块（блок）
模数（модуль）
模数方法（модульный подход）
模态–非特殊性下降（модально-неспецифическое снижение）
模态–特殊性损伤（модально-специфические нарушения）
摩迪斯泰学派（модисты）
魔幻功能（магическая функция）
莫斯科神经语言学派（Московская школа нейролингвистики）
莫斯科心理语言学派（Московская психолингвистическая школа）
莫斯科语言学派（Московская лингвистическая школа）
莫斯科语义学派（Московская семантическая школа）
母语迁移（перенос из родного языка）
目的性（целенаправленность）

N

脑成像技术实验（технологический эксперимент визуализации головного мозга）
内部编程（внутреннее программирование）
内部含义（внутренний смысл）
内部活动（внутренняя деятельность）
内部派生物（внутренний дериват）
内部形式（внутренняя форма）
内部形象（внутренний образ）
内部言说（внутреннее проговаривание）
内部言语（внутренняя речь）
内部运动图式（внутренняя моторная схема）
内部指称（внутренняя референция）
内部坐标（внутренние координаты）
内导作用（афферентация）
内核（содержательное ядро）
内核场段（ядерный полевой участок）
内化（интериоризация）
内化–外化原则（принцип интериоризации-экстериоризации）
内环境稳定能动性（гомеостатическая активность）
内聚力（внутреннее сцепление）
内容（содержание）
内容层面（план содержания）
内容分析方法（контент-анализ）
内容完成性（содержательная завершённость）
内容–语法特征（содержательно-грамматические характеристики）
内外感受器（экстро-интерорецептор）
内向（интроверсия）
内省（интроспекция）
内省方法（интроспективные методы）
内隐民族文化定型（внутриэтнокультурный стереотип）
内在冲突（внутренний конфликт）
内在动机（внутренний мотив）

内在计划（внутрунний план）
内在同时事物图式代码（внутренний симультанный предметно-схемный код）
能产性（продуктивность）
能动操控（активное манипулирование）
能动性（активность）
能动性原则（принцип активности）
能动性质（активный характер）
能动主体（активный субъект）
能动主体财富（достояние активного субъекта）
能量流（поток энергии）
凝固系统（застывшая система）
诺维科夫学派（Школа А.И.Новикова）

O

欧洲意识（европейское сознание）
欧洲主义（европеизм）

P

帕金森病（болезнь Паркинсона）
排除实验法（альтернативный эксперимент）
派生学（дериватология）
派生因素（деривационный фактор）
旁观法（наблюдение со стороны）
配价（валентность）
偏见（предубеждения）
偏向性（пристрастность）
偏执性（паранойяльность）
片断（фрагмент）
平面（плоскость）
评价区域（оценочная зона）

普遍非能动性（общая инактивность）
普遍工序（универсальная операция）
普遍化（генерализация）
普遍事物代码（универсальный предметный код）
普遍图式（общая схема）
普遍系统意义（общесистемное значение）
普遍意图（общий замысел）
普通回想文本（обычные текстовые реминисценции）
普通心理学（общая психология）
普通心理语言学分部（Сектор общей психолингвистики）
普通言语活动论（общая теория речевой деятельности）

Q

启动法（методика прайминга）
启发式（эвристика）
启发式潜能（эвристический потенциал）
启发式搜索（эвристический поиск）
启发式原则（эвристический принцип）
起始层级（начальный уровень）
迁移（перенос）
迁移战略（стратегии переноса）
前期语法错乱（передний аграмматизм）
前言语符号活动（довербальная знаковая деятельность）
前言语领悟（довербальное осмысление）

前言语准备（предречевая готовность）
前语言学因素（долингвистические факторы）
强位（сильные позиции）
青年先例文本（молодёжный прецедентный текст）
青年语法学派（младограмматизм）
青年语法学派范式（младограмматическая парадигма）
情感（чувство）
情感含义主导（эмоционально-смысловая доминанта）
情感含义主导论（теория эмоционально-смысловой доминанты）
情感性（эмотивность）
情感需求（эмоциональные потребности）
情感战略（аффективные стратегии）
情景（ситуация）
情景参项（участник ситуации）
情景成分（элементы ситуации）
情景成素范畴化（категоризация компонентов ситуации）
情景定型（стереотипы-ситуации）
情景方法（ситуационный подход）
情景近似（ситуативная близость）
情景模式（модель ситуации）
情景幽默（ситуационный юмор）
穷尽式描写（исчерпывающее описание）
区分点（дифференциальные точки）

权威消费（престижное потребление）
全人类先例文本（общечеловеческий прецедентный текст）
群体认知空间（коллективное когнитивное пространство）
群体先例文本（групповой прецедентный текст）
群体心智体（групповой менталитет）
群体意义（коллективный смысл）

R

人的发展心理学（психология развития человека）
人的活动（деятельность человека）
人的内部空间（внутреннее пространство человека）
人的外部空间（внешнее пространство человека）
人的心智（ментальность человека）
人的因素（человеческий фактор）
人的语言能力（языковая способность человека）
人的组织（устройство человека）
人工过程（искусственный процесс）
人工语言（искусственные языки）
人工智能（искусственный интеллект）
人工智能模式化（моделирование искусственного интеллекта）
人机交际（человеко-машинная коммуникация）
人类学清单（антропологический список）
人类中心论（антропоцентризм）
人类中心论范式

（антропоцентрическая парадигма）
人类中心性（антропоцентричность）
人–朋友中心性（человеко-другоцентричность）
人说的语言（язык в человеке）
人体图（карты человеческого тела）
人体形象（соматологический образ）
人物个性（личность персонажей）
人学（наука о Человеке）
认识（познание）
认识论前提（гносеологические предпосылки）
认识情景（познавательная ситуация）
认知不和谐（когнитивный диссонанс）
认知阐释法（методика когнитивной интерпретации）
认知定势（когнитивная установка）
认知范式（когнитивная парадигма）
认知符号学（когнитивная семиотика）
认知功能（когнитивная функция）
认知基体（когнитивная база）
认知技能（когнитивное умение）
认知阶段（когнитивный период）
认知结构（когнитивные структуры）
认知空间（когнитивное пространство）
认知模式（когнитивная модель）
认知图式（когнитивные схемы）
认知系统（когнитивная система）
认知心理学（когнитивная психология）
认知心理语言学（когнитивная психолингвистика）
认知行为（когнитивное поведение）
认知形象（когнитивный образ）
认知性（когнитивность）
认知学（когнитология）
认知语言学（когнитивная лингвистика）
认知原型（когнитивные прототипы）
认知战略（когнитивные стратегии）
认知主义（когнитивизм）
认知转向（когнитивный поворот）
认知组织（когнитивная организация）
任金学派（Школа Жинкина）
任意冲动（произвольный импульс）
任意符号（произвольный знак）
任意系统（произвольная система）
任意性（произвольность）
任意运动（произвольное движение）
日常意识（обыденное сознание）
日志观察法（дневниковые наблюдения）
融合层级（интеграционный уровень/уровень интеграции）
融合方法（гибридный подход）

S

萨拉托夫心理语言学派（Саратовская психолингвистическая школа）
三成素结构（трёхкомпонентная структура）
三成素组织（трёхкомпонентная организация）
三期区域（третичные зоны）
三位一体（триада）

三项式（трёхчлен）
扫描（сканирование）
上层建筑（надстройка）
社会产品（социальный продукт）
社会定型（социальный стереотип）
社会范式（социальная парадигма）
社会符号学（социальная семиотика）
社会共体（социум）
社会共体先例文本（социумный прецедентный текст）
社会构成物（социальное образование）
社会化机制（механизм социализации）
社会化原则（принцип социализации）
社会决定论（социальная детерминация）
社会科学研究会（Исследовательский Совет по социальным наукам）
社会特质（социальные качества）
社会文化定型（социально-культурный стереотип）
社会文化区域（социально-культурная зона）
社会协同机制（механизм социального взаимодействия）
社会心理学（социальная психология）
社会性（социальность）
社会学心理学派（социологическая школа в психологии）
社会意识存在形式（формы существования общественного сознания）
社会语言学（социолингвистика）

社会战略（социальные стратегии）
社会指向性交际（социально ориентированное общение）
社会制约性（социальная обусловленность）
社会准则（социальные нормы）
深层句法结构层级（уровень глубинно-синтаксических структур）
深层透视性（глубинная перспектива）
深层语法结构（глубинные грамматические структуры）
神话题材成分（мифологемы）
神经环境模式（нервная модель обстановки）
神经心理学（нейропсихология）
神经心理学理论（теория нейропсихологии）
神经生理学前提（нейрофизиологические предпосылки）
神经心理语言学（нейропсихолингвистика）
神经语言学（нейролингвистика）
神经元机关（нейрональные представительства）
神经元网络（нейронная сеть）
神经支配过程（процессы иннервации）
神造物（дело божественное）
神之本原（божественное начало）
审判心理语言学（судебная психолингвистика）
生成语法（порождающая грамматика）

生成语法模式（модели порождающей грамматики）
生理学机制（физиологический механизм）
生态语言学（эколингвистика）
生物声学（биоакустика）
生物学因果原则（принцип биологической причинности）
声素（артикулема）
声学度（акустическое измерение）
省略结构（эллиптическая конструкция）
诗歌艺术语言（стихотворная художественная речь）
诗学功能（поэтическая функция）
失灵（выпадение）
失语症（афазия）
施为句（перформативы）
时间义素（темпоремы）
时间展开图式（схема временной развертки）
时体学（аспектология）
时制性（темпоральность）
实践战略（стратегии практики）
实时（временное）
实体（субстанция）
实物需求（предметные потребности）
实现层级（реализующий уровень）
实现机制（механизм осуществления）
实现器（актуализаторы）
实验（эксперимент）
实验法（экспериментальные методики）
实验方法（экспериментальный метод）
实验科学（экспериментальная наука）
实验统计法（экспериментально-статистическая методика）
实验心理语言学（экспериментальная психолингвистика）
实验心理语义学（экспериментальная психосемантика）
实验研究（экспериментальное исследование）
实验语音学（экспериментальная фонетика）
实验原则（принцип эксперимента）
实用区域（утилитарная зона）
实用主义前提（прагматические предпосылки）
实证主义（позитивизм）
使用语言（пользование языком）
使用语言战略（стратегии пользования языком）
世界模式（модель мира）
世界图景（картина мира）
世界形象（образ мира）
世界知识（знание о мире）
事件（событие）
事件交际（коммуникация событий）
事态（положение дел）
事物关系（предметные отношения）
事物结构（предметная структура）
事物实体（субстанция предмета）
事物–手段（предметы-средства）
事物–图式代码（предметно-схемный код）
事物行动层级（уровень предметного

действия)
事物形象（предметный образ）
事物性（предметность）
事物性原则（принцип предметности）
事物意义（предметное значение）
事物–造型代码（предметно-изобразительный код）
事物指向性交际（предметно ориентированное общение）
适应（адаптация）
适应能动性（адаптивная активность）
适应性（адаптивность）
适应性原则（принцип адаптивности）
受实验者（испытуемые）
受试者/接受者（реципиент）
受文化制约的标尺（культурнообусловленные эталоны）
书面语篇（письменный текст）
书写障碍（дисграфия）
输入联系（входящие связи）
输入语料（языковые входные данные）
熟记战略（стратегии заучивания）
述位关键词（рематические ключевые слова）
述位宽综合体（рематические широкие комплексы）
述谓场（поле предикации）
述谓功能（предикативная функция）
述谓关系（предикация）
数理交际理论（математическая теория коммуникации）
数量义素（нумерологемы）

双层语句链（цепочка двуслойных высказываний）
双成分结构（двучленная структура）
双重性（двойственность）
双位框架（двуместный фрейм）
双文化/单语（бикультурализм/монолингвизм）
双文化/双语（бикультурализм/билингвизм）
双语能力理论（теория двуязычия）
双语他定型（чужое для чужих）
双语现象（билингвизм）
双语自定/他定型–双语自定/他定型（своё/чужое для чужих–своё/чужое для чужих）
双语自定/他定型–双语自定型（своё/чужое для чужих–своё для чужих）
双语自定型（своё для чужих）
双语自定型–双语自定/他定型（своё для чужих–своё/чужое для чужих）
双语自定型–双语自定型（своё для чужих–своё для чужих）
双中心原则（принцип парных центров
说话的人（человек говорящий）
司法心理学（судебная психология）
思维单位（единица мышления）
思维定型（мыслительный стереотип）
思维功能（функции мышления）
思维机制（механизмы мышления）
思维结构（мыслительная структура）
思维块（мыслительный сгусток）
思维列（мыслительный ряд）
思维逻辑和指称关联性机制

（механизмы логики мысли и денотатной отнесенности）
思维世界（мир мышления）
思维言语化（оречевление мысли）
思维语法（грамматика мысли）
思维语言（язык мысли）
思维阈（область мысли/мыслительная сфера）
思想间接化（опосредование мысли）
思想/思维（мысль）
斯拉夫主义（славянофильство）
四项式（четырёхчлен）
算子系统（система операторов）
随机模式（стохастическая модель）
所处阈（сфера нахождения）
所明了物（понятное）
所求意义（искомое значение）
所意识层级（уровни осознаваемости）
所意识内容（осознанное содержание）
所意识能动性（осознанная активность）
所意识物（осознанное）
所知物（знаемое）
所指物（десигнаторы）
所指性语篇（десигнативные тексты）

T

他定型（гетеростереотип）
套话（клише）
特色词（реалии）
特殊构成物（специфическое образование）
特维尔心理语言学派（Тверская психолингвистическая школа）
特性（свойства）
特征方法（признаковый подход）
提取战略（стратегия извлечения）
替代符号（знаки-заместители）
天赋图式（врождённая схема）
天赋性（врождённость）
天赋知识（врождённое знание）
天真世界图景（наивная картина мира）
添写（приписка）
添写战略（стратегия приписывания）
条件反射（условные рефлексы）
条件反射法（условно-рефлекторная методика）
调节功能（регулятивная функция）
调位（интонема）
同构（изоморфизм）
同构性（изоморфность）
同时发生图式系统（система симультанных схем）
同时性（одновременность）
同态（гомоморфизм）
同义词列（синонимический ряд）
统一信息语汇（единый информационный тезаурус）
偷换（подмена）
投射（проекция）
投射层级（уровень проекции）
投影法（проективные методики）
图解（диаграммы）
图解模型（графическая модель）
图片（картинки）
图式（схема）
图书心理学（библиопсихология）

W

外部活动（внешняя деятельность）
外部列（внешний ряд）
外部形式（внешняя форма）
外部言语（внешняя речь）
外部言语句（высказывание внешней речи）
外部坐标（внешние координаты）
外国文化化（инкультурация）
外化（экстериоризация/овнешнение）
外聚力（внешнее сцепление）
外推（экстраполирование）
外围（периферия）
外显民族文化定型（внешнеэтнокультурный стереотип）
外向（экстраверсия）
外在冲突（внешний конфликт）
外在抽象语言代码（внешний абстрактный лингвистический код）
完成性（совершенность）
完结法（методика завершения）
完全词（полное слово）
完整可领悟语篇感知（восприятие цельного осмысленного текста）
完整性（целостность）
网状结构（сетевая структура）
微观结构（микроструктура）
微观语境（микроконтекст）
微观主题（микротемы）
微眼动记录法（методика фиксации микро-движений глаз）
唯物主义（материализм）
维尔茨堡心理学派（Вюрцбургская психологическая школа）
维果茨基–卢利亚文化–历史心理学（культурно-историческая психология Выготского-Лурия）
维果茨基心理学派（психологическая школа Л.С.Выготского）
威廉姆斯综合征（синдром Уильямса）
为存在而意识（сознание для бытия）
为意识而意识（сознание для сознания）
未来模式（модель будущего）
未来模式化（моделирование будущего）
未来言语行动（будущее речевое действие）
未来语句（будущее высказывание）
未知性（непостижимость）
谓项（предикат）
文化传承性（культурная переемственность）
文化储备（культурный фонд）
文化单位（культуремы/единица культуры）
文化语言（языки культуры）
文化定型（культурный стереотип）
文化符号学（семиотика культуры）
文化观念（культурный концепт）
文化观念学（культурная концептология）
文化化的语言符号单位（окультуренные единицы языковых знаков）
文化结构（культурная структура）
文化空间（культурное пространство）

文化空间空缺（лакуны культурного пространства）
文化–历史心理学（культурно-историческая психология）
文化通用区（культурный ареал）
文化习得（аккультурация）
文化驯化（окультурация）
文化原始意象（культурный архетип）
乌法心理语言学派（Уфимская психолингвистическая школа）
无体实体（бестелесная субстанция）
无形象和无言语精神现象（без-образное и без-речевое духовное явление）
无意识层级（бессознательный уровень）
无意识成素（неосознанные компоненты）
无意识物（бессознательное）
无意识性（неосознаваемость）

X

习得（научение）
习得战略（стратегии научения）
习惯性反应（навыки）
习惯性反应干扰（интерференция навыков）
系统发育（филогенез）
系统机能（системная функция）
系统失调（системные расстройства）
系统损伤（системное нарушение）
系统特质（системные качества）
系统形成因素（системообразующий фактор）

系统占位观（концепция системной локализации）
下层（низовые уровни）
先例（прецедент）
先例回想文本（прецедентные текстовые реминисценции）
先例理论（теория прецедента）
先例名（прецедентное имя）
先例情景（прецедентная ситуация）
先例文本（прецедентный текст）
先例文化符号（прецедентный культурный знак）
先例现象（прецедентный феномен）
先例性（прецедентность）
先例语句（прецедентное высказывание）
先前效应（эффект предшествования）
先前语境（предшествующий контекст）
鲜明度（степень яркости）
现成套话（готовые клише）
现实符号（реальный знак）
现实过程（реальные процессы）
现实化（реализация）
现实事物（предметы действительности）
现实现象（явления действительности）
现实知识（знание о действительности）
现象学（феноменология）
现象学认知结构（феноменологические когнитивные структуры）
现象学哲学传统（феноменологическая

философская традиция)
现有知识自动化（автоматизация имеющегося знания）
线性超语法结构构式（конструкция линейной внеграмматической структуры）
线性原则（линейный принцип）
相背词（оппозиты）
相互替代性（взаимозаменимость）
相互转换（взаимопереходы）
相似词（симиляры）
相似构成物（аналогичное образование）
相似综合征（сходные синдромы）
向心趋向（центростремительная тенденция）
向心语法（центростремительная грамматика）
象征构式（конструкции из символов）
消极生成（пассивное порождение）
小群体（микрогруппа）
笑话脚本（сценарий шутки）
歇斯底里性（истероидность）
协同活动（совместная деятельность）
心理（психика）
心理病态（психопатия）
心理对应词（психологические эквиваленты）
心理反射学（психорефлексология）
心理反映（психическое отражение）
心理分析（психоанализ）
心理机能占位（локализация психических функций）
心理社会本质（психосоциальная сущность）
心理社会学科学（психолого-социологическая наука）
心理生理学机制（психофизиологический механизм）
心理诗学（психопоэтика）
心理数值（психические величины）
心理同义词（психологические синонимы）
心理物（психическое）
心理形象（психический образ）
心理学单位（психологическая единица）
心理学发展的文化–历史观（культурно-историческая концепция развития психологии）
心理学范式（психологическая парадигма）
心理学工具系统（система психологических орудий）
心理学工序（психологическая операция）
心理学流派（психологическое направление）
心理学实验（психологический эксперимент）
心理学文学研究（психологическое литературоведение）
心理学现象（психологический феномен）
心理学意义上的能力（способность в психологическом смысле）
心理语言学（психолингвистика）

心理语言学和交际理论研究小组
　　（Группа психолингвистики и
　　теории коммуникации）
心理语言学和神经语言学研习
　　班（Семинар «психо-и
　　нейролингвистика»）
心理语言学能力（компетенция
　　психолингвистики）
心理语言学实验
　　（психолингвистический
　　эксперимент）
心理语言学学部（Отдел
　　психолингвистики）
心理语言学研习班（Семинар по
　　психолингвистике）
心理语言学与交际理论研
　　讨会（Симпозиум по
　　психолингвистике и теории
　　коммуникации）
心理语言学组织
　　（психолингвистическая
　　организация）
心理–语言–智力体（психо-лингво-
　　интеллекты）
心理语义学（психическая семантика）
心理语音学（психофонетика）
心理主导（психологическая
　　доминанта）
心智（ментальность）
心智表征（ментальные
　　репрезентации）
心智场（ментальное поле）
心智定型（ментальный стереотип）
心智工序（ментальные операции）
心智构成物（ментальное
　　образование）
心智论/心智主义（ментализм）
心智模型（ментальная модель）
心智事例（ментефакты）
心智体（менталитет）
心智图片（ментальные картинки）
心智现象（ментальное явление）
心智行为（ментальные акты）
心智语汇（ментальный лексикон）
心智语汇核（ядро ментального
　　лексикона）
心智语汇模式（модель ментального
　　лексикона）
心智–语言复合体（ментально-
　　лингвальный комплекс）
心智组织（ментальное устройство）
新词化（неологизация）
新洪堡特主义
　　（неогумбольдтианство）
新后实证主义（неопостпозитивизм）
新科学方法（новый научный подход）
新实证主义（неопозитивизм）
新事物（новое）
新心理生理学（новая
　　психофизиология）
新心理语言学（новая
　　психолингвистика/
　　неопсихолингвистика）
新行为主义（необихевиоризм）
新行为主义心理学
　　（необихевиористская
　　психология）
新行为主义心理语言学

（необихевиористская
　　психолингвистика）
新知–已知（новое-данное）
信息传递（передача сообщения）
信息发出者（информирующий）
信息化（информатизация）
信息基体（информационная база）
信息检索语汇（информационно-
　　поисковый тезаурус）
信息接收、加工、储存模块（блок
　　приёма, переработки и хранения
　　информации）
信息接受者（информируемый）
信息块（информационные массивы）
信息论（теория информации）
信息目的（цель сообщения）
信息–目的分析方法（информационно-
　　целевой анализ）
信息内容（информационное
　　содержание）
信息性（информативность）
信息自足性（информационная
　　самодостаточность）
兴奋（возбуждение）
刑事法（уголовное право）
刑事侦查心理语言学
　　（криминалистическая
　　психолингвистика）
行动编程（программирование
　　действий）
行动连续性（последовательность
　　действия）
行动链（цепь действий）
行动/行为（действие）

行为（поведение /акт）
行为定型（стереотип поведения）
行为矢量（вектор поведения）
行为实验（поведенческий
　　эксперимент）
行为外在调节器（внешний регулятор
　　поведения）
行为心理学（психология поведения）
行为主义（бихевиоризм）
行为主义图式（бихевиористские
　　схемы）
行为主义心理学（бихевиористская
　　психология）
行为主义语言学（бихевиористская
　　лингвистика）
形成层级（формирующий уровень）
形成法（формирующие методы）
形成过程错误（генетические
　　ошибки）
形成假设（формирование гипотез）
形成阶段（период формирования）
形式程序（формальные процедуры）
形式–语法组织（формально-
　　грамматическая организация）
形态法（формальные методики）
形象/意象/映象（образ）
形象表征物（образные
　　представления）
形象定型（стереотипы-образы）
形象–联想活动（образно-идеаторная
　　деятельность）
形象特征（образные признаки）
形象形成（формирование образов）
虚拟符号（виртуальный знак）

宣告性记忆（декларативная память）
宣告性障碍（затруднения декларативного характера）
宣告性知识（декларативное знание）
选择（селекция）
选择性（избирательность）
学得（усвоение）
学会语言（владение языком）
学派（научная школа）
学术共同体（научное сообщество）
学说抽象物（учёная абстракция）
学习语言（изучение языка）
循环图式（схема цикла）

Y

亚层级（подъярус）
亚子主题（субподтемы）
延迟回溯调查（отсроченные ретроспективные опросы）
延伸世界（мир протяжения）
言说（говорение）
言说活动（деятельность говорения）
言语（речь）
言语表征者（вербальные репрезентанты）
言语不清（алалия）
言语发育（развитие речи）
言语分析方法（анализ речи）
言语符号活动（вербальная знаковая деятельность）
言语感知（восприятие речи/речевосприятие）
言语感知心理语言学（психолингвистика восприятия речи）
言语个性（речевая личность）
言语工序（речевые операции）
言语功能基础（функциональный базис речи）
言语构素（вербализаторы）
言语化（вербализация）
言语活动（речевая деятельность）
言语活动的民族心理学限定关系（этнопсихолингвистическая детерминация речевой деятельности）
言语活动发育（развитие речевой деятельности）
言语活动教学（обучение речевой деятельности）
言语活动论（теория речевой деятельности）
言语活动普通理论（Общая теория речевой деятельности）
言语活动社会决定论（социальная детерминация речевой деятельности）
言语机制（механизмы речи）
言语机制功能化（функционирование речевого механизма）
言语技能（речевые умения）
言语交际（речевое общение/речевая коммуникация）
言语-交际活动（рече-коммуникативная деятельность）
言语交际理论（теория речевой коммуникации）

言语句（речевое высказывание）
言语句感知（восприятие речевого высказывания）
言语句信息编码（кодирование информации речевого высказывания）
言语理解（понимание речи）
言语联想（вербальные ассоциации）
言语–联想结构（рече-идеаторные структуры）
言语链（речевая цепь）
言语模式（шаблон речи）
言语能力（речевая способность）
言语区域（речевая зона）
言语生产（производство речи/продуцирование речи）
言语生成（порождение речи/речепорождение）
言语生成机制（механизмы порождения речи）
言语生成机制块（блок порождающего механизма речи）
言语生理学（физиология речи）
言语适应环境论（теория речевого приспособления к среде）
言语输出（выход речи）
言语熟巧（речевые навыки）
言语思维过程层级（уровень речемыслительных процессов）
言语思维活动（речемыслительная деятельность）
言语思维活动机制（механизм речемыслительной деятельности）

言语思维流（речемыслительный поток）
言语思维心理学（психология речевого мышления）
言语损伤（речевые нарушения）
言语外智力–思维活动（внеречевая интеллектуально-мыслительная деятельность）
言语心理学（психология речи）
言语信号（речевой сигнал）
言语信息成像（формирование речевого сообщения）
言语行动（речевое действие）
言语行动编程（речевое программирование действий）
言语行动系统（система речевых действий）
言语行为（речевой акт/речевое поведение）
言语行为单位（единица речевого поведения）
言语行为规则（правила речевого поведения）
言语行为理论（теория речевого акта）
言语意识（речевое сознание）
言语意向（речевая интенция）
言语意向分析（интент-анализ речи）
言语影响（речевое воздействие）
言语语篇（речевой текст）
言语–语言结构（рече-языковые структуры）
言语语言学（лингвистика речи）
言语–语义层级（вербально-семантический уровень）

言语运动（речедвижение）
言语智力-思维活动（речевая интеллектуально-мыслительная деятельность）
言语组织（речевая организация）
研究法（методика）
研究主题（предмет）
颜色义素（колоремы）
演绎方法（дедуктивный метод）
演绎推理战略（стратегии дедуктивного рассуждения）
一般知识储备（фонд общих знаний）
一级伴随意义（первичная коннотация）
一级成分选择（первая степень отбора элементов）
一级符号系统（первичная сигнальная система）
一期非活动性（первичная инактивность）
一期失调（первичные расстройства）
遗传继承性构成物（генетически наследуемое образование）
遗传异常（генетическая аномалия）
仪式（ритуалы）
仪式行动（ритуальные действия）
移动性（перемещаемость）
移入新知识（аккумулирование нового знания）
移位（перемещение）
以言行事之力（иллокутивная сила）
义素（семантическая доля/сема）
异文化（чужая культура）
抑郁性（депрессивность）

抑制（торможение）
意动功能（конативная функция）
意识（сознание）
意识动机场（мотивационное поле сознания）
意识感觉场（сенсорное поле сознания）
意识联想场（идеаторное поле сознания）
意识内层生成界面（грань производства внутреннего плана сознания）
意识内容（содержание сознания）
意识特质（качество сознания）
意识心理学（психология сознания）
意识心理语言学（психолингвистика сознания）
意识形态化功能（идеологизирующая функция）
意识形象（образ сознания）
意识中的存在（бытие в сознании）
意思/含义（смысл）
意思⇔文本（Смысл⇔Текст）
意图（замысел）
意图阶段（этап замысла）
意图实现阶段（этап осуществления замысла）
意向生成（возникновение намерений）
意向-图式（образ-схема）
意义（значение）
意义系统（система значений）
意志（воля）
溢价因素（лажные факторы）

艺术语篇/文本（художественный текст）
艺术语言心理语言学（психолингвистика художественной речи）
因果分布（каузальная дистрибуция）
因素分析方法（факторный анализ）
音段（сегмент）
音节（слог）
音节层级（слоговой уровень）
音义学（фоносемантика）
音位（фонема）
音位单位（единица-фонема）
音位格栅（решётка фонем）
音位趋同（конвергенции）
音位趋异（дивергенции）
音响组织（звуковая организация）
隐含概括（скрытое обобщение）
隐秘化界面（грань интимизации）
隐性形象（имплицитный образ）
隐喻（метафора）
隐喻形象（метафорический образ）
隐喻性原则（принцип метафоричности）
影子语境（контекст-тень）
应用心理语言学（прикладная психолингвистика）
映照世界（отражение мира）
由词构报道环节（звено составления сообщения из слов）
由思维转向话语（переход от мысли к слову）
由音构词环节（звено составления слова из звуков）
有等级组织的构式（иерархически организованный конструкт）
有序化（упорядочение）
有序性（упорядоченность）
有意识反射（сознательная рефлексия）
有意识实现（сознательное осуществление）
有意识物（сознательное）
有组织的实验（организованный эксперимент）
语段系统（система синтагм）
语法必须形式（грамматические обязательства）
语法错乱（аграмматизм）
语法规范性（грамматичность）
语法加工模式（модели грамматической переработки）
语法建构子阶段（тектограмматический подэтап）
语法结构化（грамматическое структурирование）
语法前规则（дограмматические правила）
语法体现子阶段（фенограмматический подэтап）
语法学视角（грамматический аспект）
语法意义模式（модель грамматического значения）
语法–语义现实化（грамматико-семантическая реализация）
语符（семиозис）
语符学（глоссематика）

语感（языковое чутьё）
语汇层级（тезаурусный уровень）
语境（контекст）
语境近似（контекстнакя близость）
语境外意义（внеконтекстное значение）
语境意义（контекстуальное значение）
语句（высказывание）
语句内部图式（внутренняя схема высказывания）
语句内部形成机制（механизмы внутреннего оформления высказывания）
语句生成模式（модель порождения высказывания）
语句外部形成机制（механизмы внешнего оформления высказывания）
语句形成（формирование высказывания）
语句中心论（фразоцентризм）
语流（поток речи/речевой поток）
语内错误（внутриязыковые ошибки）
语篇标记系统（система текстовых маркеров）
语篇阐释者（текст-интерпретатор）
语篇感知（восприятие текста）
语篇关系（текстуальные отношения）
语篇观念（концепт текста）
语篇含义（смысл текста）
语篇回想文本（текстовые реминисценции）
语篇活动（текстовая деятельность）
语篇空缺（текстовые лакуны）
语篇理解战略（стратегии понимания текста）
语篇连续性（связность текста）
语篇模态性（текстовая модальность）
语篇内关系集成（набор внутритекстовых связей）
语篇内容（содержание текста）
语篇内容形象（образ содержания текста）
语篇片断含义（смысл фрагмента текста）
语篇体（тело текста）
语篇投射（проекция текста）
语篇外活动（затекстовая деятельность）
语篇/文本（текст）
语篇心理语言学（психолингвистика текста）
语篇意图（замысел текста）
语篇语言学（лингвистика текста）
语篇语义阈（семантическая сфера текста）
语篇整体性（цельность текста）
语篇中心论（текстоцентризм）
语言标准模式（модель языкового стандарта）
语言材料（языковой материал）
语言常规（языковые конвенции）
语言层级（языковой уровень）
语言存在形式（форма существования языка）
语言代表（языковые репрезентанты）
语言单位（языковая единица）

语言的内部形式（внутренняя форма языка）
语言定型（языковой стереотип）
语言对世界的表征（языковая репрезентация мира）
语言对世界的观念化（языковая концептуализация мира）
语言对世界的组织（языковая организация мира）
语言–非特殊性质（лингвистически-неспецифический характер）
语言符号体（тела языковых знаков）
语言个体发育（онтогенез языка）
语言个性（языковая личность）
语言个性理论（теория языковой личности）
语言个性模式（模型 языковой личности）
语言工艺学（лингвистическая технология）
语言共性（языковые универсалии）
语言关系（языковое отношение）
语言观念学（лингвоконцептология）
语言规则（языковые правила）
语言规则系统（система языковых правил）
语言化（оязыковление）
语言活力（языковая активность）
语言教学论（лингводидактика）
语言结构成分（лингвистические конструкты）
语言空间（лингвистическое пространство）
语言空缺（языковые лакуны）

语言棱镜中的世界（мир в зеркале языка）
语言内属性（лингвистическая природа）
语言内现象（лингвистическое явление）
语言内原因（внутриязыковые причины）
语言能动性（языковая активность）
语言能力（языковая способность/компетенция）
语言能力发育（развитие языковой способности）
语言–认知层级（лингво-когнитивный уровень）
语言社会（языковое общество）
语言社会心理学（лингвосоциопсихология）
语言社会学（социология языка）
语言生态（лингвистическая экология）
语言生态学（экология языка）
语言世界观（языковое мировидение）
语言世界模式（языковая модель мира）
语言世界图景（языковая картина мира）
语言世界组织（языковая организация мира）
语言手段（языковые средства）
语言思维（языковые мышления）
语言外属性（экстралингвистическая природа）
语言外现象（экстралингвистическое

语言外因素（внеязыковые факторы）
语言外质料（внеязыковой материал）
语言文化共体（лингво-культурное сообщество）
语言文化现象（лингвокультурное явление）
语言文化学（лингвокультурология）
语言文化知识（лингвокультурное знание）
语言系统（языковая система/система языка）
语言系统层级（уровень системы языка）
语言现实化（реализация языка）
语言相对论（теория лингвистической относительности）
语言相对论假说（гипотеза лингвистической относительности）
语言相对性（лингвистическая относительность）
语言心理学（психология языка）
语言学和心理学委员会（Комитет по лингвистике и психологии）
语言学阶段（лингвистический период）
语言学能力（лингвистические компетенции）
语言学认知结构（лингвистические когнитивные структуры）
语言学生态学/语言生态（лингвистическая экология）
语言学实验（лингвистический эксперимент）
语言学实验法（метод лингвистического эксперимента）
语言学心理学（лингвистическая психология）
语言学心理语言学（психолингвистика лингвистики）
语言学心理主义（лингвистический психологизм）
语言学学科（лингвистическая дисциплина）
语言意识（языковое сознание）
语言意识的民族心理学限定关系（этнопсихолингвистическая детерминация языкового сознания）
语言意识核（ядро языкового сознания）
语言意识片断（фрагменты языкового сознания）
语言意义（языковое значение）
语言幽默（языковой юмор）
语言语义图（семантическая карта языка）
语言阈（область языка）
语言哲学（лингвистическая философия）
语言知识（языковое знание/знание о языке）
语言中的人（человек в языке）
语言中间世界（языковой промежуточный мир）
语言组织（языковая организация）

语言作品（языковое произведение）
语义表征层级（уровень семантических представлений）
语义层级（семантический уровень）
语义场（семантическое поле）
语义重构（семантическая реконструкция）
语义雏形（семантические примитивы）
语义规则（семантические правила）
语义记录（семантическая запись）
语义记录层级（уровень семантической записи）
语义近似性（семантическая близость）
语义句法化（семантическое синтаксирование）
语义距离（семантическое расстояние）
语义距离矩阵（матрицы семантических расстояний）
语义刻度法（методика семантического шкалирования）
语义空间（семантическое пространство）
语义空间组成（конституента семантического пространства）
语义量词（семантический квантор）
语义模式（семантические модели）
语义派生性（семантическая мотивированность）
语义图形（семантический граф）
语义完形（семантический гештальт）
语义网（семантическая сеть）
语义微分法（методика семантического дифференциала）
语义学视角（семантический аспект）
语义阈（семантическая сфера）
语义整合法（методика семантического интеграла）
语义中心主义（семантикоцентризм）
语义组织（семантическая организация）
语音词（фонетическое слово）
语音句（фонетическая фраза）
语音算法（звуковой алгоритм）
语音学视角（фонетический аспект）
语用层级（прагматический уровень）
语用预设（прагматическая пресуппозиция）
语源（семиогенез）
预设（пресуппозиция）
预设常量（пресуппозиционные инварианты）
预实验（пре-эксперимент）
预先定向（предварительная ориентировка）
预想机制（механизм антиципации）
元认知功能（метакогнитивная функция）
元认知战略（метакогнитивные стратегии）
元语言功能（метаязыковая функция）
元语言活动（метаязыковая деятельность）
元语言句（метаязыковые высказывания）
元语言意识（метаязыковое сознание）

元语言知识（метаязыковые знания）
原生初始语篇（первичные тексты-примитивы）
原生语篇/文本（исходный текст）
原型方法（прототипный подход）
原型语义（прототипная семантика）
原则（принцип）
原子论（атомизм）
原子态（атомарность）
远义（дальнейшее значение）
约定性（условность）
运动编程（кинетическое /моторное программирование）
运动程序（моторная программа）
运动和能动生理学（физиология движения и активности）
运动失语症（моторная афазия）
运动形象（моторный образ）
运动意象（двигательное представление）
运动原则（моторный принцип）
运作机制（операциональные механизмы）

Z

再生初始语篇（вторичные тексты-примитивы）
再生方式（вторичный способ）
再生信息性（вторичная информативность）
再生语篇（вторичный текст）
再生语言个性（вторичная языковая личность）
再现（отображение）
再现世界（отображение мира）
载体（носитель）
早期习得（раннее научение）
造物主（демиург）
窄反义综合体（узкие комплексы-антонимы）
窄同义综合体（узкие комплексы-синонимы）
窄综合体层级（уровень узких комплексов）
窄综合体联合层级（уровень соединений узких комплексов）
占位（локализация）
战地行动（полевые действия）
掌控功能（управляющая функция）
掌握世界图式（схема освоения мира）
掌握语言（овладение языком）
掌握语言战略（стратегии овладения языком）
真/真值（истинность）
真值判断法（суждение об истинности）
整合功能（интегративная функция）
整合型科学（наука интегративного типа）
整合性（интегративность）
整体（целое）
整体模式（холистическая модель）
整体性（холистический характер）
正迁移（положительный перенос）
正确条件联系（правильные условные связи）
证实战略（стратегии подтверждения）
证同词（слово-идентификатор/

идентификаторы）
证同功能（идентифицирующая функция）
政治观念学（политическая концептология）
政治心理学（политическая психология）
支撑（опора）
支撑成分（опорные элементы）
支撑含义点（опорные смысловые узлы）
知觉（перцепция）
知觉标尺（перцептивный эталон）
知觉层级（уровень перцепции）
知觉–认知–情感加工（перцептивно-когнитивно-аффективная переработка）
知觉认知特征（перцептивные когнитивные признаки）
知觉语言学（перцептивная лингвистика）
知识量子物化者（объективаторы квантов знаний）
直接构素模式（модели непосредственно составляющих）
直接观察法（непосредственное наблюдение）
直接联想联系原则（принцип непосредственных ассоциативных связей）
直接实验方法（прямой эксперимент）
直接现实（непосредственная данность）

直觉搜索战略（интуитивно-поисковые стратегии）
直译者（буквалисты）
指称对象（денотат）
指称对象证同（идентификация денотатов）
指称分析法（метод денотативного анализа）
指称–所指性语篇（денотативно-десигнативные тексты）
指称图（денотатный граф）
指称物（денотаторы）
指称性语篇（денотативные тексты）
指定性（заданность）
指涉功能（референтивная функция）
指示功能（прескриптивная функция）
指数化（индексирование）
指向性（направленность）
秩序维系区域（регулятивная зона）
智力层级（уровень интеллекта）
智力工序（интеллектуальные операции）
智力活动（умственная деятельность）
智力–情感场（интеллектуально-эмоциональное поле）
智力–思维活动（интеллектуально-мыслительная деятельность）
智力行为（интеллектуальный акт）
智力行为结构（структура интеллектуального акта）
智力/智能（интеллект）
中和（усреднение）
中间层级（промежуточный уровень）
中间环节（среднее звено）

中间阶段（промежуточный этап）
中间语（промежуточный язык）
中介（агенс）
中介语（язык-посредник）
中立交际（нейтральная коммуникация）
中枢神经系统（центральная нервная система）
中枢抑制现象（явление центрального торможения）
终端集（множество терминалов）
种属窄综合体（видовой узкий комплекс）
主导（доминанта）
主导部分（господствующая часть）
主导层（ведущий уровень）
主导动机因素（фактор доминирующей мотивации）
主导发音位（господствующее произносительное место）
主导个性含义（доминантные личностные смыслы）
主导个性含义论（теория доминантных личностных смыслов）
主导性（доминантность）
主观世界图景（субъективная картина мира）
主观语言（субъективный язык）
主题（тема）
主题活动（предметная деятельность）
主题联想词（тематические ассоциаты）
主题列（тематический ряд）
主题统一体（тематическое единство）
主体–活动–客体（субъект-деятельность-объект）
主体活力（жизнь субъекта）
主体间形式（интерсубъектная форма）
主体–客体（субъект-объект）
主位关键词（тематические ключевые слова）
主位宽综合体（тематические широкие комплексы）
主位–述位结构（тема-рематическая структура）
主位–述位块层级（уровень тема-рематических блоков）
主要成分（основные элементы）
注意力缺失症（дефицит внимания）
转换（трансформации）
转换方法（трансформационный подход）
转换生成模式（трансформационно-порождающая модель）
转换生成语法（трансформационно-порождающая грамматика）
转换心理语言学（трансформационная психолингвистика）
转换语法（порождающая грамматика）
装置/组织（устройство）
准词语（квазислова）
准单位（квазиединицы）
准定型（квазистереотип）
准实验（квази-эксперимент）
准证同形象（квази-идентичные образы）

子阶段（подэтап）
子主题（подтема）
自闭症（аутизм）
自定型（автостереотип）
自定型/他定型（свой/чужой）
自觉行动（сознательные действия）
自然方式（натуральный способ）
自然过程（естественный процесс）
自然态（естественный порядок）
自然特质（природные качества）
自身扩展言语（спонтанная развёрнутая речь）
自我观察法（самонаблюдение）
自我校正（самокоррекция）
自我调节系统（саморегулирующая система）
自省（саморефлексия）
自由层级集（множество степеней свободы）
自由复现（свободное воспроизведение）
自由联想（свободная ассоциация）
自由联想实验方法（свободный ассоциативный эксперимент）
自组织系统（самоорганизующаяся система）
综合方法（комплексный подход）
综合性单位（синтетическая единица）
综合性质（комплексный характер）
总含义（общий смысл）
总内容成分（элементы общего содержания）
总意图（общий замысел）
纵向研究（лонгитюдное исследование）
组合（синтагма）
组合联系（синтагматические связи）
组合联系系统（система синтагматических связей）
组合器官（синтагматический аппарат）
组合系统（синтагматика）
组织程度（степень сформированности）
最佳度量（оптимальная метрика）
最小述谓结构层级（уровень минимальных предикативных структур）
作家先例文本（писательский прецедентный текст）
作为过程的思维（мышление как процесс）
作为对象的语言（язык как предмет）
作为过程的语言（язык как процесс）
作为能力的语言（язык как способность）
作者个性（личность автора）
作者个性结构（структура личности автора）
做工能力（работоспособность）

参考文献

第一章

[1] Артемьева А.Ю. Основы психологии субъективной семантики[M]. М.,Наука,1999.

[2] Ахманова О.С.О психолингвистике[M].М., Изд-во МГУ, 1957.

[3] Баранов А.Н., Добровольский Д.О. (Ред.). Англо-русский словарь по лингвистике и семиотике. М., 1996.

[4] Белянин В.П. Психолингвистика[M].М., Флинта, 2003.

[5] Березин Ф. М. О парадигмах в истории языкознания XX в.[A]. // Лингвистические исследования в конце XX в.[C].М., ИНИОН РАН, 2000,с.9–26.

[6] Богин Г.И. Модель языковой личности в её отношении к разновидностям текстов[M]. Л.,Наука,1984.

[7] Брудный А.А.Экспериментальные методы семантического анализа[A].// Семинар по психолингвистике. Тезисы докладов и сообщений [C].М., Наука, 1966,с.61–63.

[8] Брудный А.А. О дифференциальном семантическом подходе к анализу текста[A].// Материалы второго симпозиума по психолингвистике[C]. М.,Наука, 1968,с.44–45.

[9] БрушлинскийА.В. , Поликаров В.А. Мышление и общение [M]. Минск, Изд-во Минского .гос. ун-та, 1990.

[10] Булыгина Т.В., Шмелев А.Д. Языковая концептуализация мира на материале русской грамматики[M].М.,Языки русской культуры,1997.

[11] ВП (Вопросы психилогии). К 60-летию со дня рождения А.А.Леонтьева[J].// Вопросы психологии. 1996, № 6.с. 155.

[12] Горелов И.Н. Проблема функционального базиса речи в онтогенезе[M]. Челябинск, Южно-Уральское кн. изд-во, 1974.

[13] Дридзе Т.М. Текстовая деятельность в структуре социальной комм-уникации. Проблемы семиосоциопсихологии[M]., Наука,1984.

[14] Жинкин Н.И. Механизмы речи [M].М., Академия педагогических наук,

1958.

[15] Жинкин Н.И. На путях к изучению механизма речи[A].//Психологическая наука в СССР т.1.[C].М.: Изд-во АПН РСФСР, 1959, с.470–487.

[16] Жинкин Н.И.О кодовых переходах во внутренней речи[J].//Вопросы языкознания, №6, 1964,с.26–38.

[17] Жинкин Н.И.Психологические особенности спонтанной речи[J].// Иностранные языки в школе, 1965, №4,с.3–23.

[18] Жинкин Н.И.Внутренние коды языка и внешние коды речи[A].//To Honor Roman Jakobson. *The Hague*[C]. Paris, 1967. с. 2355–2370.

[19] Залевская А.А. Ассоциативный эксперимент в условиях билингвизма и трилингвизма[A].//Материалы второго симпозиума по психолингвистике[C]. М.,Наука, 1968,с.73–74.

[20] Залевская А.А. Введение в психолингвистику[M].М., Российск. гос. гуманит. ун-т, 1999.

[21] Залевская А.А. Текст и его понимание[M].Тверь, ТверГУ, 2001.

[22] Зимняя И.А Психология слушания и говорения[M].М., Изд-во МГУ,1973.

[23] Караулов Ю.Н. Русский язык и языковая личность[M]. М., Наука,1987.

[24] Киселева Л.А. Вопросы теории речевого воздействия[M].Л. Изд-во Ленинград. ун-та, 1978.

[25] Клименко А.П.Вопросы психолингвистического изучения семантики[M]. Минск, Высшая школа,1970.

[26] Клименко А.П.К оценке результатов качественных синтагматических экспериментов[A]. // Семантическая структура слова. Психолингвистические исследования[C].М.,Наука, 1971. с. 63–78.

[27] Клименко А.П. Лексическая системность и её психолингвистическое изучение[M]. Минск, Изд-во МГПИИЯ,1974.

[28] Красных В.В.Основы психолингвистики и теории коммуникации[M]. М., Гнозис, 2001.

[29] Красных В.В. Этнопсихолингвистика и лингвокульт-урология[M]. М., Гнозис, 2002.

[30] Кун, Т. Структура научных революций(Перевод с англ. языка Налетова И. З.) [M.] М., Прогресс, 1977.

[31] Леонтьев А.А.Языкознание и психология[M]. М., Наука, 1966.

[32] Леонтьев А.А. Психолингвистика[M]. Л., Наука. Ленинградское отд-ние,

1967.

[33] Леонтьев А.А. Психология общения[M].Тарту, Изд-во Тарт. ун-та, 1974a.

[34] Леонтьев А.А. Основы теории речевой деятельности[M].М.,Наука, 1974b.

[35] Леонтьев А.А. Понятие текста в современной лингвистике и психолингвистике [A].// Психолингвистическая и лингвистическая природа текста и его особенности восприятия[C].Киев,Вища Школа,1979a,с.7–18.

[36] Леонтьев А.А. Восприятие текста как психологический процесс[A].// Психолингвистическая и лингвистическая природа текста и его особенности восприятия[C]. Киев,Вища Школа,1979b,с.18–30.

[37] Леонтьев А.А.Психолингвистика[A].//Тенденция развития психологической науки[C].М.,Наука. 1989,с.142–148.

[38] Леонтьев А.А. Слово в речевой деятельности: Некоторые проблемы общей теории речевой деятельности[M]. М., УРСС, Издание второе, 2003a.

[39] Леонтьев А.А. Психолингвистические единицы и порождение речевого высказывания [M]. М., УРСС, Издание второе, 2003b.

[40] Леонтьев А.А. Основы психолингвистики[M]. М., Смысл, Academa, 4-е издание, 2005.

[41] Леонтьев А.А. Язык, речь, речевая деятельность[M].М.,Издательство «КРАСАНТ», Издание шестое, 2010.

[42] Лурия А.Р., Юдович Ф. Я. Речь и развитие психических процессов у ребенка[M]. М., Изд-во Акад. Пед. наук РСФСР, 1956.

[43] Лурия А. Р. Развитие речи и формирование психических процессов[A].// Психологическая наука в СССР[C]. т.1, М., АПН, 1959, с.516–577.

[44] Лурия А.Р. Умственно отсталый ребенок[M].М., Изд-во АПН РСФСР,1960.

[45] Лурия А.Р. Мозг и психические процессы. т.1[M].М., Изд-во АПН РСФСР,1963.

[46] Лурия А.Р.Лобные доли и регуляция психических процессов[M].М., Изд-во МГУ, 1966.

[47] Лурия А.Р.,Цветкова Л.С. Нейропсихологический анализ предикативной структуры высказывания[A].// Теория речевой деятельности[C]. М., Наука, 1968, с. 219–233.

[48] Лурия А.Р. Психология как историческая наука (к вопросу об исторической природе психологических процессов) [A].// История и психология[C]. М.,Наука,1971,с.36–63.

[49] Лурия А.Р. Об историческом развитии познавательных процессов[M]. М.,Наука, 1974.

[50] Лурия А.Р. Нейтропсихология памяти[M].М.,Просвещение, 1974,т.1, 1976, т.2.

[51] Лурия А.Р. Основные проблемы нейтролингвистики[M].М., Изд-во МГУ, 1975a.

[52] Лурия А.Р. Речь и мышление[M].М., Изд-во МГУ, 1975b.

[53] Петренко В.Ф. Введение в экспериментальную психосемантику: исследование форм репрезентации в обыденном сознании[M].М., Изд-во МГУ, 1983.

[54] Петренко В.Ф. Психосемантика сознания[M] М.,Изд-во МГУ,1988.

[55] Портнов А.НЯзык,мышление,сознание: Психолингвистические аспекты[M].,Иваново, Изд-во Ивановского ун-та, 1988.

[56] Привалова И.В. Интеркультура и вербальный знак (лингвокогнитивные основы межкультурной коммуникации)[M]. М., Гнозис, 2005.

[57] Прохоров А.М.Советский Энциклопедический словарь[M]. М., Советская энциклопедия, 1983.

[58] Прохоров Ю.Е. Национальные социокультурные стереотипы речевого общения и их роль вобучении русскому языку иностранцев[M].М., Педагогика-пресс,1996.

[59] Сахарный Л.В.Предметизация как компрессия развернутого текста и её компьютерное моделирование[A]. // Предметный поиск в традиционных и нетрадиционных информационно-поисковых системах[C].Л., Гос. Публ. б-ка, Вып.9, 1989, с. 7–24.

[60] Сахарный Л.В.Человек и текст: две грамматики[A].//Человек–текст–культура[C]. Екатеринбург, Институт развития регионального образования, 1994,с.17–20.

[61] Слышкин Г.Г. От текста к символу: лингвокультурные концепты пре-цедентных текстов в сознинии и дискурсе[M]. М., Academia ,2000.

[62] Соколов А.Н. О речевых механизмах умственной деятельности[A].// Известия АПН РСФСР[C], вып. 81,1956, с.65–98.

[63] Соколов А.Н. Исследования по проблеме речевых механизмов мышления [A].//Психологическая наука в СССР. т.1. [C]. М., Изд-во АПН РСФСР, 1959,с.488–515.

[64] Соколов А.Н. Динамика и функции внутренней речи в процессе мышления [A].//Известия АПН РСФСР[С], вып. 113, 1960,с.71–72.

[65] Соколов А.Н. Внутренняя речь и мышление[M].М., Просвещение,1968.

[66] Сорокин Ю.А.,Тарасов Е.Ф., Шанарович А.М. Теоретические и прикладные проблемы речевого общения[M].М., Наука,1979.

[67] Сорокин Ю.А.Психолингвистические аспекты изучения текста[M]. М., Наука, 1985.

[68] Сорокин Ю.А Введение в этнопсихолингвистику[M].Ульяновск, Ульяновский гос.ун-т, 1998.

[69] Стернин И.А.Введение в речевое воздействие[M].Воронеж, Истоки, 2001.

[70] Тарасов Е.Ф. Школьник.Л.С. Речевое воздействие: проблемы и перспективы [M].,Наука, 1978.

[71] Тарасов Е.Ф. Тенденции развития психолингвистики[M]. М., Наука, 1987.

[72] Тарасов Е.Ф. Предисловие[J].//Вопросы психолингвистики, 2006, №4,с.4.

[73] Фрумкина Р.М. Вероятность элементов текста и речевое поведение[M].М., Наука, 1971a.

[74] Фрумкина Р.М. Вероятностное прогнозирование в речи [С].М., Наука, 1971b.

[75] Фрумкина Р.М. Прогноз в речевой деятельнбости[С]. М.,Наука, 1974.

[76] Фрумкина Р.М.,Михеев А.В., Мостовая А.Д.,Рюмина Н.А. Семантика и категоризация [M]. М., Наука, 1991.

[77] Фрумкина Р. М. «Теории среднего уровня» в современной лингвистике[J]. // Вопросы языкознания. 1996, № 2, с. 55–67.

[78] Щедровицкий Г.П.«Языковое мышление»и его анализ[J].//Вопросы языкознания, 1957, №1,с.449–465.

[79] Щедровицкий Г.П. О возможных путях изучения речевой деятельности[A]. //Семинар по психолингвистике. Тезисы докладов и сообщений [С]. М., АН СССР, Институт языкознания, 1966а,с.6–7.

[80] Щедровицкий Г.П. Лингвистика, психолингвистика, теория деятельности [A].//Избранные труды[С]. М.,Школа культурной политики, 1968,с.360–366.

[81] Chomsky N. Syntactic Structures[M].Den Haag,1957.

[82] Kantor J.R.An Objective Psychology of Grammar[M].Bloomington,Indiana University,1953.

[83] Miller G.A.,Selfridge J.A. Verbal cotext and the reccal of meaningful material

[J].//American Journal of Psychology.V.63.1951.

[84] Osgood Ch.E Method and Theory in Experimenta Psychology[M]. New York, 1953.

[85] Pronko N.H.Language and Psycholinguistics[J]//Psychological Buletin. V. 43. 1946.

[86] 徐盛桓, 语言学研究方法论探微[A].//钱军编: 语言学——中国与世界同步[C]. 外语教学与研究出版社, 2003.

[87] 许高渝等, 俄罗斯心理语言学和外语教学[M]. 北京: 北京大学出版社, 2008.

[88] 赵爱国, 20世纪俄罗斯符号学研究的历史分期问题[J]. 解放军外国语学院学报, 2008年第5期.

[89] 赵爱国, 当代俄罗斯语言学研究中的人类中心论范式[J].中国俄语教学,2013年第4期.

[90] 赵爱国, 俄罗斯符号学研究范式的百年嬗变[J].俄罗斯文艺, 2016年第4期.

第二章

[1] Алпатов В.М. История лингвистических учений[M].М.,Языки русской культуры,1999.

[2] Бахтин М.М. (Волошинов В.В.) Марксизм и философия языка[M]. М., Лабиринт, 1993.

[3] Березин Ф.М..,Крысин Л.П.Казанская лингвистическая школа[A].//Лингвистический Энциклопедический словарь[Z].М., Научное издательство «Большая Российская энциклопедия», 2002.

[4] Бернштейн Н.А.Очерки по физиологии движений и физиологии активновти [M].М., «Медицина», 1966.

[5] Бехтерев В. М. Общие основы рефлексологии человека [М].М.,Л., Государственное издательство, 1928.

[6] Бодуэн де Куртенэ И.А. Избранные труды по общему языкознанию Т.1[M]. М., АН СССР, 1963a.

[7] Бодуэн де Куртенэ И.А. Избранные труды по общему языкознанию Т.2[M]. М., АН СССР, 1963b.

[8] Виноградов В.В. История русских лингвистических учений[M].М.,«Высшая школа», 2005.

[9] Выготский Л.С. Избранные психологические исследования[C].М.,1956.

[10] Выготский Л.С. Развитие высших психических функций[C].М., Изд-во

АПН,1960.

[11] Выготский Л.С. Исторический смысл психологического кризиса[A].// Л.С.Выготский. Собрание сочинений в 6-ти т. Т.1[C]. М., Педогогика, 1982a,с.292–436.

[12] Выготский Л.С. Мышление и речь[A].//Л.С.Выготский. Собрание сочинений в 6-ти т. Т.2[C]. М., Педогогика, 1982b,с.5–361.

[13] Жинкин Н.И. Механизмы речи[M].М.,Издательство Академии педагогических наук, 1958.

[14] Жинкин Н. И. Грамматика и смысл[M].М., Изд-во МГУ, 1970.

[15] Жинкин Н.И. Речь как проводник информации[M].М.,Наука, 1982.

[16] Жинкин Н. И. Язык.Речь.Творчество[C] М.,Лабиринт, 1998.

[17] Жинкин Н.И.Интеллект, язык и речь[A].//Психолингвистика (Избранные труды) [C].М.,Лабиринт, 2009，с.185–204.

[18] Журавлев И.В. Культурно-историческая психология Л.С. Выготского[A].// Российская психолингвистика: итоги и перспективы(1966–2021) [C].М., Институт языкознания–ММА, 2021,с.14–22.

[19] Леонтьев А.А. Психолингвистика[A].//Лингвистический Энциклопедический словарь [Z].М., Научное издательство«Большая Российская энциклопедия», 2002，с.404–405.

[20] Леонтьев А.А. Психолингвистические единицы и порождение речевого высказывания[M].М., УРСС,Издание второе, 2003.

[21] Леонтьев А.А. Основы психолингвистики[M]. М., Смысл, Academa, 4-е издание, 2005.

[22] Леонтьев А.А. Язык, речь, речевая деятельность[M].М.,Издательство «КРАСАНТ», Издание шестое, 2010.

[23] Леонтьев А.Н.Общее понятие о деятельности[A].// Основы речевой деятельности[C].М., Наука,1974,с.4–19.

[24] Леонтьев А.Н. Деятельность, сознание, личность[M]. М.. Политиздт, 1975.

[25] Леонтьев А.Н. Вступительная статья о творческом пути Л.С.Выготского [А].//Л.С. Высотского. Вопросы теории и истории психологии[C].М., Педогогика,1982,с.9–41.

[26] Леонтьев А.Н.Дискуссия о проблемах деятельности[A].//Деятельность, сознание, личность [M]. М., Смысл, 2004,с.303–317.

[27] Лурия А.Р. Травматическая афазия[M].М.,Изд-во АМН СССР, 1947.

[28] Лурия А.Р., Юдович Ф. Я. Речь и развитие психических процессов у ребенка [M]. М., Изд-во Акад. Пед. наук РСФСР, 1956.

[29] Лурия А.Р. Развитие речи и формирование психических процессов [A].// Психологическая наука в СССР[C]. т.1, М., АПН, 1959, с.516–577.

[30] Лурия А.Р. Умственно отсталый ребенок[M].М., Изд-во АПН РСФСР,1960.

[31] Лурия А.Р. Мозг и психические процессы. т. 1[M].М., Изд-во АПН РСФСР,1963.

[32] Лурия А.Р.Лобные доли и регуляция психических процессов[M].М., Изд-во МГУ, 1966.

[33] Лурия А.Р., Цветкова Л.С. Нейропсихологический анализ предикативной структуры высказывания[A].// Теория речевой деятельности[C]. М., Наука, 1968, с. 219–233.

[34] Лурия А.Р. Психология как историческая наука (к вопросу об исторической природе психологических процессов) [A].// История и психология[C]. М.,Наука,1971,с.36–63.

[35] Лурия А.Р. Об историческом развитии познавательных процессов[M]. М.,Наука, 1974.

[36] Лурия А.Р. Нейтропсихология памяти[M].М.,Просвещение, 1974,т.1, 1976,т.2.

[37] Лурия А.Р. Основные проблемы нейтролингвистики[M].М., Изд-во МГУ, 1975a.

[38] Лурия А.Р. Речь и мышление[M].М., Изд-во МГУ, 1975b.

[39] Потебня А.А. Эстетика и поэтика[C]. М., Искусство, 1976.

[40] Потебня А.А. Мысль и язык[A].//Мысль и язык[C].М., Лабиринт, 1999a,с.5–198.

[41] Потебня А.А.Психология поэтического и прозаического мышления[A].// Мысль и язык[C].М., Лабиринт,1999b,с.199–236.

[42] Радченко О.А.Язык как миросозидание[M].М.,URSS,2006.

[43] Седов К.В.Предисловие[A].//Н.И.Жинкин: Психолингвистика (Избранные работы) [C]. М.,Лабиринт,2009, с.5–9.

[44] Сеченов И. М.Рефлексы головного мозга[M]. М.,«Издательство АСТ», 2014.

[45] Стернин И.А.,Уфимцева Н.В. Российская психолингвистика: итоги и перспективы(1966–2021) [C].М., Институт языкознания–ММА, 2021.

[46] Ушаков Д.В. Психология XXI века: Учебник для вузов[M]. М., ПЕР СЭ,

2003.

[47] Фрумкина Р.М.Анатомия одной рецепции: культурно-историчес-каяпсихология выготского-лурия[J].// Новое литературное обозрение, 2007, № 3,с.20–25.

[48] Цветкова Л.С.,ГлозманЖ. М.Афазия и восстановительное обучение: Тексты[A]. М., Изд-во МГУ, 1983.

[49] Щерба Л.В. Языковая система и речевая деятельность[C]. Л., Наука, 1974a.

[50] Щерба Л.В. О Трояком аспекте языковых явлений и об эксперименте в языкознании[A].// Языковая система и речевая деятельность[C]. Л., Наука, 1974b, с.24–39.

[51] Luria A.R. *Cognitive development: its cultural and social foundations. Cambridge* [M], Mass., Harvard University Press , 1976.

第三章

[1] Арутюнова Н. Д. От редактора [A].//Логический анализ языка. Язык речевых действий[С] М.,Наука,1994,с.3–6.

[2] Асмолов А.Г. Основные принципы психологической теории деятельности [А]. //А.Н.Леонтьев и современная психология[С].М.,МГУ,1983,с.115–136.

[3] Ахутина Т.В. Механизм порождения речи по данным афазиологии[А].// Вопросы порождения речи и обучения языку[С].М., Изд-во МГУ, 1967,с.67–94.

[4] Ахутина Т.В.Нейролингвистический анализ динамической афазии[М].М., Изд-во МГУ, 1975.

[5] Ахутина Т.В.Порождение речи. Нейролингвистический анализ синтаксиса[М].М., Изд-во МГУ, 1989.

[6] Белянин В.П. Психолингвистика[М].М., Флинта,2003.

[7] Бернштейн Н.А.Очерки по физиологии движений и физиологии активновти[М].М., «Медицина», 1966.

[8] Бревдо И.Ф. Механизмы разрешения неоднозначности в шутке: Автореф. дис.канд. филол.наук [D]. Тверь, ТверГУ, 1999,с.1–18.

[9] Гвоздева О.Л. Психолингвистическое исследование понимания нестандартного поэтического текста: Автореф. дис.канд. филол.наук[D].Тверь, ТверГУ, 2000,с.1–18.

[10] Дридзе Т.М. Опыт использования психолингвистической методики в социологическом исследовании[А].//Материалы Второго симпозиума по

психолингвистике(4 –6июня 1968.М.,Наука, 1968,с.75–77.

[11] Дридзе Т.М. Язык и социальная психология[М].М.,Высшая школа, 1980.

[12] ДридзеТ.М. Текстовая деятельность в структуре социальной коммуникации. Проблемы семиосоциопсихологии[М].М., Наука,1984.

[13] Ейгер Г.В. Механизмы контроля языковой правильности высказывания[М]. Харьков, Основа, 1990.

[14] Жинкин Н.И. Речь как проводник информации[М].М.,Наука, 1982.

[15] Залевская А.А. Ассоциативный эксперимент в условиях билингвизма и полилингвизма [А].// Материалы второго симпозиума по психолингвистике [С].М.,Наука, 1968,с.73–74.

[16] Залевская А.А. Экспериментальное исследование ассоциативной структуры памяти[А].// Педагогика и психология : сб. ст. по педагогике, психологии и частным методикам[С] Алма-Ата,Каз. гос. пед. ин-т.,1969. Вып. 1,с.58–69.

[17] Залевская А.А. Проблемы организации внутреннего лексикона человека: Учеб.пособие [М]. Калинин,КГУ,1977.

[18] Залевская А.А. Психолингвистические проблемы семантики слова: Учеб. Пособие [М]. Калинин, КГУ,1982.

[19] Залевская А.А. Слово в лексиконе человека: психолингвистическое исследование [М]. Воронеж, Изд-во Воронеж. гос. ун-та,1990.

[20] Залевская А. А. Индивидуальное знание: специфика и принципы функционирования[М]. Тверь, ТверГУ, 1992.

[21] Залевская А.А. Вопросы теории овладения вторым языком в психолинг-вистическом аспекте [М].Тверь,ТверГУ, 1996.

[22] Залевская А.А. Введение в психолингвистику[М].М., Российск. гос. гуманит. ун-т, 1999.

[23]Залевская А.А. Текст и его понимание[М].Тверь, ТверГУ, 2001.

[24] Залевская А.А. Языковое сознание: вопросы теории[J]. Вопросы психолингвистики, 2003, №1, с.30–34.

[25] Залевская А.А.Психолингвистичесие исследования. Слово .Текст: Избранные труды[М]. М., Гнозис, 2005.

[26] Залевская А.А. Введение в теорию учебного двуязычия: учебник для магистрантов (Элек-тронный ресурс) [М]. Тверь: Твер. гос. ун-т, 2016.

[27] Зимняя И.А. Речевой механизм в схеме порождения речи[А].//Психолог-ические и психолингвистические проблемы владения и овладения

языком[C].М., Изд-во МГУ, 1969,70–79.

[28] Зимняя И.А. Смысловое восприятие речевого сообщения[A].//Смысловое восприятие речевого сообщения (в условиях массовой коммуникации) [С]. М.,Наука, 1976,с.5–33.

[29] Зимняя И.А. Функциональная психологическая схема формирования и формулирования мысли посредством языка[A].//Исследование речевого мышления в психолингвистике[С].М., Наука, 1985, с.85–98.

[30] Зиндер Л.Р.,Штерн.А.С .Факторы, влияющие на опознание слов[A].// Материалы IV Всесоюзного симпозиума по психолингвистике и теории коммуникации[С].М.,ИЯ АН СССР, 1972,с.100–108.

[31] Золотова Н. О. Специфика ядра лексикона носителя английского языка (на материале «Ассоциативного тезауруса английского языка»):Автореф.дис. канд.филол.наук [D].Одесса, Одесск. гос. ун-т,1989,с.1–16.

[32] Золотова Н.О. Ядро ментального лексикона[J]. Вопросы психолингвистики, 2003, №1, с.35–41.

[33] Имедадзе Н.В.Экспериментально-психологические исследования овладения и владения вторым языком[M]. Тбилиси，Мецниереба, 1979.

[34] Караулов Ю.Н. Ассоциативная грамматика русского языка. М.,Русский язык, 1993.

[35] Кацнельсон С.Д. Типология языка и речевое мышление[M].Л.,Наука,1972.

[36] ЛеонтьевА. А.Психофизиологические механизмы речи[A].//Общее языкознание. Формы существования, функции, история языка[С]. М., 1970,с. 314–370.

[37] Леонтьев А.А. К психологии речевого воздействия[A].//Материалы IV Всесоюзного симпозиума по психилингвистике и теории коммуникации [С]. М., АН СССР, 1972а, с. 28–41.

[38] Леонтьев А.А.Речевое воздействие: проблемы прикладной психолинг-вистики[С].М., АН СССР, 1972b.

[39] Леонтьев А.А. Психология общения[M].Тарту, Изд-во Тарт. ун-та, 1974.

[40] Леонтьев А.А. Национально-культурные особенности коммуникации как междисциплинарная проблема[A].//Национально-культурная специфика речевого поведения [С].М., Наука, 1977, с.5–14.

[41] Леонтьев А.А. Слово в речевой деятельности: Некоторые проблемы общей теории речевой деятельности[M]. М., УРСС, Издание второе, 2003а.

[42] Леонтьев А.А. Психолингвистические единицы и порождение речевого высказывания [M].M., УРСС, Издание второе, 2003b.

[43] Леонтьев А.А. Основы психолингвистики[M]. М., Смысл, Academa, 4-е издание, 2005.

[44] Леонтьев А.А. Язык, речь, речевая деятельность[M].М., Издательство «КРАСАНТ», Издание шестое, 2010.

[45] Лозовская Н.В. Психолингвистическая модель текста (на материале кумулятивных сказок) [A].//Мат.XXVIII межвуз. научно-метод. конф., Вып.16. Секция общего языкознания. Ч.2. СПб., Изд-во СПбГУ, 1999,c.15–19.

[46] Михайлова Т.В. Особенности восполнения эллиптических конструкций: Автореф.дис. канд.филол.наук[D].Тверь,ТверГУ, 1997,c.1–18.

[47] Мурзин Л.Н., Штерн А.С.Текст и его восприятие[M]. Свердловск, Урал. ун-т, 1991.

[48] Новодворская В.А.Формы речевого воздействия в детской речи[A].// Материалы IV Всесоюзного симпозиума по психилингвистике и теории коммуникации[C].М., АН СССР, 1972,c.98–99.

[49] Поймёнова А.А. Лексическая ошибка в свете стратегий преодоления коммуникативных затруднений при пользовании иностранным языком[D]. Тверь,ТверГУ, 1999.

[50] Попова, З.Д., Стернин И. А. Очерки по когнитивной лингвистике[M]. Воронеж, Истоки, 2003.

[51] Привалова И.В. Понимание иноязычного текста [M]. Саратов, Изд-во ПМУЦ, 2001.

[52] Рафикова Н.В. Психологическая структура значения слова как набор фиксированнных установок[A].//Актуальные проблемы психолингвистики: слово и текст[C].Тверь, ТверГУ,1997,c.54–64.

[53] Саркисова Э.В. Взаимодействие стратегий и структурных опор при идентификации незнакомого слова(диссертация кандидата филологических наук)[D].Тверь, Твер. гос. ун-т,2014.

[54] Сахарный Л. В. Осознание значения слова носителями языка и типы отражения этого осознания в речи[A].//Материалы II симпозиума по психолингвистике [C].М., ИЯ АН СССР,1968, c,51–53.

[55] Сахарный Л. В., Верхоланцева Е. И.Усвоение минимального инварианта значения текста декодирующими[A]. // Материалы III Всесоюзного

симпозиума по психолингвистике[C]. М., Ин-т языкознания АН СССР, 1970a,c,35–38.

[56] Сахарный Л. В.К вопросу о выделении ключевых слов при координатном индексировании (опыт психолингвистического эксперимента по выявлению «информативности» слова и построению алгоритма индексирования)[A].// Труды научно-исслед. ин-та управляющих машин и систем.Вып.6[C]. Пермь,Пермское книжное изд-во, 1970b,c.74–79.

[57] Сахарный Л.В. Структура значения и ситуация: к экспериментальному обоснованию психолингвистической теории значения слова[A].// Материалы IV Всесоюзного симпозиума по психолингвистике и теории коммуникации[C].М., ИЯ АН СССР, 1972a,c.141–153.

[58] Сахарный Л.В. К экспериментальному исследованию осознания значения слова: соотношение лексического значения и словообразовательной структуры[A].//Живое слово в русской речи Прикамья.Вып.3 [C].Пермь. ПГУ,1972b,c.57–79.

[59] Сахарный Л.В. Актуальное членение и компрессия текста: к использованию методов информации в психолингвистике [A].//Теоретические аспекты деривации [C].Пермь,ПГУ, 1982,с.29–38.

[60] Сахарный Л.В. К тайным мысли и слова[M]. М., Просвещение,1983a.

[61] Сахарный Л.В., Штерн А.С. Воспринимаются ли речевые отрезки по наборам компонентов или как целое?[A].//Категории, принципы и методы психологии. Психические процессы. Ч.3.Тез. научн. сообщений советских психологов к VI Всесоюзн. съезду об-ва психологов СССР[C]. М., 1983b,c.685–686.

[62] Сахарный Л.В., Сиротко-Сибирский С.А., Штерн А.С. Набор ключевых слов как текст [A]. //Психолого-педагогичесикие и лингвистичесикие проблемы исследования текста[C]. Пермь, ПТИ,1984,с.81–83.

[63] Сахарный Л.В. Морфема как текст и морфема как часть текста[A].//Морфемика. Принципы и методы ситемного описания[C]. Л. ЛГУ,1987,с.157–170.

[64] Сахарный Л.В. Расположение ключевых слов в структуре развернутого текста: к изучению деривационых механизмов компрессии текста[A].// Деривация в речевой деятельности(Общие вопросы:Текст. Семантика)[C]. Пермь, ПГУ, 1988a,c.27–29.

[65] Сахарный Л. В., Штерн А. С. Набор ключевых слов как тип текста[A].//

Лексические аспекты в системе профессионально-ориентированного обучения иноязычной речевой деятельности[C]. Пермь,Пермский политехнический ун-т, 1988b,с. 34–51.

[66] Сахарный Л.В. Введение в пспсихолингвистику[М].Л., ЛГУ,1989.

[67] Сахарный Л.В. Опыт анализа многоуровневой тема-рематической структуры текста: к моделированию семантической деривации текста[А].//Деривация в речевой деятельности [С].Пермь,ПГУ, 1990,с.28–50.

[68] Сахарный Л.В.Тексты-примитивы и закономерности их порождения[А].//Человеческий фактор в языке: язык и порождение речи[С].М., Наука,1991. с.221–237.

[69] Сахарный Л.В. Смысловая обработка текста: две стратегии-две грамматики [J] // Вестник Санкт-Петербургского университета. 1993. Сер.2. Вып.4 (№23),с.17–20.

[70] Сахарный Л.В.Человек и текст: две грамматики текста[А].//Человек –текст –культура [С]. Екатеринбург, Институт развития регионального образования, 1994а,с.17–20.

[71] Сахарный Л. В. Язык правого полушария: миф или реальность?[А].// XI Всероссийский симпозиум по психолингвистике и теории коммуникации «Язык, сознание, культура, этнос: теория и прагматика»[С]. М.,ИЯ РАН,1994b,с. 48–50.

[72] Сахарный Л.В.,Николаенко Н.Н.,Черниговская Т.В. Структура мозга и структура языка: асимметрия мозга и структура языка[А].//Материалы Международного Конгресса "100 лет Р.О.Якобсону"[С].М., Издат. Центр РГГУ,1996а,с.82–83.

[73] Сахарный Л.В.,Стрекаловская С.И.Многоуровневое тема-рематическое структурирование текста у больных с афазией[А].//Проблемы современного теоретического и синхронно- описательного языкознания. Вып.4. Семантика и коммуникация[С]. СПб.,СПбГУ, 1996b,с. 124–137.

[74] Сахарный Л.В.Тема-рематическая структура:основные понятия[А].//Язык и речевая деятельность [С]. Т.1.СПБ,.СПбГУ,1998,с.7–16.

[75] Сигал К.Я. А.М. Шахнарович и современная психолингвистика[J].Вопросы психолингвистики, 2014,№ 22,с.9–15.

[76] Синигаева Е.С.Словесный портрет национальностей в представлении белорусов и поляков по данным ассациотивного эксперимента[D].Минск,

БГУ,2017.

[77] Сорокин Ю.А. Метод установления лакун как один из способов выявления специфики локальных культур[A].//Национально-культурная специфика речевого поведения[C].М., Наука, 1977,с. 122–135.

[78] Сорокин Ю.А. Лакуны как сигналы специфики лингвокультурной общности [A].// Национально-культурная специфика речевого общения народов СССР[C]. М., Наука, 1982,с.22–28.

[79] Сорокин Ю.А.,Марковина И.Ю. Проблема понимания'чужой'культуры и способы устранения лакун в тексте[A].//Русское слово в лингвострановедческом аспекте [C].Воронеж, Изд-во Воронежского ун-та,1987,с. 160–169.

[80] Сорокин Ю.А., Марковина И.Ю. Культура и её этнопсихолингвистическая ценность [A].//Этнопсихолингвистика[C]. М., Наука,1988,с.5–18.

[81] Сорокин Ю.А. Лакуны в языке и речи[C].Благовещенск, Изд-во БГПУ, 2003a.

[82] Сорокин Ю.А. Лакуны: ещё один ракурс рассмотрения[A].//Лакуны в языке и речи [C]. Благовещенск, Изд-во БГПУ,2003b,с.3–11.

[83] Соссюр Ф.Курс общей лингвистики[M].М., УРСС,2006.

[84] Стернин И.А.,Уфимцева Н.В. Российская психолингвистика: итоги и перспективы(1966–2021) [C].М., Институт языкознания–ММА, 2021.

[85] Федорова О.В.Отечественная психолингвистика:вчера,сегодня и завтра (субъективные заметки об изучении механизмов порождения и понимания речи) [J].Вопросы языкознания,2020. № 6,с.105–129.

[86] Фрумкина Р.М. Психолингвистика.Учеб.для студентов высш. учеб. заведений[M].М., Академия, 2001.

[87] Халеева И. И. Вторичная языковая личность как реципиент инофонного текста[A].// Язык - система. Язык - текст. Язык –способность[C]. М., РАН ИРЯ, 1995. с. 277–286.

[88] Хараш А.У. Знаковые средства ориентировки и их воздействие на предметную деятельность [A].//Материалы IV Всесоюзного симпозиума по психилингвистике и теории коммуникации [C].М., АН СССР, 1972a, с.123–126.

[89] Черниговская Т. В.Язык,мозг и компьютерная метафора[J].//«Человек», 2007, № 2, с.63–75.

[90] Черниговская Т. В. Чеширская улыбка кота Шрёдингера.Язык и сознание [M]. М.,Языки славянской культуры,2013.

[91] Черниговская Т. В. Экспериментальное исследование языка и мышления в XXI веке: традиции и возможности[A]. //Перспективные направления развития науки в Петербурге [С].СПб, СПбНЦ РАН, 2015,с.489–494.

[92] Шахнарович А.М. Семантика детской речи. Психолингвистический анализ: Автореферат дис. докт.фил.наук[D].М., Институт языкознания РАН,1985.

[93] Шахнарович А.М. К проблеме языковой способности(механизма)[A] //Человеческий фактор в языке:язык и порождение речи[С].М.,Наука, 1991,с.185–220.

[94] Шахнарович А.М.Языковая личность и языковая способность[A].//Язык–система. Язык–Текст. Язык–способность[С].М.,Институт русского языка РАН,1995,с.213–223.

[95] Шахнарович А.М.Детская речь в зеркале психолингвистики[M].М., Институт языкознания РАН,1999.

[96] Шахнарович А.М. Избранные труды, воспоминания друзей и учеников [С] М., Гуманитарий, 2001.

[97] Штерн А.С.Объективное изучение субъективных оценок звуков речи[C].// Вопросы порождения речи и обучения языку[С].М.,МГУ,1967,с.114–117.

[98] Штерн А.С Влияние дингвистических факторов на восприиятие речи: Автореф. дис.канд.филол.наук[D].Л.,ЛГУ,1981.

[99] Штерн, А. С.Перцептивный аспект речевой деятельности : Автореф.дис. доктора филол. наук[D].Л., ЛГУ,1990.

[100] Штерн А.С. Перцептивный аспект речевой деятельности (экспериментальное исследование) [M].СПб, СПбГУ,1992.

[101] Штерн А.С. Введение в психологию. Курс лекций[M].М., МПСИ/Флинта, 2003.

[102] Щерба Л.В. О Трояком аспекте языковых явлений и об эксперименте в языкознании[A].// Языковая система и речевая деятельность[С].М.,УРСС, Издание второе, 2004, с.24–38.

[103] Якобсон Р. О. Два аспекта языка и два типа афатических нарушений[A].// Теория метафоры[С]. М., Прогресс, 1990,с.110–132.

[104] 许高渝等, 俄罗斯心理语言学和外语教学[M].北京：北京大学出版社, 2008.

第四章

[1] Арутюнов С.А. Билингвизм-бикультуризм[J].//Советская этнография, 1978, №2, с.2–18.

[2] Бартминьский Е.Этноцентризм стереотипа: Результаты исследования немецких (Бохум) и польских (Люблин) студентов в 1993–1994 годах[A].// Речевые и ментальные стереотипы в синхронии и диахронии. Тез. конф. [C] М., Наука, 1995, с. 7–9.

[3] Березин Ф. М. О парадигмах в истории языкознания XX в.[A].//Лингвистические исследования в конце XX в.[C].М., ИНИОН РАН, 2000,с.9–25.

[4] Богин Г.И. Модель языковой личности в её отношении к разновидностям текстов[M]. Л.,Наука,1984.

[5] Вежбицкая А. Язык. Культура. Познание[C]. М., Pvcские словари, 1996.

[6] Виноградов В.В. Из истории слова личность в русском языке середины XIX в.[A].//Доклады и сообщения филол. факультета. Вып. 1[C].М., Изв. АН СССР,1946,с.10–12.

[7] Воробьёв В.В. Лигвокультурологические принципы презентации учебного материала с проблемы концентризма[M]. М., ИРЯ,1993.

[8] Гудков Д.Б., Красных В.В., Захаренко И.В.,Багаева Д.В. Некоторые особенности функционирования прецедентных высказываний[J].//Вестник Московского университета. Сер. 9. Филология, 1997, №4. с. 106–118.

[9] Гудков Д.Б.,Красных В.В. Русское культурное пространство и межкультурная коммуникация[A]. //Научные доклады филологического факультета МГУ[C].М., МГУ, 1998, №2, с. 124–133.

[10] Гудков Д.Б. Прецедентное имя и проблемы прецедентности[M]. М.,Гнозис, 1999.

[11] Гудков Д.Б. Межкультурная коммуникация: проблемы обучения[M]. М., МГУ, 2000.

[12] Захаренко И.В. Прецедентные высказывания и их функционирование в тексте[A]. //Лингвокогнитивные проблемы межкультурной коммуникации [C]. М., Филология, 1997, с.92–99.

[13] Земская Е.А.Цитата и виды ее трансформации в заголовках современных газет[A].// Поэтика. Стилистика. Язык и культура. - М., 1996,с.157–168.

[14] Караулов Ю.Н. Роль прецедентных текстов в структуре и функциони-

ровании языковой личности [A].//Ⅵ Международный конгресс МАПРЯЛ. Доклады советской делегации [C]. М., Русский язык, 1986, с.105–126.

[15] Караулов Ю.Н. Русский язык и языковая личность[M]. М.,Наука,1987.

[16] Караулов Ю.Н. Русская языковая личность и задачи её изучения[A]. //Язык и личность[C]. М., Наука, 1989,с. 34–41.

[17] Караулов Ю.Н. Что же такое"языковая личность? "[A].//Этническое и языковое самосознание [C]. М., ТОО ФИАНфонд, 1995, с.63–65.

[18] Караулов Ю.Н. Типы коммуникативного поведения носителя языка в ситуации лингвистического эксперемента[A].//Этнокультурная специфика языкового сознания [C]. М., ИЯ РАН, 1996, с.67–97.

[19] Клобукова Л.П. Феномен языковой личности в свете лингводидактики[A].// В сб.: «Международная юбилейная сессия, посвящённая 100-летию со дня рождения академика Виктора Владимировича Виноградова. Тезисы докладов»[C].М.,МГУ,1995, с. 321–323.

[20] Костомаров В.Г., Бурвикова Н.Д. Как тексты становятся прецедентными [J].// Русский язык за рубежом, 1994, №1,с.73–76.

[21] Красных В.В.Виртуальная реальность или реальная виртуальность?[M].М., Диалог-МГУ, 1998.

[22] Красных В.В.Основы психолингвистики и теории коммуникации[M]. М., Гнозис, 2001.

[23] Красных В.В. Этнопсихолингвистика и лингвокультурология[M]. М.,Гнозис,2002.

[24] Красных В.В.Словарь и грамматика лингвокультуры:основы психолинг-вокультурологии[M].М., Гнозис,2016.

[25] ЛеонтьевА.А.Национально-культурные особенности коммуникации как междисциплинарная проблема [A].//Национально-культурная специфика речевого поведения[C].М.,Наука,1977.

[26] Леонтьев А.А. Основы психолингвистики[M].М., Смысл, Academa, 2005.

[27] Леонтьев А.Н. Деятельность. Сознание. Личность[M].М., Политиздат, 1975.

[28] Леонтьев А.Н.Дискуссия о проблемах деятельности[A].//Деятельность, сознание, личность [M]. М., Смысл, 2004,с.303–317.

[29] Маслова В.А.Лингвокультурология[M]. М., ACADEMA,2001.

[30] Николаева Т.М. Качели свободы /не свободы: трагедия или спасение[A].//

Речевые и ментальные стереотипыв в синхронии и диахронии. Тезисы конференции[C].. М., Институт славяноведения и балканистики РАН, 1995, c.100–106.

[31] Падучева Е.В. Семантические исследования.Семантика времени и вида в русском языке.Семантика нарратива[M]. М.,Языки русской культуры,1996.

[32] Пикулева Ю.Б.Прецедентный культурный знак в современной тедевизионной рекламе: лингвокультурологический анализ[D].Екатеринбург,2003.

[33] Попова ,Стернин И.А. Когнитивная лингвистика[M].М.,Восток-Запад,2007.

[34] Прохоров Ю.Е. Национальные социокультурные стереотипы речевого общения и их роль в обучении русскому языку иностранцев [M]. М., Педагогика-Пресс, 1996.

[35] Рыжков В. А. Регулятивная функция стереотипов[A].//Знаковые проблемы письменной коммуникации. Межвузовский сборник научных трудов[C]. Куйбышев, Пединститут, 1985, с.15–21.

[36] Серебренников Б.А.,Кубрякова Е.С.,Постовалова В.И.и др. Роль человеческого фактора в языке: Язык и картина[C]. М., Наука,1988.

[37] Силинский С.В. Национальные стереотипы мышления и речевая коммуникация [A].//Психолингвистика и межкультурное взаимодействие [C].М., Изд-во ИЯ АН СССР, 1991, c.273–275.

[38] Слышкин Г.Г. От текста к символу: лингвокультурные концепты прецедентных текстов в сознинии и дискурсе[M]. М., Academia ,2000.

[39] Сорокин Ю.А. Отечественные исследования по массовой коммуникации[A].// В сб.: Знаковые проблемы письменной коммуникации[C]. Куйбышев,Пединститут, 1985,с.3–15.

[40] Сорокин Ю.А.,Михалева И.М. Прецедентный текст как способ фиксации языкового сознания[A].//Язык и сознание: парадоксальная рациональность[C].М., ИЯ РАН, 1993, с. 98–117.

[41] Степанов Ю.С. Константы.Словарь русской культуры.Опыт исследования [Z].М., Языки русской культуры, 1997.

[42] Стернин И.А.,Уфимцева Н.В. Российская психолингвистика: итоги и перспективы(1966–2021) [C].М., Институт языкознания–ММА, 2021.

[43] Тер-Минасова С.Г. Язык и межкультурная коммуникация[M].М.,Слово, 2001.

[44] Уфимцева Н.В. Этнические и культурные стереотипы:кросскультурное

исследование [A].// Изв. АН.Сер.лит.и яз.[C].М.,1995, №3. с.55–62.

[45] Хрусталева О.А. Сколько людей –столько мнений: О проблемах функционирования прецедентного текста в сознании о людей разных возрастных групп[A].//Человек. Язык. Культура[C]. Курск, Курский государственный педагогический университет, 2001, с.71–77.

[46] Шапкина О.О. О языковых стереотипов в межнациональном общении[A].// Россия и Запад: диалог культур. Материалы 2-й международной конференции 28–30 ноября 1995 г. [C].М., МГУ. 1996, с.84–89.

[47] Шапошникова И.В.Языковая личность[A].// Российская психолингвистика: итоги и перспективы (1966–2021) [C].М., Институт языкознания–ММА, 2021,с.178–195.

[48] Шахнарович А.М., Юрьева Н.М. Психолингвистический анализ семантики и грамматики [M]. М., Наука ,1990.

[49] Шихирев П.Н. Современная социальная психология в Западной Европе: проблемы методологии и теории[M]. М.,Наука,1985.

[50] Шмелёв Д.Н. Язык и личность[C]. М., Наука,1989.

[51] Lippmann,W. Pablic Opinion[M]. NY, Harcourt, Brace,1922.

[52] 关世杰, 跨文化交流学[M]. 北京：北京大学出版社, 1995.

[53] 贾玉新, 跨文化交际学[M]. 上海：外语教育出版社, 1997.

[54] 李媛、范捷平, 跨文化交际中模式固见发展变化动态分析[J]. 外语教学与研究, 2007年第2期.

[55] 刘宏, 试论外语教学中的常规关系与民族社会文化常规范型[J]. 中国俄语教学, 2001年第2期.

[56] 王寅, 认知语言学的哲学基础: 体验哲学[J]. 外语教学与研究, 2002年第2期.

[57] 王寅, 认知语言学[M]. 上海：外语教育出版社, 2007.

[58] 文旭, 认知语言学的研究目标、原则和方法[J]. 外语教学与研究, 2002年第2期.

[59] 文卫平, 跨文化交际中的定型观念[J]. 外语教学, 2002年第3期.

[60] 赵爱国, 言语交际中的民族文化定型[J]. 中国俄语教学, 2001年第4期.

[61] 赵艳芳, 认知语言学概论[M].上海：上海外语教育出版社, 2001.

第五章

[1] Алпатов В.М. История лингвистических учений[M]. М., Языки русской культуры,1999.

[2] Ахутина Т.В. Механизм порождения речи по данным афазиологии[A].//

Вопросы порождения речи и обучения языку[C].М., Изд-во МГУ, 1967,с.67–94.

[3] Ахутина Т.В. Нейролингвистический анализ динамической афазии[M].М., Изд-во МГУ, 1975.

[4] Ахутина Т.В. Единицы речевого общения, внутренняя речь, порождение речевого высказывания[A] // Исследование речевого мышления в психолингвистике[C].М.,1985, с.99–116.

[5] Ахутина Т.В.Порождение речи. Нейролингвистический анализ синтаксиса[M].М., Изд-во МГУ, 1989.

[6] Бабушкин А.П.Типы концептов в лексико-фразеологической семантике языка[M]. Воронеж, ВГУ,1996.

[7] Белянин В.П. Психолингвистические аспекты художественного текста[M]. М., Изд-во МГУ, 1988.

[8] Белянин В.П. Психолингвистическая типология художественных текстов по эмоционально-смысловой доминанте:автореф. дис. д-ра филол. н.[D] М.,МГУ, 1992.

[9] Белянин В.П. Введение в психиатрическое литературоведение[M]. München, Sagner, 1996.

[10] Белянин В.П. Основы психолингвистической диагностики: (Модели мира в литературе)[M]. М., Тривола, 2000.

[11] Белянин В.П.Психолингвистика[M].М.,Издательство «Флинта», 2003.

[12] Белянин В.П. Психологическое литературоведение. Текст как отражение внутренних миров автора и читателя[M]. М., Генезис, 2006.

[13] Белянин В.П. Функциональный тезаурус и анализ художественного текста[A].//XIX Международный симпозиум по психолингвистике и теории коммуникации «Теория речевой деятельности: вызовы современности»[C]. М., 2019, с. 215–216.

[14] Белянин В.П. Компьютерный анализ тональности текста[J]. //Вестник Калужского ун-та, 2021a. Сер. 1. Том 4. Вып. 1, с. 69–79.

[15] Белянин В.П. Психолингвистический анализ художественного текста[A].// Российская психолингвистика: итоги и перспективы(1966–2021)[C]. М.,Институт языкознания–ММА, 2021b, с.491–503.

[16] Бенвенист Э. Общая лингвистика[M].М.,Прогресс,1974.

[17] Бернштейн Н.А.Очерки по физиологии движений и физиологии

активновти[M].M., «Медицина»,1966.

[18] Бодуэн де Куртенэ И.А.Избранные труды по общему языкознанию[C]. М., Изд-во АНСССР, 1963. [19]Болдырев Н.А. Когнитивная семантика[M]. Тамбов,Изд-во ТГУ,2001.

[20] Болдырев Н.А.Концептуальные пространства когнитивной лингвистики [J].//Вопросы когнитивной лингвистики,2004, №1,с.18–36.

[21] Бутакова Л.О. Ассоциативное портретирование ценностных составляющих языкового сознания школьников (на материале слов друг, дружба)[А].// Язык в пространстве речевых культур. К 80-летию В.Е. Гольдина[C]. М., Саратов ,Амирит, 2015, с. 201–211.

[22] Выготский Л.С. Развитие высщих психических функций[C].М., Изд-во АПН,1960.

[23] Гуц Е.Н. Психолингвистическое исследование языкового сознания подростка[M]. Омск, ОмГУ: «Вариант –Омск», 2005.

[24] Дридзе Т.М. Язык и социальная психология: Учеб. пособие для фак-тов журна листики и филологических фак-тов ун-тов[M]. М., Высшая школа, 1980.

[25] Дридзе Т.М. Социально-психологические аспекты порождения и интерпретации текстов в деятельности речевого общения[А]. // Аспекты изучения текста[C]. М.,Наука, 1981,с.129–136.

[26] Дридзе Т.М.Текстовая деятельность в структуре социальной коммуникации[M].М., Наука,1984. [27]Дридзе Т.М. Язык и социальная психология [M].М.,Книжный дом «ЛИБРОКОМ», Издание второе，2009.

[28] Ерофеева Е.В.,Худякова Е.С. Психолингвистическое исследование ценностных установок билингвов (на материале тематической группы «Человек»)[J].//Вестник Пермского университета. Российская и зарубежная филология. 2012. № 2(18),с.7–16.

[29] Ерофеева Т.И. Концепт «деньги» в наивном сознании студентов[J].// Вестник Ленинградского государственного университета им. А.С. Пушкина. 2015. Т. 1, № 3,с. 204–209.

[30] Жинкин Н.И.О кодовых переходах во внутренней речи[J].//Вопросы языкознания, 1964, №6, с.26–38.

[31] Жинкин Н.И. Речь как проводник информации[M]. М., Наука,1982.

[32] Залевская А.А. Проблемы организации внутреннего лексикона человека:

Учеб. пособие[М]. Калинин, КГУ, 1977.

[33] Залевская А.А. Психолингвистические проблемы семантики слова: Учеб. пособие[М].Калинин, КГУ, 1982.

[34] Залевская А.А. Слово в лексиконе человека: психолингвистическое исследование [М].Воронеж, Изд-во Воронеж. гос. ун-та,1990.

[35] Залевская А.А. Введение в психолингвистику[М].М., Российск. гос. гуманит. ун-т, 1999.

[36] Залевская А.А. Текст и его понимание[М].Тверь, ТверГУ, 2001а.

[37] Залевская А.А.Психолингвистический подход к проблеме концепта[А].// Методологические проблемы когнитивной лингвистики[С].Воронеж, ВГУ, 2001b, с.36–45.

[38] Залевская А.А.Языковое сознание: вопросы теории[J]. Вопросы психолингвистики, 2003. № 1,с.30–34.

[39] Залевская А.А.Психолингвистичесие исследования.Слово.Текст: Избранные труды [М].М., Гнозис, 2005а.

[40] Залевская А.А. Концепт как достояние индивида[А].//Слова.Текст. Избранные труды [С].М.,2005b,с.234–244.

[41] Карасик В.И.Языковой круг: личность,концепты,дискурс[М].М.,Гнозис, 2004. [42]Караулов Ю.Н. Русский язык и языковая личность[М]. М., Наука,1987. [43]Караулов Ю.Н. Ассоциативная грамматика русского языка. М.,Русский язык, 1993.

[44] Красных В.В.Виртуальная реальность или реальная виртуальность?[М]. М., Диалог-МГУ, 1998.

[45] Красных В. В. Строение языкового сознания: фрейм-структуры[А].// Когнитивная семантика. Ч.1.[С].Тамбов,Изд-во ТГУ,2000,с.53–55.

[46] Красных В.В.Основы психолингвистики и теории коммуникации[М]. М., Гнозис, 2001.

[47] Красных В.В. Этнопсихолингвистика и лингвокультурология[М]. М., Гнозис,2002.

[48] Красных В.В.«Свой» среди «чужих»:миф или реальность?[М].М., Гнозис,2003.

[49] Красных В.В.Словарь и грамматика лингвокультуры:основы психолингвокультурологии [М].М., Гнозис,2016.

[50] Красных В.В.Психолингвистическое исследование текста в культуре[А].//

Российская психолингвистика: итоги и перспективы(1966–2021) [С].М., Институт языкознания–ММА, 2021.

[51] Крычкова Н.В.Лингвокультурное варьирование концептов[М].Саратов, Научная книга, 2005. [52]Кубрякова Е.С.Краткий словарь когнитивных терминов[Z]. М.,МГУ,1996.

[53] Левонюк А.Е.Психолингвистика[М]. Брест, БрГУ, 2019.

[54] Леонтьев А.А. Языковое сознание и образ мира[А].// Язык и сознание: парадоксальная рациональность[С].М., ИЯ РАН, 1993,с.16–21.

[55] Леонтьев А.А. Основы психолингвистики[М]. М., Смысл, Academa, 4-е издание, 2005.

[56] Леонтьев А.А.От ректоктора[А].//Язык и социальная психология[М]. М.,Книжный дом «ЛИБРОКОМ»,2009 6,с.3–5.

[57] Леонтьев А.А. Язык, речь, речевая деятельность[М].М.,Издательство «КРАСАНТ»,Издание шестое, 2010.

[58] Леонтьев А.Н. Деятельность. Сознание. Личность[М].М., Политиздат, 1975.

[59] Леонтьев А.Н. Философия психологии: из научного наследия[М].М.,Изд-во МГУ, 1994.

[60] Лихачев Д.С.Концептосфера русского языка[А].//Изв. РАН-СЛЯ[С].М., Наука, 1993, №1.с.3–9.

[61] Лурия А.Р.Травматическая афазия[М].М.,,Изд-во АМН СССР,1947.

[62] Лурия А.Р.Восстановление функций мозга после военной травмы[М].М., Изд-во АМН СССР, 1948.

[63] Лурия А.Р. Мозг человека и психические процессы [М].М., Изд-во АПН РСФСР,1963, т. 1; М., «Педагогика», 1970, т.2

[64] Лурия А.Р.Лобные доли и регуляция психических процессов[М].М., Изд-во МГУ, 1966.

[65] Лурия А.Р. Высшие корковые функции человека[М].М., Изд-во МГУ, 1962, т 1;1969,т2.

[66] Лурия А.Р.Основы нейропсихологии[М]. М., Изд-во МГУ, 1973.

[67] Лурия А.Р. Нейропсихология памяти[М].М.,Просвещение, 1974,т.1;1976,т.2.

[68] Лурия А.Р. Основные проблемы нейролингвистики[М].М., Изд-во МГУ, 1975.

[69] Лурия А.Р. Этапы пройденного пути.Научная автобиография[М]. М., Изд-

во МГУ,1982.

[70] Матвеева Н.В.Экспериментальное исследование механизмов содержания и смысла в процессе его понимания[J].//Вопросы психолингвистики, 2009, №9,с.261–266.

[71] Матвеева Н. В. Механизмы формирования содержания и смысла текста в процессе его восприятия: психолингвистический подход[J].//Вестник Волгоградского государственного университета(Серия 2, Языкознание), 2017,Т. 16, № 2, с. 82–92.

[72] Нестерова Н.М.,Котельникова А.Н.,ПоздееваЕ.В. "Встречный текст" как метод вербализации доминанты реципиента в процессе восприятия иностранного текста[J].//Вопросы психолингвистики, 2017, № 4, с. 50–63.

[73] Новиков А.И.Семантика текста и ее формализация[M] М.,Наука, 1983.

[74] Новиков А.И. Текст, смысл и проблемная ситуация[J].//Вопросы филологии, 1999. № 3, с. 43–48.

[75] Новиков А.И. Доминантность и транспозиция в процессе осмысления текста[A].//Проблемы прикладной лингвистики: сб. ст.[C].М., 2001. с. 44.

[76] Новиков А.И. Текст и «контртекст»: две стороны процесса понимания[J].// Вопросы психолингвистики,2003а,№ 1. с.64–76.

[77] Новиков А.И. Текст как объект исследования лингвопсихологии[A].// Методология современной психолингвистики[C]. Москва,Барнаул, Изд-во Алт. Ун-та, 2003b,с. 91–99.

[78] Новиков А.И. Текст и его смысловые доминанты[M].М., ИЯ РАН,2007.

[79] Пешкова Н.П. Конфликт как развитие внутренних противоречий личности в «контртексте» при восприятии информации[A].//Межкультурная интракультурная коммуникация: Теория и практика обучения и перевода: Материалы 4-й Междунар. науч.-метод. конф.[C].Уфа,РИЦ БашГУ, 2015а,с.34–39.

[80] Пешкова Н.П.Семантика и смысл текста (Экспериментальный подход к теоретическим проблемам) [J].//Вестник Челябинскино государственного университета. Филология. Искусствоведение,2015b, № 15（370）,с.69–77.

[81] Пешкова Н.П. О способах и средствах воплощения смысла и содержания текст（а в русле теории текста и смысла А.И. Новикова） [A].//ⅩⅨ Международный симпозиум по психолингвистике и теории коммуникации(Теория речевой деятельности: выховы современности)

[C].М.,Институт языкознания РАН, Российский университет дружбы народов,2019,с.259–260.

[82] Пищальникова В.А..История и теория психолингвистики.Ч. 3. Психопоэтика [M].M.,АСОУ, 2010.

[83] Пищальникова В.А.Психопоэтика текста[A].//Российская психолингвистика: итоги и перспективы (1966–2021) [C].M., Институт языкознания–ММА, 2021,с.455–461.

[84] Попова З.Д.,Стернин И.А.Понятие "концепт"в лингвистических исследованиях[M].Воронеж, ВГУ,1999.

[85] Попова З.Д.,Стернин И.А. Язык и национальная картина мира[M]. Воронеж,Истоки,2002.

[86] Попова З.Д., Стернин И. А. Очерки по когнитивной лингвистике[M]. Воронеж, Истоки, 2003.

[87] Попова З.Д.,Стернин И.А. Когнитивная лингвистика[M].M.,Восток-Запад, 2007.

[88] Привалова И.В. Интеркультура и вербальный знак (лингвокогнитивные основы межкультурной коммуникации)[M]. М., Гнозис, 2005.

[89] Репина Е.А. Политический текст: психолингвистический анализ воздействия на электорат[M]. М., ИНФРА-М, 2012.

[90] Саракаева Э.А. Психолингвистический анализ миссионерских текстов: автореф. дис.канд. филол. н.[D] М.- Краснодар, МГЛУ,2000.

[91] Седов К.Ф.Нейропсихолингвистика[M].M., Лабиринт, 2007.

[92] Серышева Ю. В. Психолингвистический эксперимент как метод исследования языковых явлений[J].//Молодой ученый, 2015. № 11（91）, с.1688–1690.

[93] Синигаева Е.С.Словесный портрет национальностей в представлении белорусов и поляков по данным ассациотивного эксперимента: автореф. дис. канд. филол. н. [D].Минск, БГУ,2017.

[94] Сорокин Ю.А. Книга как семантический объект[A].// Психолингвистические проблемы общенияи обучения языку[C].M.,Институт языкознания АН СССР, 1976а,с. 140–146.

[95] Сорокин Ю.А. Научно-популярная литература и массовая коммуникация [A].//Проблемы изучения детской и молодежной аудитории массовой коммуникации[C]М., Педагогическое общество РСФСР, 1976b, с. 57–60.

[96] Сорокин Ю.А. Связность и цельность как базовые понятия «лингвистики текста»[A]// Тезисы VII Всесоюзного симпозиума по психолингвистике и теории коммуникации[C]. М.,Институт языкозна- ния АН СССР, 1982а,с. 23–24.

[97] Сорокин Ю.А. Текст: цельность, связность, эмотивность[A].//Аспекты общей и частной лингвистической теории текста [C] М., Наука, 1982b,с. 61–73.

[98] Сорокин Ю.А. Лакуны как сигналы специфики лингвокультурной общности[A].// Национально-культурная специфика речевого общения народов СССР[C].М.,Наука, 1982с,с.22–28.

[99] Сорокин Ю.А. Отечественные исследования по массовой коммуникации [A].//Знаковые проблемы письменной коммуникации[C]. Куйбышев, Пединститут, 1985а,с.3–15.

[100] Сорокин Ю.А. Психолингвистические аспекты изучения текста[M]. М., Наука, 1985b.

[101] Сорокин Ю.А.,Михалева И.М. Прецедентный текст как способ фиксации языкового сознания[A].//Язык и сознание: парадоксальная рациональность[C].М., ИЯ РАН, 1993, с. 98–117.

[102] Сорокин Ю. А., Морковина И. Ю..Текст и его национально-культурная специфика [A].//Текст и перевод[C]. М., Наука, 1988, с. 76–84.

[103] Сорокин Ю.А., Тарасов Е.Ф.,Шахнарович А.М.Теоретические и прикладные проблемы речевого общения[M]. М.,Книжный дом,«ЛИБРОКОМ», 2009.

[104] Степанов Ю.С. Константы:Словарь русской культуры[Z]. М., Языки русской культуры,1997.

[105] Стернин И.А. Когнитивная интерпретация в лингвокогнитивных исследованиях [J].//Вопросы когнитивной лингвистики.2004, №1,с.65–69.

[106] Стернин И.А. Семантико-когнитивный анализ языка[M].Воронеж,Истоки, 2006.

[107] Стернин И.А. Экспериментальное исследование гендерной семантики слова[A].//Тезисы IV Международной конференции «Гендер: язык, культура, коммуникация»[C].М.,Московская международная академия, 2019, с. 27–29.

[108] Стернин И.А.,Уфимцева Н.В. Российская психолингвистика: итоги и перспективы(1966–2021) [C].М., Институт языкознания–ММА, 2021.

[109] Староселец О.А. Экспериментальное исследование понимания метафоры текста:автореф. дис.канд. филол. н. [D].Барнаул, Алтайский гос. ун-т,1997.

[110] Тарасов Е. Ф. Проблемы теории речевого общения[A].//Научный доклад по опубликованным трудам,представленный к зашите на соискание ученой степени доктора филологических наук [C]. М., ИЯ РАН,1992,с.1–7.

[111] Тарасов Е. Ф.О формах существования сознания[A].//Язык и сознание: парадоксальная рациональность[C]. М., ИЯ РАН, 1993a, с. 86–97.

[112] Тарасов Е.Ф.Введение[A].//Язык и сознание: парадоксальная рациональность[C].М.,ИЯ РАН, 1993b, с.6–15.

[113] Тарасов Е.Ф. Межкультурное общение–новая онтология анализа языкового сознания[A].// Этнокультурная специфика языкового сознания [C]. М., ИЯ РАН, 1996.с. 7–12.

[114] Тарасов Е.Ф.К построению межкультурного общения[A].//Языковое сознание: формирование и функционирование[C]. М., ИЯ РАН,1998,с.30–34.

[115] Тарасов Е.Ф. Языковое сознание и его познавательный статус[A].// Проблемы психолингвистики: теория и эксперимент[C].М., ИЯ РАН, 2001,с.301–311.

[116] Тарасов Е.Ф.Пролегомены к теории языкового сознания[J].// Вопросы психолингвистики, 2014, №22,с.24–35.

[117] Уланович О.И. Психолингвистика[M] Минск, БГУ, 2010.

[118] Утробина Т.Г. Экспериментальное исследование языковых репрезентаций комического смысла:автореф. дис.канд. филол. н. [D]. Горно-Алтайск, Горно-Алтайский гос. ун-т,1997.

[119] Уфимцева Н.В. Русские: опыт еще одного самопознания[A].//Этнокультурная специфика языкового сознания[C]. М., ИЯ РАН, 1996, с.144–162.

[120] Уфимцева Н.В. Этнический характер, образ себя и языковое сознание русских[A]. //Языковое сознание: формирование и функционирование[C]. М., ИЯ РАН, 1998, с.135–175.

[121] Федорова О.В.Основы экспериментальной психилингвистики [M].М., Спутник+,2008.

[122] ФЭС (Филосовский энциклопедический словарь) [Z]. М., «ИНФРА-М», 1998.

[123] Щерба Л.В.О трояком аспекте языковых явлений и об эксперименте в языкознании[A]. //Языковая система и речевая деятельность[C].Л., Наука,1974,с.24–39.

[124] Ягунова Е.В. Эксперимент в психолингвистике: Конспекты лекций и методические рекомендации[M].СПб.,Издательство «Остров»,2005.

[125] Якобсон Р. О.Структурализм «за» и «против» [C].М.,Прогресс,1975.

[126] Якобсон Р. О. Два аспекта языка и два типа афатических нарушений[A].// Теория метафоры[C]. М., Прогресс, 1990,с.110–132.

[127] 许高渝等, 俄罗斯心理语言学和外语教学[M]. 北京: 北京大学出版社, 2008.

[128] 赵爱国, 当前俄语"观念"研究中的几个理论问题[J]. 中国俄语教学, 2016年第3期.

第六章

[1] Алпатов В.М. История лингвистических учений [M]. М., Языки русской культуры,1999.

[2] Асмолов А.Г.Основные принципы психологической теории деятельности[A]. //А.Н.Леонтьев и современная психология[C].М.,МГУ,1983,с.115–136.

[3] БелянинВ.П.Психолингвистика[M].М.,Издательство«Флинта»,2003.

[4] Выготский Л. С. Избранные психологические произведения: Мышление и речь. [C]. М., Изд-во Акад. Пед. наук РСФСР,1956.

[5] Дридзе Т.М. Язык и социальная психология[M].М.,Книжный дом «ЛИБ-РОКОМ», Издание второе, 2009.

[6] Залевская А.А.Методология,технология и терминология: взаимодействие и динамика[A]. //ⅩⅨ Международный симпозиум по психолингвистике и теории коммуникации(Теория речевой деятельности: выховы современности) [C].М.,Институт языкознания РАН, Российский университет дружбы народов,2019,с.20–21.

[7] Емельянова Е.В.Языковое сознание и языковая картина мира[J]. Инновационная наука, 2015, №10-1,с.155–159.

[8] Золотова Н.О. Ядро ментального лексикона[J].Вопросы психолингвистики, 2003, №1, с.35–41.

[9] Красных В.В. Словарь и грамматика лингвокультурологии [M].М., «ГНОЗИС», 2016.

[10] Красных В.В.Психолингвистика в эпоху неопостпозитивизма[A].//ⅩⅨ

Международный симпозиум по психолингвистике и теории комм-
уникации(Теория речевой деятельности: выховы современности)[C].
М.,Институт языкознания РАН, Российский университет дружбы народов,
2019,с.22–23.

[11] Леонтьев А.А. Слово в речевой деятельности: Некоторые проблемы общей теории речевой деятельности[M]. М., УРСС, Издание второе, 2003.

[12] Леонтьев А.А. Основы психолингвистики[M]. М., Смысл, Academa, 4-е издание, 2005.

[13] Леонтьев А.А. Язык, речь, речевая деятельность[M].М., Издательство «КРАСАНТ», Издание шестое, 2010.

[14] Леонтьев А.Н. Деятельность,сознание,личность[M].М., Политиздат,1975.

[15] Лурия А. Р. Основные проблемы нейролингвистики[M]. М., Изд-во МГУ, 1975.

[16] Петровский В.А.К психологии активности личности[J]. //Вопросы психологии, 1975, №3, с.26–39.

[17] Пищальникова В.А.Некоторые тенденции развития современной зарубежной психолингвистики[J]. Вестник Московского государственного лингвистического университета. Гуманитарные науки. 2018. № 14(809),с.94–104.

[18] Сахарный Л.В.Предметизация как компрессия развернутого текста и её компьютерное моделирование[A]. // Предметный поиск в традиционных и нетрадиционных информационно- поисковых системах[C].Л., Гос. Публ. б-ка, Вып.9, 1989, с. 7–24.

[19] Стернин И.А.,Уфимцева Н.В. Российская психолингвистика: итоги и перспективы(1966–2021) [C].М., Институт языкознания–ММА, 2021.

[20] Тарасов Е.Ф. Тенденции развития психолингвистики[M]. М., Наука, 1987.

[21] Тарасов Е.Ф. Межкультурное общение–новая онтология анализа языкового сознания [A].// Этнокультурная специфика языкового сознания[C]. М., ИЯ РАН, 1996.с. 7–12.

[22] Тарасов Е.Ф. Интервью с профессором Евгением ФедоровичемТарасовым. Московская психо- лингвистическаяшкола: истоки, становление, результаты. Вопросыпсихолингвистики, 2010, 12: 15–19.

[23] Тарасов Е.Ф.Вызовы и решения в современной психолингвистике[A]. //ⅩⅨ Международный симпозиум по психолингвистике и теории коммуникации(Теория речевой деятельности: вызовы современности)[C].

М.,Институт языкознания РАН, Российский университет дружбы народов, 2019,с.17–18.

[24] Уфимцева Н.В.Языковое сознание –образ мира –языковая картина мира[J]. Вопросы психолингвистики, 2015. № 24,с.115–119.

[25] Уфимцева Н.В. Языковая картина мира:проблемы моделирования[J]. Вопросы психолингвистики, 2016. № 27,с.238–249.

[26] Уфимцева Н.В.,Стернин И.А.,Мягкова Е.Ю. От редколлегии[A].// Российская психолингвистика: итоги и перспективы(1966–2021) [C].М., Институт языкознания–ММА, 2021,с.8–12.

[27] Федорова О.В.Отечественная психолингвистика:вчера,сегодня и завтра (субъективные заметки об изучении механизмов порождения и понимания речи) [J].Вопросы языкознания,2020. № 6,с.105–129.

[28] Черниговская Т. В. Экспериментальное исследование языка и мышления в XXI веке: традиции и возможности[A]. //Перспективные направления развития науки в Петербурге [C].СПб, СПбНЦ РАН, 2015,с.489–494.

[29] Яковлев А.А.Языковое сознание и языковая картина мира：совместимость понятий[J]. Вестник НГУ.Серия: Лингвистика и межкультурная коммуникация, 2019, 16（2）, с.57–69.

[30] Diependael K., Sandra D. & Grainger J. Semantic transparency and masked morphological priming: The case of prefixed words[J]. // *Memory & Cognition*. 2009. Vol. 37. P. 895–908.

[31] Giraudo H., Grainger J. Priming complex words: Evidence for supralexical representation of morphology[J]. // *Psychonomic Bulletin & Review*. 2001. Vol.8(1). P. 127–131.

[32] Lavigne F. and Lavigne P. Anticipatory Semantic Processes[J].// *International Journal of Computing Anticipatory System*. 2000. P. 3–31.

[33] Lemaire B. and Denhiere G. Incremental Construction of an Associative Network from a Corpus[J].// *Proceedings of the Annual Meeting of the Cognitive Science Society*. Vol. 26 (26). 2004. P. 660–665.

[34] Longtin C.M., Segui J. & Hallé P.A. *Morphological priming without morphological relationship Language and Cognitive Processes*[C]. 2003. Vol. 18. P. 313–334.

[35] Pallier D., Bosch L. and Sebastian-Galles N. A limit on behavioral plasticity in speech perception[J]. // *Cognition*. 1997. Vol. 64. P. 9–17.

[36] Posner M., and Pavese A. Anatomy of word sentence meaning [J].// *Proceedings of the National Academy of Sciences.* Vol. 95. 1998. P. 899–905.

[37] Ramus F. Language discrimination by newborns: Teasing apart phonotactic, rhythmic, and intonational cues [J]// *Annual Review of language Acquisition* 2(1). 2002. P. 85–115.

[38] Sharifian F. Aspects of Semantic Processing in Indigenous Speakers of Aboriginal English: An Initial exploration[J].// *Applied Language and Literacy Research.* Vol. 5. URL : www. cowan. edu.ses.research.CALLK.

[39] Tsur R. Aspects of Cognitive Poetics[A] // Semino Elena and Calpeper Jonathan, eds. Cognitive Stylistics. Language and Cognition in Text Analysis[C]. *Amsterdam, Philadelphia*, 2003. P. 279–318.

[40] Zevin J.D. & Seidenberg M.S. Age of acquisition effect in word reading and other tasks[J]. // *Journal of Memory and Language.* 2002. Vol. 47. P. B1–B29.

[41] Ziegler J.C., Mineraux M. & Grainger J. Neighborhood effects in auditory word recognition // Phonological competition and orthographic facilitation[J].// *Journal of Memory and Language.* 2003. Vol. 48. P. 779–793.

[42] 桂诗春, 心理语言学的研究与应用[J]. 外语教学与研究, 1979年第2期.

[43] 李绍山、李志雪, 心理语言学研究在中国的发展：回顾与展望[J]. 解放军外国语学院学报, 2007年第2期.

[44] 陆俭明, 顺应科技发展的大趋势语言研究必须逐步走上数字化之路[J]. 外国语, 2020年第4期.

[45] 赵爱国, 俄罗斯语言学传统中的方法论特质[J]. 俄罗斯研究, 2016年第4期.